NUESTRO MAGNÍFICO SEÑOR

FRANK G. TUNSTALL

PUBLICACIONES
CASA

Nuestro magnífico Señor por Frank G. Tunstall
Publicado por Publicaciones Casa
Una compañía de Strang Communications
600 Rinehart Road
Lake Mary, Florida 32746
www.casacreacion.com

No se autoriza la reproducción de este libro ni de partes del mismo en forma alguna, ni tampoco que sea archivado en un sistema o transmitido de manera alguna ni por ningún medio –electrónico, mecánico, fotocopia, grabación u otro– sin permiso previo escrito de la casa editora, con excepción de lo previsto por las leyes de derechos de autor en los Estados Unidos de América.

Todos los textos bíblicos han sido tomados de la versión Reina-Valera, de la Santa Biblia, revisiones 1960 y 1995, de la Santa Biblia, Nueva Versión Internacional, ©1999 por la Sociedad Bíblica Internacional y la Biblia Lenguaje Sencillo. Usado con permiso.

Copyright © 2009 por Publicaciones Casa
Todos los derechos reservados

Originally published in English under the title: *Our Awesome Lord*
Copyright © 2008 by Frank G. Tunstall
Published by Creation House, A Strang Company,
Lake Mary, FL 32746

Traducido por: Luis Nahum Sáez
Editado por: June Canavesio
Diseño de la portada por: Amanda Potter

Library of Congress Control Number: 2009922667
ISBN: 978-1-59979-553-9

Impreso en los Estados Unidos de América
09 10 11 12 13 * 5 4 3 2 1

Nuestro magnífico Señor es mi homenaje al Salvador que sacó mis manos del arado cuando era niño y las puso en la Biblia.

¿Quién como tú, oh Jehová, entre los dioses? ¿Quién como tú, magnífico en santidad, terrible en maravillosas hazañas, hacedor de prodigios?

—Éxodo 15:11

Y él contestó: He aquí, yo hago pacto delante de todo tu pueblo; haré maravillas que no han sido hechas en toda la tierra, ni en nación alguna, y verá todo el pueblo en medio del cual estás tú, la obra de Jehová; porque será cosa tremenda la que yo haré contigo.

—Éxodo 34:10

Por esta causa doblo mis rodillas ante el Padre de nuestro Señor Jesucristo.

—Efesios 3:14

DEDICATORIA

Al reverendo John Swails, al doctor W.R. Corvin, y a los extintos reverendo H.P. Robinson y doctor R.O. Corvin, mis primeros mentores en la Palabra de Dios.

RECONOCIMIENTOS

DESEO EXPRESAR MI más sincero agradecimiento a June Canavesio, por la labor que realizó con amor en la corrección de la traducción de *Nuestro magnífico Señor*. También deseo agradecer a numerosos hermanos y hermanas, cuya exhortación y consejo han sido de gran valor para mí. Sus corazones dispuestos a servir son como el de nuestro magnífico Señor. Ellos son:

El doctor Danny Penny; reverendo Jimmy Whitfield; doctor Terry Tramel; doctor Harold Dalton; doctor Aldon Preston; reverendo Bob Shafer; capellán, teniente coronel retirado Hugh H. Morgan, USAF; doctor John Tunstall; doctor Chuck Chitwood; reverendo John Parker; reverendo L.D. Driggers; reverendo Elvio Canavesio; Nina Corvin; Rosa Baker; Jim Tunstall; Peggy Henderson; reverendo Greg Whitlow; y Phyllis Price.

TABLA DE CONTENIDO

Prólogo 9

Capítulo uno: La estrategia de la encarnación 11
    I. El método de la encarnación 12
    II. La estrategia de "Despojarse a sí mismo" 14
    III. Cómo hacer que la estrategia tenga éxito 31
    IV. La encarnación como un principio de vida 39

Capítulo dos: Jesús el Siervo, cómo siguió el plan 41
    I. Siervo, pero ¿en qué sentido? 42
    II. Jesús, el Siervo-Mesías 44
    III. Seguir el ejemplo del Siervo 51
    IV. La unción del Siervo-Mesías 52
    V. El Siervo hace expiación 55

Capítulo tres: Un esfuerzo colosal para quebrantar al Siervo 64
    I. El Siervo, cómo enfrentó el malévolo tratamiento 64
    II. El Siervo: Tentado en el desierto 67
    III. El Siervo: Oposición durante sus años de ministerio 77
    IV. El Siervo: Tentaciones durante su pasión 94
    V. La soberanía de Dios 114
    VI. La resurrección del Siervo 117

Capítulo cuatro: Jesús, el gran Salvador 119
    I. El pecado, la maldición 119
    II. Cristo, la cura 126
    III. Los elementos del nuevo nacimiento 132
    IV. El triunfo del amor 153
    V. Cómo aceptar a Cristo 157
    VI. Resumen 160

Capítulo cinco: Jesús, el gran santificador 163
    I. Definiciones 163
    II. La vida de los separados para Dios a través de las Escrituras ... 173

III. Llamamiento a la madurez 195

Capítulo seis: Ilustraciones de una vida santificada 198

    I. El irresistible amor de Cristo 198
    II. Cómo romper el dominio de la vieja naturaleza
        del viejo hombre de pecado 200
    III. El sacrificio corporal del santificado 222
    IV. La perfección absoluta 228
    V. Conclusión 231

Capítulo siete: Cuarenta días con el Maestro 233

    I. Los temas de los cuarenta días 234
    II. Y comenzando desde Moisés y siguiendo
        por todos los profetas 244
    III. El ministerio del Espíritu 252
    IV. El proyecto mundial del Señor 255
    V. La ascensión de Jesús 256

Capítulo ocho: El don del Espíritu Santo
da nacimiento a la Iglesia 260

    I. Cómo entender la doctrina y la misión 261
    II. El papel del Espíritu Santo 265
    III. El fruto del Espíritu 278
    IV. Los sacramentos 280

Capítulo nueve: La iglesia, el misterio revelado 287

    I. La iglesia, el secreto escondido en Dios 287
    II. La iglesia se muda al Imperio Romano 295
    III. Andar en el Espíritu 303
    IV. El diezmo 305
    V. La iglesia y el estado secular 306

Capítulo diez: La iglesia, cómo multiplicar el
ministerio de Jesús en el mundo entero 309

    I. El cuerpo de Cristo 311
    II. El propósito de los dones espirituales 313
    III. Cómo reproducir el ministerio de Jesús
        por medio de los dones espirituales 319

    IV. El sistema organizativo de la Iglesia 350

Capítulo once: El triunfo del Siervo **355**
    I. La introducción: El apóstol Juan en Patmos 356
    II. Cartas a las siete iglesias de Asia 359
    III. Apocalipsis, un gran libro que trata sobre la adoración 363
    IV. La batalla de Armagedón 379
    V. El reino milenario de Cristo 381
    VI. El fin del pergamino de los tiempos 383

Para contactar al autor **391**
Notas **392**
Bibliografía **397**
Índice disponible en www.ourawesomelord.com

PRÓLOGO

El apóstol Pablo escudriñó diligentemente el Antiguo Testamento a través de la doble perspectiva de la cruz y la resurrección de Cristo enfocándose en la manera en que el Mesías hizo la expiación por los pecados de todo el mundo. Cuando el Espíritu Santo le dio la estrategia, Pablo amonestó a sus lectores así: "Haya, pues, en vosotros este sentir que hubo también en Cristo Jesús" (Filipenses 2:5).

La misión de esta obra es explorar esa actitud, la estrategia por medio de la cual Jesús realizó su titánica tarea. En ese proceso, procuraremos descubrir en qué forma bendice e inspira el modo de pensar de Jesús a los que se apropian de ese sentir. Lograr esto también develará por qué es apropiado describir a Jesucristo como *Nuestro magnífico Señor*.

> Haya, pues, en vosotros este sentir que hubo también en Cristo Jesús, el cual, siendo en forma de Dios, no estimó el ser igual a Dios como cosa a que aferrarse, sino que se despojó a sí mismo, tomando forma de siervo, hecho semejante a los hombres; y estando en la condición de hombre, se humilló a sí mismo, haciéndose obediente hasta la muerte, y muerte de cruz. Por lo cual Dios también le exaltó hasta lo sumo, y le dio un nombre que es sobre todo nombre, para que en el nombre de Jesús se doble toda rodilla de los que están en los cielos, y en la tierra, y debajo de la tierra; y toda lengua confiese que Jesucristo es el Señor, para gloria de Dios Padre. Por tanto, amados míos, como siempre habéis obedecido, no como en mi presencia solamente, sino mucho más ahora en mi ausencia, ocupaos en vuestra salvación con temor y temblor, porque Dios es el que en vosotros produce así el querer como el hacer, por su buena voluntad.
> —Filipenses 2:5-13

Este estudio, además, es posible debido a que el Espíritu Santo dirige el perenne compromiso de revelar al Mesías de entre las páginas de la Sagrada Escritura, quien florece en nuestras vidas como la rosa de Sarón y el lirio de los valles (Cantares 2:1; Juan 16:13-15).

La Biblia es principalmente escrita en género masculino, aunque en esta obra abarcamos igualmente el femenino. Los corchetes "[ ]" —que ocasionalmente aparecen— incorporan cierta información y añaden énfasis.

Para el estudio particular y colectivo:

Obtenga la "Guía de estudio", el "Plan de lecciones del maestro", el "PowerPoint de 300 láminas" y el "Índice", visitando:

www.OurAwesomeLord.com

Capítulo uno
LA ESTRATEGIA DE LA ENCARNACIÓN

Mi amado es apuesto y trigueño, y entre diez mil hombres se le distingue.

—Cantar de los cantares 5:10

La actitud de ustedes debe ser como la de Cristo Jesús.

—Filipenses 2:5

Él vino a ser lo que nosotros somos para poder hacernos lo que Él es.[1]

—San Atanasio

Lo que la gente no podía hacer por sí mismos en sus esfuerzos por alcanzar a Dios, Jehová Dios lo hizo extendiendo su brazo hacia abajo. Cristo se movió desde la eternidad hacia el tiempo, tomando en su mano amorosa la cerradura del corazón del hombre. Vino al mundo sabiendo lo que le costaría, dispuesto desde la eternidad a llevar los pecados del hombre sobre su cuerpo en la cruz (1 P 2:24). El que no conoció pecado vino a ser un "leproso" como nosotros (Mt 8:2-3; 2 Co 5:21).

❧ Mis compañeros leprosos ❧

Joseph Damien fue un misionero del siglo diecinueve que ministró a los leprosos en la isla de Molokai, Hawaii. Los sufrientes leprosos lo amaban y reverenciaban la vida sacrificada que vivió entre ellos.

Una mañana, después que Damien iba a dirigir la adoración diaria, estaba echando un poco de agua caliente en una taza cuando el agua giró en espiral y cayó sobre su pie descalzo. Le tomó un momento darse cuenta que no había sentido ninguna sensación. Dominado por un temor repentino por lo que eso podría significar, derramó más agua caliente sobre la misma área. No sintió nada.

Damien lo supo de inmediato. Caminó quebrantado a predicar su sermón. Nadie notó al principio la diferencia en su frase de apertura. Casi siempre comenzaba cada exposición con: "Mis compañeros creyentes". Esa mañana empezó con "Mis compañeros leprosos".[2]

I. El método de la encarnación

De acuerdo a la estrategia eterna de Dios, su esfuerzo supremo por vincularse con la humanidad fue el nacimiento real de un bebé especial, durante el reinado de César Augusto. El Imperio Romano estaba en su cúspide.

A. La encarnación, planificada en la eternidad

David entendió que Dios desea adoradores con corazones cambiados. Esto era tan verdadero que el rey escribió: "A [Dios] no [le] complacen sacrificios ni ofrendas", tampoco quería "holocaustos ni sacrificios por el pecado" (Sal 40:6). El escritor de Hebreos aplicó el pasaje al Mesías y resumió el plan de Dios para Su Hijo en una sola oración: "Me preparaste un cuerpo" (Heb 10:5). "Él estaba destinado desde antes de la fundación del mundo" (1 P 1:20, RVR1995)

El Hijo de Dios se ofreció voluntariamente en la eternidad para venir a ser el Mesías encarnado (Jn 17:24; Ef 1:4, y 1 P 1:19-21). Él estaba buscando personas que lo adoraran en espíritu y en verdad (Jn 4:23-24). El Espíritu Santo inspiró a David a escribir cómo se expresó el Hijo mismo hace mucho tiempo en esa reunión cumbre del Dios trino que diseñó el plan de salvación: "Por eso dije: 'Aquí me tienes —como el libro dice de mí—. Me agrada, Dios mío, hacer tu voluntad" (Sal 40:7-8; ver también Heb 10: 7-10). El hogar eterno de este infante especial habían sido los palacios de mármol de la gloria; sin embargo, condescendió a tener "la compañía de gente humilde" (Sal 45:8; Ro 12:16).

B. La Trinidad y la encarnación

Los escritores de los evangelios presentan la encarnación en los términos Trinitarios del Padre, el Hijo y el Espíritu Santo. "El nacimiento de *Jesús, el Cristo*, fue así", escribió Mateo; después de que María se comprometiera con José, pero antes de que se casaran, ella "estaba encinta por obra del *Espíritu Santo*" (Mt 1:18, énfasis añadido). *Dios* envió al ángel Gabriel a Nazaret a anunciarle a María que su bebé sería llamado "Hijo de Dios" (Lc 1:26-28, 32-35). La virgen María concibió milagrosamente al niño por el poder creador del Espíritu Santo, sin unión sexual. Este enfoque trinitario presagia que el Padre y el Espíritu Santo serían su sistema principal de soporte mientras creciera y a través de su ministerio en la tierra (Hch 10:38).

C. La encarnación anunciada por los ángeles

El ángel Gabriel también le dio a María el nombre para el bebé, "Jesús", que significa "salvador" (Lc 1:26-33; 2:8-15). Su misión era "salvar a su pueblo de sus pecados" (Mt 1:21).

La estrategia de la encarnación

> Cuando se cumplió el plazo, Dios envió a su Hijo, nacido de mujer y nacido bajo la ley, para que redimiese a los que estaban bajo la ley, a fin de que recibiésemos la adopción de hijos.
>
> —Gálatas 4:4-5

Jesús de Nazaret es Dios hecho carne. "Habitó entre nosotros" como el Mesías prometido (Jn 1:1, 14, 41). Esta "rosa de Sarón" que pone a palpitar nuestros corazones, "es apuesto y trigueño, y entre diez mil hombres se le distingue" (Cant 2:1; 5:4, 10, NVI).

D. Una encarnación sin pecado

El santo nacimiento de Jesús explica por qué siempre se le ha enseñado a la iglesia que nació sin una naturaleza pecaminosa heredada. El Bebé del establo de Belén era completamente humano, como todos los otros infantes. Se diferenciaba de los demás en que Gabriel dijo que sería "el santo" y "el Hijo de Dios" (Lc 1:35). El mismo hecho de su nacimiento sin pecado de una virgen colocó el fundamento para que fuera el postrer Adán, el sacrificio perfecto por el pecado, y el autor del nuevo pacto (1 Co 25:45; Heb 9:15; 10:12).

Dios habló, y María concibió el Hijo de Dios (Gn 1:1-3; Jn 1:1-3, 14). Isaías profetizó que su nacimiento virginal sería uno de los más claros indicadores de que el Bebé sería realmente el Mesías: "El Señor mismo os dará señal: He aquí que la virgen concebirá, y dará a luz un hijo, y llamará su nombre Emanuel" (Is 7:14; Mt 1:23). El término hebreo *Emmanuel* significa "Dios con nosotros"; por lo tanto, Isaías profetizó el nacimiento virginal de Jesús y su deidad. La evidencia es indiscutible; sin embargo, ningún hecho del mensaje cristiano ha sido más atacado por los críticos que la enseñanza bíblica del nacimiento virginal: que Jesucristo vino a ser carne y sangre de verdad, concebido sin mancha por la virgen María.

E. El misterio de la encarnación

Aunque la historia de Dios convirtiéndose en un ser verdaderamente humano desafía una explicación racional, este milagro divino es sin duda alguna la revelación de la Santa Escritura. Este logro redentor estableció a Jesús como las primicias del nuevo pacto que redime a los hijos de Adán y los hace como "Dios en verdadera justicia y santidad" (Ef 4:24).

F. La encarnación, una revelación de Dios el Padre

El retrato de Dios como Padre se insinúa en el Antiguo Testamento, pero la encarnación es explícita (Sal 2:7; Lc 1:32, 35; Jn 3:16; 1 Jn 3:1). El amor del Padre es profundo, tanto que es insondable; aun más, Él es el modelo máximo para todos los padres. El Padre celestial añora levantar y sostener en sus fuertes brazos a cada uno de sus hijos caídos. El Hijo del Padre y nuestro Salvador vino a la tierra a convertirse en los brazos de su Padre extendidos hacia la humanidad perdida. Es tal el hecho que Jesús —en el evangelio— le dijo a Felipe: "El que me ha visto a mí, ha visto al Padre" (Jn 14:9).

Como Padre celestial, es amoroso y benévolo, así como fuerte y determinado. Sin embargo, no es ni arbitrario ni caprichoso. Jesús enseñó que el Padre ama a todo el mundo y mantiene continuamente tal conocimiento de los suyos que sabe bien qué es lo que necesitan antes de que ellos se lo pidan (Mt 6:8). Todos pueden llegar a ser sus hijos a través de Cristo (Jn 3:3-5; Mat. 5:45; Jn 1:12). Él se deleita en dar buenas cosas a su descendencia, incluyendo declararlos hijos de Dios y coherederos con Cristo (Mt 7-11; Ro 8:17; 1 Jn 3:2; Sal 84:11). Por lo tanto, la encarnación de Jesús revela un retrato que muestra que el amor es la esencia de su Padre y asegura que toda la humanidad puede confiar en su amor (1 Jn 4:16).

G. La encarnación y la estrategia postmodernista

El nacimiento virginal de Jesucristo confronta audazmente el pensamiento postmodernista contemporáneo. El postmodernismo niega la existencia de Dios y de la verdad objetiva, afirma que todas las ideas religiosas son creación de una imaginación individual y fértil. Aun más, se dice que todo lo espiritual es modelado por el contexto cultural de un tiempo, lugar y comunidad en particular. Por cuanto Dios no existe, tampoco existe el bien ni el mal objetivos.

Sin embargo, uno no necesita ir más allá del nacimiento virginal para establecer la paternidad de Dios, el hecho de que Jesucristo es su Hijo, la realidad de la verdad objetiva y la certeza tanto del bien y del mal. El mensaje del Cristo encarnado a todo el mundo es que, como hecho histórico, Dios "se hizo hombre y habitó entre nosotros" (Jn 1:14). Cuando la historia de Jesús es relatada completa y totalmente la gente, en todas partes del mundo, la encuentra muy atractiva.

II. La estrategia de "Despojarse a sí mismo"

Tomás de Aquino (1225-1274) creció bendecido por el lujo; sin embargo, siendo joven decidió dejar a un lado su riqueza y sus ventajas para seguir a Jesucristo. Los padres de Aquino se opusieron vigorosamente a su decisión.[3]

Cuando el Hijo de Dios tomó la decisión de despojarse a sí mismo de sus privilegios y atributos celestiales a fin de pagar el precio para redimir al mundo, agradó a su Padre.

Tanto amó Dios al mundo que dio a su Hijo unigénito.

—Juan 3:16, NVI

⇝ Dejó a un lado la opulencia ⇜

Nacido en una gran riqueza y privilegio, Tomás de Aquino era dueño de su propia residencia en Nápoles, así como de sus propios asistentes y una hueste de sirvientes. Con plumas y sedas, salió cabalgando alrededor de la bahía.

Aquino visitó la Gruta Azul y Capri. Tenía gusto por la belleza y le gustaba repetir el dicho de Agustín: "Si la obra de sus manos es tan hermosa, cuánto más hermoso debe ser el que la hizo".

Entonces, de repente, sin decirles nada a sus padres, Aquino rindió todos sus privilegios y riquezas; y entró a la Orden Dominicana de Predicadores. Se colocó el hábito blanco y negro, y anunció que de ahí en adelante sus títulos quedaban suspendidos. Parecía no darse cuenta del furor que inevitablemente levantó su acción.

Aquino había sido un príncipe y ahora estaba dedicado a una vida de pobreza como fraile errante, pero le agradaba ese cambio. Su madre se quejó ante el papa y el arzobispo de Nápoles. El papa le ofreció hacerlo abad de Montecasino con el privilegio de llevar el hábito dominico. Pero se rehusó, por lo que andaba solo y errante por Roma. Su mente estaba decidida y lo rindió todo.

Años después, cuando escribió la *Summa Theologica*, debajo de la pregunta: "¿Cuáles deberes hacia los padres deben ser puestos a un lado por causa de la religión?", Aquino escribió la sencilla declaración de Jesús.

"El que quiere a su padre o a su madre más que a mí", citó, "no es digno de mí". También citó de la famosa carta de Jerónimo a Heliodoro: "Aunque tu padre se arroje al escalón de la puerta, camina por encima de él, sigue tu camino y vuela con ojos secos al estándar de la cruz".[4]

En su profunda declaración cristológica a sus lectores en Filipos, el apóstol Pablo resumió el plan de acción del Dios trino y les mandó que escogieran como suya la mente del Señor.

> La actitud de ustedes debe ser como la de Cristo Jesús, quien, siendo por naturaleza Dios, no consideró el ser igual a Dios como algo a qué aferrarse. Por el contrario, se rebajó voluntariamente, tomando la naturaleza de siervo y haciéndose semejante a los seres humanos. Y al manifestarse como hombre, se humilló a sí mismo y se hizo obediente hasta la muerte, ¡y muerte de cruz! Por eso Dios lo exaltó hasta lo sumo y le otorgó el nombre que está sobre todo nombre, para que ante el nombre de Jesús se doble toda rodilla en el cielo y en la tierra y debajo de la tierra, y toda lengua confiese que Jesucristo es el Señor, para gloria de Dios Padre. Así que, mis queridos

hermanos, como han obedecido siempre —no sólo en mi presencia sino mucho más ahora en mi ausencia— lleven a cabo su salvación con temor y temblor, pues Dios es quien produce en ustedes tanto el querer como el hacer para que se cumpla su buena voluntad.

—Filipenses 2:5-13, NVI

Para entender este plan es fundamental el hecho de que Jesucristo era tanto divino como humano, dos naturalezas en una persona.

A. Dos naturalezas: Su divinidad

"Siendo por naturaleza Dios", es la manera en que Pablo describe al Mesías (Flp 2:6, NVI). El apóstol escribió a los colosenses: "Porque en [Cristo] habita corporalmente toda la plenitud de la deidad, y vosotros estáis completos en él" (Col 2:9-10). El profeta Jeremías predijo su encarnación en estos términos: "Vienen días, dice Jehová, en que levantaré a David renuevo justo, y reinará como Rey, el cual será dichoso y actuará conforme al derecho y la justicia en la tierra. En sus días será salvo Judá, e Israel habitará confiado; y este será su nombre con el cual lo llamarán: 'Jehová, justicia nuestra'" [Jehová *tsidkenu*] (Jer 23:5-6, RVR95). En esta declaración, Jeremías afirmó que el Mesías sería descendiente de David, pero también anunció que llevaría el nombre *Jehová*. El pasaje es otra de las fuertes profecías en el Antiguo Testamento de la deidad de Jesucristo.

El Credo Niceno del 325 d.C. da una clara formulación de la divinidad de Jesús:

> Creo ... en un solo Señor Jesucristo, Hijo Unigénito de Dios, Engendrado del Padre antes de todos los siglos, Dios de Dios, Luz de Luz, verdadero Dios de Dios verdadero, Engendrado, no hecho, consubstancial con el Padre; por el cual todas las cosas fueron hechas, el cual por amor a nosotros y por nuestra salud descendió del cielo, y tomando nuestra carne de la virgen María, por el Espíritu Santo, fue hecho hombre ...[5]

El Credo Calcedonio del 451 d.C. dice:

> Siguiendo, pues, a los santos padres, nosotros todos, a una voz, enseñamos que ha de ser confesado...dos naturalezas, inconfundibles, inmutables, indivisibles, inseparables, no siendo quitada de ninguna manera la distinción de las dos naturalezas por la unión, más bien siendo conservada la peculiaridad de cada naturaleza y concurriendo cada naturaleza en una sola persona y una sola sustancia, no partidas ni separadas en dos personas, sino uno y el

mismo Hijo Unigénito, la Palabra divina, el Señor Jesucristo; como desde el principio declararon los profetas acerca de Él, y el mismo Señor Jesucristo nos ha enseñado, y el credo de los santos padres ha transmitido hasta nosotros.[6]

Jesús no era medio Dios ni medio hombre. Era totalmente divino y totalmente hombre. Eso significa que la persona de Jesucristo posee tanto naturaleza humana como naturaleza divina. No era meramente un hombre que tenía a Dios en Él, ni era un hombre que "manifestó el principio de Dios". Él *es* Dios, la Segunda Persona de la Trinidad (Jn 1:1, 14): "El Hijo es el resplandor de la gloria de Dios, la fiel imagen de lo que él es, y el que sostiene todas las cosas con su palabra poderosa" (Hb 1:3). Las dos naturalezas de Jesús no estaban mezcladas; sin embargo, actuaban en unidad en la Persona única de Jesús, el Dios-hombre. Lo siguiente ilustra la magnitud con que las Escrituras retratan la deidad de Jesús.

- Él aceptaba adoración (Mateo 2:2, 11; 14:33).
- Jesús es la esencia corporal de la Deidad (Colosenses 2:9).
- Él da vida eterna (Juan 10:28).
- Fue llamado Dios (Juan 20:28; Hebreos 1:8).
- Jesús fue llamado también el Hijo de Dios (Marcos 1:1).
- Sabía todas las cosas (Juan 21:17).
- No tenía pecado (Hebreos 4:15; 1 Pedro 2:22).
- Jesús destruyó las obras del diablo (1 Juan 3:8).

El apóstol Juan hablaba de la naturaleza divina de Jesús cuando dijo: "El Verbo era Dios" (Jn 1:1). Jesús es el Verbo (la Palabra) en su propia persona; por lo tanto, siempre ha sido más grande que la personificación escrita de su Palabra. "Jesús hizo también muchas otras cosas", escribió el apóstol Juan. "Si se escribiera cada una de ellas, pienso que los libros escritos no cabrían en el mundo entero" (Jn 21:25). Este "Hijo de Dios ha venido y nos ha dado entendimiento para que conozcamos al Dios verdadero. Y estamos con el Verdadero, con su Hijo Jesucristo. Este es el Dios verdadero y la vida eterna (1 Jn 5:20).

"A Dios nadie lo ha visto nunca ... porque Dios es Espíritu" (Jn 1:18; 4:24). Como Espíritu, no está limitado a tiempo y espacio y no es visible a los ojos humanos; sin embargo, el milagro de la encarnación es que "Dios se hizo hombre (Jn 1:14).

Jesús, hecho carne, mostró los atributos de Dios en su ministerio, como vemos en los siguientes ejemplos.

- Proclamó su omnipotencia: "Toda potestad me es dada en el cielo y en la tierra" (Mt 28:18).

- Jesús era omnisciente, sabía todas las cosas. Él "no se fiaba de ellos, porque conocía a todos, y no tenía necesidad de que nadie le diese testimonio del hombre, pues él sabía lo que había en el hombre" (Jn 2:24-25; 16:30; 21:17). Sabía hasta las características específicas de la moneda de cuatro dracmas que había en la boca de un pez —en el mar de Galilea— que Pedro pescaría (Mt 17:27).
- Jesús comprobó su omnipresencia, estando en todas partes al mismo tiempo. Él "vio" a Natanael desde muchos kilómetros mientras estaba sentado bajo una higuera "antes de que Felipe [lo] llamara" (Juan 1:48). Jesús les dijo a Sus discípulos al final de su ministerio terrenal: "Les aseguro que estaré con ustedes siempre, hasta el fin del mundo" (Mt 28:20, NVI).
- Jesús era inmutable (inalterable): "Jesucristo es el mismo ayer, y hoy, y por los siglos" (Heb 13:8).
- Las Escrituras le atribuyen eternidad: "Él es antes de todas las cosas, y todas las cosas en él subsisten" (1 Col 1:17; ver también Jn 8:58; Ap 1:17).
- La Biblia describe la gloria especial de Jesucristo, que le pertenecía desde la eternidad. El aura que rodeaba el trono eterno de Dios fue manifestada en muchas demostraciones registradas en el Antiguo Testamento. Moisés, por ejemplo, escribió que la gloria del Señor se posó sobre el Monte Sinaí y se mantuvo allí por siete días hasta que subió a la montaña a encontrarse con Dios (Éxodo 24:16-18; ver también Éxodo 33:22; 40:34-35; Números 14:10; 1 Samuel 4:21; Salmo 19:1; Juan 1:14). Los magos del oriente siguieron la estrella a la casa en Belén donde estaba el bebé Jesús. Cuando lo encontraron, se postraron y le adoraron, le presentaron sus regalos de oro, incienso y mirra, y partieron con el sentimiento de que habían encontrado a su Mesías (Mt 2:1-12).

Nunca hubo un tiempo en el que Jesucristo no fuera totalmente divino, el "agua viva" (Jn 4:10; 7:37; Col 1:17). Aun en su muerte le dijo al ladrón en la cruz: "Hoy estarás conmigo en el paraíso", y era una promesa creíble y con autoridad (Lc 23:43). Jesús podía ofrecer la garantía porque Él y "el Padre son uno" (Jn 10:30).

Jesús comprobó un conocimiento completo de la gente. Cuando los discípulos estaban discutiendo quién sería el más importante en el reino del Señor, "sabiendo bien lo que pensaban", dice el escritor del evangelio, Jesús "tomó a un niño y lo puso a su lado (Lucas 9:47, NVI). El Señor continuó entonces con la enseñanza: "El que es más insignificante, ese es el más importante" (v. 48).

Jesús era divino desde el momento de su concepción por el Espíritu Santo. Era Deidad tanto en el vientre como en el establo (Lc 1:35). El Señor no llegó a ser Dios en el momento de su nacimiento o en algún momento después. Como niño fue completamente humano, de forma que fue verdaderamente Dios aun en la infancia, aunque tenía que crecer y llegar al total conocimiento humano de su persona y su misión (Lc 2:52).

⁓ "Papi, ¡Baja!" ⁓

¿Recuerda el gozo de los padres intercambiando historias acerca de sus hijos?

Por ejemplo, el pequeño Pepe pone un juguete o un rompecabezas en el piso y selecciona a uno de nosotros los adultos como su compañero de juego. Sería algo como lo que sigue: "Papi (ese soy yo), juar". Eso es "vamos a jugar" para aquellos que requieran traducción. Y le da unas palmaditas al piso exactamente donde quiere que usted se siente y "juee".

Marielita estaba invitando de manera similar a los adultos en su mundo. Papi podía estar moviéndose por la sala haciendo lo que fuera, y ella lo miraba con sus ojazos azules mientras hacía una pregunta sencilla: "¿Papi baja?" Ella realmente quería que su padre bajara a su nivel, por lo que él la complace.

¡Eso es precisamente lo que hizo el Padre celestial con la encarnación, cuando envió a Jesús para que fuera uno de nosotros!

B. Dos naturalezas: Su humanidad

"Y al manifestarse como hombre" es la manera que Pablo describe la humanidad del Mesías (Flp 2:8, NVI). El punto central de la encarnación era traer al Hijo de Dios al mundo: "El Verbo se hizo hombre y habitó entre nosotros", para salvar a "todo el que cree" (Mat 1:21; Jn 1:14; 3:16).

El Credo Niceno lo expresa de esta manera:

> El cual por amor a nosotros y por nuestra salud descendió del cielo, y tomando nuestra carne de la virgen María, por el Espíritu Santo, fue hecho hombre, y fue crucificado por nosotros bajo el poder de Poncio Pilatos, padeció y fue sepultado; y al tercer día resucitó según las Escrituras, subió a los cielos y está sentado a la diestra de Dios Padre. Y vendrá otra vez con gloria a juzgar a los vivos y a los muertos; y su reino no tendrá fin...[7]

Jesús vino a esta tierra en un cuerpo (Heb 10:5; Lucas 24:39). En ese cuerpo, Jesús oró a su Padre (Juan 17). Él también fue tentado (Mat. 4:1). En realidad, experimentó la muerte mientras colgaba de la cruz (Ro 5:8).

Ni un ángel ni ninguna otra cosa creada nació aquel día en el establo humilde de Belén. El vientre de María se abrió para dar nacimiento a un verdadero bebé humano. El infante comenzó de inmediato a llorar, y nació con hambre, como todos los pequeños. Sin embargo, también era verdadero Dios de Dios mismo.

La naturaleza humana de Jesús experimentó todas las características no pecadoras de la carne. Necesitaba dormir (Mt 8:24); sentía hambre (Mt 4:2; 21:18); se cansaba (Jn 4:6); sentía el dolor de la sed (Juan 19:28), y hubo veces en que necesitó fortaleza (Mt 4:11; Lc 22:43). Jesús aceptó las limitaciones de su propia encarnación en un cuerpo físico. Se movió entre la gente, yendo y viniendo. Juan registra que el Señor "tenía que pasar por Samaria" (Jn 4:4). "Voy a despertarlo", dijo Jesús con respecto a Lázaro (Jn 11:11). Después que llegó, Marta fue a su hermana, María, y le dijo: "El Maestro está aquí y te llama" (Jn 11:28). Aquel que era el Agua de Vida clamó en su cruz: "Tengo sed" porque estaba sediento (Jn 19:28).

En cuanto a su naturaleza humana, el ángel Gabriel le dio al bebé el nombre de *Jesús*, que significa "salvador". Este nombre no poco común es el equivalente en griego de la palabra hebrea *Josué* (Lc 1:31; Hch 7:45).

Los términos verdaderamente humanos en que la gente se refiere a Él confirman su humanidad. Él era judío (Jn 4:9). Juan el Bautista anunció que "un hombre" había venido después de él, y dijo que era "superior a mí, porque existía antes que yo" (Jn 1:30). Hasta Jesús se llamó a sí mismo hombre (Jn 8:40). Una acusación contra Él por blasfemia incluía el cargo de que proclamaba ser más que "un hombre" (Jn 10:33). Claramente, sus críticos lo percibían como hombre. Pablo dijo que era el "hombre celestial" (1 Co 15:49; ver también Ro. 5:17; 8:3). Pedro lo describió como "un hombre acreditado por Dios ante ustedes con milagros, señales y prodigios, los cuales realizó Dios entre ustedes por medio de él (Hch 2:22, NVI). Pablo llegó a decirle a Timoteo que "Jesucristo hombre" es el "mediador entre Dios y los hombres" (1 Ti. 2:5). Pablo enseñó: "Ya que la muerte vino por medio de un hombre, también por medio de un hombre [vino] la resurrección de los muertos" (1 Co. 15:21, NVI). El Señor regresará la segunda vez como hombre glorificado para juzgar al mundo en justicia (Hch 17:31).

A menudo, Jesús expresó el término *Hijo de hombre*, una referencia a su humanidad. El mártir Esteban usó la expresión cuando estaba muriendo por el cruel apedreamiento de manos de los perversos líderes religiosos, incluyendo al sumo sacerdote de Israel: "¡Veo el cielo abierto —exclamó—, y al Hijo del hombre de pie a la derecha de Dios! (Hch 7:56, NVI). Ese era también el nombre del Mesías que fue predicho por el profeta Daniel, que le atribuyó autoridad, poder soberano y adoración en un reinado sobre todas las gentes, naciones y lenguas (Dn 7:13-14; Mt 26:24).

Jesús usó el apelativo *Hijo del hombre* en su juicio; por lo que Caifás, el sumo sacerdote, rasgó sus vestiduras cuando lo oyó (Mt 26:64-65). Esa reacción indica cuán bien entendía Caifás que el título se refería al Mesías, aun cuando no estaba dispuesto a atribuirle esa designación a Jesús.

Jesús le dijo al jefe de los sacerdotes: "El Hijo del hombre estará sentado a la derecha del Dios Todopoderoso". Ellos entendían por completo las implicaciones de la declaración, por eso respondieron preguntando: "¿Eres tú, entonces, el Hijo de Dios?" (Lc 2:69-70). Al tomar el nombre de *Hijo del hombre*, Jesús como Mesías afirmaba dos cosas: su propia humanidad particular y su humanidad representativa de la familia humana completa; lo que el jefe de los sacerdotes sabía muy bien.

Atanasio (296-373 d.C.) fue el gran obispo de la iglesia de Alejandría, Egipto. La historia eclesiástica lo recuerda como un campeón de la ortodoxia cristológica neotestamentaria. "[Jesús] vino a ser lo que nosotros somos", escribió Atanasio, "para poder hacernos lo que Él es".[8] Dicho de otra manera: Jesús tomó nuestra mortalidad para vestirnos con su inmortalidad.

La ley de Moisés era explícita en cuanto a que los israelitas debían adorar a Dios solamente (Ex. 34:14); sin embargo, Cristo aceptó adoración sin protestar. Un ejemplo de ello ocurrió después que calmó una tormenta en el mar de Galilea: "Y los que estaban en la barca lo adoraron diciendo: —Verdaderamente tú eres el Hijo de Dios" (Mt 14:33).

En su encarnación, Jesús siempre fue completamente humano. Sin embargo, es un hecho evidenciado en los evangelios que cuando el Señor estuvo en la tierra, su humanidad veló su divinidad. Las personas a quienes ministró lo vieron como un simple mortal; requirió una revelación especial para que la gente descubriera su deidad. Natanael expresó tal revelación: "Rabí, ¡tú eres el Hijo de Dios! ¡Tú eres el Rey de Israel!" (Jn 1:49, NVI). Jesús le respondió: "¿Lo crees porque te dije que te vi cuando estabas debajo de la higuera? ¡Vas a ver aun cosas más grandes que éstas! Y añadió: Ciertamente les aseguro que ustedes verán abrirse el cielo, y a los ángeles de Dios subir y bajar sobre el Hijo del hombre" (Jn 1:50-51, NVI).

El mismo tipo de revelación tuvo el apóstol Pedro. El Señor le preguntó en Cesarea de Filipo: "Y ustedes, ¿quién dicen que soy yo?" Simón Pedro respondió: "Tú eres el Cristo, el Hijo del Dios viviente". Jesús replicó: "Dichoso tú, Simón, hijo de Jonás, porque no te lo reveló ningún mortal, sino mi Padre que está en el cielo" (Mt 16:16-18, NVI).

Jesús tuvo un crecimiento físico normal con una verdadera naturaleza humana. Se desarrolló conforme a las mismas leyes naturales de todos los hombres; pasó de un infante indefenso, a través de sus años adolescentes, hacia la madurez del joven adulto. Lucas escribió que Jesús "crecía y se fortalecía; progresaba en sabiduría, y la gracia de Dios lo acompañaba" (Lc 2:40). Seguramente recibió algún entrenamiento rabínico mientras crecía, lo cual implicaba típicamente instrucción exigente y enfocada. Uno sólo puede imaginar cuán ávidamente estudió Jesús la Torá, los cinco libros de Moisés, así como el Antiguo Testamento en su totalidad. Aquel que era la Palabra viva de Dios vino a ser en su humanidad tan sagaz con las Escrituras, que podía voltear el rollo hacia el pasaje que quería y lo leía. Una de esas ocasiones está registrada (Jn 1:1; Lc 4:17).

Isaías dijo que "nada en [la] apariencia [de Jesús] lo hacía deseable"; sin embargo, pensamos en Él como alguien "apuesto y trigueño, y entre diez mil hombres se le distingue" (Is 53:2; Cnt 5:10, NVI). Si su apariencia física no cautivaba, su carácter ciertamente sí lo hacía. Aun sus enemigos admitían que era impecable en la integridad de su fibra moral (Mr 12:14, NVI).

El apóstol Juan fue explícito acerca de cualquier intento de negar que Dios en Cristo vino a la tierra como un ser humano de carne y hueso.

> Queridos hermanos, no crean a cualquiera que pretenda estar inspirado por el Espíritu, sino sométanlo a prueba para ver si es de Dios, porque han salido por el mundo muchos falsos profetas. En esto pueden discernir quien tiene el Espíritu de Dios: todo profeta que reconoce que Jesucristo ha venido en cuerpo humano, es de Dios; todo profeta que no reconoce a Jesús, no es de Dios sino del anticristo. Ustedes han oído que éste viene; en efecto, ya está en el mundo.
> —1 Juan 4:1-3, NVI

C. La actitud que hizo posible la estrategia

"La actitud de ustedes debe ser como la de Cristo Jesús", escribió el apóstol Pablo (Flp 2:5). La versión Reina Valera 1960 lo presenta así: "Haya, pues, en vosotros este sentir que hubo también en Cristo Jesús". Nadie ha visto nunca al Dios que es Espíritu; sin embargo, Dios vino a ser carne en Jesucristo y habitó entre nosotros (Jn 1:14; 4:24). Así que, ¿cuál fue la predisposición particular del Señor en su encarnación que le permitió servir como ser humano?

Nosotros respondemos que *la confianza implícita en su Padre* resume la actitud general que explica la vida terrenal del Nazareno. Jesús confiaba en su Padre completamente, confianza que es esencial para el cumplimiento del plan de salvación. Pablo dijo que Jesús era "por naturaleza Dios"; pero, en su humanidad "no consideró" que sus atributos como "igual a Dios" eran "algo a qué aferrarse" (Flp 2:6). Dicho de otra manera, Jesús "no demandó ni se aferró a sus derechos como Dios" (Flp 2:6, NVI). Tal elección asume fundamentalmente una actitud de confianza implícita. Debido precisamente a esa confianza, Jesús vivió totalmente como un ser humano, con su voluntad sometida libremente a su Padre, sin demandar nunca el ejercicio independiente de las prerrogativas de su deidad.

Jesús actuó como un humilde siervo en su humanidad verdadera. Desde esa perspectiva humilde, su objetivo como postrer Adán era redimir a "todo aquel". Para ese fin, "se hizo obediente hasta la muerte, ¡y muerte de cruz!" (Flp 2:7-8; 1 Ti 2:5; 1 Co 15:45-47; Jn 3:16). Jesús se sentía protegido bajo el cuidado de su Padre durante su encarnación porque estaba seguro.

Pablo presentó esta enseñanza sobre la mente de Cristo en términos de utilidad: "La actitud de ustedes debe ser como la de Cristo Jesús" (Flp 2:5, NVI). El gran apóstol no se contentaba con explicar simplemente cómo el Dios-hombre realizó la expiación. Él quería que sus lectores entendieran cómo los benefició eso en su diario vivir. Cada hijo de Dios que ha decidido confiar completamente en el Padre celestial se sentirá protegido también bajo su cuidado, porque está seguro. Por lo tanto, la estrategia redentora del Señor revela el camino para que los creyentes "lleven a cabo su salvación con temor y temblor" (Flp 2:12, NVI).

La confianza de una adolescente: Dios no me dará algo que no pueda controlar

Deuteronomio 8:2: "el Señor... te llevó... por el desierto ... te puso a prueba para conocer lo que había en tu corazón y ver si cumplirías o no sus mandamientos".

Missy Jenkins fue una de siete estudiantes abaleadas el primero de diciembre de 1997, en la escuela secundaria Heath en Paducah, Kentucky. Una bala dañó su médula espinal, dejándola dependiente de aparatos para caminar y una andadera para poder movilizarse.

Al momento del tiroteo, Jenkins tenía quince años y se describía a sí misma como "errante". Durante su convalecencia, no solamente halló la voluntad para permanecer viva, sino la determinación para continuar en una dirección positiva con su vida.

"Me percaté de que no morí esa mañana. Aún estoy aquí. Estoy viva", dijo Missy en una entrevista reciente.

Llevada por esa resolución, Missy Jenkins recibió el título de licenciada en trabajo social de la Universidad Estatal de Murria el 18 de diciembre de 2004. Sus sueños incluyen un título de maestría, matrimonio, hijos y un trabajo.

Missy declaró: "Simplemente no pienso que Dios me va a dar algo que no pueda controlar".[9]

D. La estrategia de despojarse a sí mismo: Vaciarse a sí mismo

Debido a la actitud de Jesús de confiar en su Padre, "se despojó a sí mismo" (Flp 2:7). La frase también puede presentarse así: Él "se vació a sí mismo". El término deriva de la palabra griega *ekenosen*, que significa "vaciar". *Ekenosen* es transliterado a nuestro idioma como "kenosis".[10]

La importancia de la kenosis, o estrategia de vaciarse a sí mismo, es que "cuando llegó el momento, él puso a un lado los privilegios de deidad y tomó la condición de esclavo" (Flp 2:7, Biblia El Mensaje [traducción libre]). La decisión de Jesús de rendir voluntariamente sus prerrogativas divinas es la esencia del hecho de despojarse a sí mismo.

El vínculo de confianza entre Jesús y su Padre le daba la fortaleza y libertad como hombre para vivir prácticamente ese vaciamiento de sí mismo. Por tanto, aceptó en su condición de hombre encarnado las limitaciones de su humanidad. Con ello se vaciaba libremente de la expresión independiente de sus atributos divinos. Los cedió no a un hombre ni a un ángel y, ciertamente, tampoco al diablo. La actitud de confianza del Señor lo capacitaba específicamente para rendir el ejercicio autónomo de sus atributos a su Padre y al Espíritu Santo cuando vino a ser un hombre de carne y hueso con un corazón sin pecado apasionado por servir. Jesús sabía que no necesitaba venir "demandando y aferrándose a sus derechos como Dios", porque su Padre estaría con Él en cada situación (Fil 2:6). Por lo tanto, a través de su ministerio el Espíritu Santo lo guió, pero nunca se aprovechó de su condición de hombre para manipular la obediencia.

Reconocemos que al cosechar este dorado campo de grano, presumimos recoger la verdad bíblica más sagrada. Comprender la divinidad seguramente requerirá sentarse a los pies del Padre varios milenios en los tiempos venideros (Ef 2:7). Sin embargo, es importante que nos esforcemos por comprender lo que la Biblia explica acerca del tema. El objetivo de esta búsqueda es descubrir el modelo maravillosamente triunfante por el que Jesús vivió como hombre cuya actitud humilde dependía de su Padre.

E. La estrategia de vaciarse a sí mismo y los atributos trinitarios de Jesús

Jesús describió el ejercicio de sus atributos coiguales en categorías trinitarias: "*Yo* le pediré al *Padre*, y él les dará otro Consolador para que los acompañe siempre: el *Espíritu* de verdad (Jn 14:16-17, NVI; énfasis añadido; 1 Ti 2:5). Esta relación interdependiente es exactamente lo que Él disfrutó en la Trinidad desde la eternidad. Por lo tanto, para Él era natural cederles a su Padre y al Espíritu Santo la aplicación independiente de sus atributos, con el compromiso de nunca aferrarse a ellos, sin importar cuán intensa fuera la presión (Flp 2:6). Tal es la esencia de la confianza implícita. El apóstol Pedro describe el ministerio de Cristo en estos términos: "Lo ungió Dios con el Espíritu Santo y con poder... anduvo haciendo el bien y sanando a todos los que estaban oprimidos por el diablo, porque Dios estaba con él" (Hch 10:38, NVI). Por supuesto, eso significó que aun cuando liberó la aplicación autodirigida de esos atributos, sus características divinas nunca dejaron de estar a su orden en su estado de humillación. Lo cual es cierto, ya que el Espíritu Santo, dado a Él "sin restricción", los ministró de vuelta a través de Él en su verdadera condición de hombre en la medida que las circunstancias lo justificaran (Jn 3:34; Mr 1:10).

F. La estrategia de vaciarse a sí mismo y el libre albedrío

El propósito de la encarnación era posibilitarle al Cristo hombre que redimiera a la humanidad (1 Ti 2:5; Heb 2:9-17). Al cumplir ese objetivo, el Señor respetó totalmente el don del libre albedrío que Dios le dio a Adán y a su simiente (Gn 2:16-17). Un plan redentor que forzara la obediencia del hombre habría cambiado la verdadera naturaleza humana, porque desde el principio Dios le dio a Adán y a su posteridad el poder de la elección. Una estrategia que alterara la libre acción moral del hombre también habría sido una admisión de que Dios se habría equivocado al crear al hombre con la libertad de decirle sí o no aun a su Creador. Por lo tanto, el objetivo de Jesús en su ministerio no era coaccionar a la gente a tomar la decisión correcta, sino mostrarles tanto amor que ellos se dieran cuenta de su necesidad y eligieran libremente el don de la vida eterna.

El método por el cual sucedió eso fue que el Hijo de Dios vino a la tierra como un verdadero humano y vino a ser "el último Adán, en el Espíritu que da vida" (1 Co 15:45, NVI). Su propia vida y especialmente su muerte, reflejaron el gran amor de Dios. Su crucifixión es central ya que mostró lo que estaba mal con la manera de vivir del mundo y el afecto de Dios por todas las personas. Esta idea hace esenciales las dos declaraciones de Pablo —a sus lectores corintios— para comprender el nuevo pacto: "En Adán todos mueren, también en Cristo todos volverán a vivir" y "El primer hombre, Adán, se convirtió en un ser viviente; el último Adán, en el Espíritu que da vida" (1 Co 15: 22, 45).

El escritor de Hebreos eligió esta línea de razonamiento como propósito primario para su libro. Presenta a Jesús como "apóstol y sumo sacerdote de la fe que profesamos", y muestra lo que se requería de Él de forma que calificara para ese noble papel (Heb 3:1; 4:14). Por ejemplo, "era preciso que en todo se asemejara a sus hermanos", tomando una humanidad verdadera (Heb 2:17; 3:1-2). La encarnación muestra que Jesús cumple esta calificación en su condición de hombre como el Sumo Sacerdote perfecto y hace el sacrificio final por el pecado. La enseñanza de Pablo de la *kenosis* explica cómo sucedió (Heb 5:1-10; 10:11-12; Flp 2:5-7).

Jesús llevó a cabo la expiación con su verdadera humanidad. Lo hizo de una manera tan amorosa y apremiante como para motivar a la gente a hacer su propia libre elección para responder a su magnánima invitación (Is 55:1; Ap 22:17).

> Vengan a mí todos ustedes que están cansados y agobiados, y yo les daré descanso. Carguen con mi yugo y aprendan de mí, pues yo soy apacible y humilde de corazón, y encontrarán descanso para su alma. Porque mi yugo es suave y mi carga es liviana.
> —Mateo 11:28-30, NVI

G. El amor de Jesús por todas las personas

Dios conocía desde la eternidad el enfoque preciso para que Jesús redimiera a la humanidad caída y, con ello, destruyera las obras del diablo (Tit 2:14; Heb 2:14-15). El Padre celestial no necesitaba crear una nueva actitud para que la adoptara su Hijo en su encarnación; al contrario, la elección fluyó de la esencia de la "Tri-unidad" de Dios.

Cada una de las personas de la Trinidad sirven a los intereses de los otros (por ejemplo, Jn 14:26). Por lo tanto, el servicio es un preciado valor en la divinidad, es por eso que el concepto de independencia no aparece en el vocabulario ni en el carácter divino. El Hijo de Dios entró en el tiempo y el espacio como siervo de todos, "hecho semejante a los hombres" (Fil 2:7; Mr 9:35; Jn 1:14). Cuando hizo eso, la verdadera esencia de Dios vino a ser carne con Él, expresándose como un siervo amante (Flp 2:5-7; Mr 10:45). No es extraño que Jesús más tarde dijera: "El que me ha visto a mí, ha visto al Padre" (Jn 14:9).

El término *ágape*, definido como el amor de Dios, expresa el valor central de la divinidad (1 Jn 4:8, 16). *Gracia* es su sinónimo en las Escrituras. Este amor de Dios no tiene egoísmo y no busca engrandecimiento personal. Tampoco es egocéntrico. El amor *ágape* no tiene nada que indique una mentalidad de "más santo que tú". El ágape nunca busca aprovecharse de otro; en realidad, ni siquiera en la Trinidad existe la idea de aprovecharse.

Dios "nos dio en abundancia" las riquezas de su gracia y no requiere nada en retorno (Ef 1:8, NVI). Su amor nunca viene con una etiqueta de precio ni pregunta si se lo merece. Dios comparte incondicionalmente, sin hacer preguntas. Hace llover "sobre justos e injustos" (Mt 5:45). El amor del Padre busca solamente qué es lo mejor para su beneficiario. El mejor retrato del amor incondicional de Dios es el hecho de que Jesús "se hizo obediente hasta la muerte, y muerte de cruz" (Flp 2:8).

Ese amor de Dios envió a Jesús al mundo, quien marchó voluntaria y directamente a su muerte en manos de hombres malvados. Por lo tanto, la cruz es el hecho central en la vida de Jesucristo. "Cristo murió por nosotros" en realidad, "cuando todavía éramos pecadores (Ro 5:8, NVI). Jesús lo hizo para cumplir el propósito de su Padre: satisfacer la más profunda necesidad de la humanidad de un Redentor.

Ágape, entonces, es la gracia hecha a la medida para que los hijos de Dios expresen el corazón de Dios a su prójimo, lo cual es la mejor descripción de servicio.

Ágape es lo opuesto al sistema del mundo. El hombre es egoísta y, a menudo, exagera para su beneficio personal. Es egocéntrico y encuentra fácil justificar la condescendencia. El sistema del mundo busca la ventaja y ciertamente robará y tomará de su prójimo. La humanidad caída no da amor libremente, siempre espera reciprocidad. Esa clase de amor siempre tiene una etiqueta con un precio y el que se lo da siempre pregunta si usted lo merece. La gente comparte el amor del mundo con muchas condiciones egoístas porque quieren lo mejor para ellos mismos, aunque sea a expensas de alguien.

En cada generación, los hijos de Adán siempre han peleado por sus derechos y tratado de agarrar sus privilegios. Después de todo, es la manera del mundo de salir adelante en la vida. Todo el mundo sabe que los leones reinan en la jungla con su fortaleza brutal, tomando lo que quieren. La gente en el sistema mundano piensa de la manera que el mundo piensa: la única forma de pelear la fortaleza es con mayor fortaleza, porque el poder lo justifica; y así es como es.

El modo en que el mundo hace las cosas desdeña el amor *ágape* de Dios precisamente porque desde su punto de vista el amor divino es débil y es un sistema de valores para perdedores. Obviamente, los sabios del mundo que vivían siguiendo las técnicas terrenas interpretaron los métodos de Cristo como muy extraños. Sin embargo, para descubrir la gran fortaleza del amor *ágape* uno necesita mirar más allá de la cruz y la resurrección de Jesús. El Mesías que vino a ser siervo no llegó aferrándose a las prerrogativas de su deidad; sin embargo, tuvo una fortaleza y una perseverancia muy asombrosas para quedarse en una cruel cruz hasta morir y levantarse luego de entre los muertos (Flp 2:6-8; Mt 28:6). Pablo escribió a los cristianos en Tesalónica: "Que el Señor los lleve a amar como Dios ama, y a perseverar como Cristo perseveró" (2 Tes 3:5, NVI).

H. Cómo vivir lo que es el ágape

Jesús optó por una actitud que para Él era simplemente la de Dios comportándose como Dios. Sin embargo, en cuanto al sistema mundano eso era totalmente contrario, lo que anticipaban sólo muy pocos (Sal 13:5; Zac 9:9; Is 42:1-4). En realidad, todo aquel que no tenía un entendimiento íntimo del carácter de Dios habría negado tal posibilidad. Dios encarnado, Jesucristo, decidió vivir el amor de Dios en un mundo depravado y pecador. Trataba a la gente con el mismo corazón de siervo con que se tratan las Personas de la Trinidad divina entre sí (Mr 9:35; Jn 5:20, 30; 14:26). La confianza total yace en el mero centro de las relaciones de la Trinidad.

El amor ágape actuará en pro del mejor interés del otro, aunque el receptor no pida ayuda ni sepa que la necesita. Esto es verdad porque, inherente al amor, yace su propio sentimiento de obligación. Por ejemplo, millones de padres toman sin egoísmo un trabajo, trabajan fielmente por largas horas día tras día, traen a la casa el cheque de pago semana tras semana, y lo gastan todo en el bienestar de sus familias porque su amor por su esposa y sus hijos se los ordena. Sólo el sentido de responsabilidad integrado al amor explica este tipo de trabajo desinteresado. Este ejemplo ilustra por qué el Padre celestial envió a su Hijo al mundo a morir como la expiación definitiva por el pecado; el amor de Dios lo impulsó (Jn 3:16; Ro. 5:8; Gl 4:4; Ef. 2:1; Heb 9:26). También muestra por qué el amor es superior a la ley. Esta puede definir lo bueno y lo malo, y condenar por no hacer lo bueno (Ro 7:7). Pero, ninguna ley ha sido escrita jamás para que pueda dar vida (Gl 3:21). El amor es superior porque *puede* impartir vida. Por esta razón, el amor tiene un sentido inherente de deber que motiva a hacer lo bueno, cumpliendo así la ley (Ro. 13:10; 1 Jn 5:2-3). Este principio inspiró al apóstol Juan a afirmar: "Nosotros [...] amamos a [Dios] porque él nos amó primero" (1 Jn 4:19).

Basada en este entendimiento, cada persona en la Tri-unidad de Dios siempre actúa en pro del mayor bien de las otras personas. Mientras que el sistema mundano piensa en términos de independencia individual, el amor *ágape* en la divinidad opera bajo el sistema de valores de la sumisión mutua y desinteresada. Tal estilo de vida es la máxima expresión de la regla de oro. Esto ayuda a explicar, por ejemplo, por qué el Espíritu Santo siempre exalta al Señor Jesucristo y no a sí mismo (Jn 15:26).

I. El Cordero, triunfo del indefenso

¿Podía el humilde comportamiento de siervo que tuvo Jesús triunfar y salvar al mundo aunque no viniera con las cualidades de un león, exigiendo y arrebatando? ¿Podría cumplir sus objetivos en caso de que viviera según las cualidades de un cordero, el polo opuesto de exigir y arrebatar? (Fil. 2:7). Todo el mundo sabe que los corderos son incapaces e indefensos, fáciles de matar. Jesús eligió adoptar las debilidades del cordero, y en el plan de Dios jugó el papel de cordero inmolado "antes de la creación del mundo" (1 Pe. 1:18-20). Pablo escribió que "se humilló a sí mismo, haciéndose obediente hasta la muerte, y muerte de cruz" (Flp 2:8).

Desde la eternidad, Jesús era el Cordero de Dios, que dependía totalmente de su Padre. Así que vivió el plan de redención con esa mentalidad, derrotando cada "león" que saliera contra Él. El Señor lo hizo, aun cuando le costó su vida a manos de hombres malvados en un mundo muy convulsionado (Jn 1:14-18; Hch 2:23; 3:26; 14:23; 2 Co 5:14). El mensaje del evangelio admite, por lo tanto, que los leones pueden matar, pero el Cordero de Dios mantuvo el poder de la resurrección, y eso hace una diferencia enorme (Jn 10:17-18). Así, nosotros celebramos el triunfo del Cordero (Ap 5:5-6).

Se puede argumentar que la mayor fortaleza del cordero es su confianza en el

La estrategia de la encarnación

pastor. También se deduce que el objetivo principal de la madurez cristiana es que el creyente se revista de completa confianza en el Nazareno (Mt 2:23; 11:29; Jn 14:1; Pr 3:5). "La actitud de ustedes debe ser como la de Cristo Jesús", escribió Pablo (Flp 2:5, NVI). Nosotros también confiamos en el buen Pastor de nuestras almas, quien continúa manteniendo el poder de la resurrección. Jesús, en realidad, usó este hilo de pensamiento para enseñar a sus discípulos a vivir cual siervos:

> Sabéis que los que son tenidos por gobernantes de las naciones se enseñorean de ellas, y sus grandes ejercen sobre ellas potestad. Pero no será así entre vosotros, sino que el que quiera hacerse grande entre vosotros, será vuestro servidor; y el que de vosotros quiera ser el primero, será siervo de todos, porque el Hijo del hombre no vino para ser servido, sino para servir y para dar su vida en rescate por todos.
> —Marcos 10:42-45

Esto explica también por qué Pablo enseñó a los seguidores de Cristo a trabajar por su propia salvación con temor y temblor para que Cristo pudiera ser formado en ellos (Flp 2:12-13; Gl 4:19).

J. Jesús, primicia de los hombres llenos del espíritu

Al reflexionar acerca del Aposento Alto, vemos que fue claro para los apóstoles que el Jesús encarnado había vivido entre ellos como un hombre que estaba lleno del Espíritu Santo (Jn 3:34; Hch 2:1-4; 10:38). Por lo tanto, su vida es el gran ejemplo de lo que significa caminar en el Espíritu (Gl 5:16, 25). Habiendo recibido Él mismo el Espíritu, Jesús fue la primicia de los hombres llenos del Espíritu (1 Co 15:20-23). Su ministerio anticipó el bautismo con el Espíritu Santo para todas las personas sedientas, así como la era de los dones del Espíritu, que reproduce la vida y el ministerio de Jesucristo (Jn 3:37-39; Hch 1:8; Gl 5:16, 25). En el centro del entendimiento pentecostal yace el concepto de que el mismo Espíritu que ungió la vida de Jesús "sin restricción" también unge a cada uno de los hijos de Dios (Jn 3:34; Lc 24:49; Hch 10:38). Este entendimiento aclara la enseñanza del Señor que afirma: "De cierto, de cierto os digo: El que en mí cree, las obras que yo hago, él las hará también; y aun mayores hará, porque yo voy al Padre. Y todo lo que pidiera al Padre en mi nombre, lo haré, para que el Padre sea glorificado en el Hijo" (Jn 14:12-13).

Como primicia de los hombres capacitados por el Espíritu, Jesús se comprometió a vivir, morir y levantarse de la tumba sin tratar ni una sola vez de aferrarse al uso independiente de sus atributos divinos (Flp 2:6). Esto significa que cuando el Jesús encarnado realizó un milagro o hizo cualquiera de las grandes obras de Dios (por ejemplo, sanar a los enfermos, echar fuera demonios, levantar a los muertos, caminar sobre las aguas), actuó como un hombre con el poder del Espíritu Santo, que supervisaba la vida de Él. Por lo tanto, siempre operó bajo la maravillosa unidad de la Trinidad, por lo que nunca estuvo sin asistencia (1 Ti 2:5; 3:16; Jn 10:30).

> La actitud de ustedes debe ser como la de Cristo Jesús, quien, siendo por naturaleza Dios, no consideró el ser igual a Dios como algo a qué aferrarse. Por el contrario, se rebajó voluntariamente, tomando la naturaleza de siervo y haciéndose semejante a los seres humanos. Y al manifestarse como hombre, se humilló a sí mismo y se hizo obediente hasta la muerte, ¡y muerte de cruz! Por eso Dios lo exaltó hasta lo sumo y le otorgó el nombre que está sobre todo nombre, para que ante el nombre de Jesús se doble toda rodilla en el cielo y en la tierra y debajo de la tierra, y toda lengua confiese que Jesucristo es el Señor, para gloria de Dios Padre. Así que, mis queridos hermanos, como han obedecido siempre —no sólo en mi presencia sino mucho más ahora en mi ausencia— lleven a cabo su salvación con temor y temblor, pues Dios es quien produce en ustedes tanto el querer como el hacer para que se cumpla su buena voluntad.
> —Filipenses 2:5-13, NVI

¡Qué estrategia! Tal plan era una idea única de Dios; a ningún miembro, sumido en pecado, de la raza adámica se le hubiera ocurrido. Isaías profetizó que la vida del Mesías tendría esta guía especial del Espíritu Santo.

> Espíritu de sabiduría y de inteligencia, espíritu de consejo y de poder, espíritu de conocimiento y de temor de Jehová. Y le hará entender diligente en el temor de Jehová.
> —Isaías 11:2-3

Precisamente esa llenura del Espíritu lo capacitó para expresar "las palabras de Dios" (Jn 3:34; véase también Is 42:1). Si Jesús, como verdadero Dios que vino a ser hombre, hubiera restringido el despliegue independiente de sus atributos a un ser menor que Él mismo, habría dejado de ser Dios verdadero. Al someterse a sí mismo y a su condición de hombre a su propio Padre y al Espíritu Santo, fue capaz de servir como un hombre de carne y hueso en total obediencia a su Padre. Jesús fue guiado por el Espíritu Santo, pero sin disminuir su deidad. Eso significa que en la maravillosa unidad de las dos naturalezas en una sola persona (Dios y hombre), la deidad de Jesús nunca coaccionó su humanidad ni esta obstruyó su deidad. Bajo esa extraordinaria libertad, Jesús realiza sus obras milagrosas como un hombre con el poder del Espíritu Santo (Hch 10:38).

La meta de cada hijo de Dios debe ser caminar en el Espíritu como Jesús, porque Él es la primicia (Hch 1:8; 10:38; 1 Co 15:20; Gl 5:16). Cuando hagamos eso, seguiremos el ejemplo de Aquel que es "distinguido entre diez mil" (Cant 5:10).

III. Cómo hacer que la estrategia tenga éxito

¿Cómo se comunicaba Jesús con su Padre día tras día cual un siervo rendido, para llevar a cabo como hombre la completa voluntad de su Padre? ¿Cómo obró la *kenosis*, o plan de acción de vaciarse a sí mismo, en su ministerio?

A. Observando, escuchando y hablando con su Padre

Después de sanar al hombre en el estanque de Betesda, Jesús les dio a sus críticos una idea de cómo su Padre, en quien confiaba completamente, estaba con Él para guiar su vida. "De cierto os digo: No puede el Hijo hacer nada por sí mismo, sino lo que ve hacer al Padre; porque todo lo que el Padre hace, también lo hace el Hijo igualmente. Porque el padre ama al Hijo, y le muestra todas las cosas que él hace; y mayores obras que estas le mostrará" (Jn 5:19-20).

En su discurso sobre la ceguera espiritual después de sanar al hombre ciego de nacimiento, el Señor ofreció una imagen —en palabras— que ayuda a explicar cómo funciona esto.

> Yo soy el buen pastor; y conozco mis ovejas, y las mías me conocen, así como el Padre me conoce, y yo conozco al Padre; y pongo mi vida por las ovejas. También tengo otras ovejas que no son de este redil; aquéllas también debo traer, y oirán mi voz; y habrá un rebaño, y un pastor.
> —Juan 10:14-16

Jesús asumió que sus oyentes entendían que como las ovejas conocen la voz del pastor o como un niño reconoce la voz de su padre, así el Hijo de Dios podía discernir la voz de su Padre (Jn 10:4-5). No debería haber necesidad de mayor explicación más allá de estas metáforas.

Jesús vivió su vida entera observando y escuchando al Padre en quien había confiado completamente y, luego, diciendo y haciendo exactamente lo que percibía del Espíritu Santo. Jesús proclamó que nada podía hacer por sí mismo: "Según oigo, así juzgo; y mi juicio es justo, porque no busco mi voluntad, sino la voluntad del que me envió" (Jn 5:30; 10:37; 12:50; 14:24, 31). Jesús mantuvo que la única meta en su vida como siervo era escuchar a su Padre. "He descendido del cielo, no para hacer mi voluntad, sino la voluntad del que me envió" (Jn 6:38). Y continuó definiendo el plan de Dios: "Esta es la voluntad del que me ha enviado: Que todo aquel que ve al Hijo, y cree en él, tenga vida eterna; y yo le resucitaré en el día postrero" (Jn 6:40; 2 P 1:3).

Cuando Jesús sanó al paralítico en Capernaúm y perdonó sus pecados, algunos maestros comenzaron a pensar que el Señor había blasfemado. "Conociendo luego

Jesús en su espíritu que cavilaban de esta manera dentro de sí mismos, les dijo: ¿Por qué caviláis así en vuestros corazones?" (Mr 2:8). Jesús les dijo a sus detractores:

> "Cuando hayáis levantado al Hijo del Hombre, entonces conoceréis que yo soy [el que clamo ser], y que nada hago por mí mismo, sino que según me enseñó el Padre, así hablo. Porque el que me envió, conmigo está; no me ha dejado solo el Padre, porque yo hago siempre lo que le agrada". Hablando él estas cosas, muchos creyeron en él.
>
> —Juan 8:28-30; 14:31

La activa vida devocional de Cristo también estaba centrada en su estrategia de hablar con su Padre, de quien dependía totalmente (Jn 14:31). Su hábito de interceder le hacían posible recibir dirección, así como disfrutar de la compañía y amistad de su Padre.

Por ejemplo, Jesús estaba orando cuando emergió del agua en su bautismo en el Jordán (Lc 3:21-22). A menudo se retiraba de sus discípulos para estar solo en oración. Le gustaba orar en las montañas y, a veces, iba para estar solo en lugares solitarios a fin de comunicarse con tranquilidad con su Padre. Algunas veces, oraba "muy de mañana, siendo aún muy oscuro" (Mr 1:35; 6:46; Mt 14:23; Lc 5:16). Jesús oró toda la noche antes de escoger a sus discípulos (Lc 6:12). Oraba por los niños, así como por sus discípulos (Mt 19:14-15; Jn 17:6, 9). Intercedía con el Padre para que Satanás no pudiera zarandear a Pedro "como a trigo" (Lc 22:31-33).

Los Doce estaban tan atraídos por la vida de oración de Jesús, que le pidieron que les enseñara a orar, por lo que les dio un modelo de oración (Lc 11:1). Jesús oró con acción de gracias antes de alimentar a los cinco mil (Mt 14:19). Oró en Getsemaní y en su cruz (Mt 26:36-46; Mr 14:32-42; Lc 23:44-46). El escritor de hebreos registró que "Cristo, en los días de su carne, ofreciendo ruegos y súplicas con gran clamor y lágrimas al que le podía librar de la muerte, fue oído a causa de su fervor reverente" (Heb 5:7).

Los discípulos del Señor concluyeron al principio de su ministerio que la oración era parte vital de su vida. Por lo tanto, sus hábitos de oración ayudan a explicar cómo el Padre y el Espíritu Santo le dieron el sistema de soporte que guió y capacitó su vida.

B. Dependiendo de las Escrituras del Antiguo Testamento

La capacidad de Jesús de observar y escuchar a su Padre también revela al Señor como el *logos* perfecto, o Palabra de Dios (Jn 1:1, 14). Los apóstoles reconocieron que Jesús, en su propia persona, era la suma total de la sabiduría de la divinidad (Mt 16:16; Jn 16:30; 1 Co 1:30; Col 2:9). Jesús no era solamente la Palabra, sino que también poseía la bendición del Espíritu Santo para sacar de las Escrituras

La estrategia de la encarnación

el vocablo correcto en una situación dada (Jn 1:1; 11:25-26; 1 Co 2:10). Juan el Bautista señaló que "el que Dios envió, las palabras de Dios habla" (Jn 3:34).

La frase "las palabras de Dios habla" usa el término griego *rhamata*.[11] Este vocablo translitera al español el término *rhema*, que es un sinónimo de *palabra*. Jesús era el *Logos* (Palabra) que podía sacar magistralmente de las Escrituras la palabra correcta (*rhema*) para hablar a las necesidades específicas de la gente. Al hacerlo, demostraba que "Dios no da el Espíritu por medida" (Jn 3:34).

La confianza sin reserva de Jesús en su Padre lo capacitó para hacer una de sus afirmaciones más audaces: "Yo soy el camino, y la verdad, y la vida; nadie viene al Padre sino por mí. Si me conocieseis, también a mi Padre conoceríais" (Jn 14:6, 7). Felipe tuvo problema con la declaración, por lo que le dijo: "Señor, muéstranos el Padre, y nos basta" (Jn 14:8).

La respuesta que Jesús le dio a Felipe abre otra revelación de por qué Cristo podía oír y ver a su Padre tan perfectamente; es decir, su Padre estaba realmente con Él en todo momento.

> ¿Tanto tiempo hace que estoy con vosotros, y no me has conocido, Felipe? El que me ha visto a mí, ha visto al Padre, ¿cómo, pues, dices tú: Muéstranos el Padre? ¿No crees que yo soy en el Padre, y el Padre en mí? Las palabras que yo os hablo, no las hablo por mi propia cuenta, sino que el Padre que mora en mí, él hace las obras. Creedme que yo soy en el Padre, y el Padre en mí.
>
> —Juan 14:9-11

Jesús entrenó a sus discípulos para que entendieran que su Padre celestial era Padre de ellos también y que, como Él, ellos debían confiar en el Padre completamente. Un ejemplo de esto es cómo los preparó para enfrentar persecución ante jueces y magistrados. "Cuando os trajeren para entregaros", dijo, "no os preocupéis por lo que habéis de decir, ni lo penséis, sino lo que os fuere dado en aquella hora, eso hablad; porque no sois vosotros los que habláis, sino el Espíritu Santo" (Mr 13:11).

C. Una capacidad guiada por el Espíritu para discernir

Isaías profetizó que el Espíritu Santo que reposaba sobre el Mesías le daría "espíritu de sabiduría y entendimiento" y lo llenaría con "el espíritu de consejo y de poder, espíritu de conocimiento y de temor de Jehová". El Espíritu también lo hizo "entender diligentemente" (Is 11:2-3). Los evangelios tienen muchos pasajes que ilustran la rapidez de pensamiento del Señor (Mr 2:8; Lc 20:23; Jn 6:15).

Isaías predijo que Él "no [juzgaría] según la vista de sus ojos, ni [argüiría] por lo que [oyeran] sus oídos" (Is 11:3). La razón es clara: no se puede confiar en los sentidos naturales. Isaías vio acertadamente que el Espíritu guiaría al Mesías, haciéndolo discernir en cada situación. El Espíritu Santo hizo posible que Él, por ejemplo, "juzgar[a] con justicia a los pobres" (Is 11:4). Puesto que el Espíritu reposaba sobre Él, Isaías dijo: "será la justicia cinto de sus lomos, y la fidelidad ceñidor de su cintura" (Is 11:5).

La vida del Señor demostró la exactitud de la profecía de Isaías. Por ejemplo, Jesús sabía los pensamientos de los fariseos cuando le acusaban de ser Belcebú (Mt 12:24-27; Lc 11:17). Cuando los fariseos, "a quienes les encantaba el dinero" (NVI), hacían un gesto de desprecio a Jesús, Él les respondió: Dios conoce vuestros corazones" (Lc 16:14-15). Después de predicar su sermón en la sinagoga de Capernaúm, Jesús estaba totalmente consciente de "que sus discípulos murmuraban" de su mensaje (Jn 6:61). También tenía un entendimiento exacto "desde el principio quiénes eran los que no creían, y quién le había de entregar" (Jn 6:64). Al final de su vida, sus discípulos habían llegado a ver claramente que Jesús sabía "todas las cosas" y no necesitaba "que nadie [le preguntara]" porque podía responder antes que le preguntaran. El resultado fue que ellos le confesaron: "Por esto creemos que has salido de Dios" (Jn 16:30).

Los discípulos llegaron finalmente al punto en que eran capaces de apreciar por experiencia lo que Jesús les enseñó en el Sermón del Monte: "Vuestro padre sabe de qué cosas tenéis necesidad antes que vosotros le pidáis" (Mt 6:8). La mujer con el flujo de sangre es un ejemplo. Sin que ella dijera palabra, al tocar su manto le motivó a decir: "He conocido que ha salido poder de mí" (Lc 8:46).

Los tribunales buscan diligentemente un motivo para poder mostrar justicia. Jesús dio su vida ayudando a otros buscando en sus corazones. Él es el juez perfecto porque "los pensamientos y las intenciones del corazón" de los hombres están abiertos y expuestos delante de Él (Ro 2:16; Heb 4:12-13). Él emitía juicios divinos acerca de la gente con total conocimiento de sus motivos más profundos. Por lo tanto, su asombroso conocimiento es el fundamento de la habilidad que le hace ejecutar juicio tal que siempre equilibra la gracia con la verdad (Jn 1:14, 17; 8:1-12). Poseer esa clase de información también lo capacitó para sanar sus enfermedades y liberarlos de la atadura de Satanás. Es abundantemente evidente que "Dios estaba con él" (Hch 10:38; Jn 5:1-15; 8:44).

Tal fue la estrategia y la mentalidad del Dios que vino a ser hombre en Jesucristo. Este enfoque lo hizo tan exitoso en la consecución de su plan que pagó con su propia sangre el precio por la salvación del hombre y, luego, se levantó triunfante de entre los muertos (Ap 1:18; 5:9; Col 2:9, 15).

La gran lección para todos los creyentes de hoy es que una actitud de confianza implícita en Dios anclada en la Palabra escrita, sazonada con una vida de oración activa y que anda en el Espíritu, es el camino para una vida cristiana victoriosa.

No extraña entonces que después que Pablo redactara su profunda declaración cristológica a la iglesia de Filipos, escribiera su propia aplicación.

> Amados míos, como siempre habéis obedecido, no como en mi presencia solamente, sino mucho más ahora en mi ausencia, ocupaos en vuestra salvación con temor y temblor, porque Dios es el que en vosotros produce así el querer como el hacer, por su buena voluntad.
> —Filipenses 2:12-13

D. La estrategia de vaciarse a sí mismo y los atributos divinos de Jesús

El siguiente vistazo a tres de las cualidades divinas de Jesús ilustrará cómo operó el plan de acción.

1. Omnipresencia

Es evidente que aunque era de carne y hueso, el Señor no era omnipresente, ni estaba en todas partes al mismo tiempo. Jesús aceptó claramente las limitaciones de tiempo y espacio durante su encarnación, pero el equilibrio es esencial. El Señor "vio" a Natanael aun cuando estaba a muchos kilómetros de distancia en su ciudad de Caná, sentado debajo de una higuera (Jn 1:48). El apóstol Juan escribió en su prólogo de "el unigénito Hijo, que está en el seno del Padre, él le ha dado a conocer" (Jn 1:18). De nuevo, debemos admitir que esto es un gran misterio; porque ¿cómo podía Dios en Cristo, que estaba totalmente encarnado, estar en más de un lugar al mismo tiempo? Obviamente que no podía en su cuerpo físico. Pasajes como este encuentran explicación solo en las categorías tipo *kenosis*.

2. Inmutabilidad

"Yo Jehová no cambio", le dijo Dios a Malaquías, lo cual es la esencia de la inmutabilidad (Mal 3:6). El escritor de Hebreos registró que "Jesucristo es el mismo ayer, y hoy, y por los siglos" (Heb 13:8). Sin embargo, cuando el Hijo de Dios dejó el cielo y vino al mundo a través del vientre de la virgen, dejó a un lado su inmutabilidad y experimentó cantidades de cambios al pasar de la infancia a la edad adulta.

> Jesús crecía en sabiduría estatura, y en gracia para con Dios y los hombres.
> —Lucas 2:52

Este es un maravilloso misterio, que Aquel que experimentó gran cambio como ser humano permaneció inmutable a través de su humillación como la Palabra de Dios.

3. Su gloria

Jesús limitó voluntariamente el goce independiente de su gloria divina cuando entró en el tiempo en carne y sangre. Jesús era el Hijo de Dios y merecía honor en ese papel exaltado como miembro de la Divinidad. Ciertamente las huestes celestiales respetaban su estado supremo y le dieron la adoración debida (Sal 148:2; Lc 2:9-15; Heb 1:6).

> Bendecid a Jehová, vosotros sus ángeles, poderosos en fortaleza, que ejecutáis su palabra, obedeciendo a la voz de su precepto. Bendecid a Jehová, vosotros todos sus ejércitos, ministros suyos, que hacéis su voluntad. Bendecid a Jehová, vosotras todas sus obras, en todos los lugares de su señorío. Bendice, alma mía, a Jehová.
>
> —Salmo 103:20-22

Es vital para el éxito de Jesús que ceda voluntariamente su derecho a ser recibido con honor y ser adorado libremente. Una amarga cruz es lo que le esperaba en su humanidad, no un trono, y desde la eternidad lo sabía (Mt 16:21; 20:18; 26:1-2). En sus tres años de ministerio, pocas personas le dieron honor divino, pero esos momentos estaban lejos de su rutina diaria (Mt 2:11; 8:2; 9:18; 14:33; 15:25). A través de su ministerio, los sacerdotes ofrecían regular y fielmente los sacrificios diarios en el templo, cientos de ellos. Sin embargo, no ofrecieron ni siquiera un sacrificio en adoración a su Mesías, el cual estaba en ese tiempo caminando en sus calles. Cuando Jesús limpió a los diez leprosos, sólo uno de ellos regresó a darle las gracias. El Señor habló acerca de la ingratitud de los otros nueve, los cuales no le dieron a Dios la común cortesía después de recibir el bondadoso regalo de una nueva vida (Lc 17:17-18).

Jesús pudo lidiar con los insultos porque sabía lo que había en el hombre y no vino exigiendo adoración. Nunca echó mano de su gloria (Jn 2:25; Flp 2:6). Al contrario, la humildad caracterizó de tal manera su actitud que enfocó su vida en cumplir el plan de su Padre y, a través de esa estrategia, ministró a las necesidades más profundas de la gente. Su meta era actuar con tal amorosa eficiencia que la gente eligiera libremente darle respeto y, al final, adoración. En esa manera, ganó en su condición de hombre el honor y la adoración que ya eran suyos por derecho de su deidad.

Al menos en una ocasión cuando se acercaba a su cruz, Jesús hizo de su gloria el objeto de su oración: "Padre, la hora ha llegado; glorifica a tu Hijo, para que también tu Hijo te glorifique a ti ... glorifícame tú al lado tuyo, con aquella gloria que tuve contigo antes que el mundo fuese" (Jn 17:1, 5). No era una oración de impaciencia; más bien, era una petición que reconocía que el tiempo casi había llegado para la restauración de la gloria del Señor que tan entrañablemente recordaba y la cual justamente añoraba.

Todos los hijos de Dios tienen mucho que aprender del Siervo que descendió del cielo. Su decisión de lograr la salvación del hombre sin echar mano de su gloria y sin dominar nunca a nadie lo hizo el "lucero de la mañana" que se levanta en nuestros corazones (2 P 1:19).

~ Un Rey en vestiduras de plebeyo ~

Una vívida imagen en palabras de la actitud de Jesucristo es pintada en la novela de Mark Twain, *A Connecticut Yankee in King Arthur's Court* (Un yanqui de Connecticut en la corte del rey Arturo). La historia cuenta las aventuras de un hombre ordinario del siglo XIX (el yanqui de Connecticut) transportado al mundo medieval del rey Arturo.

En un punto, él convence al rey Arturo de que se vista como plebeyo y haga un viaje a través de su reino. Los resultados son por lo general graciosos cuando el rey, completamente ajeno a la vida en las trincheras trata de continuar con toda la pompa de la corte mientras que los que están a su alrededor piensan simplemente que está loco. Pero, hay un capítulo conmovedor titulado: "La cabaña de la viruela" que describe cómo el rey y su compañero llegan al cuchitril de un pordiosero. El esposo yace muerto, y la esposa trata de advertirles que se vayan: "Por el temor de Dios, que visita con miseria y muerte como si fueran inofensivas, ¡no se queden aquí, pero huyan! Este lugar está bajo maldición".

El rey responde: "Déjame entrar y ayudarte; estás enferma y en problemas".

La mujer le pide al rey que se vaya al desván a ver a su niña.

"Era un lugar desesperante para que él estuviera, y le podría costar la vida", observa el yanqui, "pero no valía la pena argumentar con él".

El rey desaparece por una escalera buscando a la niña.

Hay un ligero ruido en dirección a la esquina en penumbra donde estaba la escalera. Era el rey descendiendo. Yo podía ver que él estaba llevando algo en un brazo y ayudándose con el otro. Vino hacia la luz; sobre su pecho estaba una joven delgada de quince años. Estaba medio consciente y muriendo de viruela.

Aquí estaba el heroísmo de su última y suprema posibilidad, su cúspide máxima. Esto era retar a la muerte a campo abierto desarmado, con todas las probabilidades en contra del retador, sin recompensa por la contienda y sin la admiración de un mundo en sedas y vestiduras de oro para contemplar y aplaudir. Sin embargo, el porte del rey era tan serenamente valiente como lo fue siempre en aquellas competencias baratas en las que el caballero se encuentra con otro en igualdad de pelea y vestidos ambos en acero protector.

Ahora él era grande; sublimemente grande. Las rudas estatuas de sus ancestros en su palacio deberían tener una adición. Si viera que esto sucediera, no sería un rey con mallas matando un gigante o un dragón, como el resto. Sería un rey en vestiduras de plebeyo . . .[12]

4. No yendo más allá de donde van las Escrituras

Es claro en los pasajes como Lucas 4:18-19; Hechos 2:22; 10:38 y Filipenses 2:5-13, que Jesús cedió el voluntario ejercicio de sus atributos divinos a su Padre y al Espíritu Santo, y que hizo todo su ministerio como un *hombre, el postrer Adán*, el cual estaba lleno con el Espíritu Santo. Su estrategia para ministrar fue ver lo que su Padre estaba haciendo y hacerlo, y escuchar lo que su Padre estaba diciendo y decirlo (Jn 5:19-20).

Sin embargo, es importante que no enfoquemos nuestras energías en intentar explicar cada detalle acerca de cómo el principio de la kenosis se aplica a los atributos divinos de Jesús. Al contrario, es un principio fundamental de la interpretación bíblica que el estudiante no vaya más allá de donde van las Escrituras para explicar la verdad bíblica. La Santa Escritura presenta claramente el principio que establece vaciarse a sí mismo, pero no responde todas las preguntas con respecto a ello. Por lo tanto, debemos contentarnos con que el misterio de la encarnación espere una explicación completa en el salón de clases celestial (Ef 2:7).

Mientras tanto, los creyentes de hoy deberían concentrarse en lo que se enfoca el Nuevo Testamento. Después de la investidura del Señor como Mesías en el río Jordán y su tentación en el desierto, regresó a Nazaret bajo el poder del Espíritu Santo. Jesús describió su trabajo en la sinagoga de su ciudad: "El Espíritu del Señor está sobre mí, por cuanto me ha ungido para dar buenas nuevas…" (Lc 4:18). El sermón de Pedro en Pentecostés tiene el mismo enfoque en el Espíritu Santo y lo mismo su afirmación en la casa de Cornelio (Hch 2:22; 10:38). Por lo tanto, en lugar de tratar de comprender todos los detalles de la kenosis, deberíamos invertir nuestro tiempo y energía en caminar en el Espíritu mientras aprendemos a escuchar y ver lo que el Padre está haciendo, para decirlo y hacerlo. Así como el Señor se despojó a sí mismo del ejercicio voluntario de sus atributos, nosotros también debemos enfocarnos en despojarnos de todo lo que hay en nuestras vidas que nos impida confiar implícitamente en el Padre y caminar en el Espíritu, mientras nos ocupamos de nuestra salvación con temor y temblor.

IV. La encarnación como un principio de vida

Moisés, como hijo de la hija de Faraón, vivió el principio de vida inherente a la encarnación cuando se despojó a sí mismo de su riqueza, poder y prestigio real y se reunió con sus hermanos en los pozos cenagosos de Gosén. "[Moisés] escogiendo antes ser maltratado con el pueblo de Dios, que gozar de los deleites temporales del pecado, teniendo por mayores riquezas el vituperio de Cristo que los tesoros de los egipcios; porque tenía puesta la mirada en el galardón" (Heb 11:25-27; Ex 2:10-14; Hch 7:20-23).

Como profeta aun más grande que Moisés, el Señor Jesucristo tomó la decisión infinitamente superior de rendirse a la voluntad de su Padre. Él también hizo de la humillación que experimentó el punto de referencia del discipulado en el reino que se proponía edificar. En realidad, elevó el estándar muy alto (Heb 3:3-6; Dt 18:15).

> Y llamando [Jesús] a la gente y a sus discípulos, les dijo: Si alguno quiere venir en pos de mí niéguese a sí mismo, y tome su cruz, y sígame. Porque todo el que quiera salvar su vida, la perderá; y todo el que pierda su vida por causa de mí y del evangelio, la salvará. Porque ¿qué aprovechará al hombre si ganare todo el mundo, y perdiere su alma? ¿O qué recompensa dará el hombre por su alma? Porque el que se avergonzare de mí y de mis palabras en esta generación adúltera y pecadora, el Hijo del Hombre se avergonzará también de él, cuando venga en la gloria de su Padre con los santos ángeles.
>
> —Marcos 8:34-38

Aunque es cierto que el Señor no vino aferrándose a su magnificencia divina, también es verdad que su estilo de vida de servicio le ganó un nuevo esplendor en los ojos de sus seguidores. El apóstol Juan dijo: "Vimos su gloria ... como del unigénito del Padre, lleno de gracia y de verdad" (Jn 1:14). Para dar dos ejemplos, esta nueva gloria fue evidente cuando calmó la tormenta en el mar de Galilea; en realidad, "los hombres se maravillaron" (Mt 8:27; Mr 4:39). Esa misma sensación de maravilla también estuvo presente cuando levantó a Lázaro de entre los muertos (Jn 11:40-45; Mt 15:31).

Jesús se ganó el derecho de ser el "bienaventurado y solo Soberano, Rey de reyes y Señor de señores". Él solo tiene inmortalidad y habita "en luz inaccesible; a quien ninguno de los hombres ha visto ni puede ver" (1 Tim 6:15-16). Sin embargo, no venció las obras del diablo con la actitud ostentosa de los monarcas exigentes del mundo (Lc 22:25; 1 Jn 3:8). Al contrario, sirvió humilde y totalmente dependiendo de su Padre y del Espíritu Santo por dirección. Usando esa estrategia, el Rey de reyes manifestó un nuevo tipo de fortaleza real caracterizada por una confianza absoluta vivida en mansa servidumbre.

Cada hijo de Dios, a medida que crece en Cristo, enfrentará su propio llamado a despojarse a sí mismo del estilo de vida que ha venido a ser cómodo para él, abandonar su "Egipto" y caminar hacia su equivalente de los pozos cenagosos de Gosén (Ex 5:7-8, 14, 16-19; Heb 11:24-27). Ese vaciarse a sí mismo es fundamental para lo que Pablo quiso decir con: "Haya, pues, en vosotros este sentir que hubo también en Cristo Jesús" y "ocupaos en vuestra salvación con temor y temblor" (Flp 2:5, 12-13).

Algo fundamental para el éxito del Hijo de Dios fue que respondió al llamado de su Padre a una vida apartada. Este es el principio espiritual del cual habló el profeta Oseas, en nombre de Dios, cuando predijo la venida del acontecimiento histórico: "De Egipto llamé a mi Hijo" (Os 11:1; Ex 3:7-10; Mt 2:15). Aun cuando estaba en el mundo, Jesús se apartó de él para poder cumplir el plan de Dios de redimirlo. Este llamado a vaciarse a sí mismo también reconoce que "Dios está trabajando en [nosotros], dándonos el deseo de obedecerle y el poder de hacer lo que le agrada" (Flp 2:13, traducción libre de la versión New Living Translation").

Ahora es apropiado definir la manera específica en que el Jesús encarnado llegó a ser siervo.

🙵 **Capítulo Dos**
JESÚS EL SIERVO, CÓMO SIGUIÓ EL PLAN

Yo soy de mi amado, y conmigo tiene su contentamiento.
—Cantar De Los Cantares 7:10

[Jesús] se despojó a sí mismo, tomando forma de siervo, hecho semejante a los hombres.
—Filipenses 2:5

🙵 El arduo trabajo de entrenar siervos 🙵

Mary Louise Starkey tiene un trabajo difícil. Ella está tratando de convertir gente ordinaria en siervos o sirvientes. El clima económico actual ha aumentado la necesidad de siervos. En la década pasada, el número de hogares estadounidenses con un valor de diez millones de dólares o más se ha cuadruplicado, por lo que los nuevos ricos quieren ayuda para administrar sus grandes casas y ocupados estilos de vida.

Los sirvientes están en demanda, y el Instituto Internacional para la Administración de Hogares de Mary Starkey en Denver, Colorado, está tratando de suplir esa necesidad. Con administradores de hogares ganando de $60,000 a $120,000 al año, las solicitudes están al nivel más alto de su historia. Pero no es sencillo aprender a servir.

Aquellos que se enrolan en el riguroso curso de ocho semanas por $7,200, se dedican a lograr dominar los aspectos más mundanos de llevar un hogar de gran tamaño: tratar con intercambios y vendedores, administrar el personal de la casa, aprender buenos modales en la mesa y tomar clases de cocina. Se les instruye sobre cómo colocar la mesa para una cena formal y planchar los manteles de la mesa para que luzcan perfectos y libres de arrugas.

Quizás el aspecto más difícil de servir sea el elemento de la abnegación o negación personal. Una consultora de belleza en la escuela le dijo recientemente a una atractiva estudiante que se cortara su largo cabello rubio, soltara los grandes pendientes y dejara el lápiz labial rojo. Parecía que su buena apariencia estaba atrayendo más la atención a ella que a sus patrones.

Los sirvientes no atraen la atención a sí mismos; su único propósito es satisfacer las necesidades de los demás.[1]

I. Un siervo, pero ¿en qué sentido?

Primero que todo, Jesús sirvió a su Padre dándole su entera confianza, lealtad y energía para alcanzar la tarea más demandante que se le haya dado a ser humano: el plan divino de redención. Hablando en el nombre de Dios, Isaías escribió: "He aquí mi siervo, yo le sostendré; mi escogido, en quien mi alma tiene contentamiento" (Is 42:1). Isaías también expresó: "Mi siervo será prosperado" (Is 52:13; véase también Mt 12:18; Flp 2:5-7). El escritor de Hebreos dijo que Jesús era "misericordioso y fiel sumo sacerdote en lo que a Dios se refiere" (Heb 2:17-18). El apóstol Pedro entendió esta relación especial de Padre-Hijo por lo que declaró: "Dios. . . ha glorificado a su siervo Jesús" y "resucitó a su siervo" (Hch 3:13, 26, NVI; ver también 4:27, 30; 2 P 1:17). El Señor describió su relación de siervo con su Padre en estos términos: "He descendido del cielo, no para hacer mi voluntad, sino la voluntad del que me envió" (Jn 6:38). Este compromiso era tan fuerte que también afirmó: "Mi comida es que haga la voluntad del que me envió, y que acabe su obra" (Jn 4:34).

Al cumplir este ministerio como el siervo de Jehová, Jesús mostró como la naturaleza del corazón de Dios el Padre es amor hacia todas las personas—judíos y gentiles (Jn 3:16; Lc 15:11-32; 2 Co. 1:3-4). Por lo tanto, Jesucristo ministró como el siervo de todos. "Os digo, que Cristo Jesús vino a ser siervo de la circuncisión para mostrar la verdad de Dios", dijo Pablo, "para confirmar las promesas hechas a los padres, y para que los gentiles glorifiquen a Dios por su misericordia, como está escrito: Por tanto, yo te confesaré entre los gentiles, y cantaré a tu nombre" (Ro 15:8-9; también Sal 18:49; Éx 21:5-6).

Lograr este objetivo como siervo de todos requería que Jesús:

- diagnosticara el problema humano, aun cuando la gente no se diera cuenta de su situación y se opusiera vehementemente a la idea de que tenía un problema (Mr 7:15-23; Jn 7:5; 16:8-11).
- proveyera el antídoto (Mt 9:12-13; Jn 19:30).
- sirviera a la gente tan convincentemente que aceptaran por su propia voluntad su diagnóstico y la cura que brindaba, incorporando sus implicaciones a sus estilos de vida (Jn 4:42; 6:68; Ap 1:18), y
- comisionara, diera poder y dotara a sus discípulos para servir como Él, tomando seriamente la aplicación mundial del evangelio. El resultado fue que ellos se comprometieron con las implicaciones étnicas de ello tomando las buenas nuevas de su redención a los confines de la tierra (Mt 28:16-20; Hch 1:8).

Lograr todo esto era un reto personal colosal y costoso que ofrece una idea de

Jesús el Siervo, cómo siguió el plan

la frase de Pablo, "la fidelidad de Dios" (Ro 3:3). Este tipo de confianza divina se tomó una tarea así de monumental y creyó tan completamente en el resultado final, que la Divinidad nunca concibió una Estrategia B. La máxima medida del éxito de Jesús fue que Él se quedara en la cruz, por su propia voluntad, hasta morir. El Calvario permanece hasta hoy como la pieza central del evangelio y como el logro más asombroso de Jesús. La fe personal en su éxito sobre el madero y su resurrección tres días después ha continuado a través de los siglos como el requerimiento necesario para que las personas acepten el diagnóstico del Señor y el antídoto que Él ofrece libremente.

Los profetas entendieron la profundidad del dilema del hombre, pero no tenían poder para arreglarlo. Por ejemplo, Isaías escribió, "[Los israelitas] dejaron a Jehová, provocaron a ira al Santo de Israel, se volvieron atrás . . . ¿Todavía os rebelaréis? Toda cabeza está enferma, y todo corazón doliente. Desde la planta del pie hasta la cabeza no hay en él cosa sana, sólo herida, hinchazón y podrida llaga" (Is 1:4-6).

El Espíritu Santo le dio a Juan el Bautista, como anunciador de Jesús, un mensaje de arrepentimiento (Mt 3:2). Por lo tanto, Juan se sumó a la lista de los profetas que identificaron correctamente el problema pero no podían solucionar; el abismo era demasiado ancho. Pero, Juan fue investido con el alto honor de introducir al Mesías que "quita el pecado del mundo" (Jn 1:29).

Desde la eternidad, la tarea del Señor era cumplir el plan de salvación sin ninguna afinación de su diseño, ni siquiera una jota, no importaba cuán intensa fuera la presión (Lc 22:39-46; Mt 27:39-44). En este modo, Él tuvo éxito en abrir los ojos de cada persona enferma de pecado. Jesús lo hizo por hombres y mujeres que ni siquiera se habían dado cuenta que estaban viviendo con un cáncer tan agudo que ameritaba el más horrible de los rótulos: rebelión contra Dios (Jn 8:34, 37, 40, 44-49, 55; Is 1:4). El abridor de ojos más grande y poderoso de todos los tiempos a esta mortal malignidad son la crucifixión del Señor en el monte Calvario y su resurrección tres días después.

Jesús no sólo sirvió al plan de su Padre, sino también a la gente, bendiciéndoles con su amor. El Señor no vino demandando; sólo vino a darse a Sí mismo a otros. "Los que están sanos no tienen necesidad de médico, sino los enfermos. No he venido a llamar a justos, sino a pecadores al arrepentimiento" (Lc 5:31-32). Él estaba hasta dispuesto a lavar los pies sucios y olorosos de sus discípulos (Dt 15:16-17; Jn 13:5-10). Hasta el más depravado de los hombres sentía una cálida hermandad con Jesucristo.

Cuando una persona descubre cómo amaba Jesús, es motivada a clamar con un corazón lleno de pasión: "Yo soy de mi amado", al regocijarse en que "conmigo tiene contentamiento" (Cant 7:10).

II Jesús, el Siervo-Mesías

A. Servicio vs. Servidumbre

Jesús "se despojó a sí mismo", escribió Pablo, y tomó "forma de siervo" (Flp 2:7). El término para "siervo" aquí es *doulou*, que se traduce "esclavo". Jesús "renunció a esa igualdad y se hizo igual a nosotros, haciéndose esclavo de todos" (Flp 2:7, BLS).

La esclavitud es probablemente el mal social más grande en toda la historia. Siempre ha sido cruel y fundamentalmente imperfecta, precisamente porque viola el libre albedrío, el don más sagrado y atesorado que Dios le dio al hombre.

> Y los hijos de Israel gemían a causa de la servidumbre, y clamaron; y subió a Dios el clamor de ellos con motivo de su servidumbre. Y oyó Dios el gemido de ellos.
>
> —ÉXODO 2:23-24

Por lo tanto, este tipo de esclavitud es inherentemente perverso por cuanto viola el libre albedrío y reduce a los seres humanos a una servidumbre acobardada.

Sin embargo, el principio de servicio no es perverso. El servicio es, en realidad, un valor básico en la Tri-unidad de Dios; por lo tanto, el servicio no es lo que define la maldad del esclavismo. El esclavismo es criminal porque pervierte el servicio haciéndolo involuntario.

B. La regla de oro

"Todas las cosas que queráis que los hombres hagan con vosotros, así también haced vosotros con ellos", dijo Jesús (Lc 7:12). Si todos los hombres vivieran por este principio de siervo con un corazón de amor, la sociedad sería utópica. No es de extrañar que la enseñanza de Jesús es identificada con el término *Regla de oro*, la cual resume "la ley y los profetas" (Lc 7:12).

~ ¿Estás cuidando de tu bebé? ~

Nuestro profesor del colegio bíblico nos recalcaba a menudo que nosotros no estamos bajo la ley cuando estamos en Cristo. En vez de eso, estamos bajo una nueva ley: la ley del amor. A él le gustaba esta ilustración y la usaba a menudo.

Todos los estados en Estados Unidos, decía, tienen leyes que dicen que una mujer debe tomar cuidado de su niño. Así que, un representante legal de los Servicios Sociales viene a la casa de esta nueva mamá.

> "¿Estás haciendo lo que pide la ley y estás tomando cuidado de tu bebé?" le pregunta a la joven madre.
>
> La mujer, sosteniendo tiernamente su bebé, responde, "No necesito una ley para hacerme tomar cuidado de mi bebé".
>
> Entonces nuestro profesor nos preguntaba, "¿Por qué estaba esta madre diciendo la verdad?" Usualmente, él continuaba sin esperar que respondiéramos: "¡Porque ella ama a su bebé! Ella voluntariamente se convierte en su sierva. Ella lo alimenta, lo carga, le cambia los pañales —cumple con todos los requisitos de la ley día y noche— porque lo ama".
>
> Nuestro profesor siempre hacía la aplicación: "De la misma manera, usted y yo no necesitamos más la ley cuando estamos en Cristo. En vez de eso, somos guiados por la ley del amor".²

La ley puede definir la desobediencia pero no puede dar poder para obedecer. Esto es verdad porque ninguna ley ha sido escrita que pueda impartir vida (Gl 3:21). Sin embargo, Dios es amor, y Dios es también vida; por lo tanto, el amor también da vida (Jn 14:6; 1 Jn 4:8, 16). Así que, el amor puede definir la desobediencia y puede dar poder para obedecer, porque inherente al amor está su propio sentido de obligación. El amor cumple la ley (Gl 5:7-14; Mt 5:17; 2 Co 3:6; Ef 6:24). Cuando vivimos por la Regla de Oro, en realidad queremos hacer lo que es correcto porque amamos a Jesucristo.

Este entendimiento ayuda a explicar las interrelaciones de la Trinidad. Ningún sentido de gobierno, lo cual rebaja a otro, está presente en la Divinidad, ni siquiera hay pequeños destellos de egoísmo que exalta en orgullo a uno sobre el otro. Cada una de las personas en la unidad del Dios que es Uno—el Padre, el Hijo y el Espíritu Santo—actúa por el amor *ágape*. La Regla de Oro siempre ha sido de oro primero y principal porque caracteriza el corazón de Dios.

Sin embargo, la Regla de Oro no describe al Imperio Romano. La mitad de las personas del mundo Mediterráneo se ganaba la vida a duras penas bajo los latigazos del esclavismo mezquino. Era un estilo de vida insoportablemente cruel y vicioso.

Jesucristo puso en movimiento la solución para el problema fundamental de la humanidad sirviendo a su Padre y su plan. Lo hizo con confianza sin reserva, desde un corazón comprometido con la ética del amor *ágape*. Estas cualidades enmarcan la esencia del término *el amor de Dios*. El Señor sirvió a su prójimo con el mismo amor que mostró hacia su Padre (Jn 17:23). Haciendo esto, Él enseñó a la gente a amar como Él amó (Jn 13:34-35). Para dar la máxima ilustración de su amor, Jesús reunió su propia fuerza, subió al monte Calvario y murió para curar la esclavitud del pecado en el corazón de cada hombre. La humanidad nunca podría ser la misma, no después del Calvario. Ese tipo de gracia cambió al mundo.

Modelar la Regla de Oro era, en realidad, algo natural para el Mesías. Él había sido parte de esa actitud en la Divinidad desde la eternidad. En la Regla de Oro, Jesús trajo a la tierra lo "normal" del cielo. Sin embargo, al compararse con la actitud de Roma, su vida ordinaria parecía increíblemente extraña y totalmente débil.

C. La sabiduría que menosprecia la sabiduría de Dios en Cristo

Los sabios, eruditos y filósofos no se dieron cuenta en lo absoluto de la visita de Dios a la tierra en carne y sangre. En su actitud irreflexiva ellos estaban tan consumidos con la sabiduría de su mundo que no vieron la sabiduría divina en Jesucristo (1 Co 1:20).

Los líderes religiosos tampoco se dieron cuenta de su visita. Cuando el Siervo de todos montó el humilde asno para entrar a Jerusalén, los sacerdotes demandaron que Jesús detuviera la adulación de la multitud, especialmente la de los niños. Ellos fallaron en percibir que el Mesías de Israel estaba en realidad en sus calles haciendo cosas maravillosas, mientras que lo rebajaban ciegamente con sus necias demandas. Ellos querían hasta que los niños dejaran de ser niños—sólo porque los muchachos estaban honrando a Jesús (Mt 21:14-15).

D. Jesús, Siervo del Padre

Uno de los principales requerimientos de un esclavo es que obedezca sin preguntar. Jesús fue ese tipo de siervo con su Padre. Él estaba totalmente comprometido con el plan de Dios (Lc 18:31-34; Jn 6:38; 14:31; 18:37). Jesús se había hecho un siervo para la agenda desde la eternidad, mucho antes que diera Sus manos y pies a los clavos romanos (Ef 1:4; 1 P 1:20). Por lo tanto, Él rehusó permitir que nada detuviera su marcha hacia el Calvario (Mt 16:23-28). Al venir a ser tal siervo dedicado, Jesús mostró a Sus seguidores lo que significa "servir a Dios" (Jn 17:4). También trastornó al mundo (Hch 17:6). Cuando la gente lo seguía con el tipo de confianza que Él tenía en su Padre, ellos también trastornaban al mundo.

El Señor servía libremente las necesidades de la gente sin buscar controlarlas, y lo hizo sin importar si lo amaban o no. El resultado de su amor transformador de vidas fue que todas las personas escogidas "en él antes de la fundación del mundo" son redimibles (Ef 1:4-8). Juan escribió que "todas las personas" significa "todo aquel" (Jn 3:16; 4:13-14; también Jl 2:32; Is 55:7).

Hombres y mujeres de los estratos más humildes vieron a Dios en Jesús y rápidamente sintieron una cálida hermandad con el humilde Nazareno. Su corazón de siervo los hacía sentir una increíble calidez, amor y libertad. Como resultado, "gran multitud del pueblo le oía de buena gana" (Mr 12:37). Jesús motivó a la gente a percibir que Dios estaba presente entre ellos—y lo estaba.

Pablo dijo que la estrategia de Jesús para redimir a la gente era amarlos de tal manera que Él estaba dispuesto a despojarse a Sí mismo. Por esta razón, Él tomó la "forma de siervo, hecho semejante a los hombres" (Flp 2:7). En su humillación, la naturaleza divina no sólo tocó la carne humana; en realidad, vino a ser carne a nivel de esclavitud, el estrato más bajo de la sociedad. Jesucristo condescendió no sólo con hombres ricos y poderosos, sino también "con los humildes" (Ro 12:16).

E. Las canciones del siervo

En cuatro pasajes comúnmente llamados las Canciones del Siervo, el profeta Isaías predijo que el Mesías venía a servir. Un breve resumen de cada himno ilustrará la visión del profeta de la mentalidad de Jesús.

1. La ternura del Siervo (Is 42:1-4)

Jesús fue un siervo de corazón tierno, el elegido y la delicia de su Padre. Isaías predijo que este mismo siervo gentil no alzaría su voz en las calles, ni quebraría la caña cascada, ni apagaría el pábilo que humeare (Mt 12:20; 20:28); ni se cansaría ni desmayaría hasta haber terminado el trabajo de establecer justicia en la tierra, incluyendo las remotas islas del océano.

La luz en la vida de Simón Pedro se iba apagando en el salón de juicios de Pilatos cuando Pedro negó tres veces aun conocer al Señor (Mt 26:34; Mr. 14:30-31). Jesús pudo haber apagado fácilmente la fe de Pedro esa oscura noche, pero su meta era sólo suavizar el pábilo endurecido, llevarlo de nuevo a una llama viva—y lo logró. Pedro había sido tal caña quebrada en el juicio de Jesús que la canción había salido de su vida. Pero la "música" que salió del apóstol a los judíos en su sermón el día de Pentecostés fue verdaderamente dulce (Lc 22:31-34; 54-62; Hch 2:14-41; Gl 2:8).

2. El llamado del Siervo (Is 49:1-7)

Dios, desde la eternidad, asignó a Jesús una comisión de siervo. Él era la espada afilada en las manos de su Padre y la flecha lustrada muy especial en su aljaba. La descripción de trabajo del Mesías era llamar a Israel a regresar a Dios. Él también sería "luz de las naciones" trayendo exitosamente la "salvación hasta lo postrero de la tierra" (Is 49:6). Logrando este gran objetivo, el ministerio del Mesías desplegó el esplendor del Padre.

3. La obediencia del Siervo (Is 50:4-9)

Isaías representó la sumisión del Siervo, registrando el testimonio de Jesús por adelantado: "Yo no fui rebelde, ni me volví atrás" (Is 50:5). En realidad, el profeta describió el Mesías en los fuertes términos del principio de vaciarse a sí mismo (*kenosis*) que la Encarnación reveló siglos más tarde (Jn 5:19-36; Sal 16:7-8; Hch 2:25). De hecho, Isaías pone esta declaración en la boca de Jesús:

Jehová el Señor me dio lengua de sabios, para saber hablar palabras al cansado; despertará mañana tras mañana, despertará mi oído para que oiga como los sabios. Jehová el Señor me abrió el oído y yo no fui rebelde, ni me volví atrás.

—ISAÍAS 50:4-5

En el contexto de describir la obediencia del Mesías, Isaías usa su sufrimiento para modelar la extensión de la fidelidad del Señor: "Di mi cuerpo a los heridores, y mis mejillas a los que me mesaban la boca; no escondí mi rostro de injurias y de esputos" (Is 50:6; ver Mr. 14:65). Isaías aun escribió el testimonio del Señor cuando hizo su último viaje a Jerusalén: "Puse mi rostro como un pedernal, y sé que no seré avergonzado" (Is 50:7). Unos siete siglos después de la profecía de Isaías, Jesús vindicó todas las predicciones del profeta.

4. *El sufrimiento del Siervo (Is 52:13-53:12)*

Como el siervo leal del Padre, el Mesías estaba dispuesto a pagar el precio máximo por la salvación del hombre. Por ejemplo, Isaías anticipó el alto costo de la redención simplemente en la desfiguración del rostro y cuerpo del Mesías, y escribió acerca de ello en tiempo pasado, como si ya hubiera sucedido. "Fue desfigurado de los hombres su parecer", dijo Isaías, y fue "despreciado y desechado entre los hombres, varón de dolores, experimentado en quebranto" (vv. 52:14; 53:3).

La profecía de Isaías era exacta. En Isaías 53, el profeta escribió que el Mesías se sometió a su Padre hasta el punto de ser "herido por nuestras rebeliones" y "molido por nuestros pecados" (v. 5). Él llevó nuestro castigo y sanó nuestras heridas (v. 4). El Padre escogió dar a su Hijo en lugar de abandonar a la humanidad. Por lo tanto, Dios hizo de este siervo abusado y sufriente, el cual sirvió todo el tiempo hasta su muerte vergonzosa, la máxima ofrenda por el pecado (v. 10). Por Su muerte, Jesús alcanzó Su meta y satisfizo los requerimientos de su Padre para la justificación de todos aquellos que clamen a Dios por salvación (v. 11). En verdad, las demandas opuestas de justicia y misericordia se encontraron en un abrazo armonioso en los brazos extendidos de Cristo sobre el madero del Gólgota (Ro 3:26). En el Calvario, ambas reposaron sus casos en las cortes celestiales y fueron satisfechas (Is 53:11).

El objetivo del Señor, traer el amor de Dios a la tierra, era un concepto bien retador de la mentalidad hebrea. El pueblo judío no pudo captar que su Rey vendría a ellos "manso, y sentado sobre una asna, sobre un pollino" (Mt 21:5; Zc 9:9). Esta dificultad también muestra cuánto se habían desviado del corazón de siervo de Dios, como es reflejado en la Regla de Oro (Mt 7:12).

F. El retrato máximo del Siervo

Jesús demostró que Él serviría las necesidades de un centurión romano con la misma rapidez con que lo haría por un hijo de Abraham (Mt 8:5-13). Luego, el apóstol Pablo percibiría que en la gran mente de Jesús, un centurión con un corazón para creerle a Dios *era* un hijo de Abraham (Gl 3:29).

Jesús enseñó a Sus seguidores que la mejor manera de ganar gente para Dios es servir desinteresadamente sus necesidades más profundas, aún cuando ellos no sepan cuáles son sus necesidades. "El que quiera hacerse grande entre vosotros", dijo Jesús, "será vuestro servidor, y el que quiera ser el primero entre vosotros será vuestro siervo; como el Hijo del Hombre no vino para ser servido, sino para servir, y para dar su vida en rescate por muchos" (Mt 20:26-28). De hecho, un requerimiento para que un creyente pueda decir verdaderamente, "Yo soy de mi amado", es tomar una decisión libre y amorosa de adoptar la actitud y estilo de vida del Siervo-Mesías (Cant 7:10; Flp 2:5). El hacer esto es la mejor manera posible de ocuparse en la propia salvación de uno con temor y temblor (Flp 2:12-13).

La confianza implícita tuvo su momento más excelente en el Gólgota. Por lo tanto, la Cruz es el retrato máximo de Jesús como el esclavo del plan de su Padre. ¿Podría haber un mayor ejemplo de una actitud amorosa de siervo? Ningún hombre antes o desde entonces ha demostrado una lealtad a esa escala. Esto es aún más verdadero cuando uno comprende que Jesús pudo haber hecho un despliegue independiente de su omnipotencia y, con una palabra, enviar Sus enemigos al abismo (Mt 26:53; Lc 8:31-32; Ap 20:1-3).

G. Participar en la cultura con amor

Jesús confrontó la cultura judía a tal extremo que vino a ser una amenaza para el sistema (Jn 11:48). Porque el sistema sacerdotal no podía controlar a Jesús, ellos sacaron sus armas y conspiraron para matarlo. Los reyes invariablemente creían que el dominio y la autoridad provienen de la espada, pero la humillación de Cristo enseña que "todos los que tomen espada, a espada perecerán" (Mt 20:25; 26:52). En lugar de usar una espada, Jesús ganó el trono del universo con las cualidades de un cordero (Jn 1:29, 36; también Ap 5:5-6).

El plan del Señor probó que el que sirve mejor también reinará mejor. Jesús sirvió humildemente y se abrió paso hacia la cruz en confianza total. Maravilla de maravillas, mientras colgaba de los clavos, Jesús soportó la furia del infierno del silencio (Is 53:7; Hch 8:32-33; 1 P 2:19-25).

La realidad era que los líderes judíos, personificados en el sumo sacerdote y el Sanedrín, produjeron su propia versión de esclavismo religioso y demandaban completa lealtad. Un ejemplo clásico es el hombre ciego a quien el Señor sanó.

Aunque su hijo recibió la vista, sus padres temían darle honra a Jesús por miedo a ser echados fuera de la sinagoga (Jn 9:22).

Sin embargo, el sistema judío no era propietario de Jesús y no podía controlarlo. Cada parte de Él era de siervo, pero no era el siervo de ellos. Él estaba fuera de su sistema. Él se sometía a su Padre y a las personas heridas que necesitaban de un médico, pero no a ellos (Mt 9:12; 12:34-37). Ellos percibían que si no podían traer a Jesús bajo su dominio, al final ellos perderían el control sobre el pueblo. Los líderes religiosos conspiraron para matarlo porque le temían (Mr 11:18).

Roma también demandaba lealtad—lealtad política. Obviamente, el mensaje de libertad espiritual de Jesús amenazaba los valores políticos romanos. Con el poder de la espada, Roma redujo a los pueblos conquistados como los israelitas a los niveles más rancios de esclavitud. Era servidumbre de la peor y era totalmente en contra de su voluntad.

Servidumbre política y servidumbre religiosa son, sin lugar a dudas, dos de los más grandes males que se hayan perpetrado en la familia humana. Probablemente, el peor de ellos es la servidumbre religiosa.

H. El amor de gente ordinaria por el Siervo

La gente común "le oía de buena gana" (Mr 12:37). Para ellos, estar alrededor de Jesús era como el paraíso en la tierra. Mientras más observaban la gran fuerza de su compasivo corazón de siervo, menos les gustaba la esclavitud de las cientos de reglas de los fariseos, todas las cuales demandaban actuación pero les faltaba la motivación del amor para cumplirlas.

En cuanto a Jesús, uno sólo necesitaba estar a su alrededor por unos pocos minutos para darse cuenta que Él amaba a las personas y estaba dedicado a servir sus necesidades. Que quede claro: Jesucristo era un siervo del plan de su Padre, y eso incluía un compromiso absoluto con la redención del hombre.

I. Legalismo y la regla de oro

El legalismo es siempre egoísta. Se enfoca en los esfuerzos inútiles del hombre para ganar méritos con Dios, y sirve para *obtener*. El legalismo es bien ajeno al amor en la Regla de Oro.

Sin embargo, la gracia es el favor especial e inmerecido de Dios que se concentra en el amor por Dios y por las personas, y dice, "Te sirvo porque te amo". Jesús enseñó "Conoceréis la verdad, y la verdad os hará libres" (Jn 8:32; Gl 5:1). El Señor ofreció a Sus seguidores libertad para amar a Dios y a las personas, y vivir como un siervo al mismo tiempo, pero su propia gente al final rechazó Sus valores y lo clavaron en la cruz (Mt 26:53; Jn 18:6). El Señor colgó allí por su propio deseo de servir a la humanidad. Él sabía que lo que estaba haciendo redimiría a los hijos de Dios y traería paz entre Dios y el hombre (Col. 1:20).

Por lo tanto, los enemigos de Jesús no tuvieron éxito en rebajarlo, aún hasta la cruz. El centurión, cuyos soldados crucificaron a Jesús, había visto a muchos hombres hacer precisamente eso—morir maldiciendo e implorando misericordia al mismo tiempo—pero no Jesús. Este endurecido oficial romano reconoció la peculiar diferencia (Mt 27:54; Lc 23:47). Uno de los ladrones colgando en una cruz a su lado también notó la diferencia y suplicó, "Jesús, acuérdate de mí cuando vengas en tu reino" (Lc 23:42). Con las pocas fuerzas que tenía en su cuerpo debilitado, Jesús le respondió al ladrón, "Hoy estarás conmigo en el paraíso" (v. 43).

Cuando el tabernáculo de carne de Jesús estaba colgando de los clavos entre la vida y la muerte, el Señor amó tanto al criminal colgando a su lado que le perdonó sus pecados y abrió de par en par las puertas del cielo para él. ¿Puede haber un ejemplo más grande de la Regla de Oro?

El sendero de confianza total del creyente en las buenas intenciones del Padre y en su estrategia, es siempre el camino que lleva a la paz con Dios. La clave para todos los seguidores de Cristo es que "haya, pues, en vosotros este sentir" que comienza con adoptar la actitud del Señor (Flp 2:5, VRV y NVI).

III. Seguir el ejemplo del Siervo

A. Anhelar la dirección personal

Las personas llenas del Espíritu siempre han tenido hambre de dirección personal por el mismo Espíritu Santo que dirigió la vida de nuestro Señor Jesucristo y sus santos apóstoles (Jn 5:19-20; Hch 3:4). El bautismo con el Espíritu Santo es el regalo del Padre para ayudar a la gente a ver y escuchar a Dios. Sin embargo, las flaquezas humanas nublan la visión y disminuyen la capacidad para escuchar. De hecho, todos los seguidores de Cristo en la iglesia viven con una audición y percepción imperfecta.

B. La palabra escrita: la primera prioridad para la dirección

El Señor vincula de manera inseparable las Escrituras con la Palabra de su Padre y la dirección del Espíritu Santo (Mt 4:4, 7, 10; 5:17-18; 24:35). El ancla que mantiene a los hijos de Dios en balance es la revelación escrita de Dios. Dios habla a Sus hijos (Hch 8:29). Sin embargo, la Biblia debe ser prioritaria por encima de toda visión, toda intuición y toda percepción espiritual. Ninguna manifestación espiritual se levanta al nivel de añadir a las Escrituras inspiradas. Por el contrario, todas las manifestaciones deben postrarse delante y ser juzgadas por la Palabra escrita de Dios.

> ### ⁓ Un día sin la palabra, un día perdido ⁓
> "Porque soy cristiano" decía Dietrich Bonhoeffer (1906-1945), "cada día en el cual no penetro más profundamente en el conocimiento de la Palabra de Dios en la Sagrada Escritura, es un día perdido para mí. Yo sólo puedo avanzar con certeza en el terreno firme de la Palabra de Dios. Y, como cristiano, aprendo a conocer al Santo . . . escuchando la Palabra predicada y meditando en oración".[3]

El anhelo del alma de uno por escuchar lo que Dios está diciendo y ver lo que el Santo está haciendo, debe provenir primero de un estudio diligente del Canon sagrado. Nosotros elevamos la primacía de la Biblia en todos los asuntos de fe y práctica. El rey David dijo en el Salmo 138:2: "Porque has engrandecido tu nombre, y tu palabra sobre todas las cosas." Segundo, el Espíritu habla a las personas a través de una voz interna de su espíritu y las capacita para ver con ojos espirituales (2 R 6:12; Lc 2:25-27; Hch 8:29; 14:9). El estándar principal para juzgar una revelación personal es la Palabra escrita de Dios. El Espíritu Santo nunca contradice la Palabra que Él mismo inspiró.

La persona que es capaz de caminar mejor en el Espíritu es la que ha desarrollado diligentemente el hábito de escudriñar las Escrituras. Él acepta la autoridad final de la Biblia para todos los asuntos de fe y práctica, aún mientras se deleita en las manifestaciones específicas del Espíritu que dan dirección a su vida.

Un hijo de Dios aprecia y devora la Biblia por causa de Cristo y resiste de todo corazón la tentación de devorar el Canon sagrado meramente por el conocimiento intelectual. Estimar la Palabra como un fin en sí mismo es el semillero de una forma de idolatría identificada con el término de *bibliolatría* (adoración del libro mismo).

IV. La unción del Siervo-Mesías

Es importante explorar la unción especial del Espíritu Santo que funcionó en la vida de Jesús. Al hacerlo, este estudio desarrollará el trasfondo bíblico de esta unción y mostrará que alcanzó la plenitud de su significado en la investidura de Jesucristo en su bautismo en el río Jordán.

A. Entendiendo los términos

El primer uso bíblico de *mashach*, que significa "ungir", es en Génesis 31:13, cuando Jacob ungió la piedra colocó en Bet-el. Este concepto de unción comunica la imagen en palabras del derramamiento de un líquido, y el ungüento más común era el aceite de oliva. Al extenderse el significado de la palabra por la cultura hebrea, vino a ser la marca de la ceremonia de la unción que apartaba a una persona para el servicio divino.

Moisés escribió una fórmula específica para el aceite de la unción. Incluía mirra, canela aromática, caña y casia, mezcladas por un perfumero en una base de aceite de oliva. Esta mezcla única vino a ser el aceite sagrado de la unción para la adoración en el tabernáculo (Ex. 30:22-29). Todo lo que tiene que ver con el tabernáculo tenía este aceite, incluyendo Aarón y sus hijos, sus vestiduras y todos los muebles del tabernáculo.

El Señor atribuyó exclusividad a esta mezcla y le dijo a Moisés que dijera a los israelitas:

> Este será el aceite de la santa unción para vuestras generaciones. Sobre carne de hombre no será derramado, ni haréis otro semejante conforme a su composición; santo es, y por santo lo tendréis vosotros. Cualquiera que componga un ungüento semejante o ponga de él sobre algún extraño, será eliminado de su pueblo.
> —Éxodo 30:31-33

B. La presencia en el tabernáculo y el templo

Sin duda, la presencia especial de Dios acompañaba el ministerio sacerdotal en el tabernáculo y el templo (Lv 9:24; 2 Cr 7:1). Cuando el pueblo venía a adorar y ofrecer sus sacrificios, ellos percibían esta presencia y sabían que Jehová estaba con ellos. El arca del pacto colocada entre los querubines en el Lugar Santísimo del tabernáculo era el lugar exclusivo de habitación de Dios (Ex 37:1-9).

Por lo tanto, el aceite especial de la unción vino a simbolizar una impartición profunda que transfería poder divino y autoridad para el servicio. El pueblo entendía que la bendición del don del Espíritu de Jehová debía ser parte de esta unción (Ex 30:30; 1 S 10:9-11). El sistema sacerdotal hebreo vinculaba estrechamente la unción con la cercanía del Espíritu, y muchos que fueron ungidos, como Saúl, experimentaron la presencia (1 S 10:1, 6-7). Sin embargo, nunca fue el propósito de Dios que el aceite y la presencia fueran uno y lo mismo. Una persona podía claramente tener el aceite de la unción derramado sobre ella como una investidura simbólica de un oficio sin una impartición acompañante de la presencia divina.

A través de siglos de declinación espiritual de Israel, la ceremonia de la unción vino a significar poco más que una persona recibiendo la autoridad de su oficio. Esto fue verdad porque el Espíritu de Dios no liberaba la divina presencia para honrar la ceremonia. Ezequiel tuvo una visión, por ejemplo, en la cual el Espíritu en realidad estaba saliendo del templo (Ez 11:23).

Una persona podía también tener la bendición que impartía la presencia divina del Espíritu Santo en su vida sin la ceremonia del aceite de la unción. Juan el Bautista, quien fue lleno con el Espíritu desde el vientre de su madre, ilustra este principio (Lc 1:15).

C. La unción como símbolo

Así que, ¿cuál era el propósito del aceite de la unción? Servía como un símbolo externo de una obra interna del Espíritu en la vida del nuevo líder. El aceite de la unción en sí mismo nunca bendijo a nadie con una dotación de la presencia de Dios. Sólo Dios podía hacer eso. Claramente era el Espíritu de Dios, la Presencia, quien era la fuente efectiva de una unción divina, así que el uso del aceite de la unción se relaciona solamente como una figura del lenguaje. Nunca garantizó la bendición del Espíritu.

D. El Cristo, el ungido

Al relacionarse el aceite de la unción con Jesús, dos grandes temas aparecen. El primero se relaciona con su nombre, el Cristo, y el segundo con su unción. Los ángeles en las colinas de Belén anunciaron que "os ha nacido hoy, en la ciudad de David, un Salvador, que es *Cristo* el Señor" (Lc 2:11, énfasis añadido). *Cristo* es una transliteración de la palabra griega *cristos*, la cual tiene el mismo significado que la palabra hebrea *mashach* o "ungido".

El nombre *Cristo* floreció a su máximo significado en el bautismo del Señor en el río Jordán, treinta años después de la declaración de los ángeles. En el preciso momento en que Jesús emergió del agua, el Espíritu Santo descendió sobre Él en la forma de una paloma y la voz del Padre habló desde el cielo, "Este es mi Hijo amado, en quien tengo complacencia" (Mt 3:17).

Ese instante divino marcó la investidura del Hijo de Dios como el Mesías. En su bautismo en el río Jordán, Jesús vino a ser el Ungido, el Mesías, el Cristo, el *mashach*, quien en el corazón de Dios había sido "inmolado desde la creación del mundo" (Ap 13:8; 1 P 1:19-20). La inauguración no resultó de un aceite de perfumero, sino del Espíritu Santo, dado a Él sin restricción (Jn 3:34). En el río Jordán, Jesús fue capacitado para hacer el trabajo del Mesías. No incluía el darle un sello, un anillo o una diadema; en su lugar, el Espíritu Santo en su vida vino a ser el testigo de su oficio mesiánico.

El profeta Isaías predijo específicamente la unción que estaría en la vida de Jesús.

Esta es otra de las profecías en primera persona de Isaías, como si el Mesías mismo estuviera diciendo su propio testimonio y descripción de trabajo:

> El Espíritu de Jehová el Señor está sobre mí, porque me ungió Jehová; me ha enviado a predicar buenas nuevas a los abatidos, a vendar a los quebrantados de corazón, a publicar libertad a los cautivos, y a los presos apertura de la cárcel; a proclamar el año de la buena voluntad de Jehová.
> —ISAÍAS 61:1-2

Después que Jesús triunfó en el desierto de la tentación, fue libre de regresar a su hogar en Nazaret. Cuando Jesús llegó, caminó a la sinagoga, aceptó el rollo que se le dio y lo abrió en la profecía de Isaías. Él comenzó a leer.

> El Espíritu del Señor está sobre mí, por cuanto me ha ungido para dar buenas nuevas a los pobres, me ha enviado a sanar a los quebrantados de corazón, a pregonar libertad a los cautivos, y vista a los ciegos, a poner en libertad a los oprimidos, a predicar el año agradable del Señor.
> —LUCAS 4:18-19

Entonces el Hijo del hombre lleno del Espíritu Santo enrolló el libro, lo retornó al escriba, y se sentó. "Los ojos de todos en la sinagoga estaban fijos en él. Y comenzó a decirles: Hoy se ha cumplido esta Escritura delante de vosotros" (Lc 4:20-21).

Jesucristo era verdaderamente Dios encarnado antes de salir de Nazaret de viaje a su instalación en el Jordán como el Mesías. A la vez, era el mismo Hijo de Dios encarnado cuando regresó a Nazaret. Sin embargo, Él era significativamente diferente después de ese evento, porque regresó a Nazaret lleno del Espíritu Santo. Él había experimentado una impartición del Espíritu que excedía toda medida.

Como la segunda persona de la Trinidad, Jesús siempre había sido el Cristo y el Mesías de Israel. Ahora como el Dios-Hombre, Él fue investido regiamente como el ungido de Israel, su Mesías—si bien velado en la carne de humanidad verdadera. En esta unción, pronto a ser probada minuciosamente en el crisol del desierto, el Cordero de Dios lanzó su ministerio redentor para quitar el pecado del mundo.

V. El Siervo hace expiación

Volvamos ahora nuestra atención a la Expiación—el proceso por el cual Jesucristo trajo paz entre Dios y el hombre, satisfaciendo los requerimientos de un Dios santo. El lograr esto fue el objetivo único de la Encarnación y el eje de su obra mediadora como el Siervo de todos (Jn 18:37; Mr 9:35; Jn 19:30). Todo lo que el Señor hizo en su ministerio, al final se enfocó en este objetivo (Lc 24:26; Hch 17:3; Heb 9:26-28).

~ Compensación, a mi favor ~

La película Lutero sigue las luchas que un joven erudito tiene para relacionar el mensaje que estaba aprendiendo de la Escritura con la iglesia rígida de su tiempo. La propia crianza religiosa de Martín Lutero le había enseñado un evangelio que era un ejercicio en temor.

Predicando en su congregación en Wittenberg, Lutero se atrevió a proclamar la verdad del Cristo de la Escritura por encima de los terrores de la iglesia institucional.

Parado delante de su congregación (en la película) dice, "Terrible. No perdonador. Así era como yo veía a Dios. Castigándonos en esta vida; entregándonos al Purgatorio después de la muerte, sentenciando a pecadores a quemarse en el infierno por toda la eternidad. Pero, yo estaba equivocado.

"Aquellos que ven a Dios como iracundo no lo ven bien sino que ven por una cortina como si una nube oscura de tormenta hubiera sido colocada sobre su rostro. Si creemos verdaderamente que Cristo es nuestro Salvador, entonces tenemos un Dios de amor, y ver a Dios en fe es mirar su corazón amistoso.

"Así que cuando el diablo le tira sus pecados en su cara y declara que usted merece la muerte y el infierno, dígale esto", dice Lutero, mientras su sermón alcanza el punto culminante, "Admito que merezco la muerte y el infierno. ¿Y qué? Yo conozco uno que sufrió e hizo compensación a mi favor. Su nombre es Jesucristo, Hijo de Dios. Donde Él está, yo también estaré".

En tal predicación simple y directa del evangelio, fue lanzada la Reforma.[4]

A. Expiación: Provista por el Dios que siente el dolor

¿Cómo comprenden los hijos de Adán hasta dónde hirieron sus pecados el corazón de Dios? En su descripción del divorcio de Israel de Jehová, un pueblo a quien Dios amaba profundamente, habiéndolo escogido como Suyo, el profeta Jeremías pintó un cuadro del corazón roto del Padre que retorcía las entrañas (Jer 3:12).

El mismo Calvario es la pintura maestra de cuán profundamente han herido nuestros pecados el corazón de Dios. De hecho, una persona nunca comprenderá el dolor que sus pecados causan a Dios hasta que abre sus ojos y ve al Hijo de Dios colgando en la cruz cruel para expiar por sus pecados. Muchas personas no entienden que el Dios eterno, que es Espíritu, siente dolor (Gn 6:6). ¡Cuán vitalmente importante es redescubrir la cruz de Jesucristo! La verdad es que nuestros pecados lo hieren profundamente y lo crucifican de nuevo (Heb 6:6).

La familia humana realmente necesita ayuda, y la fuente de la cual viene la sanidad es el corazón herido de Dios mismo. Él dio a su Hijo unigénito como el sacrificio para nuestra expiación, y ese regalo define la extensión de su amor (Ro 3:25).

B. La expiación como libre elección

Parte del "misterio de la piedad" es que el sacrificio de Jesús fue al mismo tiempo una libre elección y una necesidad (1 Ti 3:16). Como libre elección, Jesús pagó el precio voluntariamente para lograr el Calvario (Jn 10:17-18). En su propia esencia divina o en su humanidad verdadera, Él no tenía ninguna necesidad u obligación inherente de arrastrar Su cruz hacia el Gólgota. Jesús era Dios antes de ofrecerse voluntariamente a ir al Calvario. La cruz no era obligatoria para seguir siendo Dios y, como hombre perfecto, sin pecado, Jesús no merecía la sentencia.

¿Cómo, entonces, debe uno entender la Expiación? El Calvario fue el resultado de un acto de libre elección que surgió de la esencia de la Divinidad. Fue una decisión de amor de la Trinidad por el hombre pecador. Jehová mostró que le importaba tanto que el trino Dios planeó desde la eternidad el sacrificio para sanar la ruptura entre Dios y el hombre. La expiación fue una libre expresión de Dios, mostrando que su esencia es amor—"De tal manera amó Dios al mundo, que ha dado a su Hijo unigénito" (Jn 3:16).

Fue el gran placer del trino Dios que el Hijo de Dios fuera "un cordero sin mancha y sin contaminación . . . destinado desde antes de la fundación del mundo" y "manifestado en los postreros tiempos por amor de [nosotros]" (1 P 1:19-20; 2 Ti 1:9-10; Ap 13:8). Como explica Colosenses 1:19-20, "Agradó al Padre que en él habitase toda la plenitud, y por medio de él reconciliar consigo todas las cosas". La expiación, entonces, fue un regalo, un regalo de amor del corazón de Dios. "[Él] Hijo de Dios . . . me amó y se entregó a sí mismo por mí", dice Pablo (Gl 2:20). Jesús nos lava "de nuestros pecados con su sangre" porque nos ama (Ap 1:5).

C. La expiación como necesidad

Cuando un creyente asimila en su pensamiento la Expiación como el regalo libre de amor de Dios, él puede entonces comenzar a ver el otro lado de la Expiación. Desde el punto en la eternidad cuando el Hijo de Dios tomó la decisión de lograr la Expiación, era "necesario que el Cristo padeciese, y resucitase de los muertos al tercer día" (Lc 24:40; Sal 22; Is 50:6; Hch 17:3).

Durante su Encarnación, Jesús el Siervo enseñó repetidamente que su cruz era la pieza central del evangelio. Jesús explicó que un grano de trigo debía caer a la tierra y morir o no llevaría fruto; pero, si moría, llevaría mucho fruto (Jn 12:24). "Como Moisés levantó la serpiente en el desierto, así es necesario que el Hijo del Hombre sea levantado" (Jn 3:14; ver también Nm 21:9; Jn 8:28).

Percibir que el amor *ágape*, el amor de Dios, actúa en el mejor interés de otros, es entender el amor apremiante en el corazón de Jesucristo. Por ejemplo, "Cuando se cumplió el tiempo en que él había de ser recibido arriba, afirmó su rostro para ir a Jerusalén" (Lc 9:51). En este pasaje el Cordero "inmolado desde el principio del mundo" amaba a los pecadores de tal manera que hizo no negociable el compromiso de lograr la expiación (Ap 13:8).

Concluimos, entonces, que la cruz de Cristo era esencial para la salvación del hombre. La expiación representa a Dios demostrando "su amor para con nosotros, en que siendo aún pecadores, Cristo murió por nosotros" (Ro 5:8). Como "fuimos reconciliados con Dios por la muerte de su Hijo", podemos también "[gloriarnos] en Dios por el Señor nuestro Jesucristo, por quien hemos recibido ahora la reconciliación" (Ro 5:10-11).

D. La expiación como cobertura

El término expiación conlleva la idea de una cobertura que esconde de los ojos de Dios los pecados de la humanidad (Éx. 25:17; 26:34). El pecado del hombre afrentaba el corazón justo de Dios, pero Jesucristo rindió su propia vida para proveer la cobertura (Sal 51:9; Mi 7:19; Is 38:17; Heb 10:4-10; Ef 2:14-18). El Señor dio su sangre para capacitar a las personas a elegir su diagnóstico y su cura (Ro 3:25; Heb 2:17; Lv 4:12-20; 6:2-7). "Al que no conoció pecado, por nosotros [el Padre] lo hizo pecado, para que nosotros fuésemos hechos justicia de Dios en él" (2 Co 5:21).

Nadie hereda la vida eterna por su propia justicia personal. La salvación viene a través de confiar en la cobertura que Jesucristo proveyó. Sólo Él hizo compensación delante de Dios a favor del hombre, dando la vida eterna (Is 53:11; Ro 3:23; 5:9). Porque su amor cubre multitud de pecados, cuando amamos como Él, nuestro amor también cubre pecados (Jn 20:23; Stg 5:20; 1 P 4:8).

E. La expiación como reconciliación

"Nos gloriamos en Dios por el Señor nuestro Jesucristo", escribió Pablo, "por quien hemos recibido ahora la reconciliación" (Ro 5:11; Col. 1:21). *Reconciliación*, por su propia naturaleza, asume que ha ocurrido una ruptura, de manera que cada participante siente separación del otro y necesita ser reunificado. Este gran rasgo del carácter de Dios hace eso precisamente, reunir las dos partes alejadas. Que se aprecie bien que los pecados del hombre afligen el corazón de Dios y lo llenan con dolor (Gn 6:6). Aún el Espíritu Santo puede ser afligido (Is 53:10; Ef 4:30). De hecho, la necesidad de los propios juicios de Dios le causan aflicción (1 Cr 21:15; Sal. 78:4). Dios estaba separado del hombre y el hombre de Dios; sin embargo, el dolor y aflicción de Dios nunca detuvo la demostración de su generosa gracia, misericordia y amabilidad (Jer 3:1, 14; 1 Jn 3:1). Muy por el contrario:

Si alguno está en Cristo, nueva criatura es; las cosas viejas pasaron, he aquí todas son hechas nuevas. Y todo esto proviene de Dios, quien nos reconcilió consigo mismo por Cristo, y nos dio el ministerio de la reconciliación; que Dios estaba en Cristo reconciliando consigo al mundo, no tomándonos en cuenta a los hombres sus pecados, y nos encargó a nosotros la palabra de la reconciliación. Así que, somos embajadores en nombre de Cristo, como si Dios rogase por medio de nosotros; os rogamos en nombre de Cristo: Reconciliaos con Dios.

—2 Corintios 5:17-20

~ Enseñando a los niños acerca de la expiación ~

Casi cada semana Miguel lleva a su familia a ver un partido o a algún otro evento especial. Cuando regresan a casa, encienden fuego en la chimenea y hacen palomitas de maíz.

Durante una de esas noches, el pequeño Carlitos se portó muy mal en el auto de regreso a casa, así que lo castigaron enviándolo a sentarse en su habitación mientras la familia disfrutaba las palomitas de maíz. Después que el fuego estaba encendido y el aroma de las palomitas de maíz llenaban la casa, el papá de Carlitos fue a la habitación de su hijo y le dijo al precoz niño, "Puedes ir ahora con los otros. ¡Yo me quedaré aquí y tomaré tu castigo!"

Carlitos nunca olvidó su primera lección sobre el concepto de expiación.

Jesucristo sirvió los intereses de su Padre de manera tan efectiva que logró esta reconciliación entre Dios y el hombre, resultando en una nueva amistad (1 Jn 2:2; Jn 15:14; Col 1:21-22). Pablo enseñó que aun cuando éramos "en otro tiempo extraños y enemigos en [nuestra] mente, haciendo malas obras, ahora [nos] ha reconciliado en su cuerpo de carne, por medio de la muerte, para [presentarnos] santos y sin mancha e irreprensibles delante de él" (Col 1:21-22). El resultado de su sacrificio es que todos los creyentes pueden "[gloriarse] en Dios por el Señor nuestro Jesucristo, por quien hemos recibido ahora la reconciliación" (Ro 5:10-11). Esta solución del problema es tan detalladamente completa que Él remueve las transgresiones del hombre "cuanto está lejos el oriente del occidente" (Sal 103:12).

Como el hombre es reconciliado con Dios a través de la muerte de Cristo, él recibe la palabra de reconciliación, la cual debe compartir con los no convertidos. Cuán hermosa es esa palabra— "que Dios estaba en Cristo reconciliando consigo al mundo" (2 Co 5:19). Considerando lo que Jesús hizo en el Calvario, ¿puede haber un ejemplo más grande de un corazón de siervo? Seguramente, ante tal amor los redimidos son motivados a regresarlo sirviendo como embajadores de Cristo (2 Co 5:20).

El concepto de expiación abarca más que el perdón de una relación distanciada. También incluye un cambio en la naturaleza del ofensor, capacitándolo para cesar de vivir su vida de alienación de Dios. La sangre expiatoria de Jesús crea un nuevo hombre "según Dios en la justicia y santidad de la verdad" (Ef 4:24). En esta relación, el creyente es "[guardado] por el poder de Dios" (1 P 1:5). La sangre de Cristo provee que el hombre no necesita pecar, y si peca, provee "abogado . . . para con el Padre, a Jesucristo el justo" (1 Jn 2:1; Ro 6:22).

F. La expiación como sustitución

Jesús murió en nuestro lugar como nuestro reemplazo—uno en el lugar de otro; por lo tanto, su muerte fue una expiación sustitutoria (Is 53:6). En ninguna parte se ilustra esto mejor que cuando Jesucristo tomó el lugar de Barrabás, un asesino e insurrecto, y murió la muerte que Barrabás debió haber muerto (Lc 23:13-25).

Como nuestro sustituto, el sacrificio de Jesús puso fin a la barrera de la ira que prohibía la intimidad entre Dios y el mundo entero (Ef 2:14-18; Col 1:20). El retrato cautivante del sacrificio de Cristo fue que uno "por todos murió . . . al que no conoció pecado, por nosotros [Dios] lo hizo pecado, para que nosotros fuésemos hechos justicia de Dios en él" (2 Co 5:15, 21). "Siendo aún pecadores, Cristo murió por nosotros" para que no sufriéramos la ira de Dios (Ro 5:8; 1 Ts 5:9-10). Abraham experimenta precisamente esta expiación sustitutoria cuando "creyó a Jehová, y le fue contado por justicia" (Gn 15:6).

El Señor no vino fundamentalmente a dar un ejemplo o a enseñar filosofía. En vez de eso, Jesús mostró la extensión máxima del amor de su Padre dando su vida en nuestro lugar (Jn 3:16; 13:1). Como explicó Pedro, "Cristo padeció una sola vez por los pecados, el justo por los injustos, para llevarnos a Dios" (1 P 3:18). Por lo tanto, la muerte de Jesús no fue un gran accidente histórico o la muerte de un mártir, porque ningún hombre tomó su vida (Jn 10:17). "El buen pastor su vida da por las ovejas" (Jn 10:11).

La separación entre Dios y el hombre terminó "por medio de la fe en su sangre" como nuestro "misericordioso y fiel Sumo Sacerdote" (Ro 3:25-26; Heb 2:17; Ef 2:14-18). El propio Hijo de Dios sanó el corazón herido del Padre celestial, cubriendo nuestros pecados con una capa de su propia sangre perdonadora (1 Co 15:3; 2 Co 5:21; Ro 5:8; Jn 10:11).

G. La expiación como rescate

La obra redentora de Jesucristo incluyó pagar un precio, un rescate, para liberar a cada cautivo del pecado (1 Co 6:20). En la expiación de Cristo, el

Siervo Salvador pagó el rescate con un precio tan alto que costó hasta la última gota de su sangre (Mr 10:45; Mt 20:28; 1 P 1:19). El resultado es que nosotros somos "justificados gratuitamente por su gracia, mediante la redención que es en Cristo Jesús" (Ro 3:24).

Hablando de la provisión divina, Pablo le dijo a Timoteo que Jesús "se dio a sí mismo en rescate por todos" (1 Ti 2:6). Abordando la presciencia de Dios, Mateo dijo que el Señor dio "su vida en rescate por muchos" (Mt 20:28).

El propósito por el cual Jesús dio su propia vida fue para liberar hombres que no lo merecían. Él desembolsó el pago a medida que su sangre preciosa goteaba en las rocas del monte Calvario (Heb 9:14; 10:12). Jesús ofreció el más costoso de los rescates en el altar de la justicia divina. Cualquier penitente que crea personalmente en Cristo es envuelto con la sangre redentora de Jesús y hecho coheredero de la vida eterna (Ro 8:17).

El bote perdido

Tom llevó su nuevo bote a la orilla del río. Lo colocó cuidadosamente en el agua y soltó lentamente la cuerda. El bote navegó suavemente. Tom se sentó en el sol tibio, admirando el pequeño bote que había construido. De pronto, una corriente fuerte alcanzó al bote. Tom trató de halarlo hacia la orilla, pero la cuerda se rompió. El pequeño bote se fue con la corriente.

Tom corrió por toda la orilla arenosa tan rápido como pudo, pero su pequeño bote pronto se desapareció de su vista. Toda la tarde estuvo buscándolo. Finalmente, cuando estaba demasiado oscuro para buscar nada, Tom se fue triste a su casa.

Unas semanas más tarde, camino de la escuela a la casa, Tom vio un bote igual al suyo en la vidriera de una tienda. Cuando se acercó, pudo ver —con seguridad— ¡que era el suyo!

Tom corrió al gerente de la tienda: "Señor, ¡ese es mi bote en su ventana! ¡Yo lo hice!"

"Lo siento, hijo, pero otra persona lo trajo esta mañana. Si lo quieres, tendrás que comprarlo por un dólar".

Tom corrió a su casa y contó todo su dinero. ¡Exactamente un dólar! Cuando llegó a la tienda, corrió al mostrador. "¡Aquí está el dinero por mi bote"!

Mientras salía de la tienda, Tom abrazó a su bote y dijo: "Ahora eres dos veces mío. Primero, porque te hice, y ahora porque te compré".[6]

H. La expiación y la sanidad divina

El sacrificio de Jesucristo abarca el ministerio de *Jehová Rapha*, el Dios que sana. Esta revelación vino cuando Israel en el desierto solo tenía las aguas amargas de Mara para beber. Moisés clamó al Señor, y Dios sanó milagrosamente su abastecimiento de agua. En este escenario del desierto, Moisés interpretó el corazón de Dios a la gente, diciendo, "Si oyeres atentamente la voz de Jehová tu Dios, e hicieres lo recto delante de sus ojos, y dieres oído a sus mandamientos, y guardares todos sus estatutos, ninguna enfermedad de las que envié a los egipcios te enviaré a ti; porque yo soy Jehová [*Jehová Rapha*] tu sanador" (Éx 15:26).

Isaías vio la obra del Mesías a través de los ojos de la profecía e interpretó, en realidad, lo que significó el sufrimiento de Jesús unos ochocientos años antes de los eventos: "Ciertamente llevó él nuestras enfermedades, y sufrió nuestros dolores; y nosotros le tuvimos por azotado, por herido de Dios y abatido" (Is 53:4). Sabemos que este pasaje se refiere al Mesías como sanador del cuerpo físico porque Mateo le dio esa interpretación: "cuando llegó la noche, trajeron a él muchos endemoniados; y con la palabra echó fuera a los demonios, y sanó a todos los enfermos; para que se cumpliese lo dicho por el profeta Isaías, cuando dijo: El mismo tomó nuestras enfermedades, y llevó nuestras dolencias" Mt 8:16-17; Is 53:4).

El apóstol Pedro fue de nuevo a Isaías 53:5 cuando escribió acerca de la provisión de salvación en la expiación de Jesús: "llevó él mismo nuestros pecados en su cuerpo sobre el madero, para que nosotros, estando muertos a los pecados, vivamos a la justicia; y por cuya herida fuisteis sanados" (1 P 2:24).

Jesús mostró la relación que rutinariamente existe entre la sanidad espiritual y la sanidad física en la experiencia del hombre que liberó en el pozo de Betesda. Poco después que el Señor restaurara al hombre, Jesús lo encontró en el templo "y le dijo: Mira, has sido sanado; no peques más, para que no te venga alguna cosa peor" (Jn 5:14). El hombre se fue del templo y dio testimonio de "que Jesús era el que le había sanado" (Jn 5:15).

Es apropiado regocijarse en la increíble provisión maravillosa de la expiación de Jesús para sanidad espiritual, así como sanidad física y emocional. Santiago, por ejemplo, mostró revelación de la interrelación del pecado y la enfermedad, especialmente el pecado de falta de perdón y la enfermedad. A veces, los dos pueden estar tan entrelazados que son casi inseparables. Santiago también identificó un modelo para ministrar a los enfermos que incluye la unción con aceite en el nombre de Jesús para traer sanidad al hombre completo—alma, mente y cuerpo.

> ¿Está alguno enfermo entre vosotros? Llame a los ancianos de la iglesia, y oren por él, ungiéndole con aceite en el nombre del Señor. Y la oración de fe salvará al enfermo, y el Señor lo levantará; y si hubiere cometido

pecados, le serán perdonados. Confesaos vuestras ofensas unos a otros, y orad unos por otros, para que seáis sanados. La oración eficaz del justo puede mucho.

—Santiago 5:14-16

I. La expiación como redención para la naturaleza

Jesucristo, el postrer Adán, cubrió con su sangre todo lo que cayó bajo condenación por el pecado del primer Adán. Al final, esta bendición de redención se extiende a la naturaleza misma. El orden natural "gime a una, y a una está con dolores de parto", dice Pablo, "esperando la adopción, la redención de nuestro cuerpo" (Ro 8:22-23). Por lo tanto, los seguidores de Jesús deberían encontrar fácil ser buenos ecologistas, respetando y preservando la naturaleza como la creación de Dios, pero sin adorar el orden natural (Ro 1:21-23).

J. La expiación como causa de regocijo

El apóstol Pedro enseñó que aun cuando no podemos ver físicamente a nuestro Señor Jesucristo ascendido, le creemos y le amamos. El resultado de esta firme confianza es que nos alegramos "con gozo inefable y glorioso" (1 P 1:8-9). La gran causa de celebración es que en su cruz, Jesús satisfizo la ira de Dios y trajo paz entre Dios y el hombre. Él murió para capacitar a sus seguidores a entrar en una relación correcta con su Padre (Gl 2:20). El hecho de que el Calvario selló el destino del diablo y de todos los poderes demoníacos, no fue sino un subproducto de la Expiación (Lc 10:17-24; 15:7; 1 Jn 3:8).

Antes que Jesucristo, como el Siervo de todos, pudiera llegar a ser el Gran Médico y curara el cáncer del pecado que tan perversamente plaga a todos los hombres, tuvo que caminar a través del crisol de la prueba y la tentación. ¿Podría el diablo maniobrar para llevarlo a un conjunto de circunstancias que lo motivaran a romper su vínculo de confianza sin reservas con su Padre? ¿Habría una presión lo suficientemente fuerte que lo hiciera salir del camino y nublara su enfoque en el Espíritu Santo?

Capítulo tres
UN ESFUERZO COLOSAL PARA QUEBRANTAR AL SIERVO

¿Quién es ésta que sube del desierto, recostada sobre su amado? ...Ponme como un sello sobre tu corazón.
—Cantar de los cantares 8:5-6

Considerad a aquel que sufrió tal contradicción de pecadores contra sí mismo, para que vuestro ánimo no se canse hasta desmayar.
—Hebreos 12:3

Médico, cúrate a ti mismo.
—Lucas 4:23

Cómo conocer la fuerza de la tentación
Por C.S. Lewis

Ningún hombre sabe cuán malo es hasta que se ha esforzado mucho por ser bueno. Hay una idea tonta en boga que afirma que la gente buena no sabe lo que significa la tentación.

Esta es, obviamente, una mentira. Solo aquellos que intentan resistir la tentación saben cuán fuerte es. Después de todo, usted conocerá la fortaleza del ejército alemán enfrentándolo, no rindiéndose a él. Un hombre que se rinde a la tentación después de cinco minutos, simplemente no sabe lo que hubiera sido una hora más tarde.

Esa es la razón por la cual la gente mala, en cierto sentido, conoce muy poco acerca de la maldad. Han llevado una vida al abrigo de la rendición perenne. Nunca conoceremos la fuerza del maligno impulso que tenemos en nuestro interior hasta que intentemos luchar contra ella.[1]

I. El Siervo: Cómo enfrentó el malévolo tratamiento

El objetivo de Jesús era claro: su compromiso era servir a su Padre y a las necesidades de la gente. Su servicio al Padre se enfocaba en su compromiso, incondicionalmente confiado, cumplir el plan de salvación enmarcado en la eternidad por el amor de Dios. E intentó alcanzar la meta sin modificarla en forma alguna.

Jesús basó su compromiso de servir a la gente, en su entendimiento acerca de la pecaminosidad de cada hombre. El diagnóstico del Señor en cuanto al problema del corazón del hombre significó que la humanidad necesitaba desesperadamente un redentor, Jesús vino comprometido a cumplir ese papel y a hacer la expiación que curaría el problema.

La oposición que enfrentó fue mordaz. Requería que estuviera en alerta a través de su ministerio y mantuviera su concentración en todo momento. Tuvo que resistir cada presión que intentaba desviar su atención. Por ejemplo, los judíos proclamaban a Abraham como su padre físico y espiritual, pero Jesús negó la afirmación de que eran descendientes espirituales de Abraham. La razón del Señor era que ellos lo estaban rechazando a Él como su Mesías, algo que Abraham nunca habría hecho (Jn 8:40).

La reacción de los judíos fue letal: "Nosotros no somos nacidos de fornicación, un padre tenemos, que es Dios" (Jn 8:41). La afirmación demuestra cuán ciegos eran realmente. El Hijo de Dios estaba parado frente a frente delante de ellos, hablando la verdad a sus vidas, y ellos estaban rechazándolo con deseos de asesinarlo en sus corazones (Jn 8:37, 48).

Jesús confrontó su incredulidad después que libertara a la mujer encontrada en el acto de adulterio. Les dijo a los fariseos francamente que no lo conocían a Él ni a su Padre porque, de lo contrario, no habrían tratado a la mujer tan brutalmente. El análisis de Jesús era tan ajeno al pensamiento de los líderes judíos religiosos, que estaban convencidos de que Él era un samaritano y estaba poseído por un demonio; y se lo dijeron en su cara (Jn 8:48).

Sin embargo, la conclusión de Jesús era correcta. El Mesías de los fariseos estaba parado físicamente delante de ellos, pero ellos no eran hijos de su Padre. El Señor habló la verdad con audacia: "Vosotros sois de vuestro padre el diablo, y los deseos de vuestro padre queréis hacer. Él ha sido homicida desde el principio, y no ha permanecido en la verdad, porque no hay verdad en él" (Jn 8:44; Lc 4:28-30). Esa fue una declaración directa del Mesías que conoce los corazones de todos los hombres (Jn 16:30; 21:17). El mensaje del evangelio es que, fuera de la redención de Jesucristo, cada hombre tiene al diablo como padre. No es de extrañar que aquellos líderes espirituales respondieran a su diagnóstico con furia asesina.

La gente se acostumbra al sistema mundano de modo que encaja en su molde (Ro 12:1-2). Dicho de otra manera, aceptan que la enfermedad, el dolor y el padecimiento, así como el orgullo, la arrogancia y la brutalidad, sean normales en su vida, por lo que aprenden a vivir con ellos. Siguiendo ese principio, los valores de Jesucristo parecían en realidad demoníacos. Ellos no podían ver que habían hecho literalmente de lo satánico la norma de sus vidas, habiéndolo aceptado como "lo ordinario" y concluyendo que "Eso nunca va a cambiar", "No hay solución" o "Simplemente haz la paz con eso". La sabiduría del mundo acepta el estilo de vida de "corral" sin esperar nada mejor.

Fred y Frank

Cierto verano trabajé en una granja, cuidando cien pollos y dos gansos, Fred y Frank, los cuales crecieron en un mundo de pollos. Comían la misma comida que los pollos y compartían el cobertizo con ellos. Un día hice un plan para liberar a los gansos en una laguna cercana. Ellos no cooperaron en nada cuando los saqué del corral

Fred y Frank llegaron a la laguna aleteando y con sus patas tratando de caminar sobre el agua. Por primera vez disfrutaron la libertad que significaba ser gansos, no pollos. Aun cuando Fred y Frank estaban libres, no pudieron ignorar el llamado de los cien pollos.

A los gansos no les tomó tiempo encontrar el camino de regreso al corral. Graznaron tratando de encontrar el camino hacia el gallinero. Aun cuando los llevé de regreso a la laguna, los gansos regresaron una vez más a la familiaridad de su mundo de pollos.

Muchos de nosotros, a veces, somos como Fred y Frank. Luchamos por aceptar y vivir en la libertad que Dios nos ofrece, pero algo nos detiene. Pese a ello, Dios continúa abriendo el portón y ofreciéndonos vida nueva. Él se deleita cuando nos ve vivir en una libertad abundante.[2]

Jesús desafió la cultura hebrea con un conjunto de preguntas penetrantes: "Porque ¿qué aprovechará al hombre si ganare todo el mundo, y perdiere su alma? ¿O qué recompensa dará el hombre por su alma?" (Mr 8:36-37). La sabiduría del hombre caído puede enseñar a una persona cómo ganarse el mundo, pero es incapaz de presentarle el obsequio de la vida eterna (Jn 17:2-3). Solamente Jesús tiene la sabiduría para hacerlo (1 Co 1:21). "Yo soy el camino, y la verdad, y la vida", dijo, "nadie viene al Padre, sino por mí" (Jn 14:6; Jn 8:32).

El tratamiento malévolo que el Mesías recibió de los fariseos y los líderes judíos en Jerusalén, continuó a través de su ministerio (Jn 8). Esta realidad motivó al escritor de Hebreos a amonestar a sus lectores a que consideraran a "aquel que sufrió tal contradicción de pecadores contra sí mismo", para que su ánimo no se cansara hasta desmayar (Heb 12:3).

Es al antagonismo rencoroso y malicioso, y hasta asesino, que Jesús enfrentó día a día, que volvemos ahora nuestra atención.

II. El Siervo: Tentado en el desierto

Jesús estaba lleno del Espíritu Santo después de su bautismo en el Jordán. Sin embargo, no podía regresar aún a Nazaret para anunciar en la sinagoga de su pueblo que "El Espíritu del Señor está sobre mí", ya que no puede haber testimonio sin prueba (Lc 4:18). Al contrario, Jesús "fue llevado por el Espíritu al desierto por cuarenta días, y era tentado por el diablo" (Lc 4:1-2).

Jesús trabajó con el compromiso moral de una total obediencia al plan de su Padre para redimir al mundo. Pero, ¿se mantendría el compromiso del Hijo de Dios hecho hombre en medio del crisol del ayuno de cuarenta días en el desierto? El diablo tentó a Adán en el jardín del Edén, pero el Hijo del hombre pasó su propio momento de la verdad en un ambiente mucho más desafiante: la tierra estéril de Judea.

La tentación en el desierto demostró cuán elevados eran realmente los intereses. Satanás sabía que el vínculo de acero entre las personas en la Tri-unidad de Dios tenía que ser penetrado. De alguna manera, Satanás tenía que aislar esa nueva clase de hombre —el Dios-hombre, el Hijo del hombre, el postrer Adán— de la Trinidad como su base de apoyo. Si lo hacía, podía ganar. Sus armas siempre se han enfocado en la debilidad de la carne, por lo que siempre han funcionado. Seguro que habría al menos una grieta en alguna parte de la humanidad de Jesús que Satanás podría abrir como puerta, y el diablo intentaba encontrarla.

A. Apeló a su carne, con pan

"Luego el Espíritu lo impulsó al desierto" (Mr 1:12). Allí, ayuno por cuarenta días y "no comió nada en aquellos días" (Lc 4:2). Además del Espíritu de Dios, que nunca lo dejó, sus compañeros fueron los ángeles que le servían y los animales salvajes (Mr 1:13).

Fue al final de esos cuarenta días, cuando Jesús estaba bien hambriento, que el diablo se le acercó. Satanás hizo tres apelaciones a los apetitos físicos del Señor. La trilogía de las respuestas que Jesús le dio al tentador procedía de las experiencias de Moisés, el eminente dador de la ley y emancipador. Estas constituyeron, sin lugar a duda, las tres conclusiones más importantes de la vida del gran libertador:

> A Jehová tu Dios temerás, y a él sólo servirás.
> —Deuteronomio 6:13

> No tentaréis a Jehová vuestro Dios.
> —Deuteronomio 6:16

> No sólo de pan vivirá el hombre, mas de todo lo que sale de la boca de Jehová vivirá el hombre.
> —Deuteronomio 8:3

Satanás apeló primero al deseo de la carne de Jesús a través de su ansia por comida: "Si eres Hijo de Dios, di a esta piedra que se convierta en pan" (Lc 4:3).

Satanás intentaba que su apelación motivara a Jesús, por lo agudo de su hambre, a echar mano de su deidad y proveer comida para sí mismo apartándose así del plan del Padre (Flp 2:6). Así que, los puntos de esta tentación se hacen obvios:

- ¿Podría Satanás aprovecharse de la aguda necesidad alimenticia de Jesús, de manera que se convirtiera en un estímulo mayor que su confianza absoluta en el Creador del pan?
- ¿Vendrían a ser las demandas de su estómago más importantes para Él en esos momentos que la fidelidad al Dios que formó su estómago?
- ¿Adoraría Jesús lo que Dios hizo (el pan) o permanecería leal al Dios Creador del pan?

La necesidad alimenticia de Jesús era un deseo físico legítimo. Sin embargo, honrar las instrucciones de Satanás requeriría que echara mano de su deidad, independientemente del plan de su Padre de satisfacer su hambre y suplir su necesidad humana básica (Flp 2:6).

También requeriría un cambio de actitud, lo cual habría roto el vínculo de absoluta confianza de Jesús en su Padre, transformando a Jesús en siervo de Satanás. El resultado del cambio de actitud sería que Jesús rechazaría los arreglos especiales de su Padre hechos en la eternidad para nutrir a su hambriento y muy débil Hijo. El plan de Dios era que los ángeles renovarían su fuerza después que todo hubiera pasado (Mt 4:11); así que, satisfacer la necesidad a la manera de Satanás requeriría transformar lo que era bueno (las piedras) en alimento del diablo. Hubiera cambiado una necesidad básica humana en un deseo carnal y pecaminoso, lo cual es la esencia de los deseos de la carne (1 Jn 2:16).

Moisés aprendió bien esa misma lección al permanecer Israel en el desierto. Él sabía lo que era tener a una nación entera en el desierto sin pan ni agua. También sabía de las murmuraciones que brotaban de su hambre y que luego se convirtieron en deseo de la carne. Ellos refunfuñaban por el pan que ansiaban en lugar de confiar sus necesidades al Señor del pan. Moisés resumió la experiencia así: "[Dios] te afligió, y te hizo tener hambre, y te sustentó con maná, comida que no conocías tú, ni tus padres la habían conocido, para hacerte saber que no sólo de pan vivirá el hombre, mas de todo lo que sale de la boca de Jehová vivirá el hombre" (Dt 8:3; Nm

11:20; Éx 17). Dios en verdad usa a veces las circunstancias para reflejar a sus hijos la condición de sus corazones, pero no los tienta a pecar (Stg 1:2-4, 13-15).

El Señor estaba con Moisés en el cruel desierto del Sinaí (1 Co 10:4). Fue Él quien les dio diariamente a los israelitas el maná para comer y el agua de las rocas. Sin embargo, los registros del Antiguo Testamento no ofrecen ninguna prueba de que Moisés comprendiera que había descubierto en el desierto las respuestas infalibles para las tentaciones del diablo. Ni muestran que percibiera que estaba registrando lo que, siglos más tarde, vendrían a ser las respuestas de su Mesías a las tentaciones de Satanás, cuando el Señor enfrentó su propia prueba de fuego en el desierto.

Jesús citó la conclusión de Moisés para callar al diablo: "Escrito está: No sólo de pan vivirá el hombre, sino de toda palabra que sale de la boca de Dios" (Mt 4:4).

B. Apeló a sus ojos, con un atajo

La segunda tentación en la cronología de Lucas fue el esfuerzo de Satanás por mostrarle al Señor un plan que evitaría la cruz (Lc 4:5-8). El diablo llevó a Jesús "a un alto monte, y le mostró en un momento todos los reinos de la tierra". En esencia, su argumento era: "Jesús, eres demasiado especial para seguir un camino que lleva a una cruz; déjame mostrarte una manera mucho más sencilla". Satanás procedió a prometerle toda la "potestad, y la gloria" de los reinos de la tierra (v.6). Satanás también proclamó con una sutil falsedad, que "me ha sido entregada, y a quien quiero la doy. Si tú postrado me adorares, todos serán tuyos" (Lc 4:6-7). Daniel habló del mismo tema en términos muy diferentes, diciéndole a Nabucodonosor: "El Altísimo gobierna el reino de los hombres, y . . . a quien él quiere lo da" (Dn 4:17).

Los israelitas mostraron mucha disposición a menospreciar a su Señor porque querían atravesar el desierto con sus propias estrategias (1 Co 10:4-6). Fue esa actitud precisamente la que, en realidad, resultó en cruda idolatría durante el tiempo en que Moisés estuvo arriba en el Sinaí los cuarenta días de intercesión. Las oraciones de Moisés fueron premiadas con los Diez Mandamientos del dedo de Dios, mandamientos que vinieron a ser el fundamento de los valores de toda la cultura occidental. La idolatría de Israel produjo un becerro de oro, un dios que no tenía futuro y que sólo les trajo muerte. Pero, sí apeló a sus sentidos; ellos podían ver su becerro de metal sin vida y tocarlo (Éx 32:8; Dt 9:11).

El deseo de los ojos, el cual anhela aquello que puede ser visto, llevó a los israelitas a razonar que merecían mejor dirección que la que el Espíritu invisible les estaba dando. "Porque a este Moisés, el varón que nos sacó de la tierra de Egipto, no sabemos qué le haya acontecido" (Éx 32:1). Su conclusión aparentemente lógica era que tenían que arreglárselas por sí mismos para salir del desierto.

"Déjame que los destruya", le dijo Dios a Moisés, "y borre su nombre de debajo del cielo, y yo te pondré sobre una nación fuerte y mucho más numerosa que ellos" (Dt 9:14). Moisés el intercesor, advirtió correctamente que aceptar ese plan alterno habría significado pasar por alto el destino que Dios les había prometido a Abraham y a su simiente. La respuesta de Moisés fue ir postrado sobre su rostro a una segunda sesión de cuarenta días de intercesión. Lo hizo porque temió "a causa del furor y de la ira con que Jehová estaba enojado contra ellos para destruirlos" (Dt 9:19). Lo siguiente resume su petición a Dios durante las siguientes casi seis semanas:

> Y oré a Jehová, diciendo: Oh Señor Jehová, no destruyas a tu pueblo y a tu heredad que has redimido con tu grandeza, que sacaste de Egipto con mano poderosa. Acuérdate de tus siervos Abraham, Isaac y Jacob; no mires a la dureza de este pueblo, ni a su impiedad ni a su pecado, no sea que digan los de la tierra de donde nos sacaste: Por cuanto no pudo Jehová introducirlos en la tierra que les había prometido, o porque los aborrecía, los sacó para matarlos en el desierto. Y ellos son tu pueblo y tu heredad, que sacaste con tu gran poder y con tu brazo extendido.
> —DEUTERONOMIO 9:26-29

El resultado, dijo Moisés, fue que "Jehová me escuchó aun esta vez" (Dt 9:19).

Durante la permanencia en el desierto, los israelitas pagaron un precio severo una y otra vez por la lujuria de sus ojos, lo cual quebrantó la fe en Jehová Dios, a quien ellos sólo podían ver con los ojos de la fe. En una ocasión, algunos de ellos consideraron seriamente regresar a Egipto, recordando sus puerros, cebollas y ajos. Cuán engañosa es la memoria humana; llegaron a decir que la comida en Egipto había sido de ellos "de balde", es decir, sin costo alguno (Nm 11:5).

Moisés expresó su conclusión acerca de la rebelión de Israel diciendo: "A Jehová tu Dios temerás, y a él sólo servirás, y por su nombre jurarás. No andaréis en pos de dioses ajenos" (Dt 6:13-14).

¿Qué haría Jesús frente al mismo tipo de tentación? ¿Tomaría un atajo que pasara por alto la cruz? A simple vista eso parecía ciertamente más fácil. Después de todo, el plan de Dios incluía los rigores horribles de la crucifixión. Jesús podía claramente ver los reinos que Satanás colocaba delante de Él. ¿Estaba Jesús totalmente dedicado al único plan de Dios, enmarcado desde la eternidad? ¿Se sostendría su compromiso moral de servir a su padre en un momento en que el diablo le presentaba todo tan engañosamente como un camino más fácil, prometiéndole que "Si tú postrado me adorares, todos serán tuyos" (Lc 4:7)? ¿Optaría por un plan menos exigente que evitara la cruz? ¿Podría ser tentado a jugar con la estrategia de su Padre para salvar al mundo? ¿Convertiría los reinos que Satanás le estaba mostrando en el deseo de sus ojos? ¿Pondría en cortocircuito su servidumbre? ¿Echaría mano de su propio destino por la promesa de un atajo?

No, Jesús le dio al diablo la misma respuesta que había guiado a Moisés a expresar en el desierto: "Escrito está: Al Señor tu Dios adorarás, y a él sólo servirás" (Lc 4:8; Dt 6:13-14). Moisés no optó por enmendar la estrategia que Dios le había ofrecido puesto que temía el honor del nombre de Dios. Jesús tampoco tomó el atajo; era demasiado leal a su Padre para siquiera dilucidar la idea. Al permanecer fiel, demostró que no hay un atajo superior al plan de Dios en el camino de la vida.

C. Apeló a su orgullo: "Te mereces más"

1. La prueba para Jesús

Para la tercera tentación, el diablo intentó manipular a Jesús para que cambiara su legítima gloria en la ilegítima vanagloria de la vida (Lc 4:9-12; 1 Jn 2:16). Así que paró a Jesús en el pináculo del templo y le dijo: "Si eres Hijo de Dios, échate de aquí abajo; porque escrito está: A sus ángeles mandará acerca de ti, que te guarden; y, en las manos te sostendrán, para que no tropieces con tu pie en piedra" (Lc 4:9-11; Sal 91:11-12). Era un audaz esfuerzo por penetrar el vínculo de la absoluta confianza de Jesús en su Padre. "Vamos, Jesús, salta", le susurró el engañador. "Tú eres tan especial para tu Padre que ni siquiera tendrás que echar mano de las prerrogativas de tu deidad. Tu Padre te ama tanto que despachará a sus ángeles para tomar cuidado de ti tal como lo dicen las Escrituras; tú no tendrás siquiera que tropezar 'con tu pie en piedra'".

Sin embargo, para hacer lo que Satanás decía, Jesús habría tenido también que someter a prueba a su Padre, tratando de hacerlo probar si mantendría su palabra. Considerar eso siquiera, presumiría que Satanás podía plantar exitosamente en la mente de Jesús desconfianza hacia su Padre. Si Jesús confiaba perfectamente en su Padre, no tenía necesidad de desafiarlo a que probara su palabra. Los intereses eran elevados. Si Jesús podía ser motivado a saltar del pináculo del templo, eso rompería el vínculo de confianza entre Él y su Padre. Esa acción habría detenido al Mesías en su marcha hacia el Calvario.

2. La prueba para Moisés

Moisés también conoció esta situación. La vanagloria de la vida como actitud en medio del pueblo se concretó en el desierto en Refidim (Éx 17:1, 7). El pueblo necesitaba agua, sus cuerpos se estaban deshidratando rápidamente bajo el sol del desierto. ¿Con qué actitud tratarían ellos la crisis? Podían haber confiado humildemente en Yahvé como el Creador de todas las cosas, confiando que los llevaría a fuentes de agua fresca. Después de todo, era una necesidad legítima, y Dios había prometido que no los destruiría sino que los llevaría a la tierra prometida (Éx 3:7-8; 12:25; Dt 6:3; 9:28). No obstante, en su orgullo, eligieron desafiar a Dios: Si eres realmente Dios, pruébalo y sálvanos en este desierto.

Por su propia naturaleza, desafiar a Dios es desconfiar de Él. El pueblo decidió no creer en las promesas del Dios que creó el agua y que sabía dónde exactamente estaba en el desierto. Es más, Dios ya tenía un plan para abrir un nuevo oasis en el desierto, justo ante sus ojos. Es asombroso el hecho de que la vanagloria de la vida siempre da a luz la incredulidad que se mofa y se burla.

Mientras el Señor estaba en su cruz, hasta los más altos voceros espirituales de la nación lo resistieron.

> Los principales sacerdotes, escarneciéndole con los escribas y los fariseos y los ancianos, decían: A otros salvó, a sí mismo no se puede salvar; si es el Rey de Israel, descienda ahora de la cruz, y creeremos en él. Confió en Dios; líbrele ahora si le quiere; porque ha dicho: Soy Hijo de Dios.
> —Mateo 27: 41-43

En su ceguera espiritual, esos líderes no creían que Jesús tenía el poder de bajarse de la cruz. No podían prever que el gran corazón amoroso de Jesús *escogiera* ignorar su escarnio. Es más, fue sólo el amor lo que lo sostuvo en el madero. Hacer lo que su ridiculez demandaba habría derrotado el plan de hacerse la expiación por los pecados de los mismos sumos sacerdotes y ancianos que estaban probándolo con sus insultos burlones. Sin embargo, el plan de Jesús era maravilloso e incluía quedarse en la cruz.

La esencia de la actitud de los israelitas en el desierto fue: "Es el trabajo de Moisés darnos agua, y no lo está haciendo, lo que significa que no lo puede hacer. Nosotros merecemos algo mejor". Como Moisés no los llevó al agua, razonaban, ni este, ni su Dios sabían dónde estaba el agua. Crudas burlas siguieron. Se quejaban de que Moisés los hizo "subir de Egipto para matarnos de sed a nosotros, a nuestros hijos y a nuestros ganados" (Éx 17:3). Lo culpaban por no saber dónde estaba el oasis cuando desafiaban a Moisés y a Dios a que los salvaran del desierto.

3. La lección del orgullo: El fracaso de Dios

Como estaban convencidos de que merecían algo mejor, su orgullo los llevó a creer que Dios les había fallado. La conclusión natural fue confiar sólo en lo que podían ver con sus propios ojos, así que aguijonearon a Jehová con quejas contra Moisés, el líder que Dios había levantado para que lo representara a Él delante de ellos (Éx 17:2). Su pecado era el crudo orgullo humano, la vanagloria de la vida. El pueblo concluyó que su Dios y su representante, Moisés, no podían liberarlos.

El orgullo siempre tiene sus raíces en el razonamiento que dice cosas como: "No se puede confiar más en Dios, así que estoy por mi cuenta. Tengo que armar mi propio plan y salir de este desierto de la mejor manera que pueda, por mi propio ingenio. Yo puedo hacerlo. No necesito dar más tiempo a buscar dirección del Dios invisible, cuando puedo ver que no hay agua por ninguna parte. El Dios de Moisés no tiene, obviamente, el poder para ayudarme. Seguir al Dios de Moisés es confiar en lo que no puedo ver, y cualquier tonto puede ver que confiar en lo invisible nunca nos sacará vivos del desierto".

Para los israelitas, ese orgullo significaba que querían más el agua que sus cuerpos ansiaban que el Agua Viva que sus almas resecas y deshidratadas necesitaban tan desesperadamente (Éx 17; Sal 95; Jn 4:10; 7:38; Ap 7:17).

4. La ironía: Rebelión a pocos pasos del oasis

Lo paradójico de su situación fue que, a través de Moisés, Dios estaba en ese momento dirigiéndolos amablemente, aun en medio de su incredulidad, hacia un suministro abundante de agua (Sal. 23:2; Ro. 5:8). Su Guía sabía exactamente dónde estaba el agua, y estaban a punto de llegar. Jehová conocía todos los ríos subterráneos bajo el desierto y la roca exacta de la que fluiría un nuevo lago.

Aun cuando no confiaban en Él para sacarlos de allí, en su misericordia, Dios ya los estaba llevando al lugar correcto. Ellos, obviamente, estaban siguiendo, si bien quejándose con incredulidad porque sus ojos no podían verlo. Moisés tampoco podía verlo, pero confiaba en que Dios sabía dónde estaba; así que caminaba por fe.

Cuán patético es que en el preciso momento en que el orgullo llegó a su máxima expresión en el corazón del pueblo como una rebelión madurada, estaban parados literalmente sobre su oasis. El hombre caído siempre se exalta a sí mismo en orgullo, y la vanagloria de la vida es universalmente ciega al Espíritu Santo. No puede ver lo que es perfectamente claro y visible a los ojos de la fe.

> Y Jehová dijo a Moisés: Pasa delante del pueblo, y toma contigo de los ancianos de Israel; y toma también en tu mano tu vara con que golpeaste el río, y ve. He aquí que yo estaré delante de ti allí sobre la peña en Horeb; y golpearás la peña, y saldrán de ella aguas, y beberá el pueblo. Y Moisés lo hizo así en presencia de los ancianos de Israel. Y llamó el nombre de aquel lugar Masah y Meriba, por la rencilla de los hijos de Israel, y porque tentaron a Jehová, diciendo: ¿Está, pues, Jehová entre nosotros, o no?
> —Éxodo 17:5-7

Cuando Moisés golpeó la roca, un géiser de agua brotó y el Mesías de Israel se paró en ella observando toda la escena con deleite, como había dicho: "Estaré delante de ti allí sobre la peña" (Éx 17:6; Nm 20:1-13). Moisés sabía que el Mesías estaba allí porque lo estaba viendo con los ojos de la fe. Sin embargo, es razonable concluir que muy pocos de los israelitas se dieron cuenta de que Él estaba a la mano. ¡Si sólo hubieran confiado en su Dios y su líder elegido!

5. Tres días del milagro más grande de la historia

En la crucifixión de Jesús, los líderes espirituales de Israel estaban apenas a tres días de presenciar el milagro más grande de todas las edades: la resurrección del Hijo del hombre. Sin embargo, emplearon su tiempo al pie de su cruz para desafiar, burlarse e insultar a su propio Mesías, mientras su sangre expiatoria estaba goteando. Entonces, cuando ocurrió la resurrección, los líderes del Sanedrín pagaron dinero de soborno para tratar de silenciar la impresionante buena noticia (Mt 28:11-15; Zac 7:11-14).

6. Probaron a Dios

La gran conclusión de Moisés en cuanto al trágico error del pueblo fue: "No tentaréis a Jehová vuestro Dios" (Dt 6:16). El Señor es digno de una confianza completa y amorosa; se puede contar con que Él es fiel (1 Co 10:13; 2 Ti 2:13; Sal 33:4). Sin embargo, el orgullo arrogante siempre parece tratar de provocar a Dios. Es más, Israel se burló repetidas veces de Jehová.

Tentar a Dios

El periódico *Times de San Petersburg* reportó en 2002 la muerte de un hombre ucraniano que fue lacerado por una leona en el Zoológico de Kiev. El sujeto se enfrentó al animal a propósito, creyendo que Dios lo protegería.

Un oficial del zoológico informó que el hombre se coló con una cuerda a un cercado de concreto donde había cuatro leones. Gritando: "Dios me salvará, si existe", el hombre se quitó sus zapatos y caminó a grandes pasos hacia los animales.

Una leona vino a su encuentro. Lo tumbó y pronto laceró su arteria carótida. Los oficiales del zoológico dijeron que el incidente —ocurrido frente a una gran multitud— fue el primero de su tipo.[3]

¿Qué haría el Mesías de Israel en su propia tentación en el desierto? ¿Podría el sentido legítimo de su deidad ser corrompido por la vanagloria de la vida, de manera que cuestionara las promesas de su Padre y saltara desde el templo para probar el amor y apoyo de su Padre? ¿Podría el diablo inducirlo a actuar por su cuenta, al menos una vez, haciéndolo libre de la dirección de su Padre y del Espíritu Santo?

El compromiso moral del Hijo del hombre se mantuvo firme: "Respondiendo Jesús, le dijo: Dicho está: No tentarás al Señor tu Dios" (Lc 4:12: Dt 6:16). Fue la misma respuesta con la que Jesús había bendecido a Moisés para que la expresara en el desierto.

¡Qué gran victoria! En medio de estas tres tentaciones, el Señor demostró su compromiso de depender de la Palabra de Dios en el Antiguo Testamento para responder guiado por el Espíritu Santo. Lo hizo sin romper con su Padre ni echar mano del ejercicio independiente de su deidad, ni una sola vez (Flp 2:6).

Con esa humilde actitud, Jesús demostró de manera triunfante que todos los hijos de Dios deben descansar completamente en la Palabra escrita del Padre, capacitados por el Espíritu Santo, para poder vencer el verdadero asiento del poder de Satanás: "los deseos de la carne, los deseos de los ojos, y la vanagloria de la vida" (1 Jn 2:16; Lc 10:18; Ro 8:14).

Con este logro en el desierto de la tentación, Jesucristo comprobó, como Hijo del hombre, que también era el victorioso "postrer Adán, espíritu vivificante"; nunca habrá necesidad de otro (1 Co 15:45). Como Hijo del hombre, ha ganado el claro derecho de ser el líder de un nuevo reino de hijos redimidos de Dios (1 Co 15:22, 45).

Una comida preparada por los ángeles aceleró la restauración de la fortaleza física de Jesús (Mt 4:11; ver también 1 R 19:3-9). Con esa nueva energía, Jesús salió del desierto de Judea listo para iniciar su ministerio a fin de eliminar los pecados del mundo (Jn 1:29; He 9:25).

No, no puede haber testimonio sin prueba.

"¿Quién es [ésta] que sube del desierto?" (Cant 8:5) Es el Mesías triunfante, recostado sobre el brazo fuerte de su Padre y caminando en el Espíritu. El Salvador del mundo entiende bien el desierto. Por eso, puede también caminar con sus seguidores, guiándolos a través de sus propios lugares desiertos.

D. El desierto, ¿es válido como tentación?

Ciertamente la pregunta es apropiada, ¿era posible para el Cristo encarnado pecar en su tentación en el desierto? Preguntado de otra manera, ¿cómo podía la tentación ser válida como tal cuando la persona que era seducida es el propio Dios?

Si el punto de la tentación en el desierto era demostrar el gobierno de la Segunda Persona de la Trinidad sobre Lucifer, entonces la experiencia del desierto no era ciertamente una prueba ni una contienda. Dios ya había arreglado el asunto: "Yo veía a Satanás caer del cielo como un rayo", dijo Jesús (Lc 10:18; Is 14:12). Sin embargo, ese no era el punto durante esos solitarios cuarenta días de tentación.

El asunto central de la experiencia de Jesús en el desierto fue probar si el diablo podía inducir al Dios hecho hombre a pecar, y esto era algo muy diferente, porque nunca había sido probado. El diablo nunca se había peleado contra un hombre como Jesús, porque Jesús era Dios encarnado, el Dios-hombre, el primogénito del nuevo pacto, "el segundo hombre ... el Señor ... del cielo" (1 Co 15:47; Jn 1:14; Lc 22:20).

¿Sucumbiría el Hijo encarnado de Dios a las demandas de su carne? ¿Tendría éxito su compromiso moral de hacer la voluntad de su Padre con el ejercicio voluntario de sus atributos divinos rendidos a su Padre y al Espíritu Santo? ¿Podría el Hijo del hombre lleno del Espíritu ser inducido a cambiar su actitud de total lealtad a su Padre?

Estas preguntas enmarcan el tema central que estaba en juego en el desierto de la tentación. Satanás intentó de todas las maneras que pudo poner a prueba la deidad de Jesús y tentar al Dios-hombre en su verdadera humanidad, pero el vínculo entre Jesús y su Padre se mantuvo. Las tres jugosas "manzanas" de Satanás simplemente no fueron atractivas para las papilas gustativas del Salvador. Jesús vivió su compromiso de confianza en la Palabra de Dios mientras caminaba en el Espíritu.

La lección es aplicable a todos los seguidores de Cristo. Una vida llena del Espíritu vivida con una actitud de firme compromiso moral de servir obedientemente a la Palabra escrita del Padre es el fundamento de lo que significa ocuparse en la salvación de uno (Flp 2:12). Ese principio continúa siendo hasta este día más que rival para la poderosa atracción de Satanás a los apetitos de la carne. La estrategia de Jesús para triunfar ha venido a ser el modelo de cada creyente. El plan funcionó con Él, y funcionará con todos aquellos que sigan "sus pisadas", "porque Dios es el que en vosotros produce así el querer como el hacer, por su buena voluntad" (1 P 2:21; Flp 2:13).

El apóstol Pedro describió la victoria del creyente con gran júbilo.

> Bendito el Dios y Padre de nuestro Señor Jesucristo, que según su grande misericordia nos hizo renacer para una esperanza viva, por la resurrección de Jesucristo de los muertos, para una herencia incorruptible, incontaminada e inmarcesible, reservada en los cielos para vosotros, que sois guardados por el poder de Dios mediante la fe, para alcanzar la salvación que está preparada para ser manifestada en el tiempo postrero.
> —1 Pedro 1:3-5

El triunfo del Siervo de Jehová motivó a Pablo a explicar, "no mirando cada uno por lo suyo propio, sino cada cual también por lo de los otros", porque eso es lo que siempre hace el amor *ágape* (Flp 2:4).

Jesús entendió plenamente que sólo tenía una sola opción: servicio obediente a su Padre y a su plan. Al vivir ese compromiso y enseñar a sus seguidores esa gracia vencedora, se ganó el afecto innegable de sus seguidores en todas las generaciones (Ef 6:24).

Cuando acabó la tentación en el desierto, "vinieron ángeles y le servían" (Mt 4:11). El diablo se fue en derrota deprimente, pero permaneció determinado a luchar otra vez en otra oportunidad (Lc 4:13). Satanás tenía muchas otras flechas envenenadas en su aljaba para el postrer Adán. El plan de Jesús de convencer al pueblo de su veredicto y solución sería una lucha fuerte y cuesta arriba. La tentación en el desierto resolvió sólo el primer asalto.

III. El Siervo: Oposición durante sus años de ministerio

A. La estrategia del diablo

El plan de acción de Lucifer para el resto del ministerio de Jesús era mantener la presión sobre el Dios-hombre, a quien el Espíritu Santo declarara como Mesías en su bautismo en el río Jordán (Lc 3:21-23). El diablo tenía una formidable colección de armas contra los apetitos carnales del hombre que había mantenido efectivamente, siglo tras siglo, a todos los pueblos en el sistema del mundo. Es por una buena razón que Satanás lleva el nombre de "el dios de este siglo" (2 Co 4: 4).

La guerra extrema para traer a Jesucristo al dominio de Satanás tenía como meta crear una situación que lo tentara a hablar algo mal de alguna forma o que se enojara o enfadara u ofendiera. Satanás estaba dispuesto a intentar lo que fuera, no importa cuán vicioso, cruel, injusto y deshonesto pareciera, pero que pudiera inducirle a que hiciera algo independientemente de su Padre y del Espíritu Santo.

En cuanto a Jesús, usó dos armas en el combate y las manejó magistralmente: una vida llena del Espíritu y un compromiso inflexible de servir sólo a la Palabra de su Padre.

Lo que sigue primero es un examen de los años del ministerio del Señor, y luego una mirada a los acontecimientos de la Semana de la Pasión. Este estudio incluirá diez áreas de continua tentación en cada fase de su ministerio. Episodios como estos muestran el alto precio personal que Jesús pagó para redimir a todos los hombres. Triunfó porque vivió para obedecer la Palabra de su Padre. Las demandas de sus apetitos carnales fueron siempre prioridades secundarias para Él.

1. Planes para matar a Jesús

En realidad, el diablo dibujó las líneas de batalla en su establo. Planificó el primer ardid contra el Mesías de Israel mientras estaba en la cuna, pero Satanás no pudo eliminar al infante Jesús en un ataque preventivo.

"Levántate", le dijo el ángel a José, "toma al niño y a su madre, y huye a Egipto, y permanece allá hasta que yo te diga; porque acontecerá que Herodes buscará al niño para matarlo" (Mt 2:13). El ardid de Satanás no funcionó. Dios había arreglado de antemano inclusive que los presentes de los magos financiaran a José, María y el Bebé en Egipto.

El principio relevante aquí es que el conocimiento anticipado de Dios es más amplio que el simple entendimiento que los hombres puedan tener. El Señor sabía de antemano las estrategias del enemigo; por lo que desde la eternidad proveyó para los imprevistos.

El nacimiento de Jesús veló de tal manera al Hijo de Dios en carne y hueso, que Herodes tuvo que ordenar el asesinato de todos los bebés de Belén para intentar llegar al Único y Verdadero; sus soldados simplemente no podían ver la diferencia (Jn 1:14, 18). Aun en el Jardín de Getsemaní, la única forma en que los guardias del templo supieron con certeza a quién arrestar fue con el beso de la traición de Judas (Mt 26:48).

Después de la tentación en el desierto, Jesús "volvió en el poder del Espíritu a Galilea" (Lc 4:14). Esta declaración descubre mucho más que el hecho de que regresó a casa a Nazaret. También refleja hasta qué punto el Espíritu Santo guiaba su vida. Cuando Jesús llegó a casa, el siguiente día de reposo se presentó ante sus familiares y amigos de siempre como su Mesías. Fue a la sinagoga, como era su costumbre, donde la escena se desarrolla así:

> Y se le dio el libro del profeta Isaías; y habiendo abierto el libro, halló el lugar donde estaba escrito: El Espíritu del Señor está sobre mí, por cuanto me ha ungido para dar buenas nuevas a los pobres; me ha enviado a sanar a los quebrantados de corazón; a pregonar libertad a los cautivos, y vista a los ciegos; a poner en libertad a los oprimidos; a predicar el año agradable del Señor. Y enrollando el libro, lo dio al ministro, y se sentó; y los ojos de todos en la sinagoga estaban fijos en él. Y comenzó a decirles: Hoy se ha cumplido esta Escritura delante de vosotros.
>
> —LUCAS 4:17-21

Una rabiosa acogida recibió la afirmación de Jesús. En cuanto a la respuesta furiosa de sus compatriotas, Jesús les dijo: "Sin duda me diréis este refrán: Médico, cúrate a ti mismo; de tantas cosas que hemos oído que se han hecho en Capernaum, haz también aquí en tu tierra" (Lc 4:23). En efecto, la gente de Nazaret sentía tal resentimiento hacia Él, que "levantándose, le echaron fuera de la ciudad, y le llevaron hasta la cumbre del monte sobre el cual estaba edificada la ciudad de ellos, para despeñarle" (Lc 4:28-30); Mr 6:3).

Cuando Jesús hizo el primer viaje de su ministerio a Jerusalén, los judíos lo perseguían "y procuraban matarle" porque, alegaban, estaba quebrantando "el día de reposo" y "también decía que Dios era su propio Padre, haciéndose igual a Dios" (Jn 5:16-18). Es más, Jesús se mantuvo alejado por un tiempo de Judea a propósito porque "los judíos procuraban matarle" (Jn 7:1). Sin embargo, lo hizo como parte del plan y no por temor. Matar prematuramente a Jesús habría sido una victoria para Satanás ya que el Señor no habría cumplido todas las Escrituras proféticas ni logrado la expiación. Eso significaba que Jesús tenía que controlar el tiempo de su muerte (Jn 13:1). De cualquier modo, no tenía particular temor a la muerte ya que entendía completamente que vino a esta tierra a morir (Jn 18:37).

En su siguiente visita a Jerusalén, "los fariseos enviaron alguaciles para que le prendiesen" (Jn 7:32). Ellos "vinieron a los principales sacerdotes y a los fariseos" y reportaron: "¡Jamás hombre alguno ha hablado como este hombre!" (Jn 7:45-46).

En su enseñanza sobre esta visita, Jesús afirmó: "Antes que Abraham fuese, yo soy". Ante aquello, los judíos "tomaron entonces piedras para arrojárselas; pero Jesús se escondió y salió del templo; y atravesando por en medio de ellos, se fue" (Jn 8:58-59). Lucas 13:31-33 cuenta acerca de otra ocasión similar:

> Aquel mismo día llegaron unos fariseos, diciéndole: Sal, y vete de aquí, porque Herodes te quiere matar. Y les dijo: Id, y decid a aquella zorra: He aquí, echo fuera demonios y hago curaciones hoy y mañana, y al tercer día termino mi obra. Sin embargo, es necesario que hoy y mañana y pasado mañana siga mi camino; porque no es posible que un profeta muera fuera de Jerusalén.

***

La zorra había sido ganada en astucia.

De hecho, cada vez que el Señor estaba en Jerusalén las amenazas de muerte revoloteaban a su alrededor. Lucas registra su conspiración, diciendo, "los principales sacerdotes, los escribas y los principales del pueblo procuraban matarle" (Lc 19:47). Jesús amenazaba fundamentalmente el control que ellos tenían sobre el pueblo (Jn 11:48).

Estos tipos de serias amenazas de muerte persiguieron a Jesús toda su vida. Él era demasiado sabio para dejar que funcionaran hasta el tiempo del Padre (Hch 12:3). El vínculo de confianza implícita entre Jesús y su Padre se mantuvo, y Él continuó viviendo la vida del Siervo humilde que amaba a todo el mundo.

2. La acusación de blasfemia

La acusación de que Jesús, aparentemente un simple hombre, estaba mostrando una irreverencia brutal por Dios haciéndose igual con Dios, vino temprano en su ministerio (Jn 5:18; 10:33). El estigma social que rodeó tal cargo fue tan vergonzoso que una persona inocente invariablemente se defendería con profunda ira.

Jesús vivió con un claro conocimiento de quién era Él y quién era su Padre celestial; por lo tanto, el cargo de blasfemia debió haber sido angustiosamente gravoso para Él. Después de todo, "a lo suyo vino, y los suyos no le recibieron" (Jn 1:11). Añadiendo a la presión estaba el hecho de que el cargo no parecía desaparecer nunca. Estuvo surgiendo a todo lo largo de su ministerio.

Cuando cuatro hombres trajeron a un paralítico en una cama y lo bajaron a Jesús a través del techo, el Señor le dijo al pobre hombre, "Ten ánimo, hijo; tus pecados te son perdonados" (Mt 9:2; Lc 5:20). Los fariseos y escribas inmediatamente comenzaron a pensar, "Este blasfema" (Mt 9:1-3; Mr 2:6-7).

En la Fiesta de Dedicación durante el invierno en Jerusalén, los judíos tomaron piedras para matar al Señor "por blasfemia", arguyendo "porque tú, siendo hombre, te haces Dios" (Jn 10:33). Al final, Caifás, el sumo sacerdote, usó ese mismo cargo para sentenciarlo a muerte, pero tomó lugar en el tiempo del Señor, cuando Jesús había cumplido toda justicia (Mt 3:15; 26:65).

Cada vez que venía la acusación, el insulto cortaba al corazón de quien Él era como el Hijo del hombre, pero ni una vez devolvió insulto por insulto. Jesús no tenía disposición de desquitarse o darles una lección (1 P 2:23). Él simplemente continuó amando y sirviendo al pueblo.

¡Qué hombre sabio! ¡Qué bien hacemos en gozarnos y alegrarnos en Él (Cant 1:4).

3. Espíritus inmundos gritaban su identidad

Los chillidos penetrantes de los demonios obviamente tenían el propósito de amilanar a Jesús revelando prematuramente Su divinidad, la cual los demonios sabían que estaba velada en la humanidad (Stg 2:19). En una de esas ocasiones, un hombre en la sinagoga en Capernaúm poseído por un espíritu inmundo gritó, "¡Ah! ¿Qué tienes con nosotros, Jesús nazareno? ¿Has venido para destruirnos? Sé quién eres, el Santo de Dios" (Mr 1:24).

Jesús le ordenó firmemente "¡Cállate, y sal de él! Y el espíritu inmundo, sacudiéndole con violencia, y clamando a gran voz, salió de él" (Mr 1:25-26). De hecho, "los espíritus inmundos, al verle, se postraban delante de él, y daban voces, diciendo: Tú eres el Hijo de Dios" (Mr 3:11-12).

Estos espíritus inmundos eran falsos anunciantes. Su meta era avanzar el tiempo para la revelación de Cristo como el Hijo del hombre y sacar Su plan de sincronización. La respuesta de Jesús no fue enojarse, sino que calmadamente "él les reprendía mucho para que no le descubriesen" (Mr 3:12). Aún el testimonio pervertido de los espíritus inmundos no podían hacerlo airar lo suficiente como para hacerle perder el control, aun cuando ellos estaban intentando deliberadamente destruir la estrategia del Padre.

4. La acusación de posesión de demonio

¿Acusar el Hijo de Dios de estar lleno de demonios? ¡Impensable! Debió haber sido un cargo particularmente odioso para Él, sabiendo cuánto amaba Él a Su Padre y cuán profundamente estaba Él comprometido a obedecerle.

El Mesías de Israel estaba allí en medio de ellos, haciendo el trabajo de Mesías ante sus ojos, pero los fariseos y escribas —algunas de las mismas personas que

Él vino a salvar— interpretaron Sus acciones como demoníacas. El apóstol Pablo entendió el principio cuando le dijo a los corintios "el dios de este mundo" tiene el poder para cegar el entendimiento de aquellos que no crean. Ellos "que no les resplandezca la luz del evangelio de la gloria de Cristo, el cual es la imagen de Dios" (2 Co 4:4).

Cuando un grupo de "escribas que habían venido de Jerusalén" a Galilea a confrontarlo, ellos lo acusaron en términos fuertes diciéndole a la multitud que Él "tenía a Belcebú". Ellos lo cargaron con enseñar y echar fuera demonios "por el príncipe de los demonios" (Mr 3:22). Era un esfuerzo patente de avergonzar y humillar a Jesús ante Su audiencia y hacerlo reaccionar con ira. Más tarde, en la Fiesta de los Tabernáculos, hasta la multitud le dijo desafiantemente, "Demonio tienes" (Jn 7:20).

Tal amarga y totalmente falsa acusación típicamente habría hecho furiosa a una persona, causándole tomar represalias en su defensa. En lugar de eso, el Señor negó el cargo, pero sin perder control de Él o de la situación.

El cargo de posesión de demonio seguramente desafió al Señor y lo turbó profundamente, pero no tuvo el poder para hacerlo hacer algo con ira prematuramente. Ni cambió su actitud de confianza incondicional en su Padre, dependiendo de la dirección del Espíritu Santo. Este malvado espíritu acusador había trabajado en contra de tantos a través de los siglos. El espíritu del acusado, respondiendo en gran resentimiento, rutinariamente se podía esperar que llegara a ser como el del acusador. Sin embargo, no lo logró contra el Dios-hombre.

5. Incredulidad

El tipo de desconfianza que desafía fundamentalmente la credibilidad de una persona ha funcionado para Satanás incontables veces, manteniendo a la gente fuertemente atada al sistema del mundo. Es difícil manejar las emociones cuando uno es abofeteado con furiosa desconfianza, especialmente cuando uno sabe que está diciendo la verdad. Jesús encontró ese tipo de corazón malvado entre su propia gente en Nazaret y "estaba asombrado de la incredulidad de ellos". De hecho, "no pudo hacer allí ningún milagro, salvo que sanó a unos pocos enfermos, poniendo sobre ellos las manos" (Mr 6:5-6).

Después que Jesús alimentó a los cinco mil con cinco panes y dos pececillos, la multitud fue rápida para tomar el prospecto de un suministro gratis de alimento: "Viendo la señal que Jesús había hecho, dijeron: Este verdaderamente es el profeta que había de venir al mundo. Pero entendiendo Jesús que iban a venir para apoderarse de él y hacerle rey, volvió a retirarse al monte él solo" (Jn 6:14-15).

La multitud vio su habilidad para hacer pan milagrosamente como algo demasiado bueno para ser verdad, y la gente estaba deseosa de enlistarse ahí mismo como sus súbditos. La multitud encontró a Jesús el día siguiente y le preguntó: "¿Qué debemos hacer para poner en práctica las obras de Dios? Respondió Jesús y les dijo: Esta es la obra de Dios, que creáis en el que él ha enviado" (Jn 6:28-29). La multitud recibió los beneficios del pan gratis, pero no estaban igualmente deseosos de hacer Jesús el Señor de sus vidas personales. Para hacer eso, ellos tendrían que aceptar que había sido enviado por su Padre.

Con las condiciones a ese nivel, mucha gente comenzó a separarse de Él. Ellos creían en pan que pudieran ver y comer, pero no estaban sintonizados en lo absoluto con el Dios invisible que podía terminar con el hambre en sus almas. Cuando Jesús comenzó a enseñarles que Él, en realidad, había venido para sacrificar su cuerpo para que ellos pudieran comer el pan espiritual que les daría alimento interminable para sus almas, "muchos de sus discípulos volvieron atrás, y ya no andaban con él" (Jn 6:66). Ellos se parecían mucho a sus padres en el desierto que dejaron de ver a su Mesías parado por la roca (Éx 17:6). La multitud que estaba con Jesús quería pan, pero estaban ciegos en su incredulidad al hecho de que la verdadera Provisión de Vida estaba ahí entre ellos, ofreciéndoles alimento que es eterno (Éx 16:1-10). Por lo tanto, ellos continuaron dando su lealtad al sistema del mundo porque les daba comida que satisfacía sus estómagos.

El Autor del pan —el Hacedor de la luz del sol, la tierra, la lluvia y la misma semilla que produjo las cosechas que los alimentaron— estaba en medio de ellos para amarlos ybendecirlos. Él quería darles pan eterno para que nunca más tuvieran hambre, pero ellos mostraron un crudo escepticismo y se fueron. Era una incredulidad fría.

Jesús se volvió a sus discípulos y les preguntó, "¿Queréis acaso iros también vosotros?" Simón Pedro respondió: "¿a quién iremos? Tú tienes palabras de vida eterna. Y nosotros hemos creído y conocemos que tú eres el Cristo, el Hijo del Dios viviente" (Jn 6:68-69).

Jesús tenía pocos seguidores, como Pedro, que estaban creciendo en la fe; pero también tenía muchos espectadores curiosos a su alrededor que caminaban en incredulidad. Ellos acosaban a Jesús dondequiera que iba. El escritor de Hebreos dijo que en verdad hay tal cosa como un "corazón malo de incredulidad para apartarse del Dios vivo" (Hch 3:12).

Jesús encontró incredulidad hasta en los miembros de su propia familia. En una ocasión, "los suyos vinieron para prenderle; porque decían: Está fuera de sí" (Mr 3:21). A veces sus propios discípulos mostraban falta de fe. Cuando no pudieron ayudar al pobre hombre a los pies del Monte de la Transfiguración, Jesús dijo que fue por su "poca fe" (Mt 17:19-20). Después de salir de la tumba, el Señor en realidad "les reprochó su incredulidad y dureza de corazón, porque no habían creído a los que le habían visto resucitado" (Mr 16:14; ver también Mr 8:17-21; Lc 24:25).

Uno pudiera pensar que tener que pelear día tras día la incredulidad a esta escala agotaría a una persona, causándole tirar la toalla y rendirse. La carga de guiar al pueblo finalmente le llegó a Moisés, cerca del final de su vida. Él respondió con ira cuando la iglesia en el desierto necesitó agua una segunda vez (Hch 7:38).

> Reunieron Moisés y Aarón a la congregación delante de la peña, y les dijo: ¡Oíd ahora, rebeldes! ¿Os hemos de hacer salir aguas de esta peña? Entonces alzó Moisés su mano y golpeó la peña con su vara dos veces.
> —NÚMEROS 20:10-11

El agua brotó, pero Dios estaba disgustado con Moisés. El gran libertador había percibido a su Mesías parado por la roca cuando el agua surgió en Refidim, pero falló en confiar en Dios en el desierto de Zin. Por lo tanto, él no comprendió que la roca que golpeó con ira era su Mesías (Nm 20:1-12; Ex. 17:5-7; 1 Co. 10:4).

Jesús vivió lleno de gracia y nunca hizo juicios basados en la ira, ni hubo nunca ira en su corazón (Jn 1:14; Ro 12:19). Él nunca dejó de amar a su pueblo cuando ellos eran rebeldes y, de hecho, los perdonó, aun cuando lo clavaron en una cruz (Lc 23:34). Por el contrario, cuando Moisés golpeó con ira la roca, mostró cómo se sentía en ese momento con respecto a la gente, lo cual también significaba que estaba golpeando al propio corazón de Dios. "Jehová dijo a Moisés y a Aarón: Por cuanto no creísteis en mí, para santificarme delante de los hijos de Israel, por tanto, no meteréis esta congregación en la tierra que les he dado" (Nm 20:12).

La herramienta que funcionó exitosamente contra Moisés—repetidos ataques del enemigo hasta que lo cansó—ha destruido a tantos hijos de Adán. Los reformadores muy a menudo llegan a agotarse y finalmente deciden, "Tú no puedes pelear contra el ayuntamiento". Tarde o temprano, la mayoría de los visionarios ven tanta duda e incredulidad, que concluyen no vale la pena el esfuerzo y hacen la paz con el sistema del mundo. Pero, no Jesús. Su compromiso moral de confiar en su Padre y el Espíritu Santo se mantuvo firmemente en la rutina diaria de la batalla contra la incredulidad. Gente incrédula simplemente no lo agotaba ni lo hacía bajar la guardia. En vez de eso, Jesús continuó observando y escuchando a su Padre, haciendo y diciendo sólo lo que veía y oía (Jn 5:19-20, 30).

6. Mantener mala compañía

El rumor se extiende rápidamente: algo malo debe estar pasando con Jesús por la clase de gente con la que disfruta andar. Los fariseos pensaron que tenían buena evidencia para alimentar los rumores. Leví tuvo un gran banquete en su casa para Jesús y una gran multitud de publicanos y otros personajes de mala reputación estaban comiendo con ellos (Mt 9:10). Así que, "los escribas y los fariseos", que pertenecían a las sectas de ellos, "murmuraban contra los discípulos, diciendo: ¿Por qué coméis y bebéis con publicanos y pecadores?" (Lc 5:29-30; Mt 9:10-13).

Jesús no respondió con el mismo tono cortante y de ira. En vez de eso, respondió honestamente su pregunta: "Los sanos no tienen necesidad de médico, sino los enfermos. Id, pues, y aprended lo que significa: Misericordia quiero, y no sacrificio. Porque no he venido a llamar a justos, sino a pecadores, al arrepentimiento" (Mt 9:12-13).

Los fariseos lanzaron el mismo cargo contra Él cuando el Señor se invitó a sí mismo a cenar en la casa de Zaqueo. No importaba que "se acercaban a Jesús todos los publicanos y pecadores para oírle", o que Zaqueo mostró verdadero fruto de arrepentimiento cuando se comprometió a pagar por cuadruplicado a cualquiera que hubiera defraudado (Lc 15:1; 19:8). En sus mentes retorcidas, si usted come con publicanos y pecadores, usted debe tener algo que esconder. "Las malas compañías corrompen las buenas costumbres", era un proverbio comúnmente entendido en ese tiempo (1 Co 15:33, NVI)

En la casa de Simón el fariseo, una mujer trajo a la casa un frasco de alabastro de perfume caro. Ella caminó hasta Jesús, se arrodilló delante de Él, derramó el perfume en sus pies y comenzó a secar sus pies con sus cabellos. Ese acto de adoración sugería para Simón demasiada culpa por asociación. "Si fuera profeta", murmuró Simón para sí "conocería quién y qué clase de mujer es la que le toca, que es pecadora" (Lc 7:39). Simón no entendió lo que Pablo enseñó más tarde, que en Cristo hay un estado mental puro que no considera a nadie desde el punto de vista del mundo (2 Co 5:16). En vez de eso, a los ojos de Simón el fariseo, Jesús estaba manchándose con la reputación de la mujer. Simón no comprendió que Jesús estaba dándole una reputación completamente nueva.

La mayoría de la gente luchará por preservar su buen nombre. En las cortes, no son poco comunes las demandas legales que envuelvan difamación. Sin embargo, los rumores que se extendieron acerca de Jesús no lo amilanaron. Él sabía que sus obras de justicia eran noticias mucho más grandes que las mentiras de los chismosos.

Todos los creyentes en Cristo necesitan saber que al final su reputación se sostiene o cae con el juicio de Dios (1 Co 4:4). Cuando el entendimiento de eso florece, la Palabra de Dios viene a ser verdaderamente su modelo de vida. Con la bendición de ese descubrimiento, los creyentes pueden sentarse con pecadores sin venir a ser uno de ellos. En vez de eso, ellos los llevarán a Cristo.

7. *Violación de la ley*

La mayoría de las personas se postrarán al sistema del mundo porque es la ley de la tierra, y Satanás sabía eso. La ley es un arma potente, incluso si es una ley injusta, precisamente porque la ley puede castigar a los infractores. Parte del castigo es el vergonzoso estigma social que va con ser un infractor. Madres y padres siembran en sus hijos desde la cuna el principio de que "si quieres llevártela bien en la vida, debes respetar la ley". Porque es verdad, la gente realmente teme ser atrapada infringiendo la ley. La gran mayoría irá hasta lo último para limpiar en las cortes su buen nombre.

Jesucristo vino a esta tierra a cumplir la Ley, no a abrogarla. Por lo tanto, a lo largo de su encarnación Jesús mantuvo la Ley plenamente. Pero, Él también recordaba lo que había en la Ley. Él había estado allí para inspirar a Moisés a escribirla (Jn 8:58; Éx 17:5-7; ver también los muchos pasajes que dicen "Dijo Dios", como Éx 3:15. Esto significaba que conocía con autoridad cuando los fariseos hicieron sus propias leyes y luego trataron de forzarlas en el pueblo.

Acusar a la gente de ser infractores fue un arma poderosa que los fariseos usaron regular y efectivamente. La mayoría de la gente temía tanto el cargo, que ellos se postraban a las interpretaciones de la Ley que sonaran autoritarias., aún si no estaban verdaderamente basadas en las Escrituras. "Hipócritas, bien profetizó de vosotros Isaías", les dijo Jesús. "Este pueblo de labios me honra, mas su corazón está lejos de mí. Pues en vano me honran, enseñando como doctrinas mandamientos de hombres" (Mr 7:6-7; Is 29:13). De hecho, el Señor tenía tal comando personal de la Ley, que Él acusó en realidad a los fariseos, diciéndoles: "Dejando el mandamiento de Dios, os aferráis a la tradición de los hombres" (Mr 7:8).

Cuando Jesús apareció en escena, sabía los detalles de la ley de Moisés, la Ley de Israel, mejor que los fariseos. Por lo tanto, ellos no podían controlarlo con sus interpretaciones legales. La gente ordinaria se dio cuenta de la diferencia, y amó a Jesús por la libertad que su vida demostraba. Tampoco es sorprendente que los líderes de los fariseos quisieran matar a Jesús, porque Él amenazaba fundamentalmente su poder y posición en la sociedad (Jn 11:48).

Sin embargo, algunos fariseos eran amables con Él:

- Durante una de las visitas de Jesús a Jerusalén, algunos fariseos buscaron entablar amistad con el Señor, diciéndole, "Sal, y vete de aquí, porque Herodes te quiere matar" (Lc 13:31).
- Nicodemo era un miembro del consejo judío gobernante que vino a Jesús de noche, haciéndole las preguntas sinceras que resultaron en la enseñanza del Señor sobre el nuevo nacimiento (Jn 3:1-8).
- En al menos una ocasión, Nicodemo también habló tratando de defender a Jesús, y en el proceso se ganó para sí una fuerte represión de sus compañeros fariseos (Jn 7:50-52). Nicodemo también pagó la factura por las cien libras de especias aromáticas usadas para ungir el cuerpo de Jesús para su sepultura (Jn 19:39-42).
- Después de la muerte de Jesús, Nicodemo acompañó a José de Arimatea al sitio del sepulcro nuevo de José, donde colocaron el cuerpo del Señor en la propia tumba de José.

- En cuanto a José de Arimatea, él era un discípulo secreto de Jesús que mantuvo su fe en secreto "por miedo de los judíos" (Jn 19:38).

Ni las amenazas de Herodes ni los cargos de los fariseos de romper la Ley hicieron que Jesús temiera; en lugar de eso, Él continuó rechazando sus falsas interpretaciones de la Ley de Moisés (Mt 12:1; Mr 7:5; Lc 6:6-11). La táctica no funcionó en Jesús porque Él conocía tanto la letra de la Ley como el espíritu de la Ley, y ellos no podían atraparlo en nada que Él dijera o hiciera. En vez de eso, Él podía confrontar a sus acusadores con su propio desafío, "¿Quién de vosotros me redarguye de pecado?" (Jn 8:46). Ninguno podía.

8. Desafíos a su autoridad

Cuando una figura de autoridad desafía el derecho de una persona de hacer lo que está haciendo, puede ser muy desconcertante. "Los principales sacerdotes y los escribas, con los ancianos" llegaron a Jesús intentando la táctica con Él: "¿Con qué autoridad haces estas cosas? ¿O quién es el que te ha dado esta autoridad?" (Lc 20:1-2).

Esas dos preguntas sirven como arma convincente de dos cañones, especialmente si una persona cree que de las instituciones hechas por el hombre fluye autoridad. Pero, Jesús sabía que su poder venía de su Padre. Como Jesús caminaba en la autoridad de su Padre, en realidad, Él era capaz de poner nervioso a Pilato en su juicio. "Ninguna autoridad tendrías contra mí, si no te fuese dada de arriba", le dijo Jesús al gobernador. "Por tanto, el que a ti me ha entregado, mayor pecado tiene. Desde entonces procuraba Pilato soltarle" (Jn 19:11-12).

Los críticos haciendo las preguntas (en Lucas 20) pensaban claramente que Jesús era receptivo a ellos y a su autoridad. Ellos estaban ciegos al hecho de que ellos realmente estaban bajo el comando de Jesús. El resultado fue que su arma contra Jesús fracasó; de hecho, Jesús la neutralizó maravillosamente y continuó haciendo lo que vio al Padre haciendo y diciendo lo que oyó al Padre diciendo (Jn 5:19).

9. Atraparlo en su discurso

Cuando el Señor dijo la parábola de los labradores, especialmente la parte acerca de los labradores cuando matan un siervo tras otro y luego matan al hijo del dueño, los enemigos de Jesús sabían bien que la parábola estaba dirigida a ellos. Por esa razón, los escribas y principales sacerdotes buscaban "cómo echarle mano", pero "temían al pueblo" (Mt 21:46). Sin embargo, ellos se mantuvieron "acechándole" y "enviaron espías", esperando "sorprenderle en alguna palabra, para entregarle al poder y autoridad del gobernador" (Lc 20:20). Sus enemigos hicieron numerosos esfuerzos.

- "Algunos de los saduceos, los cuales niegan haber resurrección" se llegaron a Jesús para hacerlo caer con una pregunta acerca del levirato (Lc 20:27-33; Mr 12:18-23; Mt 22:23-25).
- Los fariseos probaron a Jesús con la pregunta, "¿Es lícito al hombre repudiar a su mujer por cualquier causa?" (Mt 19:3; Mr 10:2-3).
- Los fariseos y los herodianos se unieron y "consultaron cómo sorprenderle en alguna palabra" con respecto a pagar impuestos a César (Mt 22:15-17; Mr 12:13-15).
- "Los fariseos . . . se juntaron a una" y enviaron a uno de sus expertos legales para tentar a Jesús con la pregunta: "Maestro, ¿cuál es el gran mandamiento en la ley?" (Mt 22:34-36.
- En otra ocasión, los fariseos comenzaron a probar a Jesús, tentándolo pidiendo una señal del cielo (Mr 8:11-13).

Debe ser duro para un líder tener gente en su camino todo el tiempo que son espías esperando sorprenderlo en algo—cualquier cosa. Jesús vivió bajo esa presión día tras día (Heb 12:3). ¿Cuál era el secreto que lo capacitaba para silenciar a todos ellos de manera que no se atrevieron a hacerles más preguntas (Lc 20:40)? La respuesta seguramente va al vínculo moral de confianza incondicional que Él disfrutaba con su Padre y la dirección que recibía del Espíritu Santo. Isaías había profetizado que la unción del Espíritu Santo sobre su vida lo haría "sabio e inteligente", llenándolo con "espíritu de consejo y poder, espíritu de conocimiento y de temor de Jehová". El resultado fue que el Espíritu lo hizo "entender diligentemente" (Is 11:2-3; Lc 5:29-32). Jesús, el Dios-hombre, podía pensar más rápido que cualquier hombre que haya vivido (Mt 9:12; Lc 20:23-24).

La tercera parte de las cuatro Canciones del Siervo en Isaías habla del principio de cómo el Espíritu Santo lo preparó para los desafíos de cada día. Este tipo de dirección era rutinaria en la vida de Jesús.

> Jehová el Señor me dio lengua de sabios, para saber hablar palabras al cansado; despertará mañana tras mañana, despertará mi oído para que oiga como los sabios. Jehová el Señor me abrió el oído, y yo no fui rebelde, ni me volví atrás.
>
> — Isaías 50:4-5

El mas sabio y brillante de los fariseos, saduceos o herodianos no podían competir con el Espíritu Santo que guiaba la vida del Siervo que vino de Dios. Ellos no lo encontraron desprevenido ni una vez, para hacerle decir algo de lo que se arrepentiría más tarde. Jesús nunca tuvo que disculparse por algo que dijo.

10. El rechazo

El repudio está entre las respuestas más amargas que una persona puede dar a su prójimo. La persona típica encuentra muy difícil manejarlo sabiamente. El Señor profetizó a sus discípulos "está escrito del Hijo del Hombre, que padezca mucho y sea tenido en nada" (Mr. 9:12-13). Una de las razones clave por la cual Él podía manejar el rechazo era porque Él lo esperaba en realidad; Él lo vio venir (Lc 9:22; Is 53:3).

Cuando Jesús visitó el lado oriental del mar de Galilea, la tierra de los gadarenos, Él sanó a un hombre endemoniado que era más fuerte que las cadenas. El hombre no vestía ropa y vivía entre los sepulcros. Él estaba tan demente que regularmente se hería con las piedras (Lc 8:27-39). Los demonios hablaban desde el hombre, pidiéndole permiso al Señor para ir a un hato de cerdos cerca de ahí. Jesús les dio permiso, y los cerdos se precipitaron por un despeñadero, cayendo a su muerte en el agua abajo. Cuando la gente del pueblo vino a averiguar lo que había sucedido, experimentaron la maravilla del hombre vestido y en su cabal juicio—pero también reconocieron que los cerdos que se habían ahogado eran su medio de ganarse la vida.

El Señor sabía que el hombre valía infinitamente más que los cerdos, pero los gadarenos no parecían estar de acuerdo con Él. Quizás esa es la razón por la cual Jesús envió a los demonios a entrar en sus cerdos—para golpearlos en sus bolsillos y causarles hacer preguntas acerca del verdadero valor de la vida. La respuesta de ellos fue rogarle al Señor que se fuera de su región, y Él lo hizo (Lc 8:37). Para ellos, ni Jesús ni el pobre hombre valían lo que valían sus cerdos. Fue un crudo rechazo del Mesías, quien pudo haber cambiado para bien las vidas de cada persona en esa aldea y reconstruir, al mismo tiempo, su economía sobre una fundación más fuerte.

Hacia el final de su ministerio, "Cuando se cumplió el tiempo en que [Jesús] había de ser recibido arriba, afirmó su rostro para ir a Jerusalén. Y envió mensajeros delante de él, los cuales fueron y entraron en una aldea de los samaritanos para hacerle preparativos. Mas no le recibieron, porque su aspecto era como de ir a Jerusalén" (Lc 9:51-53). El prejuicio racial explica por qué los samaritanos rechazaron a Jesús. Su única razón era que Él era judío. Jacobo y Juan estaban tan disgustados por eso que querían hacer caer fuego del cielo en la tradición de Elías, pero el Señor se rehusó a devolver golpe por golpe (Lc 9:54-56; 2 R 1:10-12; 1 P 2:21-24). En vez de eso, Él continuó su viaje a la siguiente aldea. Sí, el Señor conocía bien el rechazo punzante del prejuicio racial.

B. La estrategia vencedora del Señor

Este estudio ha visto, sin ningún esfuerzo exhaustivo, diez armas que Satanás usó contra Jesús en los tres años de ministerio del Señor que llevaron a la Semana de la Pasión, la semana de la crucifixión. Cada una de las diez armas era poderosa e intentaba tentarlo a devolver golpe por golpe de alguna forma y romper el vínculo con su Padre. Cada una había funcionado antes en incontables personas, pero el diablo nunca había emprendido una guerra contra un hombre como Jesús. Él era una nueva especie—el postrer Adán, el Hijo del hombre, el Dios-hombre y la primicia de los hombres llenos del Espíritu (1 Co 15:45; Mt 8:20; Jn 3:34). Nosotros sólo podemos concluir que una persona mucho más grande que Adán había venido en carne y sangre y estaba caminando los caminos polvorientos de Israel.

¡Qué hombre! Tan sabio y fuerte; sin embargo, tierno y afectuoso. Hombres y mujeres lo ponen alegremente como el sello en sus corazones (Cant 8:6).

Es apropiado resumir algunas estrategias que el Señor usó durante sus años de ministerio para resistir las muchas tentaciones que enfrentó, capacitándolo para derrotar al diablo:

1. Una actitud de confianza total que era más fuerte que acero soldaba el corazón de Jesús a su Padre. Era el principio moral central de su vida.

2. Jesús se humilló a Sí mismo en su humanidad, de lo cual la expresión clave fue el despojarse a Sí mismo del ejercicio voluntario de sus atributos divinos (Mt 11:29; Flp 2:6-7). La estrella que regía su ministerio era que Él se sometía la dirección de su Padre y a la capacitación del Espíritu Santo, dado a Él sin restricciones (Jn 3:34; Hch 10:38).

3. Porque Él sabía quién era su Padre, también entendía quién era. Este conocimiento significó que las muchas armas usadas por Satanás tan exitosamente en millones a través de los siglos, no sirvieran en Jesús. Una razón principal fue que el Señor rindió a su Padre y al Espíritu Santo la gloria que Él había disfrutado con la Divinidad en la eternidad. Durante su Encarnación, Él restringió sus expectativas de honra y adoración. El sólo hecho de que Él viniera de Dios como el Siervo desinteresado y humilde en dirección al Calvario, también significó que sus expectativas eran bajas. Sin embargo, Él amó a la gente sin compromiso alguno y sin ningún beneficio personal que Él pudiera recibir de ellos. En su lugar, su amor, amor divino, fue enteramente desinteresado. Aún la maldad más cruda expresada a Él sutilmente a través de los corazones de los hombres caídos simplemente no podía ofenderlo lo suficiente para hacerlo reaccionar. "Él sabía lo que había en el hombre" y no esperaba nada mejor (Jn 2:25; Mt 9:12).

Con ese golpe de genio divino, Jesús neutralizó una de las estrategias más efectivas del diablo. Cuando una persona cree que alguien ha violado sus derechos, él se siente ofendido y, normalmente, devolverá golpe por golpe de alguna manera para protegerse. Sin embargo, el arma no funcionó con Jesús, ni una sola vez. Su estilo de vida de amor desinteresado limitó sus expectativas de honra y adoración, así que Él vino con total anticipación de ser denunciado y rechazado. Ni aún la misma crucifixión hizo que devolviera el golpe; Él sabía que eso también venía.

El Señor manejó el rechazo masivo que recibió precisamente porque limitó sus expectativas y vino a la tierra como siervo, no demandando honra. De hecho, esta estrategia fue central al genio de su plan.

El apóstol Pablo hizo suya la actitud del Señor en sus viajes misioneros, y funcionó para él también (1 Co 2:16). Él expresó el secreto a los corintios:

Nosotros somos insensatos por amor de Cristo, mas vosotros prudentes en Cristo; nosotros débiles, mas vosotros fuertes; vosotros honorables, mas nosotros despreciados. Hasta esta hora padecemos hambre, tenemos sed, estamos desnudos, somos abofeteados, y no tenemos morada fija. Nos fatigamos trabajando con nuestras propias manos; nos maldicen, y bendecimos; padecemos persecución, y la soportamos. Nos difaman, y rogamos; hemos venido a ser hasta ahora como la escoria del mundo, el desecho de todos.
—1 Corintios 4:10-13

4. Jesús vivió por la ética del amor y enseñó a sus discípulos a hacer lo mismo. Él modeló que en realidad es una bendición "cuando por mi causa os vituperen y os persigan, y digan toda clase de mal contra vosotros, mintiendo". El Señor continuaba diciendo, "Gozaos y alegraos, porque vuestro galardón es grande en los cielos; porque así persiguieron a los profetas que fueron antes de vosotros" (Mt 5:11-12). Jesús entendía bien que el amor que es *ágape* (es decir, servicio verdadero) en realidad brilla a su máximo cuando la gratitud termina.

Pablo enseñó que esta ética de amor tiene características efectivas incluso en momentos de gran violencia y estés de una persona:

El amor es sufrido, es benigno; el amor no tiene envidia, el amor no es jactancioso, no se envanece; no hace nada indebido, no busca lo suyo, no se irrita, no guarda rencor; no se goza de la injusticia, mas se goza de la verdad. Todo lo sufre, todo lo cree, todo lo espera, todo lo soporta.

—1 Corintios 13:4-7

El apóstol Pedro vio este principio poderoso en acción cuando vio al Señor actuar en medio de toda la tensión de los asaltos de los hombres malvados, ataque tras ataque, día tras día. Él resumió el dominio propio de Jesús al decir que Él no respondió o amenazó. "Sino encomendaba la causa al que juzga justamente" (1 P 2:23-25). El mismo principio funciona para todo hijo de Dios.

La ética de amor también madura una actitud de confianza en un vínculo más fuerte que el acero entre un creyente y su Padre celestial. Tal discípulo de Cristo aprende que Dios "juzga justamente"; por lo tanto, puede caminar a través del maltrato profano sin injuriar y a través del sufrimiento sin amenazar (1 P 2:23). En su lugar, asombrosamente, ¡se sentirá bendecido! En el proceso, él observará las bombas más fiables que los malvados lanzaron contra él, convertirse en municiones fallidas. Por lo tanto, los seguidores de Jesús logran lo imposible cuando pelean la buena batalla, terminan la carrera y guardan la fe (Jn 19:30; 2 Ti 4:7).

5. El Señor nunca deseó complacerse a sí mismo. El apóstol Pablo introdujo esta gran pieza en sus observaciones finales a los creyentes en Roma. También tiene escrito *ágape* por todas partes.

Los que somos fuertes debemos soportar las flaquezas de los débiles, y no agradarnos a nosotros mismos. Cada uno de nosotros agrade a su prójimo en lo que es bueno, para edificación. Porque ni aun Cristo se agradó a sí mismo; antes bien, como está escrito: Los vituperios de los que te vituperaban, cayeron sobre mí. Porque las cosas que se escribieron antes, para nuestra enseñanza se escribieron, a fin de que por la paciencia y la consolación de las Escrituras, tengamos esperanza.

—Romanos 15:1-4

El Señor nunca tuvo una estrategia que buscara su propia satisfacción. No hay *yo-ísmo* en la Tri-unidad de Dios; en lugar de eso, Jesús vivió para deleitar a su Padre. Los siervos ni siquiera esperan recibir lo que quieren. Para neutralizar la tentación de responder cuando es insultado, es fundamental saber a quién se va a hacer feliz en la vida. Una persona con malas intenciones no puede insultarlo a usted a menos que, de alguna manera, usted crea que es receptivo a ella. Por lo tanto, las difamaciones se vuelven proyectiles sin explotar a los pies de Jesús. Él eligió no tomarlo de manera personal porque su corazón estaba fijo en agradar a su Padre (Lc 22:42; 2 Co 5:9; Gl 1:10; Col 1:10; 1 Ts 2:4; Hch 11:6). El apóstol Pablo aprendió ese principio también. "Yo en muy poco tengo el ser juzgado por vosotros", dijo Pablo, "[porque] el que me juzga es el Señor" (1 Co 4:3-4).

Los seguidores del Señor deben conocer esto. Cuando ellos entienden este principio, su capacidad para aguantar da un salto cuántico. El resultado es ánimo y esperanza para el diario vivir.

6. Jesús fue capaz de correr la carrera con éxito porque mantuvo sus ojos fijos en el gozo que estaba delante de Él, dependiendo del Espíritu Santo para recargar sus baterías emocionales (Hch 12:2; Jn 4:34; 5:36; Hch 20:24). El principio vencedor es éste: Si la recompensa vale la pena, entonces el sacrificio para obtenerla vale la pena. Con este fin, el escritor de Hebreos llama a sus lectores:

Nosotros también, teniendo en derredor nuestro tan grande nube de testigos, despojémonos de todo peso y del pecado que nos asedia, y corramos con paciencia la carrera que tenemos por delante, puestos los ojos en Jesús, el autor y consumador de la fe, el cual por el gozo puesto delante de él sufrió la cruz, menospreciando el oprobio, y se sentó a la diestra del trono de Dios. Considerad a aquel que sufrió tal contradicción de pecadores contra sí mismo, para que vuestro ánimo no se canse hasta desmayar. Porque aún no habéis resistido hasta la sangre, combatiendo contra el pecado.
—Hebreos 12:1-4

Nadie debería concluir que el trabajo de redención fue fácil para Jesús; no lo fue. El camino fue duro, y las confrontaciones repetidas con los hombres malos causaron su daño. Pero, el destino por delante de Jesucristo era sentarse otra vez a la derecha de Dios y, finalmente, gozar la eternidad en el cielo como el Salvador de las huestes de redimidos. Por la inmensa magnitud de ese futuro, a Jesús le pareció que valía la pena el precio de una contradicción en marcha. En última instancia, eso significó soportar la cruz, el oprobio de la cual Él tanto menospreciaba (Hch 12:2-3; Is 53:11).

El apóstol Pablo también absorbió este gran tema en su propia vida. Él enseñó a la congregación en Corinto que todos ellos eran corredores en una carrera, y que el punto central del esfuerzo vigoroso era ganar el premio (1 Co 9:24-27). Pablo entendió que la fortaleza para aguantar brota de su actitud perseverante, sin la cual aún los músculos más poderosos pronto se vuelven inútiles.

De hecho, la recompensa por delante fue lo que hizo que valieran la pena los rigores de la cruz para Jesucristo. El mensaje maravilloso del evangelio es que Jesús lo enfrentó todo exitosamente; Él aguantó. Sus métodos deben convertirse en nuestros mientras nos ocupamos en nuestra salvación (Flp 2:12-13).

Haya, pues, en vosotros este sentir [o actitud].

—Filipenses 2:5, 8-11

⇝ Un viejo olmo: El árbol sobreviviente ⇜

Un olmo americano de ramas desparramadas, sombreado, de 80 años de edad, se ha convertido en un símbolo especial en Oklahoma City. Los turistas conducen de todas partes de Estados Unidos para verlo. La gente disfruta tomando fotografías por debajo de las ramas. Este olmo adorna muchos afiches. Oklahoma City tiene montones de árboles mucho más hermosos, pero ningún otro es igualmente celebrado. Este viejo olmo es especial por la resistencia, no la apariencia.

El olmo sobrevivió la explosión en Oklahoma City el 19 de abril de 1995.

Todos los visitantes del Memorial del Bombardeo de Oklahoma City escuchan la historia de Timothy McVeigh, quien estacionó su camioneta cargada de muerte a sólo unas yardas de este olmo. Su amargura mató 168 personas e hirió a 850 a las 9:02 de esa mañana. La explosión destruyó el Edificio Federal Alfred P. Murrah y sepultó el olmo en escombros. Todo el mundo pensó que el árbol moriría; nadie esperaba que sobreviviera. De hecho, nadie pensó en el viejo olmo polvoriento desprovisto de sus ramas.

Pero, nuevos retoños comenzaron a salir. Los brotes empujaban por salir a través de la corteza dañada; hojas verdes limpiaron el sucio y hollín. La vida resucitó del campo de muerte.

La gente comenzó a notarlo.

Ahora, ese olmo tiene el nombre, el Árbol Sobreviviente.[4]

IV. El Siervo: Tentaciones durante su pasión

A. La postura extrema de Satanás

Además de las muchas tentaciones que Jesús enfrentó en su ministerio, es importante examinar los desafíos únicos que confrontó en los últimos siete días de su vida. El diablo realmente se opuso al Hijo del hombre durante esta semana final, y especialmente durante su crucifixión. Fue una lucha sangrienta; en realidad, Jesús resistió hasta el punto de derramar su sangre, combatiendo contra el pecado" (Hch 12:4). La meta de Satanás era claro: detener a Jesús de cualquier manera posible, no importaba cuán fea y sangrienta fuera la pelea, y prevenir que Se hiciera el sacrificio expiatorio por todo el mundo y todo pecado.

1. Crudo terror

Mientras de camino a su visita final a Jerusalén, "tomando Jesús a los doce, les dijo: He aquí subimos a Jerusalén, y se cumplirán todas las cosas escritas por los profetas acerca del Hijo del Hombre. Pues será entregado a los gentiles, y será escarnecido, y afrentado, y escupido. Y después que le hayan azotado, le matarán; mas al tercer día resucitará" (Lc 18:31-33). Pero, la afirmación del Señor era más de lo que los discípulos podían comprender porque "esta palabra les era encubierta, y no entendían lo que se les decía" (v. 34).

Sin embargo, el horror amenazante de estas seis crueldades despiadadas que se avecinaban era muy real.

- **"Entregado a los gentiles"** —En verdad, era muy raro para un judío escoger la justicia romana. Los judíos odiaban a los romanos y los romanos retornaban el odio con venganza; su crueldad contra los judíos era proverbial. El sólo pensamiento de ser entregado a los romanos y colocado en las manos de paganos enojados era suficiente para infundir el más crudo terror en los corazones de la mayoría. La persona típica iría a los extremos para evitar esa sentencia—y mucho más si era inocente. Jesús sabía que no escaparía aun cuando era inocente; su propia gente lo rendiría a los romanos (Mr 15:1).
- **"Búrlense de Él"** —Jesús era el Hijo de Dios. El sólo prospecto de someterse a la burla de los hombres —judíos y gentiles— debió haber sido duro para Él.
- **"Insúltenlo"** —Jesús sabía cómo evitar el tomar los insultos de los hombres de manera personal, pero el mero pensamiento de lo que estaba por delante era dolorosamente serio para Él. Con muy

buena razón Isaías profetizó que el Mesías sería "varón de dolores, experimentado en quebranto" (Is 53:3).
- **"Escúpanlo"** —Muchas peleas han comenzado porque una persona enojada escupe sobre otra. La mayoría de la gente encuentra la saliva altamente ofensiva, y rutinariamente la gente explota a causa de ella. En el caso de Jesús, los soldados escupieron a su propio Redentor. ¿Puede alguien dudar que el diablo se colocó por su hombro y le dijo, "Tú no mereces esto y tú no tienes que aguantarlo?"
- **"Azótenlo"** —Los azotes romanos eran uno de los castigos más crueles del mundo antiguo. La sentencia era equivalente a ser golpeado hasta la muerte, menos uno o dos soplidos. La mayoría de la gente pagaría cualquier precio para evitarlo. Jesús sabía que Él tampoco escaparía de eso.
- **"Mátenlo"** —En el caso del Señor, Él estaba muy consciente de que su final sería una muerte brutal y sangrienta.

El sufrimiento que se avecinaba era suficiente para tentar a la mayoría de las personas a devolver golpe por golpe de cualquier forma posible para defenderse ellos mismos del horrendo dolor. Jesús sabía "todas las cosas que le habían de sobrevenir", así que entendía lo que venía (Jn 18:4). También sabía que no recibiría misericordia.

¿Tentarían estas seis agonías crueles a Jesús para cambiar su actitud hacia su Padre para evitar la Cruz? Sabemos la respuesta; no lo hicieron. El Siervo de todos simplemente continuó sirviendo al derramar continuamente amor divino, sin pedir nada a cambio.

El hecho de que Jesús supiera lo que venía y estuviera dispuesto a encararlo no significa en lo absoluto que lo disfrutara. Por el contrario, el escritor de Hebreos dijo que Él "sufrió" lo que Él menospreciaba (Hch 12:2). ¿Cómo lo hizo? El gran secreto de Jesús fue que Él sabía el resto de la historia—en el tercer día se levantaría otra vez (Lc 18:33). La resurrección del otro lado de la crucifixión es lo que hizo que valiera la pena pasar la prueba.

Jesús enseñó a sus discípulos que Él era dueño de su vida. Por lo tanto, el Padre le dio la elección de poner su vida (Jn 10:17-18). En este contexto, el increíble sentido del momento del Señor merece atención. Para que Jesús lograra la Expiación y cumpliera toda justicia, tenía que estar en total control de la secuencia cronológica de eventos que llevaron a su crucifixión. La posesión del Señor sobre el tiempo fue más notable cuando uno considera cuán denso era el odio contra Él en el establecimiento religioso en Jerusalén. Como Jesús era el Cordero Pascual de Dios, eso significaba que su crucifixión necesitaba ocurrir en el tiempo en que los sacerdotes en el templo ofrecían el sacrificio de la Pascua de la mañana (1 Co 5:7).

La situación requería precisión, Jesús tenía que ser soberano de la situación total, incluyendo el tiempo en que sucedían los eventos, de manera que nada sucediera prematuramente. Fue por esta razón que Jesús "se alejó de allí a la región contigua al desierto, a una ciudad llamada Efraín; y se quedó allí con sus discípulos" hasta seis días antes de la Pascua (Jn 11:54-12:1). Después de ese respiro demasiado corto, incluido en el plan desde la eternidad, Él regresó a Jerusalén—exactamente en la secuencia cronológica de eventos.

2. Desdenes

Después que Jesús levantó a Lázaro de entre los muertos, María y Marta hicieron una cena en honor del Señor para expresar su amor por Él. En la cena, "María tomó una libra de perfume de nardo puro, de mucho precio, y ungió los pies de Jesús, y los enjugó con sus cabellos; y la casa se llenó del olor del perfume" (Jn 12:3).

Su acto enfureció a Judas Iscariote, quien comenzó a murmurar que María debió haber vendido la fragancia por el salario de un año y dado a los pobres. Para Judas, María desperdició toda esa esencia muy valiosa porque, en su mente, Jesús no era digno del salario de un año. Debió haber sido un desdén ofensivo para el Señor, pero Él no respondió del mismo modo. En lugar de defenderse, Él protegió y honró a María, diciendo, "¿Por qué molestáis a esta mujer? pues ha hecho conmigo una buena obra . . . al derramar este perfume sobre mi cuerpo, lo ha hecho a fin de prepararme para la sepultura. De cierto os digo que dondequiera que se predique este evangelio, en todo el mundo, también se contará lo que ésta ha hecho, para memoria de ella" (Mt 26:10, 12-13).

El odio ciertamente hundirá a las personas a las profundidades más bajas de depravación moral. Los principales sacerdotes despreciaban tanto a Jesús que "acordaron dar muerte también a Lázaro", ya que por el testimonio de Lázaro "muchos de los judíos se apartaban y creían en Jesús" (Jn 12:10-11). ¡Cuánta amargura! Ellos pondrían a Lázaro a través de la agonía de la muerte una segunda vez sólo para intentar meterse con Jesús. En realidad, cada homicidio es un esfuerzo para meterse con Dios. El asesinato es una actitud del orgullo mortal que dice a nivel de su raíz, yo sé más que Dios, el cual no merece vivir, y mi conocimiento superior me da el derecho a tomar la vida.

3. Conspiraciones asesinas

"Los principales sacerdotes y los escribas buscaban cómo matarle", pero temor del pueblo hizo lento su progreso (Lc 22:2). Marcos ofrece la idea de que ellos estaban buscando "cómo prenderle por engaño y matarle" (Mr. 14:1). En su frustración, Caifás, el sumo sacerdote, llamó a una reunión del Sanedrín. "¿Qué haremos?

preguntaron. "Porque este hombre hace muchas señales. Si le dejamos así, todos creerán en él; y vendrán los romanos, y destruirán nuestro lugar santo y nuestra nación" (Jn 11:47-48). Uno no puede más que creer que ellos estaban más preocupados acerca de preservar su lugar de poder y privilegio que cuidar al pueblo o la nación.

Fue durante esta discusión que Caifás habló: "Nos conviene que un hombre muera por el pueblo, y no que toda la nación perezca" (Jn 11:50). Juan escribió que Caifás no tenía intención de profetizar que "Jesús había de morir por la nación; y no solamente por la nación, sino también para congregar en uno a los hijos de Dios que estaban dispersos" —pero eso es exactamente lo que él profetizó (Jn 11:51-53).

Debió ser desconcertante saber que la gente que usted realmente ama está buscando las maneras de matarlo, y Jesús lo sabía. Él también sabía que vino a morir. Jesús fue capaz de manejarlo porque entendía perfectamente que amar a las personas es tomar el riesgo de ser decepcionado e incluso herido por sus elecciones.

Jesús sabía desde la eternidad que su muerte sería el precio por nuestros pecados, así que vino esperando morir como el sacrificio por todos. Por lo tanto, las conspiraciones no lo desmoralizaron. Ellas no fueron suficiente motivación para romper su vínculo con su Padre y su dependencia del Espíritu Santo.

Para Jesús era más importante que sus discípulos entendieran por qué se sometía a la brutalidad de los hombres malvados. Lo hizo por su compromiso de obedecer a su Padre, a quien amaba. Él quería que los discípulos apreciaran plenamente que cuando llegara el momento de su arresto, no sucedería porque Satanás tenía control sobre Él.

> El príncipe de este mundo viene, y él nada tiene en mí. Mas para que el mundo conozca que amo al Padre, y como el Padre me mandó, así hago.
> —Juan 14:30-31

La confianza no podía ser más absoluta que el servicio obediente que Jesús ofreció a su Padre en el rostro de su crucifixión.

~ El riesgo de amar ~
Por C.S. Lewis

Amar es ser vulnerable. Ame cualquier cosa, y su corazón será arrancado y posiblemente roto. Si usted quiere estar seguro de guardar su corazón intacto, no debe dárselo a nadie, ni siquiera a un animal. Envuélvalo cuidadosamente junto con sus pasatiempos y pequeños lujos, evite todo enredo. Ciérrelo seguro en el ataúd de su egoísmo. Y en ese ataúd, seguro, oscuro, sin movimiento, sin aire, no cambiará, no se romperá. Se volverá irrompible, impenetrable e irredimible. El único lugar fuera del cielo donde usted puede estar perfectamente seguro de los peligros del amor es el infierno.[5]

"Si es posible, pase de mí esta copa", oró Jesús a su Padre en el jardín de Getsemaní, "pero no sea como yo quiero, sino como tú" (Mt 26:39). Ningún ser humano cuerdo se deleitaría con lo que estaba por delante, y Jesús era humano. No es de sorprender que Jesús luchara en Getsemaní con la copa que estaba por tomar. Su sudor vino a ser "como grandes gotas de sangre que caían hasta la tierra" mientras anticipaba las siguientes horas (Lc 22:44). Sin embargo, la sabiduría también descansa en la obediencia a Dios. Fue un principio que el Hijo del hombre había aprendido bien de los múltiples ataques de los hombres malvados que sumergió su vida en sufrimiento hasta la cruz (Hch 5:8).

El primer Adán fracasó en el jardín del Edén, pero Jesús pasó esa larga hora de oración en el jardín de Getsemaní. Estaba determinado a terminar su vida en firme obediencia a la estrategia de su Padre, como fue desarrollada en la eternidad. En realidad, no había otra manera. Jesús entendió desde la eternidad que el amor de Dios no proveía un plan sustituto, aunque en su humanidad verdadera Él oró para escapar el sufrimiento horrendo, si era posible. En Getsemaní, Jesús hizo la elección final: Él bebería de la copa que su Padre le había dado, aun cuando sería indescriptiblemente amarga (Is 51:17-22; Mt 26:37-39; Jn 18:11). El amor por su Padre y por la humanidad definió su sentido de obligación. El Siervo de Jehová, que vino a dar su vida por las ovejas, continuó sirviendo (Jn 10:15). Sólo una lealtad completa a su Padre lo motivó a someterse al sendero que tenía por delante.

4. Traición

Las emociones asociadas con la traición son devastadoramente traumáticas para la mayoría de las personas. Las cortes de muchas naciones sentencian rutinariamente a traidores con el castigo capital. En efecto, algunas culturas los ejecutan sumariamente. A nadie le gusta un desertor. Cuando el traidor es una persona cercana a usted, es más difícil de aceptar. Muchas personas han tomado la justicia en sus propias manos para tratar con un traidor.

Judas era uno de los doce discípulos del Señor y el tesorero que mantenía los fondos de Jesús. En realidad, él también era un ladrón que estaba robándole a Jesús, sirviéndose del dinero que estaba en la bolsa (Jn 12:6). Judas merecía que lo despidieran de los Doce, pero Jesús toleró al ladrón en sus filas a causa de un objetivo más alto—el papel que Judas jugaría en su pasión.

> Entonces uno de los doce, que se llamaba Judas Iscariote, fue a los principales sacerdotes, y les dijo: ¿Qué me queréis dar, y yo os lo entregaré? Y ellos le asignaron treinta piezas de plata.
> —Mateo 26:14-15

Es interesante que todos los ladrones son traidores; ellos están traicionando la confianza al ser ladrones. Entonces, al crecer su avaricia, casi invariablemente ellos escalarán su robo a altos niveles de traición.

El Señor trató tiernamente con Judas, mostrándole especial atención y mucho amor aún mientras Judas estaba buscando una manera de entregar a Jesús a sus enemigos (Mt 26:16). ¿Cómo podía el Señor, con conocimiento, recibir en su mesa al hombre que traicionaría su vida misma en unas pocas horas? ¿Por qué Jesús lavó sus pies? (Jn 13:1-17). ¿Por qué le dio Jesús un bocado especial de pan después de la cena? (Jn 13:26-28) Y, después de todo, ¿por qué le permitió al traidor besarlo? (Lc 22:47-48).

Jesús demostró "su gran amor con que nos amó" y el amor "que excede a todo conocimiento", cuando hizo cada una de esas cosas por Judas (Ef 2:4; 3:19). El horror de la traición no lo tentó a cambiar su actitud de confianza perfecta en su Padre o su amor por Judas. En su lugar, el Siervo de todos realizó un acto que solamente puede brotar del amor *ágape*—Él vino a ser esclavo de Judas.

En la Última Cena, Jesús anunció que "la mano del que me entrega está conmigo en la mesa" (Lc 22:21). Jesús también predijo, "El Hijo del Hombre va, según lo que está determinado; pero ¡ay de aquel hombre por quien es entregado!" (Lc 22:22). Era una amonestación dicha desde un corazón de amor; su tono de voz no comunicaba ira. La advertencia no desvió a Judas, quien ya había arreglado una señal con los principales de los sacerdotes: "Al que yo besare, ése es; prendedle, y llevadle con seguridad" (Mr 14:44).

Judas mantuvo su palabra. Esa noche, en el jardín de Getsemaní, él caminó hasta Jesús, se dirigió a Él como Rabí y le besó. Con eso, "ellos le echaron mano, y le prendieron" (Mr 14:45-46). Es un interesante hecho de la Encarnación que el Hijo de Dios vino a ser tan completamente el Hijo del hombre, que los guardias no hubieran sabido a quién arrestar, si no fuera por ese beso.

5. Negación en su círculo íntimo

En la misma Última Cena, Simón Pedro juró que si todos los hombres abandonaban al Señor, él permanecería fiel. Pero, Pedro estaba equivocado. "El gallo no cantará hoy antes que tú niegues tres veces que me conoces", le dijo el Señor (Lc 22:34). Jesús estaba comprometido con su Padre con un vínculo como el acero, pero sus discípulos no estaban tan comprometidos con Jesús, al menos no todavía. En la presencia de su juicio todos ellos se dispersaron, y Pedro lo hizo maldiciendo y jurando, diciendo, "No conozco al hombre" (Mt 26:31, 74; Lc 22:57). Después de su tercera negación, "vuelto el Señor, miró a Pedro; y Pedro se acordó de la palabra del Señor, que le había dicho: Antes que el gallo cante, me negarás tres veces. Y Pedro, saliendo fuera, lloró amargamente" (Lc 22:61-62).

Los maestros tienen también sentimientos; ellos quieren creer que sus estudiantes están aprendiendo sus lecciones. Pero para Jesús, las piezas de dominó estaban cayendo rápido. Cuando uno de sus discípulos lo traicionó, ellos todos "dejándole, huyeron" (Mr 14:50). En ese escenario de profundo dolor emocional, ¿cómo evitó Jesús sentirse como un fracasado? ¿No hubo tentación de pensar que no valía la pena darse por vencido?

Seguramente tal tentación estuvo presente, pero Jesús la venció. El Señor pudo manejar la negación en su círculo íntimo por lo que Él estaba seguro estaba por delante. Jesús sabía por adelantado que Judas, el hijo de perdición, lo traicionaría y luego se suicidaría (Jn 17:12; Mt 27:5). Él también tenía conocimiento previo de que los once harían un notable regreso después de su resurrección. En realidad, el Señor dio eso como una profecía a Pedro.

> Simón, Simón, he aquí Satanás os ha pedido para zarandearos como a trigo; pero yo he rogado por ti, que tu fe no falte; y tú, una vez vuelto, confirma a tus hermanos.
> —Lucas 22:31-32

¡Qué amor! En esa sola, íntima declaración, Jesús usa el nombre de Pedro tres veces. El Señor también enseña a todos sus discípulos acerca de su sufrimiento antes que sucediera, de manera que cuando sucediera, ellos creyeran (Jn 14:29).

El Señor también sabía que esta negación en su círculo íntimo no era el capítulo final. Jesús estaba seguro que cuando sus discípulos descubrieran que su tumba estaba vacía y Él estaba vivo, ellos comenzarían a asimilar de una nueva forma todo lo que Él les había enseñado. Y, cuando ellos recibieran el Espíritu Santo, cada uno de ellos sería capacitado para efectividad en el servicio cristiano. Fue a causa de este conocimiento previo que el Señor sintió compasión por sus discípulos y no rabia, sabiendo que la tragedia a través de la cual ellos estaban caminando no era sino otra lección en el currículo—si bien una muy importante y dolorosa.

Personalmente para el Señor, este tipo de conocimiento previo significaba que Él no se sentiría como un fracasado como su Maestro. En su lugar, Él sabía lo que había logrado todos sus objetivos al entrenar a sus discípulos hasta ese momento. El carácter inconstante de sus estudiantes, incluyendo su círculo íntimo, no llegó a motivarlo a romper la fe en su Padre, o a perder la confianza en sus discípulos. De hecho, su Padre era la roca estable de confianza en su vida en la sombra del Gólgota.

Jesús *sabía* que podía contar con su Padre. Jesús también sabía que el tiempo estaba cerca cuando Él no podría contar con sus discípulos.

Siempre esté preparado

Hace veinte años, mi esposa y yo estábamos vacacionando en Estes Park, Colorado, y desayunamos en una cafetería. Estaba vacía, excepto por cuatro hombres en otra mesa. Uno se estaba burlando del cristianismo, en particular, de la resurrección de Cristo. Él siguió y siguió hablando acerca de lo estúpida que era esa enseñanza.

Yo podía sentir al Señor preguntarme: "¿Vas a dejar que esto se vaya sin desafío?" Sin embargo, yo estaba pensando, *Pero, yo ni siquiera conozco a esos hombres. Él es más grande que yo. Él tiene botas de vaquero y luce rudo.* Yo estaba agitado y temeroso de hacer nada. Pero yo sabía que tenía que tomar posición por Jesús.

Finalmente, le dije a Susan que orara. Tomé mi último sorbo de agua y fue y lo desafié. Con una voz probablemente chirriante, dije, "Lo he estado escuchando, ¡y usted no sabe de lo que está hablando!"

Hice lo mejor que pude para darle un resumen volando de las pruebas de la resurrección. Él se quedó sin palabras, y yo estaba medio muerto. Debo haber temblado por una hora después de eso. Pero, yo tenía que tomar una posición.

No podemos permanecer anónimos en nuestra fe para siempre. Dios tiene una forma de sacarnos de nuestros quietos lugarcitos y cuando lo hace, debemos estar listos para hablar por Él. En 1 Pedro 3:15 dice, "estad siempre preparados para presentar defensa con mansedumbre y reverencia ante todo el que os demande razón de la esperanza que hay en vosotros".[6]

6. El aguijón de la falsa evidencia

Cuando una persona inocente que está siendo enjuiciada por su vida tiene que sentarse y escuchar personas vomitando crudas mentiras como testimonio jurado, sus palabras pueden dejar heridas profundas. Al comenzar el juicio del Señor, "los principales sacerdotes y los ancianos y todo el concilio, buscaban falso testimonio contra Jesús, para entregarle a la muerte" (Mt 26:59). Muchos testigos falsos vinieron adelante, "mas sus testimonios no concordaban" (Mr 14:56). La aguda habilidad de Jesús de pensar con aplomo pudo haber silenciado fácilmente a todos sus críticos, pero Él eligió no defenderse (Is 53:7; Mt 26:63; Mr 14:61; Lc 23:9). El dolor de la evidencia falsa no lo hizo cambiar de curso. Él había ajustado sus expectativas desde la eternidad de manera que no fuera sacudido cuando las personas a quienes Él había diagnosticado con exactitud su problema, mintieran acerca de Él. En vez de eso, Él "encomendaba la causa al que juzga justamente" (1 P 2:23).

7. *Blasfemia*

El cargo de que Jesús profanó a Dios y a todas las cosas sagradas en su discurso y acciones (la esencia de la blasfemia) persiguió al Señor a lo largo de su ministerio, pero llegó al colmo en su juicio en la noche. Como parte del proceso del juicio, Jesús aguantó burla y golpes de los mismos líderes religiosos, así como de los guardias del templo. Ellos hasta lo abofetearon (Mr 14:65; Lc 22:64; Mi 5:1). Ellos "se burlaban de él y le golpeaban" (Lc 22:63). Algunos de los principales de los sacerdotes comenzaron a escupir su rostro y lo golpeaban repetidamente en el rostro con sus puños mientras le arrancaban su barba (Mr 14:65; Mt 26:67, Is 50:6). Uno sólo puede imaginar, mientras Jesús estaba en la custodia de los guardias, las muchas otras cosas insultantes y humillantes que le hicieron que no están detalladas en la narración (Lc 22:65).

Esa larga noche, Caifás y los otros miembros del Sanedrín no hicieron avances en encontrar un cargo contra Él, pero cuando el amanecer de la Pascua estaba rayando a través del cielo, llegó su gran oportunidad.

> Cuando era de día, se juntaron los ancianos del pueblo, los principales sacerdotes y los escribas, y le trajeron al concilio, diciendo: ¿Eres tú el Cristo? Dínoslo. Y les dijo: Si os lo dijere, no creeréis; y también si os preguntare, no me responderéis, ni me soltaréis. Pero desde ahora el Hijo del Hombre se sentará a la diestra del poder de Dios. Dijeron todos: ¿Luego eres tú el Hijo de Dios? Y él les dijo: Vosotros decís que lo soy. Entonces ellos dijeron: ¿Qué más testimonio necesitamos? porque nosotros mismos lo hemos oído de su boca.
> —Lucas 22:66-71

Jesús estaba en control del momento y de la evidencia en el juicio. Él y sólo Él le dieron al Sanedrín el testimonio que los miembros usaron para declararlo culpable. El cargo era blasfemia. La acusación funcionó esa mañana sólo porque Jesús lo permitió, y su tiempo era perfecto para que su crucifixión tomara lugar simultáneamente con el sacrificio de la Pascua en el templo esa misma mañana (1 Co 5:7). "A lo suyo vino", pero ellos realmente "amaron más las tinieblas que la luz, porque sus obras eran malas" (Jn 1:11; 3:19). En cuanto a Jesús, Él estaba en comando de su propia vida y la puso en sus propios términos (Jn 10:18).

Es un detalle interesante de los evangelios que Mateo, Marcos, Lucas y Juan se enfocaron su atención primaria en los hechos de la crucifixión, pero se dice poco de las emociones de Jesús. Para encontrar sus sentimientos, el estudiante debe estudiar los Salmos. Por ejemplo, David escribió varias canciones que eran claramente Mesiánicas; Salmo 69 es una de ellas.

> Sálvame, oh Dios, porque las aguas han entrado hasta el alma. Estoy hundido en cieno profundo, donde no puedo hacer pie; he venido a abismos de aguas, y la corriente me ha anegado. Cansado estoy de llamar; mi garganta se ha enronquecido; han desfallecido mis ojos esperando a mi Dios. Se han aumentado más que los cabellos de mi cabeza los que me aborrecen sin causa; se han hecho poderosos mis enemigos, los que me destruyen sin tener por qué... Tú sabes mi afrenta, mi confusión y mi oprobio; delante de ti están todos mis adversarios. El escarnio ha quebrantado mi corazón, y estoy acongojado. Esperé quien se compadeciese de mí, y no lo hubo; y consoladores, y ninguno hallé. Me pusieron además hiel por comida, y en mi sed me dieron a beber vinagre.
> —Salmo 69:1-4, 19-21

¿Se quebrantó su espíritu frente al cargo formal de blasfemia del Sanedrín, motivándolo a intentar suplicar un trato con el Sanedrín para salvar su vida? No. En este panorama de crueldad desplegada, Jesús sabía que había sólo una roca sobre la cual Él podría encontrar seguridad: obediencia a su Padre, dirigido por el Espíritu Santo. Y ahí persistió.

8. Crueldad romana

Unos pocos más misiles horripilantes quedaban por tratar para prevenir el sacrificio de Jesús.

> Venida la mañana, todos los principales sacerdotes y los ancianos del pueblo entraron en consejo contra Jesús, para entregarle a muerte. Y le llevaron atado, y le entregaron a Poncio Pilato, el gobernador.
> —Mateo 27:1-2

Fueron los líderes religiosos—los principales de los sacerdotes y ancianos de la tierra—quienes llevaron a empellones a Jesús a la corte de Pilato. El fariseísmo siempre ha sido un enemigo mortal de Jesucristo y de su iglesia. Estos hipócritas no matan una mosca ni comen un huevo que una gallina haya puesto en día de reposo, pero en el día de su celebración anual de la Pascua, ellos matarían sin impunidad al "Sol de justicia" que se ha levantado "y en sus alas traerá salvación" (Mal 4:2).

Los fariseos están vivos en la iglesia de hoy. Ellos asisten a cada servicio, diezman fielmente y trabajan duro, pero ninguno de ellos ama a Jesucristo o a su vecino, y especialmente a las almas perdidas. Y ellos irán todos al infierno a menos que descubran el corazón de Jesús.

Los líderes religiosos judíos hicieron lo impensable; ellos pusieron a su Mesías en las manos de la justicia romana. Pilato el gobernador comenzó a interrogarlo y rápidamente se enteró que Él era un galileo, así que Pilato lo envió a Herodes, quien estaba en Jerusalén ese mismo día.

> Herodes, viendo a Jesús, se alegró mucho, porque hacía tiempo que deseaba verle; porque había oído muchas cosas acerca de él, y esperaba verle hacer alguna señal. Y le hacía muchas preguntas, pero él nada le respondió.
> —Lucas 23:8-9

Los principales de los sacerdotes y escribas estaban parados allí "acusándole con gran vehemencia" (Lc 23:10). Entonces, los soldados de Herodes comenzaron a ridiculizarlo y burlarse de Él. Su burla final fue vestirlo en una ropa espléndida y enviarlo de vuelta a Pilato. Qué irónico que en el día del juicio de Jesús por su vida, "se hicieron amigos Pilato y Herodes aquel día; porque antes estaban enemistados entre sí" (Lc 23:12). Jesús el pacificador los llevó a la amistad de nuevo.

Pilato llamó a los principales sacerdotes, los gobernantes y al pueblo, y les dijo, "les dijo: Me habéis presentado a éste como un hombre que perturba al pueblo; pero habiéndole interrogado yo delante de vosotros, no he hallado en este hombre delito alguno de aquellos de que le acusáis. Y ni aun Herodes, porque os remití a él; y he aquí, nada digno de muerte ha hecho este hombre. Le soltaré, pues, después de castigarle" (Lc 23:14-16).

Era la costumbre del gobernador en la Fiesta de la Pascua "soltar al pueblo un preso, el que quisiesen", y el plan de Pilato era soltar a Jesús. Él sabía que era por envidia que ellos querían tener a Jesús en un juicio (Mt 27:18). Pilato también tenía en una celda a un notorio insurrecto y asesino llamado Barrabás (Mt 27:15-16). Los principales de los sacerdotes anticipaban la oportunidad y provocaban la multitud. En respuesta, "toda la multitud dio voces a una, diciendo: ¡Fuera con éste, y suéltanos a Barrabás!" (Lc 23:18). Celos. ¡Qué monstruo de ojos verdes! ¡Los celos comenten hasta homicidio!

Pilato hizo el cambio—Barrabás por el Hijo de Dios, el postrer Adán. Al pasar la sentencia, Pilato ignoró la ley romana, su mejor juicio, y el consejo de su esposa bien preocupada. "No tengas nada que ver con ese justo; porque hoy he padecido mucho en sueños por causa de él" (Mt 27:19). Ni aún los romanos querían matar gente inocente, y Pilato sabía que Jesús era inocente. Sin embargo, él dio la orden de todas maneras (Mt 27:18; Jn 18:38; 19:4, 6).

Entonces, la escena comenzó a desarrollarse que hizo la crueldad romana tan proverbial. Pilato tomó a Jesús e hizo que lo azotaran. Él fue azotado y azotado y azotado; ellos lo golpearon casi hasta la muerte—se detuvieron apenas a unos pocos latigazos. Entonces los soldados añadieron burla a los golpes. Ellos "pusieron sobre su cabeza una corona tejida de espinas". Esos guerreros pusieron "una caña en su mano derecha; e hincando la rodilla delante de él, le escarnecían, diciendo: ¡Salve, Rey de los judíos!" (Mt 27:29).

Aun cuando su carne había sido repetidamente abierta por los latigazos, "le vistieron con un manto de púrpura" de manera que la sangre se coaguló en el manto. Luego, ellos fueron de Nuevo a Él "y le decían: ¡Salve, Rey de los judíos! y le daban de bofetadas" (Jn 19:1-3). Aun cuando la carne ensangrentada se coaguló en su ropaje, ellos le desgarraron el manto y arrancaron carne lacerada, produciendo un dolor aún más insoportable. Entonces, "le sacaron para crucificarle" (Mr 15:20). Era crueldad garantizada el hacer que un hombre insultara y maldijera a sus captores. Los soldados nunca lo habían visto fallar. Si un hombre había tenido la capacidad de odiar en su corazón, ese tipo de castigo haría que surgiera, envuelto en los negros vituperios de profanación vil.

Sin duda, Satanás se balanceó sobre el hombro ensangrentado y hecho trizas de Jesús y le dijo con la voz tranquilizadora del engaño calculado, "Jesús, en realidad, ¡tú no tienes que aguantar esto!". Seguramente la experiencia de la crueldad romana rompería su vínculo con su Padre. Sin embargo, asombrosamente, Jesús ni maldijo ni amenazó, aunque estaba literalmente "desfigurado" por la crueldad y "nada de humano tenía su aspecto" (Is 52:14, NVI; 1 P 2:23). ¿Por qué pasó por todo eso? ¿Por qué permitió que pasara?

La única respuesta posible es que el amor es más fuerte que el odio; de hecho, el amor siempre triunfa sobre el odio. El amor tenía que aguantarlo, porque el amor contiene su propio sentido del deber. El amor absorbió la peor maldición que el pecado pudo acumular. No asombra que Pablo más tarde "discutió con [los tesalonicenses], declarando y exponiendo por medio de las Escrituras, que era necesario que el Cristo padeciese, y resucitase de los muertos; y que Jesús, a quien yo os anuncio, decía él, es el Cristo" (Hch 17:2-3).

Cuando David escribió el Salmo 22, por ejemplo, probablemente no comprendió que estaba describiendo los sentimientos del corazón estrujado de su Mesías en la cruz, pero ciertamente lo hizo:

> Dios mío, Dios mío, ¿por qué me has desamparado? ¿Por qué estás tan lejos de mi salvación, y de las palabras de mi clamor? Dios mío, clamo de día, y no respondes; y de noche, y no hay para mí reposo. Pero tú eres santo, Tú que habitas entre las alabanzas de Israel. En ti esperaron nuestros padres; esperaron, y tú los libraste. Clamaron a ti, y fueron librados; confiaron en ti, y no fueron avergonzados. Mas yo soy gusano, y no hombre; oprobio de los hombres, y despreciado del pueblo. Todos los que

me ven me escarnecen; estiran la boca, menean la cabeza, diciendo: Se encomendó a Jehová; líbrele él; sálvele, puesto que en él se complacía.

—Salmo 22:1-8

9. *Crucifixión*

Cuando llegaron al lugar llamado de la Calavera, le crucificaron allí, y a los malhechores, uno a la derecha y otro a la izquierda.

—Lucas 23:33

Cuando los soldados hubieron crucificado a Jesús, tomaron sus vestidos, e hicieron cuatro partes, una para cada soldado. Tomaron también su túnica, la cual era sin costura, de un solo tejido de arriba abajo. Entonces dijeron entre sí: No la partamos, sino echemos suertes sobre ella, a ver de quién será.

—Juan 19:23-24

El Salvador sufrió el tormento más humillante: la crucifixión pública, probablemente desnudo, sin ni siquiera una tela para cubrir sus lomos y darle un mínimo de privacidad.

Satanás ya había usado cada una de sus armas que eran un poco menos que una crucifixión, pero Jesús no se había doblegado. Colgarlo en la cruz fue la última tentación. Sin embargo, Satanás no quería que Jesús muriera realmente en la cruz, porque entonces su sacrificio como el Salvador del mundo estaría completo. Satanás quería que el horno llamado crucifixión fuera calentado tanto que hiciera el dolor insoportablemente horrible y enfermizo (ver Daniel 3:19). Seguro que la intensidad multiplicada del sufrimiento motivaría a Jesús a detener el sacrificio y bajarse de la cruz.

En cuanto a Jesús, si Él no podía soportar bajo la carga en su verdadera humanidad, Él sabía que podía llamar a su Padre para que viniera a su ayuda. "Más de doce legiones de ángeles" estaban a su disposición para bajarlo de la cruz, pero Él no lo pidió, demostrando que el amor por su Padre era una fuerza más grande que el dolor horrendo de sus nervios clamando (Mt 26:53). Satanás simplemente no podía calentar más el horno para que el *dolor* venciera el *amor*. Como Jesús no se bajó de la cruz, la carne no triunfó sobre el espíritu. En su lugar, el Señor estableció un nuevo ejemplo de fidelidad hasta la muerte y demostró una nueva definición de aguante humano (Hch 12:2; Ap 2:10). Al quedarse en la cruz, también selló la condenación de Satanás.

Aun cuando los gobernantes estaban actuando en ignorancia, su odio era tan fuerte que ellos no podían permitir que el Médico de nuestras almas eternas muriera en paz (Lc 23:35; Hch 3:17). Ellos le lanzaron insultos, y junto con los escribas y los fariseos y los ancianos le escarnecían (Mt 27:39, 41; Mr 15:29-32). Mientras el pueblo se paraba a mirar, "los gobernantes se burlaban de él". Ellos decían, "A otros salvó; sálvese a sí mismo, si éste es el Cristo, el escogido de Dios" (Lc 23:35). Ellos estaban gozosamente seguros que el Gran Médico no podía sanarse a Sí mismo—no en esta situación (Lc 4:23).

Mateo 27:44 registra que "lo mismo le injuriaban también los ladrones que estaban crucificados con él". Sin embargo, uno de los ladrones paró de lanzar insultos y entró en el ámbito de la fe. Le dijo al otro ladrón, que todavía estaba maldiciendo, "¿Ni aún temes tú a Dios, estando en la misma condenación? Nosotros, a la verdad, justamente padecemos, porque recibimos lo que merecieron nuestros hechos; mas éste ningún mal hizo. Y dijo a Jesús: Acuérdate de mí cuando vengas en tu reino. Entonces Jesús le dijo: De cierto te digo que hoy estarás conmigo en el paraíso" (Lc 23:40-43).

Aún en su cruz, en medio de todo el dolor, sufrimiento y oposición, Jesús otorgó el don de redención a un ladrón arrepentido. ¡Qué gran médico!

El rey David escribió el Salmo 22 como un milenio antes del evento, describiendo proféticamente los sentimientos del Señor en el Calvario.

> Me han rodeado muchos toros; fuertes toros de Basán me han cercado. Abrieron sobre mí su boca como león rapaz y rugiente. He sido derramado como aguas, y todos mis huesos se descoyuntaron; mi corazón fue como cera, derritiéndose en medio de mis entrañas. Como un tiesto se secó mi vigor, y mi lengua se pegó a mi paladar, y me has puesto en el polvo de la muerte. Porque perros me han rodeado; me ha cercado cuadrilla de malignos; horadaron mis manos y mis pies. Contar puedo todos mis huesos; entre tanto, ellos me miran y me observan. Repartieron entre sí mis vestidos, y sobre mi ropa echaron suertes.
>
> —SALMO 22:12-18

10. Abandonado por su Padre

El postrer Adán manejó cada técnica intentada contra Él. Simplemente no estaba en poder del diablo romper el vínculo de acero entre Jesús y su Padre, previniendo así el éxito del sacrificio del Salvador. Todo lo que Lucifer hizo para detener el Calvario falló. Jesús era el Siervo de su Padre así como de todo el mundo. Él no se salió ni una sola vez de su papel de siervo, ni mostró inclinación en lo absoluto para actuar independientemente en su propia divinidad y bajarse de la cruz.

Sin embargo, faltaba una barrera más de fuego, y no saltó del arsenal de Satanás. Este misil vino de su Padre. Sin duda, fue el más fuerte de todos. La explosión golpeó cuando el Señor estaba más débil. Él había perdido mucha sangre y gastado mucha energía simplemente tratando de respirar. La angustia de la muerte se estaba asentando y su cuerpo santo estaba comenzando a cerrarse. ¿Podría su mente pura soportar una última lucha—que de todos los lugares posibles, venía de su Padre?

Jesús le había dado siempre absoluta lealtad a su Padre. Él sabía que podía depender de Él—en cualquier momento, en todo momento.

Pero, ¿ahora?

Los oídos de la historia nunca han escuchado un grito más desgarrador que atravesara el alma como éste: "Dios mío, Dios mío, ¿por qué me has desamparado?" (Mt 27:46). Marca el único momento en la encarnación de Jesús en el que Él se refiere a su Padre con otro lenguaje que no fuera el de un hijo a su padre.

"Muy limpio [es Dios] de ojos para ver el mal" o para tolerar la traición, y Jesús estaba colgando allí con los pecados del mundo sobre sus hombros (Hab 1:13). Su Padre respondió a su Hijo con el silencio mientras colgaba en la cruz. La separación y el abandono de Dios—fue la peor prueba de todas, la peor. En todas las otras, Cristo sabía que su Padre estaba allí con Él; podía verlo y oírlo. Mañana tras mañana Él se había levantado, hablando con su Padre (Is 50:4). Ellos habían disfrutado de una relación cercana.

En estos momentos extremos de su vida santa, cuando el velo de la muerte se movía sobre Él, Jesús colgó allí *solo*. Desde la eternidad, Él nunca había experimentado la separación de su Padre. Dios siempre había estado allí también para Él en su ministerio encarnado. Es parte del misterio de la Encarnación el que por primera vez, en este momento, Jesús sintiera el abandono.

¿Qué podía hacer en esta hora de la noche más negra de su alma? Si el crudo dolor de la crucifixión no pudo hacerlo colapsar, ¿lo llevaría esta separación más allá de su límite de manera que lo hiciera echar mano de su omnipotencia? ¿Cambiaría Él su actitud hacia su Padre y rompería el vínculo para liberarse de la cruz, cuando su Padre y el Espíritu Santo no estuvieran allí para ayudarlo? Después de todo, esas doce legiones de ángeles sin duda estaban parados de puntillas, esperando simplemente la orden del Padre (Mt 26:53).

El entender la obra redentora de Cristo requiere una apreciación profunda del vínculo entre el Padre celestial y su Hijo encarnado. Como el Sumo Sacerdote de nuestra confesión, Jesús cumplió ese vínculo sanando en la cruel cruz la brecha entre su Padre y los hombres caídos, "reconciliando consigo al mundo [en Cristo]" (2 Co 5:19; Heb 3:1-3; Is 53:10). Él lo hizo como nuestro substituto, con los pecados de toda la humanidad en su corazón (Is 53:10; Ro 10:10; Heb 6:20). Jesús vino a ser la ofrenda de la expiación por el pecado de cada hombre (Lv 5:17-19).

Nunca se debe olvidar que "el Señor quiso quebrantarlo y hacerlo sufrir" y aun cuando "ofreció su vida en expiación, [vio] su descendencia y [prolongó] sus días, y [llevó] a cabo la voluntad del Señor (Is 53:10, NVI). "Al que no conoció pecado, por nosotros [Dios] lo hizo pecado", dice Pablo, "para que nosotros fuésemos hechos justicia de Dios en él" (2 Co 5:21). Pedro añadió que Jesús "llevó él mismo nuestros pecados en su cuerpo sobre el madero, para que nosotros, estando muertos a los pecados, vivamos a la justicia; y por cuya herida fuisteis sanados" (1 P 2:24).

El amor es una fuerza más grande que el dolor, la vergüenza o el abandono. Porque el amor lo ordenaba, Jesús tuvo que quedarse en la cruz solo hasta morir. Debemos recordar que Jesús enseñó en la parábola del juez injusto que los hombres deben "orar siempre y no desmayar" (Lc 18:1; 2 Co 4:1, 16; He 12:3). Colgando allí en el fracaso más grande de la justicia en medio del más grande estrés de su vida encarnada, Jesús mantuvo su mente clara (Lc 23:43). Él demostró que la confianza incondicional en Dios siempre triunfa sobre el aislamiento y la soledad.

B. El triunfo de la confianza implícita

El Cordero sin mancha decidió que aún si su Padre lo abandonaba en su muerte, Él elegía continuar confiando obedientemente en que su Padre estaría esperando por Él del otro lado de la sepultura (1 P 1:21). La fe de Dios le motivaba a actuar en fe, aún en el momento cuando no podía ver la mano de su Padre o sentir la seguridad de su voz (Ro 3:3; Heb 11:1). Jesús caminó a través del turbio Jordán de la muerte, sin amilanarse, solo, esclavo del plan del Padre para nuestra salvación.

Cuando se apagan las luces

Cuando era estudiante en la Escuela de Divinidad de Harvard, aprendí del Dr. Gardner Taylor, un pastor en la ciudad de Nueva York, a enseñar. Nunca olvidaré sus clases. Recuerdo que nos decía una historia de cuando él predicaba en Louisiana durante la Depresión. La electricidad apenas estaba llegando a esa parte del país y él estaba en una iglesia rural de afroamericanos, que sólo tenía una bombilla colgando del techo para alumbrar todo el santuario. Él estaba predicando y en medio de su sermón, de repente, se fue la luz. El edificio quedó completamente oscuro y el Dr. Taylor, siendo un joven predicador, no sabía que decir. Tropezó alrededor hasta que uno de los diáconos más ancianos que estaba sentado en la parte de atrás de la iglesia gritó, "¡Continúe predicando, pastor! ¡Nosotros podemos ver a Jesús aún en la oscuridad!"

Algunas veces, nosotros obtenemos la mejor imagen de Dios en la oscuridad. Y la buena noticia del evangelio es que sea que podamos verlo o no en la oscuridad, Él puede vernos.[7]

En medio de este profundo aislamiento, tanto la humanidad como la divinidad de Jesús de nuevo salieron adelante. "Sabiendo Jesús que ya todo estaba consumado, dijo, para que la Escritura se cumpliese: Tengo sed" (Jn 19:28). En su divinidad, Él sabía que la victoria era Suya. Sin embargo, en la verdadera humanidad del Hijo del hombre, un simple dedal lleno de agua fría se hubiera sentido como un diluvio de lluvia en su cuerpo deshidratado y lengua inflamada. El Dios-hombre muy solitario, el Príncipe del paraíso, estaba colgando entre la tierra y el cielo como el siervo confiable de Jehová. Él fue fiel, hasta la muerte.

El postrer Adán estaba casi muerto. Su vida santificada estaba llegando a sus últimos momentos. Pablo escribió más tarde a Timoteo, "hay un solo Dios, y un solo mediador entre Dios y los hombres, Jesucristo hombre, el cual se dio a sí mismo en rescate por todos, de lo cual se dio testimonio a su debido tiempo" (1 Ti 2:5-6). ¡Qué siervo leal!

¿Cómo puede uno decir que Dios murió? Respondemos que la muerte para un cristiano no implica cesar de vivir, sino un cambio de la forma de ser. El Dios-Hombre dejó este mundo natural en el momento de la muerte y se unió al mundo de lo sobrenatural. Pablo tomó este tema más tarde cuando explicó, "estar ausentes del cuerpo, [es estar] presentes al Señor" (2 Co 5:8). En la muerte de Jesucristo, la fe triunfó sobre la temible oscuridad de la duda, y la confianza prevaleció por encima de la devastación emocional que viene de ser abandonado. "Consumado es", dijo Jesús en voz debilitada por la pérdida de sangre (Jn 19:30).

Los antiguos griegos se echaban de ser capaces de decir mucho en una palabra. Los helenistas consideraban la perfección de la oratoria el dar un océano de significado en una gota de lenguaje. Jesús lo hizo allí: Él condensó todo el plan de redención en una palabra: *tetelestai*. "Consumado es". ¡Una palabra lo dijo todo!

A Jesús no le quedaba fuerza. El reloj de su vida santa estaba no en sus últimos minutos sino segundos. Sin embargo, Jesús mantuvo el control de sus facultades mentales hasta el final; nunca llegó a ser irracional. En vez de eso, fue hasta las profundidades de su alma santa y encontró su última reserva de energía. Para ese momento, su rostro y cabeza se había hinchado probablemente al doble de su tamaño normal (Is 52:14); sin embargo, su lengua sedienta se movió una vez más cuando clamó "a gran voz", "Padre, en tus manos encomiendo mi espíritu. Y habiendo dicho esto, expiró" (Lc 23:46).

La actitud del Señor de confianza implícita se sostuvo hasta el final; no cedió a ninguna presión. El apóstol Pablo amonesta a sus lectores a ocuparse de su salvación con temor y temblor, haciendo suya esta actitud (Flp 2:5; 12-13).

Este triunfo también explica por qué Jesús siempre ha sido atractivo a los hombres. Ellos aman su fuerte disposición a asumir lo imposible, y luego pagar el precio para lograrlo. Jesús estaba dedicado a la visión audaz de servir obedientemente al plan de su Padre para salvar al mundo. Él se comprometió a ello y lo arriesgó, incluyendo su vida. Millones de hombres desde entonces han elegido seguirle en confianza total, dándole su total lealtad y alianza—hasta morir por Él. Las mujeres también encuentran seguridad de por vida en su fortaleza robusta y compasión tierna.

En el momento de la muerte de Jesús, el velo del templo se rasgó de arriba a abajo, haciendo posible para todos el entrar al lugar santísimo (Mt 27:51; Heb 6:19-20; 9:7; 10:19-20; Éx 30:10). No es de sorprender que Gabriel le diera al bebé de María el nombre de *Jesús*, que significa "él salvará a su pueblo de sus pecados" (Mt 1:21).

1. La conquista de Satanás

A pesar de todo el esfuerzo aliado contra Él, el Señor logró en el monte del Gólgota el propósito principal de la Expiación—la reconciliación entre Dios y el hombre (Ro 5:11; 2 Co 5:18-19; Mt 27:39-44; Lc 23:35-37). Jesús probó en el proceso que el espíritu realmente es victorioso sobre la carne.

Lograr su primer objetivo presuponía el éxito de su segundo propósito. La conquista de Satanás en el Calvario fue un subproducto del sacrificio expiatorio de Jesús (1 Jn 3:8; Is 53:10; Col 1:20-23). Satanás se dio cuenta que Jesús había aplastado su reino cuando vino a ser obvio que él no podía prevenir la muerte de Jesús. Nadie debería pensar que Satanás y sus ángeles caídos se fueron a celebrar cuando Jesús dijo, "Consumado es", y murió (Jn 19:30). Es mucho más probable que las fuerzas de la oscuridad, llenas de temor, cayeron en un profundo luto por su derrota eterna.

2. ¿Qué sostuvo a Jesús en la cruz?

De nuevo, sin ninguna intención de ser exhaustivo, es apropiado ver ahora algunos de los principios adicionales por los cuales vivió Jesús que lo capacitaron a quedarse en la cruz hasta morir, ciertamente el suceso más asombroso entre los muchos logros de su vida encarnada.

a) "Lo que Jesús sabía"

Juan 13 es un capítulo maravilloso que explora el conocimiento que Jesús tenía cuando iba a su pasión. Debido a lo que sabía, Jesús fue capaz de caminar por el sendero sin amigos que tenía adelante. Su conocimiento previo lo capacitó para exprimir hasta la última gota de un lagar que estaba repleto de dolor y agonía tormentosa.

- Jesús sabía "que su hora había llegado para que pasase de este mundo al Padre" (Jn 13:1).
- Jesús sabía "que el Padre le había dado todas las cosas en las manos, y que había salido de Dios, y a Dios iba" (v. 3).
- Jesús "sabía quién le iba a entregar" (v. 11); de hecho, Jesús sabía esta información desde el comienzo de su ministerio (Jn 6:64, 71). Las decisiones de Judas no tomaron de sorpresa a Jesús. Juan lleva

este entendimiento aún más allá: Jesús sabía "todas las cosas que le habían de sobrevenir" (Jn 18:4).
- Jesús conocía a aquellos que Él había escogido (Jn 13:18). Sus discípulos le abandonarían y huirían, pero Él sabía que después de su resurrección ellos regresarían y que, después de Pentecostés, vendrían a ser núcleos leales de poder y audacia. Su instrucción no había sido un fracaso; de hecho, Él estaba exactamente dentro del programa como Maestro de maestros.

A través de la historia, los seguidores de Jesús han encontrado una fortaleza extra para el camino al identificarse con lo que Jesús sabía. Cuando la actitud de alguien es una de confianza sin reservas en Cristo, él sabe:

- quién es su Padre
- que su Salvador le ha dado un trabajo que hacer y el poder para hacerlo
- el camino por delante será duro y habrán personas que lo defraudarán y aún traicionarán, pero Jesús estará con él y le dará personas que lo ayuden.

El sólo hecho de saber esto imparte gran fortaleza para la travesía de un hijo de Dios (Flp 2:12-13). Jesús también sabía que su retorno pendiente al Padre era la máxima recompensa de un trabajo bien hecho (Jn 13:1; Lc 19:17; 20:42-43; Sal 110:1). Esa esperanza le dio gran aguante al enfrentar su crucifixión; siempre ha llenado a los seguidores de Cristo con fortaleza también. Pablo escribió a los cristianos en Roma, "tengo por cierto que las aflicciones del tiempo presente no son comparables con la gloria venidera que en nosotros ha de manifestarse" (Ro 8:18).

Jesús también sabía que crímenes premeditados pueden ser cometidos en ignorancia (Hch 3:17; 1 Ti 1:13-16). Los principales de los sacerdotes conspiraron contra Jesús con la sangre fría de la malicia premeditada, pero actuaron en ignorancia. Pedro asimiló esta verdad después de la resurrección del Señor y trató el tema en su sermón en el porche de Salomón:

> Mas ahora, hermanos, sé que por ignorancia lo habéis hecho, como también vuestros gobernantes. Pero Dios ha cumplido así lo que había antes anunciado por boca de todos sus profetas, que su Cristo había de padecer. Así que, arrepentíos y convertíos, para que sean borrados vuestros pecados; para que vengan de la presencia del Señor tiempos de refrigerio, y él envíe a Jesucristo, que os fue antes anunciado.
>
> —Hechos 3:17-20

b) Un Nuevo Sumo Sacerdote

El Señor sabía que cuando se quedara en la cruz y triunfara sobre todo lo que el diablo le lanzara, Él sería establecido como un "misericordioso y fiel sumo sacerdote en lo que a Dios se refiere", que es capaz de "socorrer a los que son tentados" (Heb 2:17-18). Este nuevo Sumo Sacerdote nos ha enseñado con su propio ejemplo que una de las claves de oro para vivir exitosamente es el poder de adoptar su propia actitud—un compromiso total con Dios.

Isaías vio unos setecientos años hacia adelante y predijo su victoria:

> La voluntad de Jehová será en su mano prosperada. Verá el fruto de la aflicción de su alma, y quedará satisfecho; por su conocimiento justificará mi siervo justo a muchos, y llevará las iniquidades de ellos. Por tanto, yo le daré parte con los grandes, y con los fuertes repartirá despojos; por cuanto derramó su vida hasta la muerte, y fue contado con los pecadores, habiendo él llevado el pecado de muchos, y orado por los transgresores.
> —Isaías 53:10-12

El Espíritu Santo ungió al apóstol Pablo para mirar atrás a la cruz del Señor y describir la gran recompensa que siguió al éxito asombroso de Jesús: "Dios también le exaltó hasta lo sumo, y le dio un nombre que es sobre todo nombre, para que en el nombre de Jesús se doble toda rodilla de los que están en los cielos, y en la tierra, y debajo de la tierra; y toda lengua confiese que Jesucristo es el Señor, para gloria de Dios Padre" (Flp 2:9-11).

"¿Quién es ésta que sube del desierto, recostada sobre su amado?" pregunta el rey sabio (Cantar de los Cantares 8:5). Su nombre es Jesús y Él triunfó por su total dependencia de la Palabra de Dios. El mismo brazo fuerte del Padre del cual Jesús dependió, está disponible para cada uno de los hijos de Dios para sacarlos de sus lugares desiertos también.

Oración como consolación

El autor Garry Friesen escribe: "Cuando mi amigo Reilly me habló sobre su primera visita a nuestra iglesia, aprendí algo acerca de la oración. Reilly dice que después del servicio él se quedó hablando con esta y otra persona. Cuando salió, su hija de cuatro años, Melody, no salió. Para ese entonces, el edificio estaba vacío y la puerta cerrada, y sólo podía ser abierta con una llave".

Reilly llamó a través de la abertura del correo en la puerta grande de cedro, "Melody, ¿estás ahí?"

Una vocecita temerosa respondió, "Sí, Papi".

Entonces Melody puso su mano a través de la abertura del correo para que Papi pudiera sostenerla hasta que alguien trajera una llave. Melody no podía verlo, pero ella sabía que su padre estaba allí, y eso la consolaba.[8]

c) La importancia de mantenerse enfocado hasta el fin

Jesús mantuvo su concentración en la voluntad de su Padre a todo lo largo de su encarnación. Ese foco como rayo láser fue un factor vital en el Calvario que lo mantuvo en la cruz. Fue esto lo que permitió a Jesús completar cada tarea que le fue dada desde la eternidad.

Para los seguidores de Jesús, este logro muestra que la perseverancia hasta el final es la medida de nuestro caminar exitoso con Cristo (2 Tes 3:5; Heb 12:1; Stg 1:3-4; 2 P 1:6; Ap 2:2, 19). Muy pocos logran llegar a ver en el curso de su vida toda su cosecha espiritual. Por lo tanto, la victoria en los altibajos de la vida está en no abandonar nuestra confianza. En lugar de eso, debemos mantenernos enfocados y proseguir en la fe hasta el último suspiro (Heb 10:35).

De la misma manera que la actitud del Señor se mantuvo hacia el Padre, concluimos que mantener la fe también es nuestra máxima victoria. El escritor de los Hebreos enlistó tales grandes personajes bíblicos como Abel, Enoc, Noé, Abraham, Sara, Isaac y Jacob, y entonces dijo que "murieron todos éstos sin haber recibido lo prometido, sino mirándolo de lejos, y creyéndolo, y saludándolo" (Heb 11:13). Pedro dijo que la prueba de nuestra fe es mucho más preciosa que el oro que perece (1 P 1:7). Pablo escribió a Timoteo, "Yo ya estoy para ser sacrificado, y el tiempo de mi partida está cercano. He peleado la buena batalla, he acabado la carrera, he guardado la fe. Por lo demás, me está guardada la corona de justicia, la cual me dará el Señor, juez justo, en aquel día; y no sólo a mí, sino también a todos los que aman su venida" (2 Ti 4:6-8). "Esta es la victoria que ha vencido al mundo, nuestra fe" (1 Jn 5:4).

Con este entendimiento de cómo el Señor aguantó y cómo los creyentes perseveran, los hijos de Dios pueden regocijarse "con gozo inefable y glorioso" de que el Mesías nunca rompió su fe en su Padre ni cometió ningún acto que diera pie a ello. En vez de eso, Él vivió la ética del amor fielmente hasta el final (Jn 13:1; 2 Tes 3:3; Heb 3:2, 10:36; 1 P 1:8).

V. La soberanía de Dios

En este estudio hemos visto que el esfuerzo colosal para quebrar al Siervo de Jehová incluyó un amplio rango de tentaciones, cada una de ellas diseñadas para motivar a Jesús de alguna manera a perder la fe en su Padre y a tomar las cosas en sus propias manos echando manos de las prerrogativas de su deidad. Sin embargo, el vínculo del Señor de confianza sin reserva en Dios se sostuvo en medio de todo. Ahora es apropiado ver cómo operó el Dios soberano en la marcha al Calvario y contribuyó al triunfo del Señor.

A. ¿Quién mató a Jesús?

Es una buena pregunta. Los romanos sabían que ellos lo hicieron (Mr 15:24, 39; Jn 19:16). Los líderes judíos también sabían que ellos lo hicieron (Mr 15:13-14, 20; 1 Tes 2:14-15). En un sentido personal usted y yo lo hicimos, al estar todos nuestros pecados sobre sus hombros (Hch 4:27). Isaías describe la participación del propio Padre de Jesús: "Jehová quiso quebrantarlo, sujetándole a padecimiento" y hacer su vida "expiación por el pecado" (Is 53:10). Jesús añadió que Él daba su vida voluntariamente. "Nadie me la quita", dijo Él, "yo de mí mismo la pongo" (Jn 10:18). Cada una de esas afirmaciones es verdad. Por lo tanto, es abiertamente erróneo culpar solo a los judíos por la muerte de Jesús, como ha sido el caso muy a menudo a través de los siglos desde la crucifixión del Señor (Mt 27:25).

B. Fusión de la soberanía y el conocimiento anticipado

En su magnífico sermón el día de Pentecostés, Pedro proclamó: "a éste, entregado por el determinado consejo y anticipado conocimiento de Dios, prendisteis y matasteis por manos de inicuos, crucificándole" (Hch 2:23). Por lo tanto, la soberanía y el conocimiento anticipado de Dios se fusionaron en el Calvario. El mismo Dios trino planificó el evento y juntó todas las piezas del rompecabezas de circunstancias y personas, con todas sus agendas y emociones personales. Él lo hizo sin violar el libre albedrío de ningún personaje en el drama. En este contexto, libre albedrío significa que cada uno de los enemigos de Cristo tomo una decisión personal de participar en la muerte de Jesús. El Padre no manipuló la participación de nadie, ni siquiera la de Judas. Cada quien tomó parte por su propia voluntad, tomando decisiones que nacían de su propio deseo (Mt 26:21-25, 46-50; Lc 22:3-6; Jn 6:70-71). En su conocimiento anticipado, Dios anticipó todas las decisiones de las personas involucradas. Al hacer lo que libremente eligió hacer, cada participante ayudó a cumplir el plan del Padre para salvar al mundo.

Dios tenía un plan, un gran diseño, una estrategia intencional para todas las etnias, y se propuso desde la eternidad cumplir ese plan. La Divinidad no preparó un modelo de reserva en el consejo eterno. Hasta el día de hoy, Jesucristo permanece el único modelo del Padre. En el proceso de llevar a cabo este magnífico plan, el Padre permitió de manera brillante que la autonomía de cada actor en el drama fuera verdaderamente irrestricta y, aún así, ese despliegue amplio y sin estorbo del libre albedrío logró el propósito de Dios en el sacrificio de Jesús. Tal es el reflejo de la soberanía de Dios.

✥ La travesía oceánica ilustra ✥ el libre albedrío y la soberanía

En *El conocimiento del Dios santo*, A.W. Tozer intenta reconciliar las creencias aparentemente contradictorias de la soberanía de Dios y el libre albedrío del hombre.

"Un barco de travesía deja Nueva York hacia Liverpool. Su destino ha sido determinado por las autoridades apropiadas. Nada puede cambiarlo. Esto es por lo menos una débil imagen de la soberanía. A bordo del barco hay cientos de pasajeros. Ellos no están en cadenas, y sus actividades no están determinadas para ellos por decreto. Ellos son completamente libres de moverse alrededor como quieran. Ellos comen, duermen, juegan, se pasean por la cubierta, leen, hablan, todo como ellos quieran; pero, todo ese tiempo el gran barco los está llevando constantemente hacia un puerto predeterminado. La libertad y la soberanía están presentes aquí, y no se contradicen.

"Así es, creo yo, con la libertad del hombre y la soberanía de Dios. El poderoso barco del diseño soberano de Dios mantiene estable su curso sobre el mar de la historia".[9]

C. Cumplieron las profecías

Después que el Sanedrín citó a Pedro y Juan, ellos regresaron a sus hermanos y reportaron lo que había sucedido. Cuando ellos oyeron el reporte:

> Alzaron unánimes la voz a Dios, y dijeron: "Soberano Señor, tú eres el Dios que hiciste el cielo y la tierra, el mar y todo lo que en ellos hay; que por boca de David tu siervo dijiste:¿Por qué se amotinan las gentes, y los pueblos piensan cosas vanas? Se reunieron los reyes de la tierra, y los príncipes se juntaron en uno contra el Señor, y contra su Cristo. Porque verdaderamente se unieron en esta ciudad contra tu santo Hijo Jesús, a quien ungiste, Herodes y Poncio Pilato, con los gentiles y el pueblo de Israel, para hacer cuanto tu mano y tu consejo habían antes determinado que sucediera".
>
> —Hechos 4:24-28

En su primer viaje misionero, Pablo predicó un sermón en Antioquía de Pisidia que reconcilia todo este panorama:

> Varones hermanos, hijos del linaje de Abraham, y los que entre vosotros teméis a Dios, a vosotros es enviada la palabra de esta salvación. Porque los habitantes de Jerusalén y sus gobernantes, no conociendo a Jesús, ni las

> palabras de los profetas que se leen todos los días de reposo, las cumplieron al condenarle. Y sin hallar en él causa digna de muerte, pidieron a Pilato que se le matase. Habiendo cumplido todas las cosas que de él estaban escritas, quitándolo del madero, lo pusieron en el sepulcro. Mas Dios le levantó de los muertos. Y él se apareció durante muchos días a los que habían subido juntamente con él de Galilea a Jerusalén, los cuales ahora son sus testigos ante el pueblo.
> —Hechos 13:26-31

Cada persona que tuvo parte en el drama de las edades —la crucifixión de Jesús— actuó por su propia voluntad, contribuyendo cada uno al plan de redención. El Dios soberano juntó todos estos participantes voluntarios para cumplir las predicciones de los profetas y lograr la muerte de Jesucristo. El resultado es el evangelio de Dios (Ro. 1:1;1 Tes 2:8-9).

> Y nosotros también os anunciamos el evangelio de aquella promesa hecha a nuestros padres, la cual Dios ha cumplido a los hijos de ellos, a nosotros, resucitando a Jesús; como está escrito también en el salmo segundo: Mi hijo eres tú, yo te he engendrado hoy. Y en cuanto a que le levantó de los muertos para nunca más volver a corrupción, lo dijo así: Os daré las misericordias fieles de David. Por eso dice también en otro salmo: No permitirás que tu Santo vea corrupción. Porque a la verdad David, habiendo servido a su propia generación según la voluntad de Dios, durmió, y fue reunido con sus padres, y vio corrupción. Mas aquel a quien Dios levantó, no vio corrupción. Sabed, pues, esto, varones hermanos: que por medio de él se os anuncia perdón de pecados.
> —Hechos 13:32-38

VI. La resurrección del Siervo

En la mañana del tercer día, Jesús recibió la recompensa de su fidelidad. El padre no dejó a su Hijo en el Hades, sino que lo levantó de entre los muertos (Hch 2:27, 31; Ef 4:8).

> Pasado el día de reposo, al amanecer del primer día de la semana, vinieron María Magdalena y la otra María, a ver el sepulcro. Y hubo un gran terremoto; porque un ángel del Señor, descendiendo del cielo y llegando, removió la piedra, y se sentó sobre ella. Su aspecto era como un relámpago, y su vestido blanco como la nieve. Y de miedo de él los guardas temblaron y se quedaron como muertos. Mas el ángel, respondiendo, dijo a las mujeres: No temáis vosotras; porque yo sé que buscáis a Jesús, el que fue crucificado. No está aquí, pues ha resucitado, como dijo. Venid, ved el

lugar donde fue puesto el Señor. E id pronto y decid a sus discípulos que ha resucitado de los muertos.

—Mateo 28:1-7

El Calvario vindica la explicación de Jesús de la condición del hombre caído y demuestra la cura del Padre. El Señor no sólo identificó el centro del problema del hombre. También proveyó la solución con su propia sangre, juntando a Dios y al hombre en un abrazo apasionado. Por la muerte y resurrección de Cristo, nosotros "esperamos en el Dios viviente, que es el Salvador de todos los hombres, mayormente de los que creen" (1 Ti 4:10). Jesús demostró total lealtad a su Padre. Él también amó lo suficiente al hombre caído como para morir por él. Es solo apropiado que, en retorno, nosotros lo pongamos a Él como un sello sobre nuestros corazones (Cant 8:6).

~ Capítulo cuatro
JESUS, EL GRAN SALVADOR

"Me llevó a la casa del banquete, y su bandera sobre mí fue amor."
—Cantares 2:4

"Quien llevó él mismo nuestros pecados en su cuerpo sobre el madero, para que nosotros, estando muertos a los pecados, vivamos a la justicia; y por cuya herida fuisteis sanados."
—1 Pedro 2:24

I. El pecado, la maldición

A. La caída

Dios creó al hombre con una naturaleza sagrada, lo puso en el jardín del Edén y le concedió el libre albedrío (Gn 2:15-17). Nuestros primeros padres tuvieron la posibilidad de decir sí o no, incluso ante su Creador, y todos sus descendientes pueden hacer igual. Eva decidió decirle que no a Dios cuando comió del fruto prohibido, y también Adán lo desobedeció junto con ella (Gn 3:6; Ro 5:12). Decidieron darle mayor importancia a lo que podían ver con sus ojos y comprender con sus mentes que a la confianza incondicional en el Dios invisible, a quien solo podían ver con los ojos de la fe (Gn 3:1-6; Jn 4:24; 1 Tim 1:17).

Las fatales decisiones de nuestros padres ofendieron a Dios y cambiaron radicalmente la naturaleza sagrada que les había dado. En ese momento de rebelión, Adán sufrió una muerte espiritual, y los deseos de la carne, los deseos de los ojos, y la vanagloria de la vida nacieron en su ser (Gn 3:6; 1 Jn 2:16). El resultado de esa rebelión fue el nacimiento de la idolatría. A partir de ese momento, el hombre adoraría las cosas que Dios hacía y olvidaría al Dios que hacía esas mismas cosas que los hombres decidieron adorar (Lv 26:1; Sal 106:20; Ro 1:23).

La repercusión de esta muerte quebrantó la íntima relación que existía entre Dios y el hombre. Adán era ahora un adicto irremediable al pecado. La corrupción, como la levadura, penetró en su corazón —el centro de la voluntad— en su mente, en su fuerza y arrasó con todo el santuario de su alma (Is. 1:4-6).

Desde entonces, resulta más fácil para la humanidad enfocarse en la creación, incluyéndonos a nosotros mismos y nuestros deseos físicos corruptos, que en el Creador, que es un Espíritu invisible que solo puede verse con los ojos de la fe (Ro 1:18-23; 2 Tim 3:2-4). Después del pecado original, Adán podía ver el mundo sin problemas pero su percepción de Dios se había irremediablemente opacado.

El pecado pone un velo sobre los ojos del alma. Este estado implica que el hombre está muerto en sus "delitos y pecados" (2 Co 3:13-16; Mt 15:14; Ef 2:1, 5). Con el libre albedrío atado a la adición al pecado, ningún humano puede revelarse en hermandad con Dios ni tampoco tener una rectitud plena que lo ensalce ante Él. Ya no puede fijar los ojos en adoración al Señor que lo creó y que lo ama tanto que se regocija con él incluso con cánticos (Sof 3:17; Mr 8:18; Lc 24:16, 31). Al contrario, esta adicción hace que el hombre se autoglorifique (egocentrismo) y que glorifique también al mundo visible para él (Gn 4:23-24; Jue 17:4-6; Lc 12:16-20). Desde entonces todos los hijos de Adán han heredado este mismo alejamiento del Dios creador.

1. *El nacimiento de la independencia*

La rebelión y el primer pecado originaron una nueva actitud de autosuficiencia que se reveló en la forma de un orgulloso egoísmo. Esa independencia consumió a Adán y acabó con su confianza en Dios. Hacía poco tiempo que había respondido auténticamente al Espíritu Santo. Después de la rebelión, la nueva adición dio paso a los deseos que engendran la idolatría, el adulterio, el homicidio y muchos otros deseos excesivos y actos de la carne (Mt 15:19). A partir de entonces todos los hijos de Adán han nacido con este malévolo "libre albedrío" (Gn 4:6-8; 1 Jn 2:16; Gl 5:19-21; Col 3:5).

Una vez que la relación entre Dios y el hombre se había quebrantado, Adán comenzó a utilizar su recién adquirida autosuficiencia para trazar su ruta. De esa fuente brotó el cegador poder de un nuevo y colosal orgullo que ha venido convenciendo a los hombres a través de los siglos de que pueden arreglárselas sin el amoroso cuidado del Dios que los creó.

2. *"Adán, Adán, ¿Dónde estás tú?"*

El soberano que Adán y Eva habían ofendido con su rebelión "se paseaba en el huerto, al aire del día" y amorosamente llamó a Adán: ¿Dónde estás tú?" Cuando Adán respondió, su respuesta encerraba la muerte que ya reinaba en su alma y la futura condición de toda su simiente: "Oí tu voz en el huerto, y tuve miedo, porque estaba desnudo; y me escondí" (Gn 3:8-10).

"Oí ... tuve miedo ...y me escondí". Tal es la condición universal del hombre. Adán sintió por primera vez la corrupción de su voluntad que lo empujó a esconderse de Dios; es más, los hombres caídos siempre huyen de Dios.

- Adán y Eva tuvieron miedo. Su pecado los hizo sentirse descubiertos.

- Se sintieron culpables cuando oyeron la voz de Dios que los llamaba y quisieron esconderse. Sus decisiones habían destrozado la estrecha hermandad que disfrutaban con Dios.
- Adán y Eva también sintieron vergüenza. Se sintieron humillados, y esto es esencial, ya que entendieron que estaban desnudos. Es más, todas las simientes de Adán "están desnudas y abiertas a los ojos de aquel a quien tenemos que dar cuenta" (Heb. 4:13).

La Biblia describe las emociones de Adán y Eva, pero en el relato de la caída no se mencionan los sentimientos de Dios. Sin embargo, podemos imaginar que si los pecados de la generación de Noé lo hicieron sufrir a tal punto que "le dolió en su corazón", fue con el corazón contrito que llamó a Adán en el huerto: "¿Dónde estás tú?" (Gn 3:9; 6:6).

Moisés, el gran legislador y bienhechor resumió este principio siglos más tarde con estas palabras: "sabed que vuestro pecado os alcanzará" (Nm 32:23).

3. La triple maldición del pecado

La maldición del pecado produjo catastróficos resultados (Gn 3:14-19; Sal 9:16; Zac 9:9; Ro 3:26; Ap 15:3). La muerte espiritual ocurrió inmediatamente. Su esencia es la separación del santuario del Espíritu de Dios. La muerte natural del cuerpo físico siguió a la espiritual. Adán vivió casi un milenio, pero el castigo se cumplió, "y murió" (Gn 5:5). La muerte eterna, que se describe como la muerte segunda, es el eslabón final de la maldición del pecado, cuya esencia es la eterna separación de Dios y su Espíritu Santo en los tormentos del infierno (Lc 16:23; Ap 20:14). El pecado es el cáncer del Espíritu que mata la visión, la esperanza y finalmente la vida misma.

Dios maldijo a la serpiente sobre todos los animales del huerto, condenándola a arrastrarse sobre su pecho (Gn 3:14). El castigo de Eva fue dar a luz a los hijos con dolor, tormento que se extendió también a la crianza (Gn 3:16). La maldición del pecado también manchó su relación marital: "Tu deseo será para tu marido, y él se enseñoreará de ti", le dijo Dios a Eva (Gn 3:16). Desde entonces, las mujeres típicamente se rigen por las emociones ("deseo") y los hombres reflexionan y deciden regidos por la autoridad ("enseñorear"). Esta diferencia entre marido y mujer es abismal, por lo que las parejas inteligentes la entienden y se esfuerzan por construir un puente sobre ese abismo.

El trabajo físico está muy presente en la caída, ya que desde el principio Dios le dio a Adán la responsabilidad de labrar y guardar el jardín (Gn 2:15). Después de la caída, Dios maldijo la tierra por su causa, ya que ¿cómo podía Adán seguir viviendo en un huerto perfecto? (véase Génesis 3:17-18.) Dios también le dijo que a partir de entonces ganaría el pan con el sudor de su frente hasta que regresara al polvo del que había sido tomado, por lo que el trabajo iba a ser mucho más arduo debido a los espinos y cardos que brotarían en la naturaleza (Gn 3:18-19). Entonces Dios echó a Adán y Eva del paraíso y colocó a la entrada querubines con espadas encendidas para que guardaran el árbol de la vida (Gn 3:24).

De todas las consecuencias de la maldición del pecado, sin dudas el aspecto más significativo de la muerte espiritual de Adán fue su privación de la presencia de Dios. En su alma se abrió un profundo cráter de vacuidad que su recién adquirido sentimiento de autosuficiencia no podía colmar. Lo que antes había sido una magnífica catedral en el corazón de Adán era ahora una oquedad desoladora, vacía y fría, y engañada por su falsa independencia. Dios había creado a Adán a su imagen, pero la decisión de este corrompió del todo su voluntad y deformó la imagen divina en su alma (Gn 1:26-27; 3:17-24; Ec 3:11).

Los hombres necesitaban ayuda con urgencia.

4. Un Dios ultrajado pero misericordioso

El Dios generoso de Adán, a quien las decisiones de nuestros primeros padres habían ultrajado tanto, respondió con firme juicio y amorosa gracia (Jn 1:14). "Y pondré enemistad entre ti y la mujer, y entre tu simiente y la simiente suya; ésta te herirá en la cabeza, y tú le herirás en el calcañar" (Gn 3:15). Estas palabras también implicaban que el Mesías sería su Salvador. Esa fue la primera señal de Dios de que ya había diseñado un plan para colmar la profunda brecha que había entre Él y los hombres. Esta promesa revela maravillosamente la grandeza del corazón de Dios. Incluso en los primeros momentos de desobediencia, prometió su plan para ganarse a Adán, Eva y su simiente (Gn 3:15; 6:6). Desde entonces su objetivo ha sido salvar a los perdidos, no condenarlos (Jn 3:17). En realidad, el gran mensaje de la Biblia es que Dios continúa, en todas las generaciones, buscando la manera de restaurar con amor su relación con la humanidad caída, aun cuando juzga el pecado (Éx 34:5-7; Mt 18:11).

B. El diagnóstico del Mesías

"Pero cuando vino el cumplimiento del tiempo, Dios envió a su Hijo" en carne y hueso para que se enfrentara cara a cara con la condición caída del hombre y redimiera todo lo que Adán había perdido (Gl 4:4; 1 Co 15:45). Uno de los principales objetivos de Jesús era explicar el problema humano con suficiente claridad para que cualquier persona normalmente inteligente pudiera entenderlo. El diagnóstico mismo es una buena nueva ya que es esencial para recetar la cura. Por lo tanto, el conocimiento de los hechos es el primer paso. Cuando la gente escucha el diagnóstico, el Espíritu Santo convence sus corazones, cerciorándose de que dicen la verdad (Gn 6:5; 15:6; Sal 51:5; Ro 1:17, 25, 28; Flp 2:15; Ef 2:5).

El hijo de Dios resumió la condición perdida de todos los pueblos del mundo en su conversación con Nicodemo y se presentó a sí mismo como la única solución.

> Porque de tal manera amó Dios al mundo, que ha dado a su Hijo unigénito, para que todo aquel que en él cree, no se pierda, mas tenga vida eterna. Porque no envió Dios a su Hijo al mundo para condenar al mundo, sino para que el mundo sea salvo por él.
>
> —Juan 3:16-17

La atención que se le da a estos versículos se centra por lo general en los tres grandes temas que estructuran el *antídoto* contra la adicción del hombre, que son el amor de Dios, la muerte redentora de su Hijo y la fe redentora en Cristo. Estos tres elementos apuntan a la cura del evangelio. Resulta interesante que el Señor le hablara de la cura a Nicodemo antes de que señalara el diagnóstico: que Dios ama a todos los caídos y le ofrece a " todo aquel" el único camino de vuelta a casa por medio del sacrificio de su "Hijo unigénito".

Jesús resumió su diagnóstico de la condición caída del hombre con la frase: "todo aquel que en él cree, no se pierda". La implicación de este diagnóstico es que todo el mundo —"todo aquel"— se encuentra bajo la misma maldición y está pereciendo. Por lo tanto, todos los hombres van a sufrir la muerte segunda, la separación eterna de Dios, a causa de su quebrantada relación con Dios y su constante estado rebelde, que tanto lo ultraja. El asunto es letal y la condición universal. Este veredicto es de gran peso y autoridad porque proviene del Hijo de Dios, la Palabra divina por quien todas las cosas fueron hechas y quien encarnó en Jesucristo (Jn 1:1-3, 14).

Wabush: Un solo camino de entrada y salida

Wabush, un pueblo remoto de la península de Labrador, en Canadá, estuvo completamente aislado durante mucho tiempo, pero en épocas recientes se construyó un camino que atraviesa zonas inhóspitas y lo une con el mundo. Wabush cuenta ahora con un solo camino que permite la entrada y la salida del pueblo. Tanto para llegar a Wabush, después de conducir de seis a ocho horas sobre esta vía sin pavimento, como para salir, solo hay un modo de hacerlo: dando la vuelta en el camino.

Cada uno de nosotros, al nacer, llega a un pueblo llamado Pecado. Como sucede en Wabush, existe una sola vía de salida: un camino construido por Dios mismo. Pero para transitarlo primero tenemos que girar sobre nuestros talones. Esa vuelta completa es lo que la Biblia llama arrepentimiento, sin el cual no se puede salir de ese pueblo.[1]

Después que Jesús empezó su ministerio, los fariseos de Jerusalén lo interrogaron porque se dieron cuenta de que sus discípulos no se lavaban las manos antes de comer. Al analizar el problema, Jesús identificó la condición espiritual de toda la humanidad, con la que viven todos los hombres, y dijo:

> "Nada hay fuera del hombre que entre en él, que le pueda contaminar; pero lo que sale de él, eso es lo que contamina al hombre. Si alguno tiene oídos para oír, oiga. Cuando se alejó de la multitud y entró en casa, le preguntaron sus discípulos sobre la parábola. Él les dijo: ¿También vosotros estáis así sin entendimiento? ¿No entendéis que todo lo de fuera que entra en el hombre, no le puede contaminar, porque no entra en su corazón, sino en el vientre, y sale a la letrina? Esto decía, haciendo limpios todos los alimentos. Pero decía, que lo que del hombre sale, eso contamina al hombre. Porque de dentro, del corazón de los hombres, salen los malos pensamientos, los adulterios, las fornicaciones, los homicidios, los hurtos, las avaricias, las maldades, el engaño, la lascivia, la envidia, la maledicencia, la soberbia, la insensatez. Todas estas maldades de dentro salen, y contaminan al hombre".
>
> —Marcos 7:15-23

La gran preocupación de los fariseos era que los hombres se lavaran las manos antes de comer. La de Jesús no era que tuvieran las manos sino los corazones sucios, ya que todos viven con una voluntad corrompida que se rebela contra Dios (Mt 12:34; 15:2, 11, 18-20; 23:25-28; Gl 5:19-21; Heb 3:8, 15).

Jesús se enfrentó con firmeza a los fariseos diciéndoles: "Vosotros sois de vuestro padre el diablo, y los deseos de vuestro padre queréis hacer" (Jn 8:44). Este hecho era tan cierto que incluso con su Mesías frente a ellos, hablándoles directamente, su mensaje era tan extraño para ellos que lo calumniaron llamándolo samaritano poseído por el demonio (Jn 8:48).

No todo el mundo lleva su rebelión a los extremos que los fariseos, pero el diagnóstico es aplicable a la enfermedad de la humanidad. Este veredicto es la razón por la que Dios envió a Jesús al mundo (Mr 7:21; Mt 15:11, 18-20). La verdad es que todos los hombres, a diferentes escalas, quieren hacer los deseos de Satanás (Jn 8:44). Por lo tanto, la conclusión de Jesús tiene una aplicación universal (Jn 3:16).

C. La depravación

En la Tri-unidad de Dios, los miembros de la Trinidad se rigen según el principio de interdependencia. Los hombres pecaminosos, en su condición caída, se rigen por su independencia. La desobediencia de Adán y Eva en el Edén trajo como consecuencia que Adán y sus descendientes, como seres espirituales, estarían a partir de ese momento "muertos en [sus] delitos y pecados" (Ef 2:1). El término *depravación* es el que mejor se ajusta a esta condición espiritual (Ro 1:28-32; Flp 2:15). Adán perdió la rectitud original en la caída, por eso le quedó en el alma una imagen completamente distorsionada de Dios que quería decir que era incapaz de hacer nada para resolver su problema (Gn 1:27; 3:1-19; Sal 14:3; Ez 18:20; Mt 16:26; Ro 3:10-12).

Después de la caída, una nueva autosuficiencia que carecía de sagrado afecto para con Dios se apoderó de la voluntad de Adán. Vivió con una adicción que consistía en amar más las cosas hechas por Dios que al Dios que todo lo hacía (Éx 34:17; Dt 6:4-5; Mt 22:37; Hch 17:16).

En su condición caída, Adán no podía hacer nada meritorio para volver a estar a la par con Dios; carecía por completo del amor que Dios requería (Gn 6:5-6; Ro 7:18). Todos los pueblos, desde la caída de Adán, han vivido con esa misma carencia que por lo general se traduce en una profunda hostilidad hacia Dios: "en Adán todos mueren" (1 Co 15:22). En efecto, el pecado ha corrompido todas las facultades humanas (Ef 4:18). Los sentimientos, la voluntad y las decisiones de Adán cayeron en un pozo sin fondo. El veredicto es que no existe justicia ante Dios en ninguna de las decisiones o actitudes del hombre (Ro 1:18-32). Pablo redujo la condición de la humanidad a una sola oración : "No hay justo, ni aun uno" (Ro 3:10, Sal 14:1-3; 53:1-3).

Entender cuán malvados son nuestros pecados ante los ojos de Dios es vital para poder apreciar cómo nuestras decisiones lastiman el corazón de Dios. Aun así, muchos deciden minimizar su naturaleza pecaminosa y engrandecer su justicia. Mucho más inteligente que pararse a los pies de la amarga cruz en que Jesús murió y aceptar la realidad: cuan faltos estamos de una relación correcta con Dios (Jer 17:9; véase Ez 16 para otra descripción gráfica de la condición totalmente caída de la humanidad).

La depravación no implica falta de cualidades ni de sentimientos agradables para con nuestros semejantes. Se puede tener un elevado carácter moral a los ojos del mundo (Mr 10:21; Ro 2:14). Como tampoco nadie lleva a las últimas consecuencias su rebelión en contra de Dios. Jesús afirmó que incluso los fariseos hicieron cosas buenas (Mt 23:23).

Desde la caída de Adán, todos los hombres han vivido con un hondo vacío en el alma, una molesta sensación de que les falta algo esencial. Salomón explicó ese vacío espiritual al decir que Dios "ha puesto eternidad en el corazón de ellos" (Ec 3:11). La gente vive con una frustración asombrosa. Nada los anima a acudir a la cruz de Jesús por ayuda. Sin embargo, un profundo sentido de lo eterno les hace saber que Dios ha fijado el día "en el cual juzgará al mundo con justicia", lo que significa que saben que el día de su propio juicio está cerca (Hch 17:31).

II. Cristo, la cura

A. El amor que sobrepasa al conocimiento

El Mesías sabía que su diagnóstico era el acertado: todos los hombres, en todo el mundo, tienen un corazón corrompido para con Dios (Mt 15:18-20; Mr 17:15-23; Jn 3:16-17). Es por eso que Jesús dio su valiosa sangre como antídoto (Jn 10:15; Ro 1:28-32; 3:25). Más tarde, el apóstol Pablo hizo esta petición: "que habite Cristo por la fe en vuestros corazones, a fin de que, arraigados y cimentados en amor, seáis plenamente capaces de comprender con todos los santos cuál sea la anchura, la longitud, la profundidad y la altura, y de conocer el amor de Cristo, que excede a todo conocimiento, para que seáis llenos de toda la plenitud de Dios" (Ef 3:17-19).

La gran mentira de Auschwitz: "El trabajo libera al hombre"

Cuando era adolescente, la literatura sobre el Holocausto me fascinaba, me causaba pavor y me laceraba. Una de las imágenes que me persigue es una fotografía de Auschwitz en la que se puede leer, encima de la entrada del campo de concentración, las palabras *Arbeit macht frei*. El mismo letrero estaba a la entrada del campo de Dachau y significa "el trabajo libera al hombre", el trabajo nos libera y nos da libertad.

Este lema era una mentira, una falsa esperanza. Los nazis le hicieron creer a la gente que el trabajo duro producía liberación, pero la "liberación" prometida era un sufrimiento horroroso que llegaba hasta la muerte.

Arbeit macht frei. Una de las razones por la que este lema me persigue es porque representa la mentira espiritual de la época: una mentira satánica, una mentira religiosa, una falsa esperanza, un sueño imposible. La gente cree que sus buenas obras serán suficientes para compensar las malas y que eso les dará el derecho de presentarse ante Dios en la eternidad y decirle: "Me debes la entrada al cielo".

Esa es la esperanza que brindan todas las religiones falsas: *arbeit macht frei*.

Lo que libera es el amor de Dios, es la sangre de Jesucristo. Él murió por mí, por lo que soy libre.[2]

B. El método de salvación

1. El nuevo nacimiento

Jesús escogió a un miembro del consejo judío, un hombre llamado Nicodemo, para que fuera el primero en escuchar el plan redentor del Señor, y se lo comunicó con gran vehemencia: "De cierto, de cierto te digo, que el que no naciere de nuevo, no puede ver el reino de Dios" (Jn 3:1, 3, 16). En este nuevo nacimiento, una vez que los hombres se arrepienten, Dios les da un nuevo corazón. Por lo tanto, el Señor dejó bien claro que su objetivo no era recomponer el viejo corazón pecaminoso del hombre sino, como dijo: "Yo hago nuevas todas las cosas" (Ap 21:5; Ez 18:31; 36:26; 2 Co 5:17; Gl 6:15).

Jesús también dejó claro este hecho, y por eso espera que sus seguidores crean apasionadamente junto con él tanto en el diagnóstico como en la cura que les ofrece por medio del nuevo nacimiento. Sus palabras son precisas: "Si alguno quiere venir en pos de mí, niéguese a sí mismo, y tome su cruz, y sígame. Porque todo el que quiera salvar su vida, la perderá; y todo el que pierda su vida por causa de mí y del evangelio, la salvará" (Mr 8:35).

A pesar de que el pecado sea la maldición universal de los hombres, Cristo es la cura universal (Gl 3:13; Jn 3:16; Ap 22:17). Todo el evangelio gira en torno a la manera en que el amor de Dios demostrado en el Calvario engendra ese nuevo nacimiento.

El postmodernismo claramente rechaza este diagnóstico y no cree que sea una verdad aplicable a toda la humanidad. Es más, niega la existencia de toda universalidad, y en particular, la creencia de que todos los hombres tengan un corazón corrompido y enemistado con Dios. Sin embargo, la prueba de su error se encuentra en el diagnóstico; los pecados emanan de los corazones humanos porque todos tenemos un problema espiritual en el corazón de donde emanan "los malos pensamientos, los adulterios, las fornicaciones, los homicidios, los hurtos, las avaricias, las maldades, el engaño, la lascivia, la envidia, la maledicencia, la soberbia, la insensatez" (Mr 7:21). Es tan fácil, incluso para los creyentes, dejarse arrastrar por esa forma de pensar postmodernista, que hace que la iglesia diluya el evangelio. La respuesta al postmodernismo no consiste en ofrecer disculpas por las verdades absolutas de Jesús sino proclamarlas fielmente. Cuando se predica el evangelio, el Espíritu Santo conecta la Palabra con la sensación de eternidad que Dios puso en el corazón de todos los hombres, para así atraerlos hacia Jesucristo (Ec 3:11).

~ Todos los caminos conducen a Dios ~

Todos los caminos conducen al cielo. Bueno, esta idea es buena como tema de relleno en los programas de televisión, pero ¿acaso tiene sentido? ¿Pueden todas las maneras de acercarse a Dios ser correctas? ¿En qué modo pueden todas las religiones conducir hasta Dios si son tan diferentes? No podemos tolerar tanta lógica en otras esferas, y no pretendemos decir que todos los caminos conducen a Londres o que todos los barcos conducen a Australia; todos los aviones tampoco nos llevan a Roma. Imagínese lo que le respondería al agente de viajes que le dijera que es así. Si le dice que necesita un vuelo para Roma, Italia, y lo busca en el monitor de la computadora y le dice que hay uno para Sidney, Australia, que sale a las 6:00 a.m., usted le pregunta:

—¿Y pasa por Roma?

—No, pero en el vuelo la comida y las películas son de calidad.

—Pero donde yo tengo que ir es a Roma —le responde usted.

—Bueno, entonces déjeme sugerirle Southwest Airlines.

—¿Y Southwest Airlines vuela a Roma?

—No, pero los vuelos siempre llegan a tiempo.

Usted siente que su frustración aumenta, y le repite:

—Necesito una aerolínea que me lleve a un destino específico: Roma.

El agente reacciona un tanto ofendido:

—Pero señor, todos los vuelos conducen a Roma.

Bueno, ya entiende lo que quiero decir. Los vuelos son todos diferentes y conducen a destinos diversos. Esto no es una conclusión obtusa, sino verdadera. No todos los vuelos conducen a Roma.

Ni todos los caminos conducen a Dios.[3]

---

2. El abundante amor de Dios

La quebrantada amistad de los hombres con Dios puede ser subsanada ya que Jesús siempre ha estado dispuesto a derramar mares de amor sobre los hijos de Adán, sin preguntarse nunca si lo merecen (Ef 1:8). Al hacerlo, el Señor revela que el amor a Dios es la piedra angular de la ética de la vida que da paso al nuevo nacimiento. Jesús expresó esta ética al citar el primer mandamiento de la ley: "Y amarás al Señor tu Dios con todo tu corazón, y con toda tu alma, y con toda tu mente y con todas tus fuerzas." (Mr 12:30; Dt 6:5).

El concepto del nuevo nacimiento describe el nuevo comienzo que Dios tiene para cada ser humano. En esta nueva relación, todos nos volvemos hijos una vez más, hijos de Dios. Igual que los hijos aman y confían en sus padres, así los nuevos creyentes se enamoran perdidamente de Jesucristo, en quien confían plenamente.

Esto incluye su:

- corazón, el centro de las emociones, los sentimientos y la voluntad;
- alma, la dimensión espiritual de la vida que los hace seres eternos;
- mente, el centro de la capacidad de pensamiento y razonamiento; y
- fuerza, su energía y habilidad para desplazarse, trabajar y servir.

Para que esto suceda, el evangelio también demuestra cómo el Padre celestial debe primero derramar su amor en la vida de las personas. Por lo tanto, "Nosotros le amamos a él, porque él nos amó primero" (1 Jn 4:19). Cuando alguien, motivado por el Espíritu, decide amar a Dios con plenitud, entonces está listo para acatar el segundo mandamiento: "Amarás a tu prójimo como a ti mismo" (Mr 12:31; Lv 19:18).

El Señor Jesús amó a su Padre con todo su corazón, alma, mente y fuerza, y ese amor lo motivó a confiar en Él y obedecerlo plenamente (Mt 22:37; 8:28-29). Leer los relatos del evangelio es descubrir que Él también amaba, según los elevados estándares de la regla de oro. Este amor gemelo —para Dios y para los hombres— hizo posible que Jesús redimiera la condición caída de los hombres para que llegaran a ser participantes de la naturaleza divina (2 P 1:4).

Gracias al don de amor que Dios nos regala, todo aquel que tenga sed puede venir a la cruz de Jesús. Incluso el que "no tiene dinero" es invitado a comprar y comer "sin dinero y sin precio" (Is 55:1). Lo único que puede traer esta magnífica salvación es una fe incondicional en el Padre celestial (Jn 6:29; Heb 2:3; Flp 2:5-6).

～ Las relaciones amorosas nos transforman ～

Cuando era novio de mi esposa Anna, una de las cosas que más admiraba de ella era su amor por los deportes. A mí también me gustan, pero hay dos que no resisto. Lo siento mucho, pero no los soporto.

El primero es jugar bolos, no lo entiendo... es la cosa más estúpida que he visto.

El segundo es el patinaje: cuatro ruedas que no giran, y aun así uno tiene que dar vueltas montado en ellas.

Esto que les cuento es verídico. En nuestra primera cita, toqué a la puerta de Anna y le pregunté emocionado: "¿Dónde te gustaría ir esta noche?"

Me preguntó si me gustaba... jugar bolos y fue a buscar su pelota y su bolsa de deportes. Bueno, yo estaba enamorado, así que cuando me preguntó si me gustaba le dije que me encantaba. Esa noche fuimos a jugar bolos y nos divertimos muchísimo.

La semana siguiente, cuando toqué a su puerta le pregunté "¿Dónde te gustaría ir esta vez?"... corrió a buscar los patines y me preguntó: ¿Te gusta patinar? Y le respondí: "He estado esperando por meses que alguien me invitara a patinar; me encanta". Y fuimos a patinar ...

Cuando pienso en esas cosas me pregunto qué fue lo que hizo que yo cambiara. ¿Qué fue lo que tuve que arrancarme de dentro para transformar mi rechazo por esos deportes? La respuesta es mi relación con Anna. Gracias al amor que tenía en mi relación con ella, fue fácil cambiar.

El poder para cambiar se funda en nuestra relación con Dios. Me digo muchas veces: "Dios mío, es tan difícil hacer lo que me pides… es tan difícil cambiar. ¿Tengo que apretar los dientes y aguantar?"

"No," me responde el Señor, "¿por qué no te acercas a la cruz un poco más? ¿Por qué no dejas que restaure y renueve mi relación contigo? ¿Por qué no te acercas un poco más?"[4]

3. Jesucristo como la respuesta de Dios

La caída del hombre fue una tragedia colosal, pero no sorprendió a Dios cruzado de brazos. Su respuesta fue enviar a Jesucristo. Cuando vino a la tierra encarnado, el Señor Jesús logró reconciliar a Dios y a los hombres, al mismo tiempo que mostraba pleno respeto por la libertad de elección de estos. Este Redentor, a quien su Padre amaba "desde antes de la fundación del mundo" amaba a todos con tal generosidad que se sacrificó para restaurar la hermandad con Dios que la humanidad había perdido (Jn 17:24; Ef 1:7-8; 3:17-19). Por lo tanto, el magnánimo amor del Libertador insta a los hombres a devolvérselo libremente, honrando a su Redentor con plena lealtad y amorosa adoración (2 Co 5:14-21).

C. El último Adán

"Fue hecho el primer hombre Adán alma viviente; el postrer Adán, espíritu vivificante… El primer hombre es de la tierra, terrenal; el segundo hombre, que es el Señor, es del cielo" (1 Co 15:45-47). El Cordero de Dios "ya destinado desde antes de la fundación del mundo" fue ese segundo hombre (1 P 1:20). El Señor "nos escogió en él antes de la fundación del mundo, para que fuésemos santos y sin mancha delante de él". Y Pablo añadió: "Habiéndonos predestinado para ser adoptados hijos suyos por medio de Jesucristo" (Ef 1:4-5).

Pablo afirmó que "el pecado entró en el mundo por un hombre, y por el pecado la muerte, así la muerte pasó a todos los hombres, por cuanto todos pecaron" (Ro 5:12). Y luego añadió:

> "Pues si por la transgresión de uno solo reinó la muerte, mucho más reinarán en vida por uno solo, Jesucristo, los que reciben la abundancia de la gracia y del don de la justicia. Así que, como por la transgresión de uno vino la condenación a todos los hombres, de la misma manera por la justicia de uno vino a todos los hombres la justificación de vida.
> —Romanos 5:17-18

El apóstol Pablo demostró en sus escritos una maravillosa capacidad para resumir los problemas humanos y las soluciones que el último Adán ofrece en el evangelio. "Por cuanto todos pecaron, y están destituidos de la gloria de Dios", nos dice, "siendo justificados gratuitamente por su gracia, mediante la redención que es en Cristo Jesús" (Ro 3:23-24). También dijo: "Porque la paga del pecado es muerte, mas la dádiva de Dios es vida eterna en Cristo Jesús Señor nuestro" (Ro 6:23).

D. Cómo entender la gravedad del problema

La horrible crucifixión de Jesús define cuán maligno es el pecado, estructurando así la mejor definición de la maldición del pecado que se puede dar. Asimismo, la muerte de Jesús es la mejor medida para determinar el amor de Dios, revelando el servicial corazón de un Salvador comprometido a curar al hombre de la adicción al pecado. El pecado es un traicionero cáncer tan maligno que para poder curar al hombre fue necesaria la muerte del Hijo de Dios, la joya del cielo.

Sin embargo, las mejores obras del hombre son desgraciadamente insuficientes para colocarlo otra vez a la altura de la justicia de Dios. Nadie puede, solo por sus propios esfuerzos, acabar con esta adicción y acercarse más a lo que espera la santidad divina. Isaías dijo: "Todas nuestras justicias [son] como trapo de inmundicia" (Is 64:6). "Cuando hayáis hecho todo lo que os ha sido ordenado", les enseñó Jesús a sus discípulos, lo único que les resta decir es: "Siervos inútiles somos, pues lo que debíamos hacer, hicimos" (Lc 17:10).

❧ Hemos sanado al mundo ❧

En el 2006, Yoko Ono publicó en el New York Times una página entera anunciando que el 8 de diciembre —día de la muerte de John Lennon— iba a ser un día de sanidad global.

"Algún día podremos ser capaces de decir que nos hemos sanado nosotros mismos", aseguró, "y que al hacerlo sanamos también al mundo."[5]

En su orgullosa independencia, el hombre siempre cree que puede sanarse a sí mismo y, como resultado, al mundo también. Pero el diagnóstico de Jesús nos recuerda la verdad a cada momento: "Porque del corazón salen los malos pensamientos, los homicidios, los adulterios, las fornicaciones, los hurtos, los falsos testimonios, las blasfemias" (Mt 15:19).

Jesucristo reaccionó a la condición humana con un amor vehemente que lo motivó a buscar a los hombres perdidos. "Yo, la luz, he venido al mundo", dijo, "para que todo aquel que cree en mí no permanezca en tinieblas" (Jn 12:46). Su muerte en la cruz se convirtió en el rayo de luz redentora más brillante que jamás ha existido (Jn 8:12; 9:5).

Dios, desde la fundación de los tiempos, planificó acoger a sus hijos redimidos en el banquete, colocando una bandera de amor sobre ellos (Cant 2:4). El designio del

Padre para ello era su único Hijo, Jesucristo. No cuesta mucho imaginar porqué los hombres aceptan este amor y se le entregan plenamente de por vida.

En resumen, el problema universal tiene una solución universal en la cruz, que se expresa con la propia sangre de Jesús sobre las rocas del Calvario.

¡Cuán grande es nuestro Salvador! (Éx 34:10).

¡Qué gran "tesoro" tenemos en "vasos de barro"! (2 Co 4:7).

¡Qué nuevas tan grandes tenemos para contar! (Lc 2:10; 4:43; Hch 5:42; 14:21).

E. Soteriología, doctrina de la salvación

En este contexto general, la caída del hombre invita al análisis de la soteriología, el estudio de todo lo que hizo Jesús para la expiación y restauración de la relación de Dios con los hombres. La soteriología abarca tanto la doctrina de la salvación como la garantía de que sus seguidores anden en santidad (Jn 3:6; Ro 10:9-10; 2 Tes 2:13; 1 Co 1:2, 30). La gracia de Dios en el nuevo nacimiento hace posible que respondamos al evangelio, convirtiéndonos así en hijos de Dios y herederos con Jesucristo. En la gracia santificadora, el hombre lleva a cabo su salvación con temor y temblor y al hacerlo comprende que es Dios quien lo motiva a hacer lo que le agrada al Padre (1 Jn 3:10; Gl 3:26; Flp 2:13).

Una bebita en los brazos de su madre no necesita entender qué es el nutritivo alimento que recibe de su pecho para beberlo y crecer. Igualmente, no es necesario entender los elementos distintivos del nuevo nacimiento para poder nacer de nuevo. Sin embargo, a medida que una persona crece en la Palabra de Dios y aprende cada vez más a caminar en la fe, querrá aprender de las Escrituras qué fue lo que sucedió en su corazón al aceptar a Jesucristo como su Señor y Salvador. Este conocimiento también lo ayudará a difundir su testimonio acerca de lo que Dios ha obrado en su vida.

Ahora pasaremos a analizar la estrategia de la redención.

III. Los elementos del nuevo nacimiento

A. La gracia preveniente o anticipatoria

1. Definición de gracia preveniente

La gracia preveniente es el favor inmerecido de Dios que atrae a las personas hacia Jesucristo y los prepara para el nuevo nacimiento. Este término proviene del latín y apunta a la gracia que hace nacer una anticipación especial en el alma y que precede la salvación.[6] Por esta razón, el Espíritu Santo atrae a las personas por medio de la bendición para que anticipe el perdón que recibirá si su respuesta ante el arrepentimiento es afirmativa. La gracia preveniente aumenta el apetito de las personas y agudiza la sed del espíritu al mismo tiempo que da la seguridad de que la larga noche de separación del alma con Dios pronto terminará. Esta bondad astronómica también puede ser descrita como el cortejo que se hace a la persona amada. Es como el amor desplegado por las manos celestiales, ofreciendo favores sin condiciones previas. Jesús hace llover sobre justos e injustos (Mt 5:45).

La gracia anticipatoria describe el llamamiento de Jesucristo a los pecadores, y lo insta a desear la fe salvadora que abre las puertas para una renovada y estrecha relación con Dios en un nuevo nacimiento.

> Y a vosotros, estando muertos en pecados y en la incircuncisión de vuestra carne, os dio vida juntamente con él, perdonándoos todos los pecados, anulando el acta de los decretos que había contra nosotros, que nos era contraria, quitándola de en medio y clavándola en la cruz
> —COLOSENSES 2:13-14

Pablo utilizó la ilustración de la muerte para describir el cuadro de la adicción humana al pecado "cuando estabais muertos en vuestros delitos y pecados" (Ef 2:1). La adicción es tan crítica, nos enseña Pablo, que el hombre debe experimentar un avivamiento del Espíritu Santo comparable a la resurrección para poder ser capaz de tomar la decisión de responder a la invitación de Cristo (Ef 2:1, 5-6).

Jesús describió la gracia preveniente al decirles a sus discípulos: "Ninguno puede venir a mí, si no le fuere dado del Padre" (Jn. 6:65). Esta misericordia tiene su base en el amoroso favor de Dios que nadie merece y está dirigida a los que están muertos en sus pecados (Col 2:13).

2. El papel del Espíritu en la gracia preveniente

El Espíritu Santo es el agente y administrador del despertar de esta gracia. Castiga a los que no creen por sus pecados y los anima a aceptar a Cristo (Gn 6:3; Jn 16:8; Heb 3:7-8). Esta orden se manifiesta en la Palabra de Dios por medio de los testimonios de creyentes que se han convertido en verdaderas cartas vivientes "conocidas y leídas por todos los hombres;" (2 Co 3:2; Ro 10:17-18; 2 Tes 2:14). Este llamamiento emana de las misericordias providenciales de Dios, ya que "su benignidad te guía al arrepentimiento" (Ro 2:4). El Señor también habla a los hombres por medio de los juicios que hace: "Entonces clamaron a Jehová en su angustia, Y los libró de sus aflicciones" (Sal 107:6).

Jesús dijo que era tarea del Espíritu Santo convencer "al mundo de pecado, de justicia y de juicio. De pecado, por cuanto no creen en mí; de justicia, por cuanto voy al Padre, y no me veréis más; y de juicio, por cuanto el príncipe de este mundo ha sido ya juzgado" (Jn 16:8-11).

Este pasaje define las tareas del Espíritu Santo y señala su forma de obrar para comprobar la culpa en los corazones de todos los hombres y convencerlos de que acepten a Jesucristo. Al hacerlo, el Espíritu los convence a su vez de que si aceptan a Jesucristo podrán "alcanzar misericordia y hallar gracia para el oportuno socorro" (Heb 4:16).

- El Espíritu Santo convence de *pecado* porque los hombres no ponen su confianza en Jesucristo (Jn 16:9). Rechazar el don del Hijo de Dios que derramó su sangre en la cruz es sin lugar a dudas el pecado mayor que se pueda cometer. En su estricto sentido, todos los demás pecados tienen su origen en este, por lo que el Espíritu Santo obra para que la humanidad lo reconozca.
- La acogida que le hizo el Padre a Jesús —a su diestra— después de la ascensión corrobora la *justicia* del Señor (Jn 16:7-10; Sal 110:1; Mt 22:44). Su Padre no hubiera podido recibirlo de nuevo en la gloria celestial si su justicia personal hubiese sido puesta en tela de juicio durante la encarnación. Si así hubiera sido, el sacrificio de Jesús hubiese sido imperfecto (Hch 2:34; Heb 1:13).
- El Espíritu Santo también convence a los hombres del *juicio* que vendrá (Jn 16:11). La misión fundamental de la muerte de Jesús es salvar a "todo aquel que" (Jn. 3:16). El Espíritu Santo usa la sangre de Jesús para demostrar que el Hijo de Dios tiene potestad para juzgar a todos los hombres. Es más, Dios ha establecido un día para el juicio (Hch 17:31; Jn 16:11). La tarea de la gracia preveniente es convencer a los hombres de que no deben jugar con la misericordia de Dios para que el gran día del juicio no los sorprenda desprevenidos.
- El beneficio secundario que obtenemos de la sangre vertida espontáneamente por su voluntad nos revela que Jesús ha juzgado a Satanás. Cuando rechazó la fuerte tentación de bajar de la cruz, la salvación del hombre estaba garantizada y el castigo eterno de Satanás sellado. El Hijo de los hombres salió del sepulcro como Redentor del mundo, habiendo triunfado con creces sobre el demonio. En realidad, Jesús lo desenmascaró públicamente (Col 2:15). El máximo engañador ha sido condenado por el tribunal de Dios sin que quepa la menor duda, por lo que la pena capital de un eterno infierno lo aguarda.

Sin esta gracia especial que atrae a las personas hacia Cristo, la condición de cada ser humano es desesperanzadora debido a que su corazón está alejado de Dios, muerto en "delitos y pecados" y sin la voluntad natural para acercarse a Dios (Ro

1:25; Ef 2:1; 2 Ti 3:2-4; 1 P 3:18). Su espíritu es inquieto y solitario, pero no puede hacer nada para evitarlo; es impotente para escapar de la adicción al pecado que lo ha arrastrado a vivir en la oscuridad.

El llamado de Dios no ha de tomarse a la ligera ya que "está establecido para los hombres que mueran una sola vez, y después de esto el juicio" (Heb 9:27). En realidad, "¡Horrenda cosa es caer en manos del Dios vivo!" (Heb 10:31). Es evidente que la clemencia divina no tiene límites ya que el Espíritu de Dios "no contenderá … con el hombre para siempre" (Gn 6:3).

3. La gracia preveniente y la fe salvadora

El cortejo amoroso que hace el Espíritu prosigue hasta tanto la gracia preveniente desemboca en la fe salvadora, o hasta que alguien testarudamente decida rechazar la gracia que se le ofrece con tanta bondad. Incluso aunque se rechace, Dios no pierde la paciencia "no queriendo que ninguno perezca, sino que todos procedan al arrepentimiento" (2 P 3:9).

El ministerio de la gracia preveniente es únicamente la obra del Espíritu Santo y precede a la salvación, que solo se alcanza por la gracia y por la fe (Ro 1:17; 4:16; 11:6; Ef 2:5, 8; Hab 2:4). Sin embargo, la gracia nunca domina al libre albedrío del hombre ni lo reduce a ser un robot ni una marioneta. Al contrario, el Espíritu muestra "las abundantes riquezas de su gracia en su bondad para con nosotros en Cristo Jesús" (Ef 2:7). Esta gracia se manifiesta como un amor tan desbordante y misericordioso que motiva a las almas hambrientas a responder con fe a la magnánima invitación de Dios.

4. La gracia preveniente y la evangelización

El corazón de Jesús late porque las buenas nuevas alcancen los confines de la tierra. Esta noción conforma la base de toda la evangelización y explica la Gran Comisión del Señor (Mt 28:16-20; Lc 10:2; Jn 4:35). El Espíritu Santo obrará en todas las regiones del mundo donde los seguidores de Jesús proclamen fielmente el evangelio. El Espíritu es el evangelista; nosotros solo somos los mensajeros. Como Jesús fue un fiel servidor de los planes de su Padre de salvar al mundo, sus seguidores se entregan en alma y corazón para compartir las buenas nuevas en sus países y el extranjero, a veces arriesgando sus vidas (Heb 2:17; Hch 1:8; 14:19). La evangelización gira en torno a la explicación de la manera en que Jesús diagnosticó el problema de la humanidad. En cualquier lugar del planeta donde vivamos, estamos alejados de Dios, pero Jesús nos dio la cura para este mal universal al derramar su sangre en el Calvario.

> El amor de Dios ha sido derramado en nuestros corazones por el Espíritu Santo que nos fue dado.
>
> —ROMANOS 5:5

¿Cómo, pues, invocarán a aquel en el cual no han creído? ¿Y cómo creerán en aquel de quien no han oído? ¿Y cómo oirán sin haber quien les predique? ¿Y cómo predicarán si no fueren enviados? Como está escrito: "¡Cuán hermosos son los pies de los que anuncian la paz, de los que anuncian buenas nuevas!"

—Romanos 10:14-15

Cuando los fieles siervos del Señor dan a conocer el mensaje, el Espíritu Santo prueba a los hombres con el llamado del evangelio. El Espíritu también fortalece y motiva a hacer cosas que antes no podían hacer, a tomar una decisión, y los bendice para que anticipen los beneficios que tendrán más adelante. La gracia preveniente, por lo tanto, incluye toda la obra del Espíritu Santo para la preparación y cultivo del terreno del alma con el fin de recibir la nueva libertad que tienen a su alcance (Ef 2:1, 4-5; Col 2:13).

B. El arrepentimiento

1. El arrepentimiento como un cambio de rumbo

Inmediatamente después del bautismo y la investidura de Jesús en el río Jordán, el Señor comenzó a predicar: "Arrepentíos, porque el reino de los cielos se ha acercado" (Mt 4:17). El término griego *metanoeo*, que significa "arrepentir", abarca la idea de dar un giro.[7] Cuando nos damos cuenta, en la carretera de la vida, que hemos pasado la calle donde vivimos, debemos dar un giro y tomar el camino correcto; esta es la esencia del arrepentimiento.

Asimismo, el arrepentimiento abarca una emoción de profunda compunción o contrición por la que entendemos sinceramente la profundidad de nuestros pecados contra Dios. Entonces, en nuestra condición deshecha regresamos a Dios y le ofrecemos nuestro corazón, alma, mente y fuerzas (Dt 6:4-5; Lc 10:27). Bajo este total cambio de paradigma, nos alejamos de nuestros pecados, decidimos ser receptivos a Dios y buscamos su misericordia. Le pedimos humildemente por el perdón de nuestras transgresiones contra Dios y que nos libere de la condena.

2. El arrepentimiento y el carácter de Dios

Moisés quería conocer a Dios durante el éxodo de Egipto y oró para verlo cara a cara (Éx 33:12-23). Dios no le concedió esa petición ya que ningún mortal puede mirar la esencia pura del Dios inmortal y vivir. Sin embargo, le ordenó que subiera a la cumbre del Monte Sinaí y pasó toda su gloria delante de él.

Y Jehová descendió en la nube, y estuvo allí con él, proclamando el nombre de Jehová. Y pasando Jehová por delante de él, proclamó: ¡Jehová! ¡Jehová! fuerte, misericordioso y piadoso; tardo para la ira, y grande en misericordia y verdad; que guarda misericordia a millares, que perdona la iniquidad, la rebelión y el pecado, y que de ningún modo tendrá por inocente al malvado; que visita la iniquidad de los padres sobre los hijos y sobre los hijos de los hijos, hasta la tercera y cuarta generación.

—Éxodo 34:5-7

Moisés descubrió que lo que necesitaba ver no era la maravilla de la esencia sagrada de Dios, sino la belleza de su prístino carácter. Por lo tanto, el Señor le reveló su esencia a Moisés como Jehová, el gran YO SOY, el Dios infinito que:

- es misericordioso,
- bondadoso, y
- sufrido;
- abunda en bondad y verdad;
- guarda su misericordia para miles;
- perdona la iniquidad, los delitos y el pecado; y
- juzga y castiga con justicia.

El resumen de estas maravillosas características es reflejo del deslumbrante diamante del evangelio: Dios honra el arrepentimiento con el perdón, siempre lo ha hecho. Cura la culpa en los más profundos niveles de depravación echando los peores demonios: la malevolencia, la rebelión y el pecado.

La respuesta de Moisés ante esa gran revelación fue exclamar: "Si ahora, Señor, he hallado gracia en tus ojos, vaya ahora el Señor en medio de nosotros; porque es un pueblo de dura cerviz; y perdona nuestra iniquidad y nuestro pecado, y tómanos por tu heredad" (Éx 34:9). La gran lección de la experiencia de Moisés en la cumbre del monte es que Dios cumplió con exactitud su petición. Pasó frente a él y le dijo: "He aquí, yo hago pacto delante de todo tu pueblo ... y verá todo el pueblo en medio del cual estás tú, la obra de Jehová; porque será cosa tremenda la que yo haré contigo" (Éx 34:10).

La experiencia de Moisés con Dios fue la más grande revelación del carácter divino en el Antiguo Testamento. Los profetas la estudiaron insistentemente (Nm 14:18; Neh 9:17; Sal 86:15, 103:8, 145:8-9; Jl 2:13; Jon 4:2). Por supuesto, la cruz de Jesús la sobrepasa, pero no porque Moisés malinterpretara el mensaje. Moisés escuchó a Dios decirle quién es Él; el Mesías, en la cruz, le mostró al mundo entero quién es Él. El suceso del Monte Sinaí tuvo sus límites, pero el del Monte Calvario demostró sin límites el carácter universal de Dios.

3. El perdón como la obra divina más maravillosa

El castigo que Jesús soportó en la cruz nos muestra que todos los hombres merecemos la muerte. El sacrificio de Jesús por nosotros también muestra el corazón de Dios ya que siempre se puede contar con Él para que reciba nuestro arrepentimiento con bondadoso perdón. Esta es una verdad fundamental del carácter de Dios. El salmista David dijo que el Señor nunca ha abandonado a quienes lo buscan (Sal 9:10; Jn 6:37).

Dios tiene la respuesta para los lastimeros clamores del corazón: se puede contar con Él para que nos conceda su perdón cuando nos arrepentimos. Es más, el perdón es la obra divina más maravillosa. Él limpia la conciencia humana y da la solución a la gran maldición de la culpa (Heb 9:14). El perdón está tan arraigado en el ADN de Dios y su relación con los caídos que su Hijo clamó en medio de aquellos horrorosos dolores de la crucifixión: "Padre, perdónalos, porque no saben lo que hacen" (Lc 23:34).

La máxima cualidad de la fe cristiana es la respuesta de Dios al arrepentimiento con el perdón.

> Cuanto está lejos el oriente del occidente, Hizo alejar de nosotros nuestras rebeliones.
> —Salmo 103:12

Esta verdad, por sobre todas las cosas, explica por qué el evangelio les ha dado paz a los hombres con Dios durante dos milenios. Dios perdona. Sus hijos se asemejan a Él cada vez más cuando siguen su ejemplo y también practican el perdón.

⁌ Recuerdo claramente haberlo olvidado ⁌

Clara Barton, fundadora de la Cruz Roja Americana, fingió nunca haber sabido nada sobre cierto incidente perjudicial que alguien le hizo hacía años.

"¿No lo recuerdas?", le preguntó su amiga.

"No", le respondió Barton. "Recuerdo claramente haberlo olvidado".[8]

---

4. Los tres elementos del arrepentimiento

a) El papel de la mente en el arrepentimiento

El hijo pródigo se dio cuenta de lo mal que había actuado y de que sus malas decisiones habían perjudicado tanto a su padre como a él mismo. También llegó a considerar completamente el daño que sus pecados le habían causado al Padre celestial. "Padre, he pecado contra el cielo y contra ti", le dijo a su padre. " Ya no soy digno de ser llamado tu hijo; hazme como a uno de tus jornaleros" (Lc 15:18-19). Le había llegado el momento de desechar su antiguo modo de pensar, que tanto dolor le acarreó (Lc 15:17). Y el hijo prodigo vació de dentro de sí todo el mal que tenía.

Después de su caída en la inmoralidad, el rey David dio muestras también de esa profunda preocupación por las personas a las que había perjudicado. David cometió adulterio con Betsabé mientras su esposo, Urías, se encontraba en la guerra luchando para él. A fin de ocultar su pecado, David ordenó la muerte de Urías (2 S 11:3-26). Cuando el profeta Natán le preguntó a David el rey, arrepentido, puso todo lo que había en su corazón ante Dios. El Salmo 51 recoge su oración y clamor a Dios: "Contra ti, contra ti solo he pecado, y he hecho lo malo delante de tus ojos" (Sal 51:4). En esta lamentación no niega haberse aprovechado torpemente de Betsabé. Su sentimiento de culpabilidad lo había echado por tierra después del encuentro con ella y se había multiplicado después del asesinato de su esposo. Urías había sido un sujeto leal, amante de su esposa y de su rey.

La oración de David evidencia la comprensión por su parte de que su pecado, primero que todo, había ofendido a Dios y destrozado el corazón de su Señor (Sal 51:4). Las acciones de David habían decepcionado a Dios y lo sabía. El hecho de que hubiese ofendido a Dios es lo que hace que el pecado cometido contra Betsabé y Urías fuera tan grave.

b) El papel de las emociones en el arrepentimiento

La gente comienza a sentir su condición pecaminosa y perdida cuando el Espíritu de Dios los corteja y los atrae hacia Jesucristo. "Porque la tristeza que es según Dios produce arrepentimiento para salvación, de que no hay que arrepentirse; pero la tristeza del mundo produce muerte" (2 Co 7:10). El término tristeza en este versículo proviene del griego *lupe*, que también se traduce en ocasiones como "pena," que es el dolor que se siente a causa de una gran pérdida, como la muerte.

Los que están convencidos del Espíritu Santo se dan cuenta de que su vida pasada ha estado muerta en "delitos y pecados" (Ef 2:1; Stg 1:14-15). Estos sentimientos de dolor inundan todo el ser, por lo que cuando alguien se siente puesto a prueba por el Espíritu Santo, no es raro que sienta un acuciante dolor y un arrepentimiento total.

"La tristeza del mundo produce muerte", añadió Pablo (2 Co 7:10). Cuando los hombres solo se arrepienten de haber sido descubiertos o tratan de resolver los sentimientos de culpabilidad tratando de mejorarse (La próxima vez lo haré mejor), no logran ningún cambio. Esta forma barata de arrepentirse deja a los hombres muertos en sus delitos y pecados, y no los exonera de ese temible juicio descrito como la muerte segunda (Heb 10:31; Ap 2:11; 20:14; 21:8).

Job se aborreció y se arrepintió "en polvo y ceniza" (Job 42:6). El rey David sintió con tanta autenticidad su propia naturaleza pecaminosa después de su encuentro con Betsabé que le rogó a Dios que borrara sus delitos, y clamó a Dios conforme a la multitud de "las piedades" de Él (Sal 51:1). Cuando el hijo pródigo de la parábola entendió lo que había hecho, lanzó el clamor universal de las almas perdidas: "Yo aquí perezco de hambre" (Lc 15:17). En la casa de su padre había abundante pan y comodidades. En su dolor podía quizás degustar la comida que preparaba su madre. Sintió también una profunda hambre por la paz con Dios porque sabía que había "pecado contra el cielo" (Lc 15:18).

c) El papel de la voluntad en el arrepentimiento

"Deje el impío su camino, y el hombre inicuo sus pensamientos", escribió Isaías, "y vuélvase a Jehová, el cual tendrá de él misericordia, y al Dios nuestro, el cual será amplio en perdonar (Is 55:7). Este versículo ilustra la definición clásica del arrepentimiento bíblico; una persona se encuentra en el camino equivocado y le urge que alguien le señale el correcto. La maravillosa y abundante gracia de Dios toca su voluntad corrompida y lo anima a pedir la ayuda necesaria. Es entonces que puede decidir dar media vuelta y tomar el buen camino (Jn 6:44).

Sin embargo, el arrepentimiento no es solo cambiar de rumbo. En este pasaje Isaías también describe la necesidad de reconocer los patrones de pensamiento que lo condujeron a tomar y permanecer en el camino equivocado. Es esencial que realice un vuelco radical en su corazón, mente y voluntad desechando la manera de pensar que lo condujo a tomar ese mal camino para adoptar la que se ajusta al "camino de santidad" (Is 35:8). Los que desechan tanto el viejo camino equivocado como la manera de pensar poco cristiana que conduce al mismo encontrarán abundante misericordia y perdón en los brazos del Padre celestial. El Señor garantiza la aceptación cuando los penitentes acuden con esta actitud a pedirle ayuda. ¡Qué verdad tan maravillosa sobre el carácter de Dios!

Una vez que el hijo pródigo entendió su condición depravada y triste, dijo: "Me levantaré e iré a mi padre, y le diré: Padre, he pecado contra el cielo y contra ti" (Lc 15:18). Al tomar esta decisión, cambió el paradigma de su sucio estilo de vida y emprendió el camino de regreso a casa. El arrepentimiento siempre encierra este tipo de cambio de rumbo.

La decisión del hijo pródigo, que trajo como consecuencia sus acciones, no quiere decir que mereciera enseguida el perdón de su padre, porque no lo merecía. Su padre no lo acogió porque cuando regresó a casa lo mereciera; lo acogió en el seno de la familia porque nunca había dejado de amarlo.

La salvación es únicamente el don de amor de Dios, un acto de gracia divina. Un delincuente que cumple una condena no recibe el perdón y la libertad por sus méritos, porque lo que se merecía fue decidido por el juez que lo sentenció. El perdón solo se obtiene cuando el gobernador decide mostrar misericordia.

El arrepentimiento es genuino solo cuando se conjugan tres elementos: la comprensión del asunto, la decisión de entregar la voluntad y el sentimiento de dolor. Cuando estos actúan simultáneamente, podemos tomar nuevas resoluciones pero no arrepentirnos e incluso querer cambiar de modo de vida porque no seremos más que pecadores mejorados. Cuando la mente--las emociones--y la voluntad se hacen una, los penitentes experimentan la fe salvadora.

El arrepentimiento toca a la puerta de la misericordia divina y la gracia siempre le responde, y así sucede en el relato del terrateniente que le pagó a todos sus obreros la misma cantidad, incluso a los de la hora undécima (Mt 20:1-16). Cuando Jesús recompensa, siempre lo hace de todo corazón y se deleita en conceder favores a los que no los merecen (Ef 2:4-10; Jn 1:14).

> "Según nos escogió en él antes de la fundación del mundo, para que fuésemos santos y sin mancha delante de él, en amor habiéndonos predestinado para ser adoptados hijos suyos por medio de Jesucristo, según el puro afecto de su voluntad, para alabanza de la gloria de su gracia, con la cual nos hizo aceptos en el Amado, en quien tenemos redención por su sangre, el perdón de pecados según las riquezas de su gracia, que hizo sobreabundar para con nosotros en toda sabiduría e inteligencia."
> —EFESIOS 1:4-8

Nada asombroso entonces que el término *evangelio* signifique "buenas nuevas" y que los hijos de Dios le canten a "Jehová, que habita en Sión" (Sal 9:11).

5. El arrepentimiento y la restitución

El deseo de enmendar los errores cometidos (la restitución) es un importante tema bíblico que se relaciona con el arrepentimiento. Sin dudas, cuando Zaqueo caminó junto a Jesús camino a su casa, este recaudador de impuestos pronto comenzó a entender los patrones de pensamiento de su nuevo estilo de vida. La recompensa fue el fruto inmediato del nuevo cambio de Zaqueo. "Entonces Zaqueo, puesto en pie, dijo al Señor: He aquí, Señor, la mitad de mis bienes doy a los pobres; y si en algo he defraudado a alguno, se lo devuelvo cuadruplicado" (Lc 19:8). Estos intentos de retribución nacieron gracias a su transformación. El arrepentimiento y la restitución son inseparables como el sol y el calor. Cuando Jesús le dio a Zaqueo el don de la vida eterna, este le dio a quienes había perjudicado la bendición de la restitución.

✹ El robo de varios clavos de cobre ✹

Después que F.E. Marsh predicara sobre la restitución, un joven se le acercó y le dijo: "Pastor, me ha puesto en una situación embarazosa ya que le he robado a mi jefe y me da vergüenza decírselo. Sabe, yo construyo botes y mi jefe no es creyente. Le he hablado de Cristo con frecuencia pero se ríe de mí. En mi profesión usamos unos clavos de cobre caros que no se oxidan en el agua y me he estado llevando algunos para un bote que estoy construyendo en el patio de mi casa. Temo que si se lo digo a mi jefe y le ofrezco pagárselos, piense que soy un hipócrita y ya nunca lo podré atraer para Cristo. Pero la conciencia no me deja tranquilo."

Días después, cuando el joven vio al pastor de nuevo le dijo: "Pastor, resolví el problema y me siento muy aliviado."

"¿Qué sucedió cuando se lo contaste a tu jefe?", preguntó el ministro.

"Ah, me miró muy fijo y me dijo: 'George, pensaba que eras un hipócrita pero ahora ya no estoy tan seguro. Después de todo, es posible que en ese cristianismo del que tanto me hablas haya algo que sea verdad. Toda religión que haga admitir a un hombre el robo de algunos clavos de cobre y se ofrezca para pagarlos debe valer la pena.'"[9]

C. La fe salvadora y el amor de Dios

El arrepentimiento nos conduce ante la puerta de la fe salvadora, que es la confianza en el Señor que motiva a los pecadores a aceptar el nuevo nacimiento que ofrece Jesús y que transforma su vida. Como resultado, la culpabilidad desaparece y se cubre el vacío que hay en sus almas (Hch 16:31; Heb 9:9; 10:22; 1 P 3:21).

La fe salvadora debe diferenciarse claramente de la fe de los demonios, que "creen, y tiemblan" (Stg 2:19). Lucas relata lo que le aconteció a Simón de Samaria, que demostró que es posible creer intelectualmente sin ejercitar la fe salvadora (Hch 8:13, 18-24).

La fe salvadora va más allá de la afirmación mental de quién es Jesucristo o incluso del remordimiento por los pecados cometidos. Con ella, los penitentes llegan a la conclusión de que Cristo "me amó y se entregó a sí mismo por mí" y luego confiesan y reciben a Jesús como su Señor y Salvador (Gl 2:20; 3:11; Ro 10:9-10; Heb 10:38). La fe salvadora es el "don divino" por el "gran amor" de Dios por nosotros (Ef 2:4-8).

El medio por el que se entrega este bondadoso don al hombre es la Palabra de Dios, ya que "la fe es por el oír, y el oír, por la palabra de Dios" (Ro 10:17). El poder mediante el cual nos hacemos de este don nos lo concede el Espíritu Santo, que aplica la bendición del sacrificio de Cristo a sus corazones.

La fe salvadora no depende de las obras de justicia individuales (Ro 7:18; Tit 3:5). Nadie puede mirar la cruz y decirle a Jesús: "Me debes el haber sufrido y muerto debido a mi integridad moral". La fe salvadora es exclusivamente un don de Dios, un regalo de amor completamente gratuito (Ef 2:5, 8).

D. La conversión

La conversión denota el tipo de cambio de paradigma que Saulo de Tarso sufrió en el camino de Damasco. Primero estaba resuelto a ejercer la autoridad dada por los sumos sacerdotes de encarcelar a la gente debido al Camino (nombre del movimiento cristiano primitivo, Hch 9:1-2); pero inmediatamente después que una cegadora luz lo lanzara contra el suelo, clamó desesperadamente por ayuda: "¿Quién eres, Señor?" (Hch 9:5). La transformación fue tan radical que en cuestión de días Saulo comenzó a predicar que Jesús "era el Hijo de Dios" (Hch 9:20). Saulo de Tarso es un ejemplo bien claro del arrepentimiento y luego la conversión. La prédica apostólica afirma que este tipo de conversión es imprescindible para que la regeneración sea total (Hch 3:19; 26:18-20).

De la mano con el Espíritu Santo que los cortejó y los colmó de anticipación, los pecadores deciden voluntariamente salir del reino de la oscuridad con la convicción de que a cada paso serán recibidos en el reino de la luz (Sal 9:10; 1 P 2:9). Su fe no es en vano. El Cristo que es la luz del mundo recibe al hijo pródigo con los brazos abiertos (Jn 9:5; Lc 15:20). El resultado es que la sangre de Cristo aleja sus pecados "cuanto está lejos el oriente del occidente" (Sal 103:12). El Señor ciertamente "se compadece de los hijos," y los ama con "gran amor" (Sal 103:13-18; Ef 2:4).

Esta idea tiene implicaciones muy valiosas para el ministerio de la evangelización. Una característica fundamental de los hijos de Dios regenerados y conversos es su ardiente deseo de hablar con los demás lo que Dios en Cristo ha hecho por ellos (Lc 10:2; Jn 4:34-37). Los testimonios evangelísticos giran en torno a esta idea de atraer a los demás hacia la experiencia de la conversión. Jesús instruyó a Simón Pedro a fortalecer a sus hermanos cuando Pedro se había "extraviado de la verdad" (Lc 22:32; Stg 5:19-20).

E. La justificación

1. *La definición de j*ustificación

Somos "justificados gratuitamente por su gracia mediante la redención que es en Cristo Jesús" (Ro 3:24). *Dikaioo* es el término griego que se traduce como "justificado" y significa considerar como legalmente inocente, y conceder todos los derechos y potestades que corresponden a los hijos en Cristo (1 Jn 3:2).[10]

La justificación, por lo tanto, es el componente jurídico de la fe salvadora. Pablo escribió a los romanos: "La justicia de Dios por medio de la fe en Jesucristo, para todos los que creen en él" (Ro 3:22; 4:1-8, RVR95). Y añadió que Dios extiende esta bendición incluso al "impío" (Ro 4:5; Éx 34:7). La justificación lleva en sí la decisión judicial que los libera de la culpabilidad, los deja andar en libertad y los hace nuevamente hijos en Cristo aunque no hayan hecho nada por merecer su recién adquirida inocencia legal (Gl 2:15-16).

La esencia del mensaje cristiano es que Dios perdona y acepta a los pecadores en su hermandad —todos los pecadores, no importa cuán depravados— cuando creen en Él y en sus promesas (Gn 15:6). Esta justificación no se basa en cuán justos sean, ya que no lo son, para nada (Is 64:6; Ro 3:10). Aun así, Dios ama a los pecadores, tanto que envió a su Hijo unigénito y sin pecado para que muriese por ellos y pagara sus deudas del todo (Sal 51:14; Jn 19:30; Hch 13:39; Ro 3:24).

Cuando alguien escucha el mensaje de la muerte de Jesús como sustituto, cree en sus promesas y se arrepiente, el Padre celestial le ofrece la justicia de su único Hijo, Jesucristo (Ro 1:17; 4:2-6; 5:1; Gn 15:6). A pesar de que no haya justicia alguna en los pecadores, este proceso legal es justificado por la corte divina únicamente por medio de la justicia de Cristo, que es gratuitamente concedida (Ro 3:22; 5:17; 2 Co 5:21).

a) La justificación como la base de la Reforma

La Reforma protestante se basó en tres pilares de la doctrina:

- *Sola scriptura*. Los sesenta y seis libros de la Biblia son la única fuente para todo asunto de fe y práctica cristiana. Nuestras almas eternas descasan en las enseñanzas bíblicas de estos libros, y ningún otro libro o tradición se equipara con ellos.
- *Sola fides*. La justificación ante Dios nos llega únicamente por medio de la gracia y solo a través de la fe sola, solo la fe y nada más.
- *Sola sacerdos*. El sacerdocio del nuevo pacto incluye a todos los creyentes. La salvación no se dispensa por un grupo selecto de sacerdotes, como sucede en la Iglesia Católica Romana. Al contrario, la salvación es un don directo de Dios al corazón de los penitentes sin la mediación de los sacerdotes. Por lo tanto, el papel de los ministros es aceptar esta responsabilidad de enseñar y fomentar esta relación directa entre Jesús Cristo y sus seguidores.

Fueron ideas como las anteriores las que impulsaron a Martín Lutero a clavar las noventa y cinco tesis en la puerta de la Iglesia de Wittenberg, Alemania, en 1517, dando comienzo a sus infructuosos esfuerzos por reformar a la Iglesia Católica Romana.[11] Y el resultado fue la Reforma protestante.

Si se sustrae de las Escrituras la doctrina de la justificación, el cristianismo habrá perdido su alma y la sangre de Jesucristo toda su eficacia. La Biblia nos enseña que todos los hombres de la tierra son pecadores depravados que necesitan con urgencia una nueva posición legal en los tribunales celestiales (Ro 3:9-19). La gloria de la encarnación brilla con su más cálido significado en la cruz de Cristo porque todos los hombres tienen idéntica necesidad de justificación o restauración a una posición de justicia ante Dios (Ro 3:10-18, 23-24). Si eliminamos esa necesidad universal, la muerte de Cristo no habrá significado mucho, y se convertiría en algo intrascendente y vano. Si esa necesidad común no está en los corazones de todos los hombres en todo el mundo, entonces la muerte de Jesús fue una muerte de tontos.

❧ Declarado "No culpable" ❧

Si ha intentado encontrar estacionamiento en los centros comerciales en la época de Navidad, es posible que haya mirado con envidia los espacios reservados a los minusválidos. Están siempre cerca de la entrada y, por lo general, hay alguno vacío. Quizás hasta haya sentido la tentación de estacionarse en uno de ellos, aunque no sea minusválido ni tenga el permiso para ello en su auto. Ni lo intente, pregúntele a Connie por qué.

Como consecuencia de una grave enfermedad, su médico le dio uno de esos permisos para estacionarse. Así que puede estacionarse en esos lugares si deja su permiso en un lugar visible del auto; pero, por desgracia, olvidó hacerlo las dos noches que se quedó en un hotel. Cuando regresó al auto encontró dos multas de $250.00 cada una y la orden de comparecer ante los tribunales, sin importar si era culpable o no. Pero resulta que Connie vive a más de mil kilómetros del lugar donde le pusieron la multa.

Entonces decidió llenar una declaración jurada y declararse culpable de lo que el secretario judicial denominó "una violación menor" y que luego envió al juez municipal con una copia del permiso de estacionamiento para minusválidos de Connie. Al tiempo recibió la decisión del juez sobre su caso. La notificación decía escuetamente: "Tras revisión de su caso, el juez la ha declarado 'no culpable'."[12]

b) La justificación como decisión del juez

La justificación es la decisión del gran Juez del universo con la cual Dios da una respuesta al arrepentimiento, borrando todos los antecedentes de los penitentes. Esto es posible ya que la sangre de Cristo cubre la abundancia de testimonios contra los pecadores (Ro 3:25; 1 Jn 2:2; 4:10). Por lo tanto, el Juez los declara no culpables, ordena la expurgación de sus expedientes y los restaura a la familia con todos los derechos y privilegios (Sal 103:2; Jn 1:12-13; Ro 3:24; 5:9; 8:1).

c) Jesús como abogado defensor

La mujer sorprendida en el acto de adulterio es el ejemplo típico de la gracia justificadora (Jn 8:1-12). Esa mujer estaba llena de culpa cuando la pandilla de fariseos la llevó ante Jesús y transformaron el patio del templo en un tribunal. Su manera de comportarse mostraba que se sentía culpable y avergonzada por la pesada carga del adulterio. Sabía que era culpable. No tenía argumentos para defenderse ni quien la defendiera, por lo que sabía que iba ser lapidada.

Entonces sucedió algo maravilloso: Sin cobrarle ni siquiera una dracma, el Señor aceptó con bondad su caso y la defendió (1 Jn 2:1). Lo hizo como adelanto de la sangre que pronto iba a derramar en el Calvario para lavar culpas como las de ella (Is 53:11; Hch 10:43; Ro 5:9; Ap 1:5). Los acusadores de la mujer no estaban a la altura de su Abogado (Jn 14:16, 26). Los fariseos vieron su caso hacerse añicos antes sus propios ojos, y retiraron los cargos contra ella. Jesús la defendió basado en la naturaleza pecaminosa de todos los humanos: "El que de vosotros esté sin pecado," les dijo, "sea el primero en arrojar la piedra contra ella" (Jn 8:7; Ro 3:9-18). Ante su propia y vergonzosa culpa, uno por uno dejaron caer las piedras y se marcharon.

El Señor no solo la defendió y absolvió sino que la aceptó en su familia ofreciéndole una nueva vida basada en su maravillosa gracia: "Ni yo te condeno; vete, y no peques más" (Jn 8:11; Ro 3:21-24; Heb 10:22). Era un claro veredicto de "no culpable" que eliminaba toda sombra de su pasado de adúltera.

En ese acto Jesús hizo un generoso regalo de justicia a la mujer que carecía de la más mínima gota de la justicia que Dios requiere (1 Jn 3:1; Gn 15:6). La mujer llegó al tribunal como una adúltera sin defensa y salió como una dama de la familia de Dios sin culpa ni condena, y con un expediente limpio (Ro 3:23-25; 8:1).

El Salvador justo y sin pecado se convirtió en su justificador (Ro 3:26). Jesús le dio un nuevo comienzo de una nueva vida con una moral intacta; todo eso gracias a la justicia que le concedió (Ro 3:24; 4:24).

"Así que, si el Hijo os libertare, seréis verdaderamente libres."

—Juan 8:36

¡Qué maravilloso Salvador! (Véanse Éx 15:11; 34:10; Ro 10:10; Gl 2:16; Tit 3:7.)

El relato de la adúltera demuestra que la justificación es la magnánima obra de un Dios misericordioso que funge como Juez universal y omnisciente que limpia los pecados (Éx 34:5-7; Sal 25:6; Ef 2:4-10). Esta gracia es exorbitante e incluso humillantemente abundante. Es amor entregado por manos celestiales que conceden favores sin condiciones previas para "todo aquel que en él cree" (Jn 3:16; Ro 3:21-26; Gn 15:6).

Como resultado, los pecadores regresan a Dios con los brazos abiertos y las manos vacías y al hacerlo, su fe los impulsa a creer en las promesas de Dios. La fe les sigue asegurando que Jesús cumple lo que promete con su Palabra y que no va a lanzar los libros de la ley por la ventana y dejarlos sin defensa. Jesús hará por ellos lo mismo que hizo por la adúltera.

¡Y por supuesto que reciben la gracia de Dios! Dios no dicta las severas condenas que merecen los pecadores. Al contrario, los bendice con un amor incondicional que lava sus pecados y los transforma continuamente a semejanza de Cristo (Ef 2:4-10; 1 Jn 3:1; 2 Co 3:18). Sin dudas, la cantidad de favores divinos es abundante ya que Jesucristo está lleno de gracia (Jn 1:14, 17). En efecto, "Porque de su plenitud tomamos todos, y gracia sobre gracia" (Jn 1:16).

2. El poder retentivo de la gracia justificadora

Debido a que Dios responde al arrepentimiento con abundante gracia justificadora, ¿qué les impide a los hombres arrepentirse ahora y darle la espalda a Dios mañana? ¿Tiene el amor la capacidad de *mantener* a las personas en Cristo?

El abundante amor que Jesús mostró a la adúltera sorprendida en el acto y que iba a ser lapidada, produce una profunda gratitud y, por lo tanto, tiene un gran poder de retención. Es justo pensar que ella le sirvió al Señor por el resto de su vida y dio a conocer su historia a quienes quisieron escucharla.

Lo mismo sucedió con María Magdalena, a quien el Señor le sacó los siete demonios (Mr 16:9). A partir de ese día, María le dio Jesús toda su lealtad y lo siguió hasta la cruz (Mt 27:55-56). También ayudó a embalsamar su cuerpo y fue la primera en ver al Señor después de la resurrección. Y no dejó de contar lo que le había sucedido (Mr 16:1; Jn 20:18).

El poder del amor para retener a los creyentes no reside en su uso de la coerción. El amor retiene porque infunde vida y restaura el sentido de responsabilidad moral. El amor de Dios motiva a las personas a *desear* amar al Señor que hizo tantas cosas por ellos. El don de Dios es tan grande, en verdad, que ofrece su alianza como una decisión libre. Es por eso que el amor retiene, principalmente por medio del poder de la gratitud.

Es más, los creyentes casi siempre se sienten abrumados con un sentimiento de agradecimiento. Por eso deciden libremente amar al Señor, porque Él los amó primero (1 Jn 4:9-11, 19). ¿Por qué, entonces, la gente se aleja; considerando la colosal demostración de amor revelada en el Calvario? No tiene ningún sentido regresar al antiguo modo de vida que los mataba (Ro 6:23; 2 Co 7:10; Stg 1:13-15). El resultado es que el amor retiene a los hombres en Cristo mucho más que la ley (Sal 139:5-7).

≫ Agradecimiento por amor a Cristo ≪

El escritor y educador Howard Hendricks esperaba sentado que el avión, que estaba atrasado, despegara. Después de una larga espera, los pasajeros estaban cada vez más molestos. Hendricks se dio cuenta de la amabilidad que desplegaba una de las aeromozas al hablar con ellos. Después que el avión despegó le comentó a la aeromoza lo bien que se había comportado, cómo había sabido mantener la calma y que quería enviarle una carta a la aerolínea para la cual trabajaba elogiando su buena actuación.

La aeromoza le respondió que ella no trabajaba para la aerolínea sino para Jesucristo y que antes de salir a trabajar ese día ella y su esposo habían orado para que ella fuera una buena representante de Cristo.

Trabajar para Cristo y no por un salario añade otra dimensión a la sujeción. El trabajo se hace no para quedar bien con una empresa, con el cónyuge o con los padres sino para quedar bien con el Señor por amor y agradecimiento a Él.[13]

El amor libera y emancipa. El amor retiene con el gran poder de la libertad porque esta hace nacer un agradecimiento tan abundante que la gente da sus vidas aferrándose a él.

"Estad, pues, firmes en la libertad con que Cristo nos hizo libres," dijo Pablo, "y no estéis otra vez sujetos al yugo de esclavitud" (Gl 5:1; Lc 4:18). La nueva libertad en el amor de Cristo es infinitamente mejor que el estilo de vida de antes, en que éramos esclavos del pecado. Por esa razón, la gente responde con honda dedicación y compromiso al amor de Dios, y no desean regresar a su vida de antes (Jn 6:68; Ro 6:21-23; Éx 14:13; Pr 26:11; 2 P 2:22).

Sin embargo, el amor de Dios nunca retiene a las personas por la fuerza; si alguien quiere, puede regresar a su vida anterior (Mt 22:5). "Demas me ha desamparado", dijo Pablo, "amando este mundo, y se ha ido a Tesalónica" (2 Ti 4:10).

a) Eliminar el castigo de la muerte segunda

Los que no son salvos viven cada día bajo el castigo de la muerte eterna, con un abismo tan grande entre ellos y Dios que no pueden llenar. Pero las buenas nuevas son extraordinarias (Gn 3:19; Ef 4:18; Heb 9:27; Ap 2:11). Con la justificación, los hombres se presentan ante el tribunal celestial con el corazón arrepentido y la confianza en que Jesús los defenderá como lo hizo con la adúltera (Jn 8:4-12). Jesús nunca ha abandonado ni dejado de defender a ninguno de sus seguidores.

> "Pero Dios, que es rico en misericordia, por su gran amor con que nos amó, aun estando nosotros muertos en pecados, nos dio vida juntamente con Cristo (por gracia sois salvos), y juntamente con él nos resucitó, y asimismo nos hizo sentar en los lugares celestiales con Cristo Jesús, para mostrar en los siglos venideros las abundantes riquezas de su gracia en su bondad para con nosotros en Cristo Jesús."
>
> —Efesios 2:4-7

Pablo dijo que esta gracia justificadora transforma porque Dios acredita la fe como justicia (Ro 3:21-27; 4:1-25). En esta transacción bancaria, estamos moralmente en bancarrota; nuestra chequera espiritual está vacía. Pero dado que creemos en la Palabra de Jesús, Él hace un depósito de justicia en nuestras cuentas. ¡Qué excelente noticia!

El apóstol Pedro escribió: "Como todas las cosas que pertenecen a la vida y a la piedad nos han sido dadas por su divino poder, mediante el conocimiento de aquel que nos llamó por su gloria y excelencia" (2 P 1:3). En realidad, todos claman al Señor con arrepentimiento "siendo justificados gratuitamente por su gracia, mediante la redención que es en Cristo Jesús, a quien Dios puso como propiciación por medio de la fe en su sangre, para manifestar su justicia … a fin de que él sea el justo, y el que justifica al que es de la fe de Jesús" (Ro 3:24-26).

b) El agradecimiento a Jesucristo, el único camino hacia la libertad

Jesucristo es el camino hacia la libertad, el único que existe. Él dijo que "del corazón salen los malos pensamientos, los homicidios, los adulterios, las fornicaciones, los hurtos, los falsos testimonios, las blasfemias" (Mt 15:19-20). Estos pecados roban la libertad y matan. Todos tenemos una sola vía de escape: "Por eso os dije que moriréis en vuestros pecados; porque si no creéis que yo soy, en vuestros pecados moriréis" (Jn 8:24). Pablo añadió después: "Porque la paga del pecado es muerte, mas la dádiva de Dios es vida eterna en Cristo Jesús Señor nuestro" (Ro 6:23). Tal amor *de parte de* Dios nos inspira a amar *a* Dios (1 Jn 4:19). Este hondo agradecimiento por la valiosa dádiva de Jesús que nos concedió en el madero para que quedáramos libres de pecado típicamente se expresa con exclamaciones de asombro. ¡Imagínense que nos amó tanto que nada más y nada menos murió por nosotros! La gracia justificadora, por lo tanto, forma un sólido lazo de fidelidad y alianza con el Salvador que sufrió nuestro castigo y nos liberó. El agradecimiento es sobrecogedor y casi asombroso. Él nos dio ese incalculable don de la libertad en Cristo (2 Co 8:9; Gl 2:21).

Los que son justificados saben que han recibido la perla preciosa de incalculable valor (Mt 13:45-46). La muerte de Jesús abolió el castigo de la muerte segunda y lo sustituyó por el don de la vida eterna. Por lo tanto, por amor comienzan voluntariamente a realizar obras que emanan de la justicia puesta en sus vidas (Ef 2:10). Por lo que la obra de Dios, primero que todo, es "que creáis en el que él ha enviado" (Jn 6:29).

El resultado es que estas personas se dedican a un estilo de vida en el que permanecen en la vid y sacan alimento de ella (Jn 15:5). Es entonces cuando realmente quieren amar al Señor con todo su corazón, alma, mente y fuerza para completar el proceso de su salvación (Mr 12:30; Flp 2:13). Además, aman a sus hermanos y comienzan a practicar con fe la vida victoriosa ya que disfrutan la verdadera libertad del yugo de la carne (Mt 22:37-39; 1 Jn 3:9; 4:7; 5:4). La libertad es un don tan valioso que la gente da sus vidas con gusto para conservarla; es claro que no tienen la intención de regresar a la antigua vida de esclavos (Ro 6:21-23; Gl 5:1-2; Flp 1:21; Dt 17:16).

Me llevó a la casa del banquete, y su bandera sobre mí fue amor.
—CANTAR DE CANTARES 2:4

F. La regeneración

1. Una nueva creación

"De modo que si alguno está en Cristo, nueva criatura es", nos dice Pablo. En efecto, esta recreación del hombre es tan completa que "las cosas viejas pasaron; he aquí todas son hechas nuevas" (2 Co 5:17). La regeneración marca un génesis, un nuevo comienzo en la vida de todo creyente. Debido a esta acción del Espíritu Santo, los creyentes justificados experimentan un nuevo nacimiento en Jesucristo (Tit 3:5-6). El Espíritu restaura el gran vacío del alma y lo transforma en un nuevo y magnífico templo del corazón (Jer 31:31, 33; Ap 21:5). La presencia de Dios viene nuevamente a la persona.

Antes de la regeneración, el hombre está muerto en sus "delitos y pecados" (Ef 2:1). Ahora puede apreciar la creación divina con una excelente visión, pero aun así, el pecado ha disminuido grandemente su capacidad de percibir al Dios todo creador (Is 40:19-20; Heb 1:2). Con la regeneración, el Espíritu crea nuevos ojos espirituales que se abren por primera vez en un gesto de fe hacia el rostro amoroso de Jesús. Ese suceso es similar a lo acaecido a la hija de Jairo cuando el Señor le devolvió la vida. La joven abrió los ojos y los fijó en el esplendoroso rostro de Jesús. ¡Qué rostro tan maravilloso! (Véanse Lc 8:54-55; 2 Co 4:6; Ef 2:5 y Sal 17:15.)

Un día, un bendito día, "le veremos tal como él es" (1 Jn 3:2; Ap 22:4).

2. La analogía de la semilla

Con la regeneración, el Espíritu Santo deposita la semilla de la vida eterna en el alma. Una de las primeras manifestaciones de este paso de la muerte a la vida es la desaparición de la vieja y demoledora soledad espiritual. Una vida maravillosa ha retornado al templo (1 Co 6:19; 1 Jn 3:14). "Todo aquel que es nacido de Dios, no practica el pecado", dijo Juan, "porque la simiente [*sperma*] de Dios permanece en él; y no puede pecar, porque es nacido de Dios" (1 Jn 3:9). Esta analogía nos ofrece una descripción de la concepción en el útero. El padre planta la semilla, su esperma, que es la fuente de la nueva vida. Esta semilla fecunda el óvulo y comienza a crecer en el cálido útero de la madre hasta que el feto se transforma en un niño. "La semilla es la palabra de Dios," dijo Jesús (Lc 8:11). Por su parte, el apóstol Pedro dijo que somos "renacidos, no de simiente corruptible, sino de incorruptible, por la palabra de Dios que vive y permanece para siempre" (1 P 1:23).

El amor de madre motiva a la mujer a realizar todos los cambios necesarios en su dieta y costumbres de trabajo para ofrecerle a la vida que lleva en su vientre las mejores oportunidades de crecimiento. Igualmente, "Todo aquel que es nacido de Dios, no practica el pecado, porque la simiente de Dios permanece en él; y no puede pecar, porque es nacido de Dios" (1 Jn 3:9). En vez de ello, el amor de Dios lo motiva a poner en esa nueva vida todas las bendiciones de la Palabra de Dios para que pueda crecer. Y logrará desarrollarse "porque la palabra de Dios es viva y eficaz, y más cortante que toda espada de dos filos; y penetra hasta partir el alma y el espíritu, las coyunturas y los tuétanos, y discierne los pensamientos y las intenciones del corazón" (Heb 4:12).

El nuevo creyente cambia su actitud, valores y estilo de vida para poder ofrecer a esta nueva vida en Cristo un entorno favorable. En estos patrones de vida, es esencial rechazar el conformismo con los patrones mundanos, ya que la transformación del creyente empieza con la renovación de su mente (Ro 12:2; Ef 4:23; Col 3:9-10).

Esta regeneración está al alcance de todos los que deseen aceptar a Cristo, ya que todos los que creen en su nombre reciben "la potestad de ser hechos hijos de Dios" (Jn 1:12). Este nacimiento viene desde lo alto, y únicamente se puede originar en el amor de Dios, sin ningún mérito de la parte de los hombres (Jn 3:3, 7, 31). La regeneración, por lo tanto, no da cabida a la vanagloria, excepto en el dulce sonido de la maravillosa gracia de Dios que salva a los pecadores como yo (Ef 2:9; 1 Tim 1:15).

Con la regeneración, el Espíritu de Dios obra para rehacer a los pecadores, no para reformarlos. Los nuevos creyentes son recreados en el Espíritu y reciben la oportunidad de recibir a Cristo y de seguir "sus pisadas" (1 P 2:21). Todo lo que no persiga recrear la imagen de Dios en los hombres es en efecto un plan imperfecto porque solo concibe reformar a los pecadores, y los pecadores reformados siguen siendo pecadores. Con la regeneración, la obra es completa; por eso, el Señor le dijo a Nicodemo: "Os es necesario nacer de nuevo" (Jn 3:7). Esta regeneración, o nuevo génesis, es tan completa que el que la experimenta es resucitado con Cristo y "se va renovando hasta el conocimiento pleno, conforme a la imagen del que lo creó" (Col 3:10; Ef 2:5; Ap 21:5).

≈ Un nuevo bote ≈

Un día, un amigo me comentó con tristeza que siempre había vivido como el profesor del programa televisivo La isla de *Gilligan*, que tenía todo el tiempo del mundo para idear generadores eléctricos de hojas de palma y vacunas de algas pero nunca se dedicó a reparar el gran hueco que había en el fondo del barco para poder regresar a casa.

¿Cuántas personas reparan ese hueco? [14]

Dios, por medio de su gracia maravillosa, no repara el hueco del fondo del barco sino que construye un bote nuevo.

Pablo dejó bien claro que lo único que cuenta es "una nueva creación" y a medida que la semilla se desarrolla y va originando una nueva vida, el creyente se irá alejando cada vez más del reino de este mundo (Gl 6:15; 2 Co 5:17). También recibirá la gracia de Dios para decidirse por "el reino de Cristo" (Hch 26:18; Ef 5:5), lo cual es posible porque el amor transforma radicalmente los valores de la persona para que comience a acercarse a la significación del reino de la luz, de modo que siente un hondo deseo de vivir la vida del reino. Es una nueva persona con deseos e intenciones nuevas, porque Jesucristo le ha resucitado a esta nueva vida. Por ende, en la regeneración el Espíritu de Dios obra en el corazón del hombre de manera que este solo no puede hacerlo: el Espíritu Santo lo hace una nueva creación, "nacido de Dios" (1 Jn 5:1). En la vida antigua no se interesaba completamente en Dios ni en el reino espiritual; ahora sí tiene el corazón puesto en Dios.

G. La adopción

Con la justificación, el juez le concede a la persona todos los derechos y potestades jurídicos de hijo. Con la adopción, es recibido en la familia y se le concede el espíritu del hijo (Ro 8:15). El Padre celestial inmediatamente recibe al nuevo creyente en su familia. En esta divina declaración de adopción, el Padre mata al becerro más gordo, le da nueva vestimenta y acoge a su hijo perdido al banquete, comunicando el espíritu de adopción que dice: "Bienvenido" (Lc 15:23-24, 32). "Así os digo", dijo Jesús, "que hay gozo delante de los ángeles de Dios por un pecador que se arrepiente" (Lc 15:10). Jesús les dijo enfáticamente a los discípulos que se regocijaran porque sus "nombres están escritos en los cielos" (Lc 10:20).

El Espíritu Santo no adopta a las personas dentro de la familia celestial para luego retractarse y observar su destrucción por parte de un espíritu de "esclavitud para estar otra vez en temor", sino que derrama sobre ellos "el espíritu de adopción" que los impulsa a clamar: "¡Abba, Padre!" (Ro 8:15). Dios le da un lugar al nuevo creyente en su familia como hijo verdadero con todas las prerrogativas, entre las que está la igualdad de derechos a la herencia (Ef 1:14). Pablo oró para que los efesios conocieran "las riquezas de la gloria de su herencia en los santos" (Ef 1:18). Como hijos adoptivos, los creyentes tienen el derecho de nacimiento de "una herencia incorruptible, incontaminada e inmarcesible, reservada en los cielos" (1 P 1:4).

El testimonio del Espíritu Santo brinda la garantía de que puesto que somos "hijos" de Dios, también somos herederos, "herederos de Dios y coherederos con Cristo" (Ro 8:16-17).

Para engrandecer la maravilla de la gracia divina, Jesús trata a cada nuevo creyente como si nunca se hubiese alejado de la familia de Dios. "Dios envió a su Hijo, nacido de mujer y nacido bajo la ley," nos enseñó Pablo, "para que redimiese a los que estaban bajo la ley, a fin de que recibiésemos la adopción de hijos" (Gl 4:4-6).

En la familia celestial, el Hijo unigénito de Dios se convierte en el hermano mayor de los hombres. Como "el primogénito de los muertos," tiene supremacía entre los hermanos (Ap 1:5; Col 1:18). El Padre le ha dado autoridad total para regir la casa, porque Él es la "cabeza sobre todas las cosas a la iglesia, la cual es su cuerpo" (Ef 1:22-23, 4:15). Es entonces Jesucristo quien le da a cada uno de los integrantes de la familia celestial su don espiritual. Tanto Pablo como Juan enseñaron que Dios lleva un libro de la vida en el que recoge los nombres de sus hijos adoptivos (Flp 4:3; Ap 3:5, 20:15, 21:27). Como hijos de Dios, "aún no se ha manifestado lo que hemos de ser; pero sabemos que cuando él se manifieste, seremos semejantes a él, porque le veremos tal como él es. Y todo aquel que tiene esta esperanza en él, se purifica a sí mismo, así como él es puro" (1 Jn 3:2-3).

Esta adopción incluye una "patria mejor", que es el reino eterno del Señor Jesucristo (Heb 11:16; 12:28; Lc 12:32) y también da la potestad a los hijos de Dios para heredar la "gloria eterna", "la corona de justicia" y la "corona de la vida" (2 Co 4:17; 2 Tim 4:8; Stg 1:12).

"Mirad cuál amor nos ha dado el Padre," nos dice el apóstol Juan, "para que seamos llamados hijos de Dios." Debemos "ser llamados" porque es lo que somos en realidad (1 Jn 3:1). Es más, Él "nos escogió en él antes de la fundación del mundo," y nos predestinó "para ser adoptados hijos suyos por medio de Jesucristo, según el puro afecto de su voluntad" (Ef 1:4-5). Entonces no nos debe asombrar que Pablo exclamara: "Porque por gracia sois salvos por medio de la fe; y esto no de vosotros, pues es don de Dios; no por obras, para que nadie se gloríe" (Ef 2:8-9; Ro 1:17; Gn 15:6).

IV. El triunfo del amor

A. El poder del amor para salvar el alma

Jesús nunca les dejó a sus seguidores una lista de cosas que se podían o no se podían hacer (Gl 2:19), sino que estableció todo su reino sobre un solo mandamiento que resumía la moral y la ética que debían seguir: "Amarás a Jehová tu Dios de todo tu corazón, y de toda tu alma, y con todas tus fuerzas" (Dt 6:5). Este mandato siempre había estado en la ley de Moisés pero su significación fue poco reconocida por generaciones. Sin embargo, el Mesías la entendió a plenitud. Él es la Palabra viva que sabía la ley a la perfección. Jesús era totalmente consciente de que el elemento más importante de la ley había pasado inadvertido por más de un milenio en la historia de la nación, y lo sacó del polvoroso estante de la historia para colocarlo en el centro del nuevo pacto. Es por eso que Jesús le respondió al experto en la ley: "Amarás al Señor tu Dios con todo tu corazón, y con toda tu alma, y con toda tu mente. Este es el primero y grande mandamiento. Y el segundo es semejante: Amarás a tu prójimo como a ti mismo. De estos dos mandamientos depende toda la ley y los profetas" (Mt 22:37-40; Dt 6:5; Lv 19:18).

El amor cumple con la ley así como una madre corre a ayudar a su hijo que clama por ella sin necesidad de ninguna ley que le ordene hacerlo. Esta metáfora de la madre y el bebé explica por qué el amor no necesita ninguna ley para cumplir con sus obligaciones, porque el amor lleva en sí su propia motivación (Mt 22:40; Ro 13:10; 1 Jn 4:11).

El amor de Dios, revelado en el Hijo del hombre en la cruz, busca a los que están muertos en delitos y pecados, los resucita en espíritu motivándolos a regresar al amor a Dios (Ef 2:1-5; Tit 3:4-8). Estos no pueden hacer nada para salvar sus almas, pero aun así el amor los atrae (Ro 2:4; 5:6; 8:3; Tit 3:5). Cuando responden a su gracia con el arrepentimiento, Dios generosamente derrama su amor en sus corazones, perdona sus pecados y los salva de su antigua vida de condenación y vergüenza (Ro 8:1; 10:11; 1 Jn 3:1).

El Señor les ordenó a sus seguidores que vivieran según los preceptos de este tipo de amor relacionándose con los demás porque este tiene la capacidad de redimir las relaciones. En la ética y la moral de la fe cristiana, existe solo una regla: el mandamiento de amar. Pablo dijo osadamente que "en Cristo Jesús ni la circuncisión vale algo, ni la incircuncisión, sino la fe que obra por el amor" (Gl 5:6).

Jesús nos enseñó que el amor de los unos por los otros es la característica específica y distintiva de los cristianos, y por dos milenos este principio nunca ha perdido su vigencia (Jn 13:34-35). El amor redime y es la única fuerza en la tierra que puede hacerlo.

~ "Te pido que me perdones" ~
por Bill Bright

Conozco a dos socios de una empresa legal que se odiaban.

Cuando uno se convirtió al cristianismo, me preguntó: "Ahora que soy cristiano, ¿qué debo hacer?"

Y le respondí: "¿Por qué no le pides que te perdone y le dices que lo amas?"

"¡Nunca podría hacerlo!", me respondió, "porque no lo amo."

Aquel abogado había puesto el dedo precisamente en uno de los grandes retos de la vida cristiana: Por un lado, todos queremos ser amados, pero por el otro, muchos nunca sentimos ese amor. Es por eso que tenemos que aprender a amar como Cristo: incondicionalmente. Ese tipo de amor no se puede forjar porque solo proviene de Dios; es el amor que nos lleva hacia Cristo.

Oré junto con el abogado y a la mañana siguiente le dijo al socio: "Me he convertido en cristiano y quiero pedirte que me perdones por todo el daño que te he ocasionado y también quiero decirte que te amo."

El socio se asombró tanto que también admitió que quería pedirle perdón y añadió: "Quisiera convertirme en cristiano. ¿Me puedes ayudar?"[15]

B. La imposibilidad de los reglamentos para salvar el alma

1. Los judaizantes, defensores de la ley de Moisés

Los judaizantes del Antiguo Testamento eran fariseos que se regían celosamente por la ley de Moisés y la tenían como la base de la moral y la ética (Hch 13:39; Gl 2:12-14; Ez 36:22). Insistían en que los gentiles que venían a Cristo también debían someterse a la circuncisión y seguir las leyes para ser salvos (Hch 15:5; Gl 5:5-6). El Concilio de Jerusalén se basó en este foco de tensión.

Por lo tanto, el primer gran reto al que se enfrentaron los apóstoles fue definir la relación entre la ley de Moisés y el naciente evangelio de salvación por medio de Jesucristo, basado en su muerte y resurrección (Hch 15:1-31). Grandemente influenciado por el apóstol Pedro, el consejo decidió no imponerles a los gentiles la obligación de circuncidarse ni de someterse a la ley de Moisés (Hch 15:24-29). Los apóstoles se dieron cuenta de que conservar las reglas no salvaba a nadie porque ninguna ley escrita tiene poder para infundir vida (Gl 3:21; 6:8; Jn 6:63; Ro 8:2, 6, 11; 2 Co 3:6; Col 2:20-23).

Los judaizantes nunca pudieron entender que el amor realmente engendra vida y que por lo tanto encierra en sí su propia motivación para adorar a Dios, desarrollarse en su carácter y planes y respetar al prójimo. Por lo tanto, el amor salvará a cualquier alma perdida y cumplirá con la ley, mientras que las reglas nunca podrán lograrlo (Ro 13:10). Eso sucede porque la ley únicamente condena, mientras que el Espíritu de Dios engendra una vida nueva que le da a la persona un corazón para amar y servir al Señor (Ro 1:17; 3:20-21; 4:15; 8:1-4).

Los judaizantes tampoco supieron entender el mensaje de la gracia que Dios concede y que se manifiesta en la cruz de Jesús (Gn 15:6; Ro 4:3-25; Heb 10:38). Toda lista de requisitos, en realidad, siempre falla, y los fariseos tenían 612 reglas. "Entonces le dijeron: ¿Qué debemos hacer para poner en práctica las obras de Dios?

Respondió Jesús y les dijo: "Esta es la obra de Dios, que creáis en el que él ha enviado" (Jn 6:28-29).

El objetivo de aquellos judaizantes, en vez de caminar en la fe, era atraer a los conversos en Cristo hacia la ley de Moisés, y también a los gentiles conversos. Querían difundir un mensaje que incluyera "la ley de Moisés más la persona de Jesucristo."

Los judaizantes acosaban al apóstol Pablo en todo su ministerio (Hch 13:45; 14:19; 17:5). Pablo se refirió al asunto con osadía en el libro de Gálatas:

> "Estoy maravillado de que tan pronto os hayáis alejado del que os llamó por la gracia de Cristo, para seguir un evangelio diferente. No que haya otro, sino que hay algunos que os perturban y quieren pervertir el evangelio de Cristo. Mas si aun nosotros, o un ángel del cielo, os anunciare otro evangelio diferente del que os hemos anunciado, sea anatema."
> —GÁLATAS 1:6-8

2. La ley: motivar con la culpa

La ley define lo justo y lo injusto, y condena cuando se infringen sus preceptos, pero solo motiva mediante el temor y no tiene la capacidad de liberar las almas (Hch 13:39; Ro 7:7; 8:15; Stg 2:10). Debido a este hecho, la gente continúa infringiendo la ley de Dios, incluso aun cuando no quiere desobedecerla (Ro 7:15). Es más, Pablo dice que las leyes hacen que las personas las violen porque *prohibirlas* intrínsecamente tienta a las personas con las oportunidades para hacerlo. Esto es tan cierto, razonó Pablo, que "sin la ley el pecado está muerto" (Ro 7:8; Gl 1:6-8; Heb 10:18-26).

C. La salvación por medio de la justicia concedida

La salvación se alcanza confiando en la capacidad expiatoria de la sangre de Cristo, no por cumplir una lista de reglas (Ro 1:17; Heb 9:14; 1 P 1:18-23). Si creemos en Él con arrepentimiento, Él derrama con generosidad sobre nosotros su amor, que es fuente de vida, y nos concede su justicia (Gn 15:6; Ro 4:5; Ef 1:8; Gl 3:21; 1 Jn 3:1-3). Nosotros reciprocamos esta prodigiosa gracia con agradecimiento y tomamos la decisión de dedicarnos el resto de nuestras vidas a crecer a su semejanza (2 Co 3:12-18; 9:15; Ef 2:10; Flp 2:12-13).

Cuando Pablo analizó la gran lección del Hijo de Dios en la cruz, se dio cuenta de que los gentiles que tienen este amor implantado en sus corazones, respetarán los Diez Mandamientos aunque nunca los hayan escuchado (Ro 2:14-15). Y es así porque el amor contiene un sentido de obligación que siempre motiva a hacer lo que es mejor para Dios y el prójimo.

El amor por Jesucristo exhortará a los hombres a:

- adorar al Dios único y verdadero,
- rechazar todo tipo de ídolos,
- no tomar el nombre del Señor en vano, y
- santificar el Sabbat como el día de reposo (Éx 20:1-11).

El amor por el prójimo inspirará a los hombres a:

- honrar a sus padres (como prójimos más cercanos),
- respetar la vida ajena (incluyendo los indefensos que están aun en el útero),
- evitar todo deseo por seducir a la esposa del vecino,
- evitar todo impulso de robarle al extraño,
- no dar falsos testimonios en contra del prójimo, y
- erradicar todo impulso de codiciar las posesiones del prójimo (Éx 20:12-17).

Los judaizantes lucharon ardientemente por defender los Diez Mandamientos, pero no amaban a Dios de todo corazón ni nunca entendieron la gracia justificadora que depende de la justicia concedida por Dios (Ro 4:22-25). Al contrario, conspiraron para crucificar sin misericordia al Hijo de Dios, violando así el primero de los cuatro mandamientos que habían jurado defender a muerte. En vez de amar al prójimo como a sí mismos, persiguieron a su Mesías y a quienes lo amaban, infringiendo la letra y el Espíritu de los últimos seis mandamientos (Mt 22:38-39).

Visto desde este punto de vista, el Gran Mandamiento no anuló la ley moral (Jn 15:12). Al contrario, hizo posible que los hijos de Dios lo acataran y vivieran por él. "El cumplimiento de la ley," nos dice Pablo, "es el amor" (Ro 13:10; 1 Jn 4:19). Y esto es cierto precisamente porque engendra una vida nueva (Gl 3:21).

El amor de Dios es voluntario, disciplinado y duro, además encierra un profundo sentido de responsabilidad. Por medio de Cristo, este amor está al alcance de todos. El Señor incluso decidió amar a los pecadores, por lo que libera a todos los que decidan recibir su amor (Ro 5:8; Gl 5:1).

V. Cómo aceptar a Cristo

⁓ Demasiado elevado para los de abajo ⁓

Una vez, en una de las reuniones de D.L. Moody, un hombre testificó haber vivido en la "Montaña de la Transfiguración" por cinco años.

—¿Cuantas almas guió hasta Cristo el año pasado? —le preguntó Moody sin rodeos.

—Bueno —el hombre dudó—. No sé.
—¿Ha salvado a alguna? —insistió Moody.
—No sé si lo he hecho —le respondió el hombre.
—Bueno —concluyó Moody—, ese tipo de experiencias en esas montañas no nos sirven aquí. Cuando los hombres se elevan tanto que no pueden alcanzar a los de abajo y salvar a los pobres pecadores, hay algo que no anda bien.[16]

Existen muchos modelos del plan de salvación que dan buenos resultados para atraer a la gente hacia Cristo, pero a continuación solamente me referiré a dos de ellos.

A. El modelo del A-B-C

Admita su condición. "Debes nacer de nuevo," nos dice Jesús. En realidad, aceptar este mandato es la única forma en que se puede dar cura al diagnóstico del Señor de nuestra condición caída. Todo ser humano vive con el mismo dilema "por cuanto todos pecaron, y están destituidos de la gloria de Dios" (Ro 3:23). "Si decimos que no hemos pecado" nos previene Juan, "le hacemos a él mentiroso, y su palabra no está en nosotros" (1 Jn 1:10). El autor de Hebreos señala: "de la manera que está establecido para los hombres que mueran una sola vez, y después de esto el juicio" (Heb 9:27).

Bien. Crea que Jesús murió, fue sepultado y resucitó de entre los muertos, por nosotros. "Porque de tal manera amó Dios al mundo, que ha dado a su Hijo unigénito, para que todo aquel que en él cree, no se pierda, mas tenga vida eterna" (Jn 3:16; Ro 1:17). Dios nos ama tanto que nos dio a su único Hijo para que cargara con nuestros pecados. "Al que no conoció pecado, por nosotros lo hizo pecado, para que nosotros fuésemos hechos justicia de Dios en él" (2 Co 5:21). "Que Cristo murió por nuestros pecados, conforme a las Escrituras; y que fue sepultado, y que resucitó al tercer día, conforme a las Escrituras" (1 Co 15:3-4).

Confiese que Jesucristo es su Señor y Salvador. "Si confesares con tu boca que Jesús es el Señor, y creyeres en tu corazón que Dios le levantó de los muertos, serás salvo" (Ro 10:9-10).

⚜ Pero es que ya no soy Agustín ⚜

Antes de que Agustín de Hipona (354-430 A.D.), se alejara del maniqueísmo y siguiera al Señor (387), tenía una querida llamada Claudia. Después que encontró a Cristo, un día Claudia lo vio en la calle y llamó a su antiguo amante:

"¡Agustín! ¡Agustín!"
Pero Agustín no le hizo caso.
"¡Agustín! ¡Agustín!", insistió una y otra vez. "¡Soy Claudia!"
"Pero es que ya no soy Agustín", le respondió mientras continuaba su camino.[17]

B. El camino de la salvación de la Epístola a los Romanos

- **Romanos 3:23. "Por cuanto todos pecaron, y están destituidos de la gloria de Dios."** Todos llevamos el pecado en nuestros corazones. Todos nacemos con pecado y estamos bajo su poder, por lo que debemos admitir que somos pecadores.
- **Romanos 6:23a. "Porque la paga del pecado es muerte…"** El pecado conlleva a la muerte. Todos sufrimos la muerte física, que resulta del pecado, pero el castigo mayor es la muerte espiritual, que nos separa de Dios por la eternidad. La Biblia nos dice que existe un lago de fuego donde los perdidos sufren tormentos eternamente. Debemos entender que merecemos la muerte por nuestros pecados.
- **Romanos 6:23b. "… mas la dádiva de Dios es vida eterna en Cristo Jesús Señor nuestro."** La salvación es un regalo de Dios para nosotros. No podemos ganárnoslo, pero podemos extender la mano y aceptarlo. Él nos perdonará y salvará si se lo pedimos.
- **Romanos 5:8. "Mas Dios muestra su amor para con nosotros, en que siendo aún pecadores, Cristo murió por nosotros."** Cuando Jesús murió en la cruz, fue castigado por nuestros pecados. La única condición es creer en Él y sus promesas para nosotros. Todo lo que hizo fue por amor a nosotros; su amor es lo que nos salva. ¡Dios nos ama!
- **Romanos 10:9-10, 13. Confiesa que Jesucristo es tu Señor y Salvador.** "Si confesares con tu boca que Jesús es el Señor, y creyeres en tu corazón que Dios le levantó de los muertos, serás salvo. Porque con el corazón se cree para justicia, pero con la boca se confiesa para salvación … porque todo aquel que invocare el nombre del Señor, será salvo."

⁓ Confesar la fe en Cristo ⁓

Señor Jesús, sé que soy pecador. Creo que moriste por mí cuando fuiste crucificado y creo que derramaste tu sangre por mí. También fuiste sepultado y te levantaste de entre los muertos. Por eso te abro mi corazón y te recibo como mi Señor y Salvador. Gracias por perdonar mis pecados y concederme el don de la salvación y la vida eterna, por la abundancia de tu misericordia y gracia. En el nombre de Jesús. Amén.

VI. Resumen

Los elementos distintivos del plan de salvación se desprenden de un proceso que comienza con la gracia preveniente y culmina con el maravilloso instante de la salvación; en este proceso intervienen también el arrepentimiento, la conversión, la fe salvadora, la justificación, la regeneración y la adopción. Todos ellos son imprescindibles para esta obra de gracia conocida como el nuevo nacimiento. El momento del nuevo nacimiento es tan trascendental que todos han de saber la hora y el lugar en que sus pecados fueron perdonados. Ante tan divina misericordia, podemos regocijarnos con un Dios tan grande y maravilloso (Sal 47:2; Dn 9:4).

⁓ Confiar en que no debemos nada ⁓

Un día me encontraba en el Real Food Café, en Grand Rapids, desayunando con mi padre y mi hijo más pequeño. Cuando estábamos terminando, la camarera trajo la cuenta; luego se la llevó y la volvió a traer unos minutos después. Con una sonrisa la colocó en la mesa y nos dijo: "Una de las personas que está en el restaurante pagó su cuenta. No deben nada." Y se marchó.

Me embargó un extraño sentimiento de impotencia. No podía hacer nada, alguien se había ocupado de todo. No tenía sentido insistir en pagar. Lo único que podía hacer era confiar que lo que nos había dicho la camarera era verdad y no insistir más, lo que significaba que nos levantáramos de la mesa y saliéramos del restaurante. Mi aceptación ... me dio a escoger entre vivir como si lo que había sucedido no fuera verdad o crear mi propia realidad en la que nadie me había pagado la cuenta.

Esa es nuestra invitación: confiar en que no debemos nada. Confiar en que todos llevamos algo por dentro que es verdadero, que hemos sido transformados, y que ese algo ha estado siempre ahí.

Confiar en que la gracia es la que paga las cuentas.[18]

George Matheson compuso un himno que describe esta gracia:

Oh amor que no me dejará ir,
mi alma fatigada descanso en ti;
te devuelvo la vida que a ti debo.
Que en las profundidades de tu océano
más rica, más llena, pueda fluir.

La maravillosa gracia de Dios nos llena tanto con su incomparable amor que a algunos les resulta difícil aceptar esta nueva libertad. Pero para los que la aceptan, este amor motiva e impulsa a los hijos de Dios a complacer a su Señor. Pablo le enseñó a Tito:

"Porque la gracia de Dios se ha manifestado para salvación a todos los hombres, enseñándonos que, renunciando a la impiedad y a los deseos mundanos, vivamos en este siglo sobria, justa y piadosamente, aguardando la esperanza bienaventurada y la manifestación gloriosa de nuestro gran Dios y Salvador Jesucristo, quien se dio a sí mismo por nosotros para redimirnos de toda iniquidad y purificar para sí un pueblo propio, celoso de buenas obras."

—Tito 2:11-14

El máximo testimonio de que una persona ha aceptado a Jesucristo es su nuevo estilo de vida de confianza total en Dios, que engendra una obediencia amorosa y voluntaria. Pablo les dijo a los creyentes efesios: "Porque por gracia sois salvos por medio de la fe; y esto no de vosotros, pues es don de Dios; no por obras, para que nadie se gloríe. Porque somos hechura suya, creados en Cristo Jesús para buenas obras, las cuales Dios preparó de antemano para que anduviésemos en ellas" (Ef 2:8-10).

Como resultado, los hijos redimidos del Señor ponen toda su confianza en Cristo y deciden convertirse voluntariamente en siervos de su plan para salvar al mundo (Mt 28:16-20; Flp 2:12-13). Se comportan como canales de gracia. Alguien los amó tanto como para arriesgar su vida y compartir con ellos las buenas nuevas. El evangelio que escucharon diagnosticó correctamente su enfermedad, les abrió los ojos y les dio una vida nueva. Es por eso que buscan a su vez retribuir ese favor, incluso con aquellos que los vituperan y persiguen (Mt 5:10-12).

- "Me seréis testigos", dijo Jesús, "hasta lo último de la tierra" (Hch 1:8).

- "Velad", nos dice Pablo, "estad firmes en la fe; portaos varonilmente, y esforzaos. Todas vuestras cosas sean hechas con amor" (1 Co 16:13-14).
- "Si tu enemigo tuviere hambre, dale de comer; si tuviere sed, dale de beber; pues haciendo esto, ascuas de fuego amontonarás sobre su cabeza. No seas vencido de lo malo, sino vence con el bien el mal" (Ro 12:20-21; Pr 25:21-22).
- "Andad sabiamente para con los de afuera, redimiendo el tiempo. Sea vuestra palabra siempre con gracia, sazonada con sal, para que sepáis cómo debéis responder a cada uno" (Col 4:5-6).

Nuestro Señor Jesucristo se enfrentó al reto de redimir al mundo entero y llevó a cabo una idea tan descomunal que solo puede ser descrita como la "visión de Dios." En su condición humana, Jesús salvó todos los obstáculos y lo logró. Es por eso que no nos asombra que "Dios también le exaltó hasta lo sumo, y le dio un nombre que es sobre todo nombre, para que en el nombre de Jesús se doble toda rodilla de los que están en los cielos, y en la tierra, y debajo de la tierra; y toda lengua confiese que Jesucristo es el Señor, para gloria de Dios Padre" (Flp 2:9-11).

¡Qué gran ejemplo! ¡Qué gran logro! ¡Qué magnífico plan de salvación!

¡Qué Señor tan maravilloso! (Éx 34:10).

Como hemos señalado, el estudio de la soteriología consta de dos aspectos: el nuevo nacimiento y la gracia santificadora. A continuación nos dedicaremos a este segundo aspecto, al que también nos referimos como la vida de los escogidos o separados para Dios.

≈ **Capítulo cinco**
JESÚS, EL GRAN SANTIFICADOR

Mi amado es mío, y yo suya.
—Cantar de cantares 2:16

Yo Jehová que os santifico.
—Levítico 20:8

Santificad a Dios el Señor en vuestros corazones.
—1 P. 3:15

Ocupaos en vuestra salvación con temor y temblor.
—Filipenses 2:12

El Señor Jesús vivió con el compromiso moral de confiar plenamente en su Padre y servirle en todo, como dictaba el Espíritu Santo (Flp 2:5-8; Hch 10:38; Is 42:1). Con esta estrategia, Dios lo "santificó y envió al mundo" para que redimiera a la humanidad (Jn 10:36; Col 1:13-14). Jesús "se presentó una vez para siempre por el sacrificio de sí mismo para quitar de en medio el pecado" (Heb 9:26). Es así que Jesús logró realizar el plan de salvación que incluye el nuevo nacimiento y la segunda obra de gracia, conocida como la *santificación*.

I. Definiciones

A. El nuevo nacimiento

Con el nuevo nacimiento, vienen la aceptación y el arrepentimiento de los pecados. Esta decisión es posible gracias al atractivo amor de Jesucristo. El Señor "llevó él mismo nuestros pecados en su cuerpo sobre el madero", para que "nosotros, estando muertos a los pecados, vivamos a la justicia;" (1 P 2:24; Is. 49:5-6).

Motivados por el cortejo del Espíritu Santo, transformamos radicalmente nuestro modo de vida, damos un giro de ciento ochenta grados, nos alejamos de los pecados y abrimos nuestro corazón a Dios. Esta experiencia es tan transformadora que la analogía con un nuevo nacimiento es muy precisa (Jn 3:3-7; 2 Co 5:17; Gl 6:15).

B. La santificación

La clave para entender el tema de la santificación en las Escrituras es la idea de la separación o de la consagración que 'aparta' a las personas para el servicio divino.

La raíz del verbo hebreo *qadash* encierra el significado de esta separación que conlleva a una asombrosa consagración. (En Éxodo 19:10, la palabra *santificar* se emplea para traducir el término hebreo *quadash*.) El equivalente griego de *qadash* es *hagios*, que en Juan 10:36 (NVI) se traduce como "apartó". Por lo tanto, *hagios*, implica el significado de "separación" o condición de los que son separados o escogidos para la consagración personal de Dios que redunda en una asombrosa devoción a Jesucristo.

Por lo tanto, la imagen de la separación es el hilo conductor de este tema en toda la Biblia. Como resultado, la prueba para determinar si una persona es santificada no debe ser cuestionar si vive sin pecado, sino si ha separado su corazón, su alma, su mente y sus fuerzas para Jesucristo. Y ser separados para Jesucristo es vivir para defender los intereses del prójimo (Lc 10:27).

Este capítulo se propone demostrar la extensión de todo lo que abarca el estilo de vida de los que son separados. Dedicaremos el capítulo siguiente a ilustrar el tema con las Escrituras.

≈ El vocabulario de los que viven separados ≈

Todos los campos de estudio —la informática, las ciencias, las matemáticas, la medicina, la astronomía, etc.— tienen su propio vocabulario, una manera específica de emplear ciertos términos; lo mismo sucede con el estudio de las Escrituras. A medida que lean estos capítulos, es importante que los lectores se familiaricen con el uso de nuestra terminología. El discípulo del Señor, debe hacer una lista de estos nuevos conceptos, a medida que vayan apareciendo, con su explicación al lado tal como se hace en este estudio.

A continuación incluimos suficiente vocabulario nuevo para ilustrar la idea anterior.

La voluntad corrompida, el viejo yo, el viejo hombre, la naturaleza pecaminosa, el pecado original, el corazón corrupto; la inutilidad del esfuerzo propio

esclavo del pecado, esclavo de la justicia

los deseos de la carne como la raíz del pecado

síntomas y condición

el camino de la muerte como la senda de la vida; crucificados con Cristo; resucitados con Cristo

separación de y separación para, el autovaciamiento, la separación como muerte
crisis y proceso
el amor que constriñe y decreta
el profundo misterio del matrimonio
el principio de identificación
el pensamiento coexistencial
el sacrificio corporal
la perfección cristiana, la perfección angelical, la glorificación

1. *Necesidad de la separación*

Con el nuevo nacimiento, la persona se transforma en hijo de la familia de Dios. Con la santificación, nos ocupamos de nuestra "salvación con temor y temblor" (Flp 2:12). Con el nuevo nacimiento, la persona que se convierte y se arrepiente con sinceridad, entrega su vida a Jesucristo. Con la santificación, decide apartar a Jesús como Señor de los "altares" de su vida (1 P 3:15), lo que incluye:

- el dinero,
- las relaciones sexuales,
- la vida consagrada,
- la vida familiar,
- la vida en la iglesia,
- la vida laboral,
- la vida recreativa,
- las posesiones,
- las maldiciones y ataduras generacionales, y
- las costumbres pecaminosas.

En cada una de las esferas de influencia que conforman su vida, la persona se ocupa de su salvación. La sal del evangelio debe hacerse una con todo su ser para que los valores de Jesús permeen cada parte de su vida (Mt 5:13). Viene a la cruz con este renacer, cargando todos sus pecados, y también sus costumbres y fortalezas, y los deposita todos a los pies de Jesús.

Entonces, para responder correctamente a la divina pregunta en todas las esferas de su vida, el creyente se enfrenta a su propia voluntad interior. Jesús describe este hecho de la siguiente manera: "De cierto, de cierto os digo, que todo aquel que hace pecado, esclavo es del pecado" (Jn 8:34). La única conclusión que se desprende de estas palabras del Señor es que todos ("todos sin excepción") pecamos porque nacemos con la voluntad corrompida, y el "esclavo [del pecado] no queda en la casa para siempre" (Jn 8:35). El Señor nos enseñó claramente que el meollo de los problemas humanos radica en la corrupta libertad de la voluntad (Mr 7:21). El pecado siempre comienza en el corazón y se manifiesta en las decisiones que producen las acciones.

La expiación del Señor estuvo estrechamente relacionada tanto con los pecados cometidos por los hombres como con la naturaleza pecaminosa que los ata a la adicción al pecado. El resultado es libertad y emancipación. "Así que, si el Hijo os libertare [de la naturaleza pecaminosa y los pecados que produce], seréis verdaderamente libres" (Jn 8:36).

Pablo entendió el diagnóstico del Señor y escribió que en el alma de toda persona yace la raíz de la rebelión contra Dios, que identificó con la expresión naturaleza pecaminosa (Ro 7:5, NVI; Jn 8:23-36). Los hombres pecan porque sus voluntades esclavas lo obligan, por eso todos heredamos esa adicción desde el primer pecado de Adán en el huerto del Edén (Ro 3:10; 7:5). Esta noción demostró ser de gran importancia para el apóstol Pablo, que utilizó la frase naturaleza pecaminosa once veces en Romanos, por ejemplo, y seis veces en Gálatas. Pablo también señaló esta tendencia natural a la corrupción presente en el corazón humano con la expresión griega *palaios anthropos* (literalmente, "viejo hombre"). La Reina Valera Revisión 1960 emplea la frase *viejo hombre* (Col 3:9, RVR60; Ef 4:22, RVR60). Los traductores de la Nueva Versión Internacional emplean la "vieja naturaleza" (Ro 6:6, NVI).

Pablo no enseñó que la mayoría de los hombres mueren en Adán mientras que otros escapan al castigo gracias a su perfección moral (Ro 3:12). Al contrario, el apóstol escribió que: "en Adán todos mueren" (1 Co 15:22). El veredicto de pena de muerte es universal dado que todos tienen el corazón corrompido y adicto al pecado que se rebela contra Dios (Ro 5:17; Jn 8:34). El apóstol también nos dejó una conmovedora descripción de esta lucha:

> Así que, queriendo yo hacer el bien, hallo esta ley: que el mal está en mí. Porque según el hombre interior, me deleito en la ley de Dios; pero veo otra ley en mis miembros, que se rebela contra la ley de mi mente, y que me lleva cautivo a la ley del pecado que está en mis miembros. ¡Miserable de mí! ¿quién me librará de este cuerpo de muerte? Gracias doy a Dios, por Jesucristo Señor nuestro. Así que, yo mismo con la mente sirvo a la ley de Dios, mas con la carne a la ley del pecado.
> —Romanos 7:21-25

El viejo ser que permanece activo después de la conversiónnversión saca sus energías de los deseos y apetitos de la carne (Ro 7:18, RVR60; 1 Co 1:29; Gl 5:17; 5:24; 6:8; Ef 2:3). Cuando "el querer el bien está en mí, pero no el hacerlo," demostramos que estamos dominados por una voluntad corrompida

(Ro 7:16-19). La tensión entre el nuevo y el viejo ser sigue presente hasta que la gracia santificadora acaba con la dominación controladora de esta adicción al pecado.

Podemos comparar la forma en que este viejo ser —o naturaleza pecaminosa— causa los pecados, con el calentador del sótano de un edificio que produce la calefacción para todos los apartamentos (Ef 4:22; Ro 6:6; Col 3:9). Mientras el calentador produzca el vapor necesario, cerrar la entrada de los radiadores de los apartamentos es solo una solución a corto plazo; el único modo de terminar con el calor es apagando por completo el calentador.

Jesús enseñó, y Pablo lo siguió, que la naturaleza del problema va mucho más allá de nuestras acciones o de los pecados que cometemos. La raíz de este problema es la adicción heredada. El Señor nos dice que cada uno de nosotros "esclavo es del pecado" (Jn 8:34; Ro 7:14, 18). Esta naturaleza pecaminosa define lo que somos, y la adicción es la misma para todos los seres humanos de todo el mundo (Mt 15:15-20; Jn 3:16; 8:34; Ro 3:19).

a) El testimonio de Noé

La antigua historia de Noé reconoce esta condición corrupta, en ocasiones llamada pecado original. Poco antes del diluvio, "vio Jehová que la maldad de los hombres era mucha en la tierra, y que todo designio de los pensamientos del corazón de ellos era de continuo solamente el mal. Y se arrepintió Jehová de haber hecho hombre en la tierra, y le dolió en su corazón" (Gn 6:5-6). El problema estaba tan difundido que era universal ya que "toda carne había corrompido su camino sobre la tierra" (Gn 6:12). El castigo que nos espera a cada uno de nosotros es capital: "He decidido el fin de todo ser," le dijo Dios a Noé, "porque la tierra está llena de violencia a causa de ellos" (Gn 6:13, Ro 6:23; Heb 9:27).

b) Tratar de alcanzar la santidad por medio del esfuerzo personal

Muchas personas deciden creer que este antiquísimo problema que hemos heredado se puede resolver realizando numerosas obras de justicia que destruyan la autoridad del viejo ser; pero el que trata de alcanzar la santidad ante Dios por medio de sus esfuerzos, es probable que lo único que logre sea convertirse en fariseo, atrapado sin esperanzas en las redes del legalismo. Además, se sentirá frustrado porque ¿cuándo puede decir que ha realizado suficientes obras para considerarse justo ante Dios? Por lo tanto, atado por su lista de requisitos a cumplir y a evitar, nunca logrará disfrutar el triunfo sobre su naturaleza pecaminosa (Ro 7:5-6).

~ La tos del tío Ben: ~
La cura de los síntomas de la enfermedad

Parecía que solo era un resfriado, pero el pecho del tío Ben comenzó a dolerle y empezó a toser con fuerza. Al poco tiempo hasta el más mínimo movimiento le dificultaba la respiración. Le recomendamos un médico, pero como muchos hombres, no le gustaba ir a consulta; sin embargo, al final estaba tan mal que dejó que su esposa le hiciera una cita.

"Tiene neumonía, Ben", le dijo el doctor.

La radiografía del tórax era la prueba; una membrana oscura pegada a los pulmones era la causante del problema. Por dicha, el médico sabía cómo curar la enfermedad. Y no era la molesta tos ni la dificultad para respirar. Estos eran solo los síntomas, por eso los tratamientos para esos síntomas no podían curarlo. El verdadero culpable era la mortal bacteria del neumococo que se alojaba en sus pulmones, y que había que destruir para salvarlo.

c) Creer que no hay cura

Muchas personas llegan a la conclusión de que la enfermedad descrita como *el viejo hombre* o la *naturaleza del pecado no tiene cura*. Según esta idea, no hay forma de detener la "neumonía"; es decir, la victoria sobre la adicción al pecado es imposible. Estos creyentes luchan contra la tentación y viven en la esclavitud de la doble moral toda la vida (Ro 7:15-25). Por lo general, también piensan que no pueden evitar sentirse así, lo cual les hace más fácil justificar sus pecados, por lo que buscan pretextos y justifican expresiones tales como: "Es solo parte de mi lado oscuro que asoma la cabeza." Al creer eso, la gracia solo consigue ponerles un parche y como resultado llevan una vida condenada a la derrota, el desaliento y la duda.

Sin embargo, Jesús nos enseñó que la victoria *sí* es posible.

> "De cierto, de cierto os digo, que todo aquel que hace pecado, esclavo es del pecado. Y el esclavo no queda en la casa para siempre; el hijo sí queda para siempre. Así que, si el Hijo os libertare, seréis verdaderamente libres."
> —Juan 8:34-36

2. *La solución: el camino de muerte*

La cruz de Jesús demuestra que la solución es la identificación individual con la muerte de Él. Los padres que han perdido un hijo en un trágico accidente podrán testificar cómo llegan a identificarse tan íntimamente con el accidente que lo vuelven a vivir en sus mínimos detalles una y otra vez. Es en este sentido que nos relacionamos estrechamente con la crucifixión de Jesús. "Con Cristo estoy juntamente crucificado", nos dice Pablo, "y ya no vivo yo" (Gl 2:20). En este versículo, la palabra *crucificado* es la traducción del término griego *sustauroo*, que también significa "clavar a un palo o estaca." Este concepto es crudo y brutal: la identificación con la crucifixión de Cristo es como ser clavado o crucificado con Él.

Lo que sigue es la resurrección a una nueva vida: "Cristo vive en mí." El camino de muerte es, por ende, una ilustración de la intensa relación individual con la crucifixión del Señor. Este tiene en realidad el poder de apagar el calentador de la calefacción y curar la "neumonía," acabando con el control del ser. Los numerosos tronos, altares o centros de poder de la vida de una persona nunca podrán ser puestos bajo el señorío de Jesucristo a no ser que el viejo ser muera. Las buenas intenciones, ni tampoco las buenas resoluciones, podrán lograrlo. El control del viejo ser es demasiado fuerte, y únicamente el camino de muerte puede derrotarlo. El hijo de Dios debe someter su malévola voluntad a la muerte espiritual; solo así será capaces de resucitar con una naturaleza redimida. El problema se resume a quién será Señor en lo que respecta a:

- dinero,
- relaciones sexuales,
- vida devocional,
- vida familiar,
- vida en la iglesia,
- vida laboral,
- vida recreativa,
- las posesiones,
- las maldiciones y ataduras generacionales, y
- las costumbres pecaminosas.

La lista sigue.

A medida que el hijo de Dios vuelve a vivir la muerte de Jesús en la cruz —la que debió vivir él— descubre que el propósito de la muerte de Cristo era salvar a los pecadores y apartarlos para el servicio divino (Gl 2:20; 5:24; 6:14). Esta comprensión da lugar a que el Espíritu Santo le abra la puerta a Dios para derramar en sus corazones el mismo amor que llevó a Jesús a ser clavado a la cruz. Jesús venció al pecado en el Calvario, y los hijos de Dios pueden hacer lo mismo.

La perversidad de la condición pecaminosa de la humanidad es horrible y enorme. En efecto, "engañoso es el corazón más que todas las cosas, y perverso" (Jer 17:9; Mt 18:24-35). Debido a esta naturaleza heredada, el Padre celestial expresa su gran amor enviando a su propio Hijo a morir por nosotros para liberarnos (Jn 3:16; 8:36; 1 Co 15:3; 1 P. 3:18). Resulta maravilloso que nuestro Salvador sin pecado, el Señor

Jesucristo, me amó tanto que pagó toda mis deudas con su propia sangre (Mt 18:27; Col 1:20; Heb 4:15-16; 9:12).

Cuando la gente se enamora del Señor que sacrificó su vida por ellos, el Espíritu Santo las encuentra en su camino de muerte. En ese camino, el amor de Dios los transforma profundamente dentro de su ser y los cura, por lo que realmente se transforman en la imagen de aquello que aman (2 Co 3:18; 4:18). El antídoto del amor de Dios mostrado en el Gólgota ataca la raíz de los problemas humanos. Jesús cargó mis pecados y mi naturaleza pecaminosa hasta lo alto de la cima del Gólgota (1 P 2:24). Lo que le sucedió allí fue tan terrible que no se puede describir con palabras, pero lo soportó para que todos los que en Él crean puedan ser salvos. El éxito de Jesús, por lo tanto, es también el mío. Cuando me identifico en mi fe con su muerte al punto que me imagino crucificado y moribundo en la cruz junto a Él, algo cambia en mi interior.

¡Este tipo de gracia es maravillosa! La respuesta de agradecimiento a su bondad divina es tan urgente que genera un amor eterno por Jesucristo e inspira a muchos a aceptarlo como su Señor en todas las esferas de sus vidas (Ef 6:24). Como resultado, logramos acabar con la dominación del viejo ser, y los creyentes son resucitados con Jesús debido al poder del "Espíritu de vida en Cristo Jesús" (Ro 6:5; 8:2).

Por lo tanto, la cura que nos prescribe el evangelio para la naturaleza que hemos heredado de Adán no se basa ni en nuestro comportamiento ni en ninguna lista de requisitos a cumplir. La solución es la muerte misma por medio de nuestra identificación con la crucifixión de Jesucristo. Este nuevo vínculoresuelve el problema del señorío o dominación en todas las complejas esferas de la vida para entonces poder ocuparnos en nuestra salvación (Jn 20:28; Gl 2:20; Flp 2:12-13).

Parte de la genialidad del evangelio es admitir francamente que las buenas obras nunca podrán erradicar el dominio del viejo hombre (Glp 2:16; Ef 2:8). La identificación con la horrorosa muerte de Jesús, que conquistó todos los deseos de la carne en su muerte, nos ofrece la solución espiritual para la pecaminosa corrupción de los apetitos físicos (Jn 6:63; Ro 6:19; 7:5-6; 8:3-9; 1 Co 1:29).

> Porque yo por la ley soy muerto para la ley, a fin de vivir para Dios. Con Cristo estoy juntamente crucificado, y ya no vivo yo, mas vive Cristo en mí; y lo que ahora vivo en la carne, lo vivo en la fe del Hijo de Dios, el cual me amó y se entregó a sí mismo por mí.
> —GÁLATAS 2:19-20

El sacrificio de Jesús hubiese sido lamentablemente incompleto si su muerte en el Calvario hubiese dejado intacta la naturaleza heredada que según sus propias palabras es causante de los pecados (Jn 8:34-36). Jesús nos mostró el camino a la victoria, que es el camino de muerte. El viaje por ese camino, hecho en la fe, siempre produce un poderoso y transformador encuentro con el Cristo resucitado del Calvario.

3. La separación de y la separación para

Esta noción del estilo de vida de los separados o apartados tiene dos vertientes; la primera incluye todo lo que los creyentes *dejan atrás* en el camino de muerte, y la segunda todo lo que les *depara* su viaje. Debido al poder de atracción de la gracia divina, la persona decide liberarse de la naturaleza y las obras del viejo hombre de pecado (Gl 5:1). El apóstol Juan ordenó a sus lectores:

> No améis al mundo, ni las cosas que están en el mundo. Si alguno ama al mundo, el amor del Padre no está en él. Porque todo lo que hay en el mundo, los deseos de la carne, los deseos de los ojos, y la vanagloria de la vida, no proviene del Padre, sino del mundo.
>
> —1 Juan 2:15-16

El hijo de Dios recibe toda la fuerza para dejar atrás esos pecados gracias al abundante amor de Dios, mostrado en el Calvario, lo que lo motiva a hacer lo que nunca antes pudo (Ef 1:6-8; 1 Jn 3:1). Es por eso que decide acabar con la vida de antes y transitar el camino de muerte hasta la cruz, plenamente confiado en que el Espíritu Santo estará a su lado a cada paso del camino. Esta confianza le garantiza que Jesús estará a su lado, lleno de amor, esperándolo con un corazón rebosante de aceptación (Sal 9:10).

Esta separación supone una crisis y un proceso continuados. Se le llama crisis porque la identificación espiritual con la cruz de Jesús y la visualización de esa muerte tan horrorosa mediante la crucifixión con Él, son fuentes de un agudo dolor emocional. Volver a la vida con esta gloriosa resurrección, a medida que los creyentes progresan en su capacidad para vivir libres de la vida de antes, también implica un continuo estilo de vida de crecimiento en el asombroso amor de Jesús.

❧ El testimonio de Hudson Taylor, ❧ misionero en China

En una carta a su madre, Hudson Taylor (1832-1905) describió el momento en que sintió su crucifixión espiritual.

"Mi trabajo aquí me llena día a día de más responsabilidades, y mi necesidad de gracia especial es cada vez más grande para cumplirlas; sin embargo, tengo constantemente que lamentar tener que seguir de tan lejos y aprender tan despacio a imitar a mi querido Maestro. No puedo explicarte cómo me asaltan las tentaciones en ocasiones. No me había dado cuenta de todo el mal que encierra mi corazón, pero sé que amo a Dios y su obra, y que deseo servirle solo a Él en todo... Ora por mí, ora para que el Señor me aleje del pecado, me santifique y me use plenamente para su servicio."

El testimonio de Hudson Taylor nos indica que las palabras de Gálatas 2:20 que había redescubierto transformaron su vida. "Con Cristo estoy juntamente crucificado, y ya no vivo yo, mas vive Cristo en mí ... "

Las palabras de Juan 15 también cobraron nueva vida para el misionero: "Permaneced en mí, y yo en vosotros. Como el pámpano no puede llevar fruto por sí mismo, si no permanece en la vid, así tampoco vosotros, si no permanecéis en mí. Yo soy la vid, vosotros los pámpanos; el que permanece en mí, y yo en él, éste lleva mucho fruto; porque separados de mí nada podéis hacer" (Jn 15:4-5).

Cuando el gran misionero descubrió el principio de la crucifixión por medio de la identificación con Cristo, la resurrección a una nueva vida obediente a Cristo comenzó a florecer de inmediato, y así le escribe a su hermana:

"El último mes quizás haya sido el más feliz de mi vida, y anhelo contarte un poco lo que el Señor ha obrado en mi alma. No sé si pueda describirlo todo claramente con palabras, y aunque no sea nada nuevo ni extraño ni maravilloso, aun así, ¡todo es tan nuevo! Lo resumo en una sola oración: 'Antes estaba ciego, pero ahora puedo ver.' La parte más dulce es todo lo que sigue, que son los resultados de la identificación plena con Cristo. Una vez que entiendo esto, ya nada me perturba porque Él, estoy seguro, puede cumplir su voluntad, y su voluntad es la mía. Ya no tiene importancia dónde me mande o cómo lo haga. Esa es decisión suya y no mía; porque en los lugares y labores más fáciles me dará su gracia, y en las más difíciles, su gracia es suficiente."[1]

4. La separación como dos grandes arroyos

En la santificación, los dos afluentes de un río se unen en un majestuoso cauce. El primer río representa la obra de Dios: "Yo soy Jehová que os santifico" (Éx 31:13). El segundo representa la obra del creyente: "santificad a Dios el Señor en vuestros corazones" (1 P 3:15). Pablo lo expresó de este modo: "Ejercítate para la piedad... la piedad para todo aprovecha, pues tiene promesa de esta vida presente, y de la venidera" (1 Tim 4:7-8).

La experiencia intensa que identifica, en la fe, la muerte con Cristo y su resurrección la concreta el Espíritu Santo y transformará nuestras vidas. Los resultados serán el compromiso con la actitud y los valores de Cristo. Los creyentes serán "transformados según la imagen de su Hijo ... [que] se humilló a sí mismo y se hizo obediente hasta la muerte (Ro 8:29, NVI; Flp 2:5, 8, NVI). Pablo estaba seguro de que "el que comenzó en vosotros la buena obra, la perfeccionará hasta el día de Jesucristo" (Flp 1:6).

5. La separación como sacrificio

Muchas personas que llegan arrepentidas a Cristo dejan de buscar la forma de pensar de Cristo en sus vidas (Jn 14:31; Flp 2:5); se contentan con vivir absorbiendo la leche, "como niños en Cristo" y nunca se ocupan en su salvación con temor y temblor (1 Co 3:1-2; Flp 2:13). Tampoco se comprometen de alma y corazón con la obra mundial del Señor (Mt 28:16-20).

Muchos creen, por ejemplo, que su tiempo, riquezas, posesiones, actividades recreativas, dieta y sexualidad les pertenece, y que el evangelio simplemente realza el disfrute de ellas a gusto de cada uno. Este narcisismo, o egolatría, no tiene nada que ver con el mensaje de la cruz. El llamamiento del Señor a la santidad coloca a Jesús en el centro de las posesiones, las riquezas, el tiempo, las actividades recreativas, la dieta y la sexualidad de los creyentes (Mt. 5:48; 19:21; Ef 1:4-8). En esta nueva relación, todo su ser es propiedad del Señor y le sirve para complacerlo. Solo cuando los hijos de Dios han abandonado todo para convertirse en discípulos del Señor pueden descubrir el abundante estilo de vida de los separados para Dios (Mt 19:29).

Para alejarse de los valores mundanos y seguir los de Jesucristo se necesita tener una profunda dedicación y asumir un compromiso con una dieta de alimento sólido de la palabra de Dios (1 Co 3:2; Heb 5:12-14). Es por eso que no nos debe asombrar que Jesús llamara a sus discípulos para hablarles de este costo: "Si alguno quiere venir en pos de mí, niéguese a sí mismo, y tome su cruz, y sígame. Porque todo el que quiera salvar su vida, la perderá; y todo el que pierda su vida por causa de mí, la hallará. Porque ¿qué aprovechará al hombre, si ganare todo el mundo, y perdiere su alma? ¿O qué recompensa dará el hombre por su alma?" (Mt 16:24-27; Lc 14:28-33).

II. La vida de los separados para Dios a través de las Escrituras

"Sin derramamiento de sangre" no puede haber perdón ni estilo de vida separado para el Señor (Heb 9:22). Es por esa razón que un hilo de sangre escarlata nos conduce a través de los relatos redentores de las Sagradas Escrituras. Este camino carmesí nos lleva directamente a Jesucristo como el Mesías de Israel y el máximo sacrificio por los pecados.

> Porque con una sola ofrenda hizo perfectos para siempre a los santificados.
> Y nos atestigua lo mismo el Espíritu Santo.
> —Hebreos 10:14-15

A. El Antiguo Testamento

En este análisis le ofrecemos cuatro relatos bíblicos que evidencian una segunda bendición espiritual, posterior a la justicia concedida que llega por la gracia y la fe (Gn 15:6). Con ello, haremos hincapié en la historia del fundador de Israel.

1. Abraham

a) La justicia imputada: la llave dorada

"No temas, Abram; yo soy tu escudo, y tu galardón será sobremanera grande" (Gn 15:1). La visión que tuvo fue que tendría un hijo, el que se multiplicaría como la arena de la playa y las estrellas del cielo. Todos tendrían su fe, y amarían a Dios, como Abraham (Gn 15: 2-5; 18:18; Gl 3:8-9).

Abraham "creyó a Jehová" en medio del gran encuentro, "y le fue contado por justicia" (Gn 15:6; Sal 32:2). Esta justicia le llegó a Abraham porque confiaba en la palabra de Dios y esperaba fielmente la venida del Mesías que pagaría con su sangre para que la humanidad volviera a tener una relación íntima con Dios (Hch 10:43). "Abraham vuestro padre", dijo Jesús, "se gozó de que había de ver mi día; y lo vio, y se gozó" (Jn 8:56).

La clave para que la visión se convirtiese en realidad la encontramos en Génesis 15:6, en una metáfora relacionada con la esfera de la contabilidad. Dios respondió a la fe de Abraham anticipándose a la cruz acreditando la justicia del Mesías a su cuenta (Hch 10:43; Ro 3:21-22; 4:6). Asimismo, todos los hombres, judíos o gentiles, que cumplen la gran visión de Abraham han de venir a Dios de la misma manera (Ro 10:3-13). Cuando la persona decide confiar en Dios, el Señor bondadosamente le responde depositando esa misma justicia inmerecida en su cuenta. Esta verdad constituye la llave dorada de la Biblia (Ro 4:3-5, 9-11, 22-24; Stg 2:23; Heb 11:7).

Dos milenios después de la gran experiencia de Abraham con Dios, el apóstol Pablo analizó cuidadosamente la significación de la cruz de Jesús. Pablo entendió que el plan de salvación se basaba en la gracia divina y que llegaba por medio de la fe en Jesucristo (Ef 2:8). Cuando estudió la vida de Abraham con el prisma de la cruz y la resurrección de Jesús, Pablo descubrió que esa misma verdad estaba presente en la vida de Abraham desde el principio. Con ese conocimiento, el Espíritu Santo hizo madurar en la mente de Pablo la idea de que el nuevo nacimiento depende de la gracia y la justicia de Jesucristo depositada en la cuenta de cada creyente. El Señor hace ese depósito sabiendo plenamente que nadie tiene mérito ante Él.

Cuando redactaba los libros de Gálatas y Romanos, Pablo usó como referencia el versículo de Génesis 15:6 (Ro 4:1-5; Gl 3:6-9) y con ello demostró, mediante la vida del padre de los creyentes, que la salvación siempre ha sido un amoroso don que Dios deposita en la cuenta de los creyentes y que se recibe por medio de la gracia y la fe (Mt 11:28-30; Ro 4:16; Ef 2:8).

Pablo también predicó que la promesa de Dios de concederle a Abraham las naciones como heredad incluía sin dudas a los israelitas que —como Abraham— confiaban en Él (Gn 15:4-5; Ro 4:12). Esta también incluía a los incircuncisos (los gentiles), y era en realidad un anuncio anticipado del evangelio (Gl 3:8-9; Gn 12:3-5; 15:4-5; 18:18; 22:18). Dios se levantaría sobre el pedestal de la fe de la descendencia de Abraham, cuya misión sería amar a Dios plenamente y llevar el mensaje de su Hijo, Jesús, a todas las razas y todas las islas del mar llenando así la tierra con muchos más hijos de Dios. Un día llegarían a ser una multitud tan grande que nadie podría contar (Gn 18:18; Gl 3:8-9; Ap 7:9).

b) Descubrir el andar de los apartados

Alrededor de catorce años después de que Dios le imputara a Abraham su generoso don de justicia, a la edad de noventa y nueve años, el patriarca vivió un año histórico: en un periodo de doce meses recibió el pacto de la circuncisión y la promesa del nacimiento de Isaac. En ese breve tiempo, Abraham también presenció la destrucción de las ciudades-estado de Sodoma y Gomorra; y su esposa, que tenía noventa años, concibió y dio a luz, con Isaac, a la nueva nación de Israel. Cuarenta y dos generaciones más tarde, la simiente de su hijo traería al Mesías al mundo, cuyo sacrificio garantizó que toda la tierra sería bendecida por medio de la fe de Abraham (Mt 1:17; Gn 15:4-5; 18:18; Gl 3:8-9).

"Yo soy el Dios Todopoderoso..." dijo el Señor en esa gran revelación. "...anda delante de mí y sé perfecto" (Gn 17:1). La propia naturaleza del mandato divino indica que Abraham no estaba caminando rectamente con el Señor. Para exhortarlo a progresar hacia la perfección que Dios quería, el Señor lo bendijo con promesas generosas. Dios multiplicaría a Abraham "en gran manera" (Gn 17:6). De él saldrían naciones y reyes, y Canaán sería la patria de sus descendientes "por pacto perpetuo" (Gn 17:7). El desarrollo de este relato es una maravillosa ilustración de cómo el amor de Dios nos motiva, e incluso nos impulsa, sin por ello quebrantar nuestra facultad para tomar decisiones (2 Co 5:14).

En el pacto entre Dios y Abraham, ambas partes tenían que cumplir lo prometido. Dios le concedió la tierra y la descendencia de su hogar. Abraham tenía que andar ante el Señor con plena confianza, viviendo el estilo de vida de los separados del pacto. "Creyó Abraham a Dios", nos dice Pablo, y le fue contado por justicia" (Ro 4:3).

El símbolo de esta fe fue la circuncisión; Abraham acordó hacérsela él mismo y a todos los varones de su familia. La circuncisión fue también un rito que debían cumplir todos los varones descendientes de Abraham por todas las generaciones venideras, así como todo extranjero que se acogiera a la ciudadanía israelita (Gn 17:8-14). Debía ser cumplida estrictamente y todo aquel que viviera en Israel y se rehusara a ella sería cortado de su pueblo (Gn 17:14). Este rito separó físicamente a Abraham y sus descendientes de los pueblos paganos que los rodeaban.

Abraham se sometió a la revelación y llevó a cabo la circuncisión (Gn 17:23) y al hacerlo, se separóen su fuero interno para la grandiosa visión que Dios le había dado (Gn 15:1-6).

c) El gran error de Israel

El gran ejemplo de la crucifixión del Señor ayudó a Pablo a darse cuenta de que con el paso de las generaciones sus antepasados habían comenzado a poner todas sus esperanzas en la "señal de la circuncisión" en detrimento del "sello de la justicia de la fe que [Abraham] tuvo estando aún incircunciso" (Ro 4:11; Gl 5:6). Además, los hijos de Abraham interpretaron la visión de su padre a nivel nacional; únicamente como la promesa de Dios a Israel. No lograron darse cuenta de que por medio de su Mesías, el plan de Dios era bendecir a todas las naciones (Gn 22:18). Y los errores fueron muy graves.

Pablo entendió a cabalidad que el corte quirúrgico de la carne del prepucio no hacía santo a Abraham; por el contrario, lo que buscaba Dios era la separación de su corazón para que creyera la gran visión (Gn 15:4-5; 18:18); solo así era como podía manifestarse. La circuncisión era simplemente una señal; el sello era la separación total para Dios en su corazón mediante la fe (Ro 4:11). El profeta Jeremías, una generación después, captó de manera concisa la significación espiritual de la circuncisión. "Circuncidaos a Jehová," dijo Jeremías, "y quitad el prepucio de vuestro corazón, varones de Judá y moradores de Jerusalén" (Jer 4:4; Dt 30:6).

El significado de las palabras de Dios cuando le dijo a Abraham: "Anda delante de mí y sé perfecto," cuya señal es la circuncisión, es fascinante (Gn 17:1).

d) Una estrategia imposible

En el momento en que Abraham recibió el pacto, su familia estaba atravesando muchas dificultades. Hacía casi catorce años que había tomado a la sierva Agar, a petición de Sara, como una especie de madre portadora, hecho este que era culturalmente aceptable para tener heredero. Ismael, el niño nacido de esa unión, era ya un adolescente que vivía en la tienda de su padre. Durante todos esos años Abraham no había dejado de creer en la glorificada visión que Dios le había dado (Gn 15:1-5; Ro 4:20). Estaba convencido de que Dios cumpliría con su promesa; no cabía dudas de que le creía a Dios (Gn 15:6; Heb 11:8-12). Pero el problema estaba en que había llegado a la conclusión de que la solución de la que Sara lo había convencido, y de la que él había sido partícipe voluntario, era la correcta: Ismael sería su heredero (Gn 16:1-4) ya que después de todo, había salido de sus entrañas (Gn 15:4). Lo que ambos, tanto Abraham como Sara, no pudieron ver era que en el corazón de Dios, para poder ser hijo "de sus entrañas", el niño tenía que ser también el fruto del útero de su esposa Sara. Desde el principio, la intención de Dios fue el matrimonio monógamo, y el Señor no permitió que la cultura cananita sustituyera su plan matrimonial (Gn 2:24; 12:5-6; 17:16).

En esa etapa de su peregrinaje de fe, Abraham no podía aún entender cuán alejada estaba su estrategia del verdadero camino. Si hubiera dependido de Ismael como heredero, el mundo nunca hubiese visto al Mesías, este nunca hubiese podido haber nacido. Las buenas acciones de los hombres nunca pueden semejarse a los justos mandatos de un Dios santo. Nuestras obras de justicia siempre están alejadas del camino correcto.

Hacía años, desde la visión en que vio una multitud de descendientes numerosos como las estrellas, que Abraham había estado andando en la fe, aunque de forma imperfecta y que creía en esta visión (Gn 15:4-5; 18:18). Como resultado, Dios había honrado su fe e imputado la justicia a su cuenta (Gn 15:6; 16:3; 17:1).

Ahora, a la edad de noventa y nueve años, Jehová lo estaba llamando para transitar un nuevo camino. En esta experiencia, el Señor quería que concordara por completo con la visión que le había dado, que lo haría cumplir a la perfección el pacto que habían establecido (Gn 15:3-4; 17:1; 18:8; Gl 3:8-9; Ro 4:3). La idea que quiero expresar es que Abraham había creído en Dios años antes, pero no pensaba aún en la separación definitiva para el destino que Dios tenía para él. Para ser completamente separado para Dios, tenía que estar dispuesto a rechazar a Ismael, probar suerte con su estéril esposa y creer en los milagros de Dios. Solo entonces la gran visión podría hacerse realidad mediante el sacrificio de su Mesías, dando a luz una familia de fe de todas las naciones, numerosa como las estrellas del cielo y la arena de la playa (Gn 15:4-5).

e) La promesa del nacimiento de Isaac

En medio es esta nueva revelación de la circuncisión, Dios le prometió al patriarca que bendeciría a su esposa Sara, que tenía noventa años, y le daría "de ella hijo" (Gn 17:16-17). Ismael había sido el fruto del plan de Sara y Abraham, pero Isaac, por el contrario, era el regalo del Señor, y fruto de los planes de Dios. La emotiva respuesta de Abraham fue postrarse sobre su rostro y reír, diciendo en su corazón: "¿A hombre de cien años ha de nacer hijo? ¿Y Sara, ya de noventa años, ha de concebir?" (Gn 17:17). Estaba claro que Isaac podía llegar a la familia solo como un don del fiel Dios de Abraham (Heb 11:11). Por eso no es asombroso que Abraham se postrara de rostro y se riera de la promesa.

Abraham se dio cuenta instintivamente del precio que habría de pagar: tendría que rechazar a Ismael como su heredero. Es por eso que oró suplicante: "Ojalá Ismael viva delante de ti" (Gn 17:18). La conciliación total de Abraham con los planes de Dios se produjo al pagar el enorme precio del autodespojo de sus propios planes, que incluía a su primogénito. Este era el camino de muerte de Abraham.

"Respondió Dios: Ciertamente Sara tu mujer te dará a luz un hijo, y llamarás su nombre Isaac; y confirmaré mi pacto con él como pacto perpetuo para sus descendientes después de él. Y en cuanto a Ismael, también te he oído; he aquí que le bendeciré, y le haré fructificar y multiplicar mucho en gran manera; doce príncipes engendrará, y haré de él una gran nación."
—Génesis 17:19-20

Dios le dio a Abraham la promesa del nacimiento de Isaac por segunda vez ese mismo año, cuando tres visitantes celestiales se presentaron ante él en Mamre para predecir la inminente destrucción de Sodoma y Gomorra. Esta vez Sara "escuchaba a la puerta de la tienda" (Gn 18:11). Cuando oyó la promesa del nacimiento de Isaac de su útero estéril, rió asombrada y luego mintió haber reído. La reacción de Dios fue reconfortarla y decirle con seguridad: "¿Hay para Dios alguna cosa difícil?" (Gn 18:14).

Por supuesto que Sara dio a luz al niño prometido, y Abraham, muy a propósito, lo nombró Isaac, que quiere decir "risa" (Gn 17:19; 21:1-3). Pero había en la familia un grave problema, y era que Abraham creía que podía mantener a las dos familias unidas con Isaac e Ismael bajo el mismo techo. Esta decisión fue causa de algunos contratiempos en los años venideros, pero el camino a seguir que finalmente conduciría hasta el Mesías estaba ahora bien claro. Abraham sabía que Isaac, y no Ismael, era la solución de los planes de Dios para cumplir con la visión (Gn 15:2-5), y esta parte la tenía bien clara. Sin embargo, la decisión de convivencia era la mosca en el perfume y la raíz de muchos obstáculos en el camino a seguir que desestabilizaron emocionalmente el hogar de Abraham (Ec 10:1).

f) Negociación con Dios

La gran lucha entre el camino perfecto de los planes de Dios por medio de la fe y el camino de los hombres según sus propios planes presupone una inútil negociación con Dios y una lucha de doble ánimo (Stg 1:8, 4:8). Para Abraham, estos conflictos continuaron hasta el banquete de celebración del destete de Isaac, por lo menos durante tres años. Esta parte del relato ilustra que la crucifixión del propio ser es una muerte lenta y agonizante; nadie está dispuesto rechazar sus soluciones rápidamente, incluso cuando sabe que el plan de fe es infinitamente mejor. La gente sirve los planes mundanos porque quiere, porque así decide hacerlo. Resulta claro que Abraham quería quedarse con sus dos hijos, lo cual era fuente de un conflicto de amor.

En este cuadro general, Sara también sentía emociones encontradas que la desgarraban. Por un lado, estaba el ferviente amor por el pacto que Dios había hecho con Abraham y que ella respetaba de todo corazón. En efecto, Sara es una de las dos mujeres que se mencionan en la gran galería de la fe en Hebreos 11, "porque creyó que era fiel quien lo había prometido" (Heb 11:11-12). (La otra es Rahab.) La otra pasión que Sara albergaba profundamente en su interior era los celos por el amor y la lealtad de su esposo. En ese torbellino de conflictos familiares, fue la primera en reconocer que la idea de la convivencia no podía continuar. Sin embargo, su esposo aún no podía percibir que esos dos amores eran causa de conflicto.

g) La influencia de Agar

Aunque Ismael continuaba viviendo en la tienda de Abraham, su madre, que nunca adoptó las promesas del pacto en su corazón, ejercía gran influencia en sus valores. El Dios de Abraham no era el mismo que Agar adoraba, y debido a esta influencia, Abraham nunca podría inculcarle a Ismael el temor a Dios y hacerlo respetar el pacto de todo corazón. Sara, por el contrario, respetó al Dios de Abraham y aceptó con gozo las promesas del pacto.

Después que Isaac, el hijo de la promesa, llegara a la edad de ser destetado, los conflictos que habían venido agudizándose en la familia llegaron a su fin. Cuando Sara vio a Ismael burlarse de su hijo en el banquete, su paciencia llegó al colmo; había llegado el momento de la verdad (Gn 21:8-9).

h) La separación como solución

La conclusión a la que llegó Sara es una de las más grandes lecciones del camino de la fe para todos los hijos de Dios: "Echa a esta sierva y a su hijo, porque el hijo de esta sierva no ha de heredar con Isaac mi hijo" (Gn 21:10). Todos los hijos de Dios que quieren caminar con el Señor deben enfrentarse a ese momento de la verdad en sus propios caminos hacia la muerte, porque hasta cierto punto, todos tenemos en la vida al menos un conflicto pecaminoso (Heb 12:1). La solución a que llegamos por medio de la fe y la solución humana a que arribamos por obra de la carne no pueden convivir bajo el mismo techo. La fe y las acciones no pueden convivir por mucho tiempo en el mismo corazón, por lo que estarán en constante conflicto hasta tanto una venza a la otra (Ro 12:1-2; Heb 12:1).

Sara malinterpretó el deseo de Dios cuando le dio su sierva a Abraham con el fin de que engendrara un heredero (Gn 16:2). Supo exactamente qué hacer para solucionar el problema y trató de resolverlo antes que su esposo, y merece que se le reconozca este esfuerzo.

En esta crisis, Abraham tuvo que tomar una decisión que era desgarradoramente dolorosa, tanto como una crucifixión espiritual. ¿Iba a tratar de quedarse con Agar, que nunca había aceptado el pacto, y con su hijo, Ismael, a quien la sierva había influenciado tanto? ¿O iba a probar suerte con su fiel esposa, que compartía plenamente con él las promesas del pacto y lo estaba ayudando a inculcar sus mismos valores a

Isaac? ¿Iba a luchar con sus sentimientos por Ismael y elevarse en la confianza del Dios que lo sacó de Ur, el Dios que milagrosamente le había dado a Isaac?

i) El camino de la muerte: dejar a Ismael

En medio de esa aguda crisis familiar, Abraham decidió enfrentar la situación y pagar el precio. (Abandonar el amor por el mundo siempre viene con un precio a pagar en un momento decisivo [véase Gn 21:10; 1 Jn 2:15].) "Este dicho pareció grave en gran manera a Abraham" porque se trataba de "su hijo" (Gn 21:11). Echar a Ismael significaba desechar la idea de tener a su primogénito, que había sido la niña de sus ojos por cerca de diez y ocho años, en el seno del círculo familiar. La gracia de Dios era lo único que podía impulsarlo voluntariamente a echar a Ismael de la familia. Varios siglos después, el apóstol Pablo lo expresó así: "Haced morir, pues, lo terrenal en vosotros" (Col 3:5).

Sin embargo, la santificación nunca es una obra únicamente humana; es, primero que todo, un don de Dios. "Yo soy Jehová que os santifico," Dios le dijo a Moisés una generación después (Éx 31:13). El Señor le hizo a Abraham un gran favor esa noche, porque se le apareció de nuevo en medio de la aguda crisis familiar, cuando sus sentimientos estaban en carne viva. Esta revelación fue una amorosa confirmación de la revelación que había recibido en el pacto de la circuncisión (Gn 17). Esta vez, Dios dijo a Abraham: "No te parezca grave a causa del muchacho y de tu sierva; en todo lo que te dijere Sara, oye su voz, porque en Isaac te será llamada descendencia. Y también del hijo de la sierva haré una nación, porque es tu descendiente'" (Gn 21:12-13).

Esas palabras de aliento eran justamente lo que Abraham necesitaba oír, y lo que lo decidió a aferrarse a las alas de la fe y creer las palabras de Dios. En medio de la crisis que atravesaba la familia, su voluntad sufrió un cambio (Heb 11:11) y en ese instante Abraham se aferró por completo al plan que Dios tenía para él y su familia. Decidió dejar ir a Ismael y ponerlo todo en las promesas del Dios Jehová, con solo Isaac en la tienda. El amor que Dios derramó con abundancia en su corazón en esa revelación era mayor que el dolor que le causaría la pérdida de su hijo unas horas después (1 Jn 3:1).

Antes del alba, Abraham había decidido hacer lo que muchos padres han tenido que hacer a través de los siglos en situaciones familiares conflictuales: dejar ir a un hijo para que encuentre su propio futuro en Dios. Es probable que Abraham no hubiese tenido la fuerza para hacerlo si no hubiese sido por la promesa de Dios hacer también de Ismael una gran nación. Abraham tuvo que dejar a Ismael para que siguiera su destino y confiárselo a Dios, lo cual quería decir que desde ese momento su corazón solo tenía cabida para Isaac. No cabe duda de que el amor de Dios nos impulsa a tomar las decisiones correctas.

La noche que Abraham dejó ir a Ismael experimentó algo comparable a la muerte, pero el alba lo despertó envuelto en la radiante luz de un nuevo día. Le tomó varios años cumplir con la voluntad de Dios en su vida, pero con Dios obrando junto a él y motivando sus acciones, pudo finalmente alcanzarlo (Flp 2:12-13). En ese punto de su camino, ya era un siervo separado para andar junto a Dios por el nuevo y juicioso sendero que conducía directamente hasta la cruz de Jesús pasando por el pesebre de Belén. Como resultado, una multitud de seguidores tan numerosos como las estrellas del cielo y la arena de la playa compartiría su fe (Gn 15:4-5; 18:18). Desde el momento en que solucionó la crisis, se había comprometido únicamente con el carácter y los planes de Dios, pero le hizo falta una nueva transfusión de amor para llegar a ese punto.

Sin embargo, esta situación, comparable a una muerte, no era la única que sufriría Abraham, ya que amaba a su primogénito. El camino de la muerte se extendió en las semanas, meses y años siguientes. No cabe duda de que Abraham murió muchas muertes tratando de conciliarse con la pérdida de Ismael.

Dos milenios más tarde, el apóstol Pablo expresó estas palabras refiriéndose a su propio caminar con el Mesías de Abraham: "Cada día muero" (1 Co 15:31). Pablo sabía con toda seguridad que tendría que sufrir una intensa persecución, e incluso estar dispuesto a enfrentarse a bestias salvajes. Su compromiso lo motivaba cada día más a fortalecer su fidelidad total a Jesucristo (1 Co 9:24-27).

j) La separación como autovaciamiento

El relato de Abraham demuestra que caminar junto a Dios presupone la voluntad de rendirse y entregar nuestros deseos, necesidades y amores para poder ser discípulos de Cristo. La vida de Abraham muestra cómo la gracia separadora de Dios dio lugar a su experiencia de justicia concedida por medio de la fe (Gn 15:6). La lista que aparece a continuación recoge algunas de las maneras en que Abraham tuvo que autovaciarse para cumplir con el llamado de Dios, muestra la santificación como una crisis y un proceso, y también la necesidad de transitar el camino de la muerte como la única vía para llegar sin tropiezos hasta Dios (Gn 21:9-14; Gl 4:21-31).

- Dios le ordenó a Abraham dejar su patria en Ur a los caldeos, incluyendo su estilo de vida, y de buscar "la ciudad que tiene fundamentos, cuyo arquitecto y constructor es Dios" (Gn 11:27-32; Mt 19:27-30; Heb 11:10).
- Dios le ordenó que dejara la hermandad de su hermano Nacor en su ida hacia Canaán (Gn 11:27-12:1-5; Lc 14:26-33).
- Tuvo que separarse de su sobrino Lot y dejar que este tomara sus propias decisiones, incluso si la decisión que tomó Lot fue la de ir en dirección de Sodoma (Gn 13:1-14:24; 18:1-19:38). Esta decisión constituyó el paso final que lo separó de su "parentela" (Gn 12:1).

- Abraham sometió su propio cuerpo a Dios, dejándose cortar con dolor la carne en la circuncisión (Gn 17:23; Ro 6:12-19; Heb 12:1).
- Tuvo que separarse de Ismael, su primogénito, a quien amaba y quizás nunca más viera (Gn 21:8-20). Ismael regresó para el entierro de su padre (Gn 25:9).
- Dios le pidió a Abraham que sacrificara a Isaac en el Monte de Moriah. Al mostrar que estaba dispuesto a hacerlo, Abraham descubrió la gran esperanza de la resurrección de los muertos (Gn 22:1-19; Heb 11:19).
- También tuvo que desprenderse de su querida esposa de toda la vida, Sara, que había desempeñado un papel crucial en el cumplimiento del pacto junto a él. Abraham la sepultó en la cueva de Macpela, en el sitio de la ciudad de Hebrón (Gn 23).

Por lo tanto, la vida de Abraham es muestra de la gracia santificadora de Dios que siguió su experiencia de justicia concedida por medio de la fe (Gn 15:6). Estos autovaciamientos demuestran la continua necesidad de transitar el camino a la muerte como la vía para llegar sin tropiezos hasta Dios (Gn 21:9-14; Gl 4:21-31). El camino de Abraham es también un esclarecedor ejemplo de cómo el amor de Dios constriñe a tomar las decisiones correctas (2 Co 5:14; Sal 139:5).

Siglos después, con la encarnación, Jesucristo incluso entregó el ejercicio voluntario e independiente de sus atributos divinos siguiendo el principio de la kénosis.

Cuando Abraham y Sara murieron, solo quedaba Isaac como muestra de la gran visión (Gn 15:4-5). Cuarenta y dos generaciones después, en tiempos del Señor, el autor de Hebreos resumió el maravilloso progreso de la promesa que Dios había hecho a Abraham: "de uno, y ése ya casi muerto, salieron como las estrellas del cielo en multitud" (Heb 11:12). En el centro de la visión se encuentra el poder de la cruz para redimir y regenerar a todos los hombres del mundo.

k) La gracia de Dios concedida a Agar

En lo que respecta a Agar, la sierva egipcia, Dios demostró ser justo con ella. Por ejemplo, el ángel del Señor, una manifestación del Mesías al estilo del Antiguo Testamento, bondadosamente se le apareció dos veces. Sara no recibió nunca ninguna revelación directa de su Mesías y se contentó con recibirlas por medio de su esposo.

La primera revelación que recibió Agar sucedió en el desierto de Shur, mientras huía de Sara. Agar reconoció al visitante como *El-Roi*, que quiere decir, "el Dios que me ve" (Gn 16:13). Pero aceptó su consejo solo en parte, cuando Dios le ordenó:

"Vuélvete a tu señora, y ponte sumisa bajo su mano" (Gn 16:9). Agar regresó, pero su corazón nunca cambió.

¡Si tan solo hubiera aceptado el pacto en su corazón y creído en la revelación de '¡*El-Roi*!', porque Dios nunca falta al cumplimiento de su palabra! (Jer 1:12). El sometimiento a la Palabra de Dios le hubiese permitido convertirse en una fiel sierva en el hogar de Sara, lo cual hubiese redundado en una vida cómoda para ella y su hijo en el seno de la familia de Abraham. El Mesías le demostró su amor a Agar, pero ella no estaba dispuesta a atesorar la rica promesa de Dios, que velaba por ella, ni tampoco a servir a Sara (Gn 16:9).

Cuando Abraham echó a Agar e Ismael después del banquete de destete, Agar empezó a transitar su propio camino de muerte. Cuando se le acabó el agua, Agar colocó al lloroso adolescente bajo unos arbustos, a la distancia de un tiro de arco, mientras se decía: "No veré cuando el muchacho muera. Y cuando ella se sentó enfrente, el muchacho alzó su voz y lloró" (Gn 21:16). En esta situación extrema, el Mesías se le apareció de nuevo, pero en esta ocasión como el Dios que escucha:

> "Y oyó Dios [*Elohim shama*] la voz del muchacho; y el ángel de Dios llamó a Agar desde el cielo, y le dijo: ¿Qué tienes, Agar? No temas; porque Dios ha oído la voz del muchacho en donde está. Levántate, alza al muchacho, y sostenlo con tu mano, porque yo haré de él una gran nación. Entonces Dios le abrió los ojos, y vio una fuente de agua; y fue y llenó el odre de agua, y dio de beber al muchacho. Y Dios estaba con el muchacho; y creció, y habitó en el desierto, y fue tirador de arco."
>
> —Génesis 21:17-20

El nombre de Ismael significa "Dios oye" (Gn 16:11). En esa sobrecogedora y sentimental escena, la revelación de Dios fue que Él oye al niño cuyo nombre significa "Dios oye."

El Mesías estaba con Agar y hubiese podido redimirla. Sus promesas para con ella eran cálidas y reconfortantes, pero ella nunca confió incondicionalmente en el Dios que la había escuchado (*Elohim Shama*) y que velaba por ella (*El-Roi*). Como tampoco estaba dispuesta a enseñarle a su hijo el verdadero significado de su propio nombre: "Dios oye." Por el contrario, insistió en demostrar su falta de fe, tomando, por ejemplo, una mujer egipcia para Ismael años más tarde (Gn 21:21). Por lo tanto, Agar se ha convertido en el arquetipo de las personas determinadas a llevar una vida de rechazo al Mesías, sin importar cuán bondadosamente Dios se les revele, aunque se pare ante ellos en carne y hueso (Jn 18:14, 24; Hch 4:6-13; Mt 13:13-15).

Algunas generaciones después, otra extranjera, la moabita Rut, tomó una decisión que fue mucho más inteligente. Ella pertenecía a la nación de Israel, pero su corazón era como el de Sara, la madre de Israel. Y a pesar de que nunca recibiera ninguna revelación directa del Dios de Noemí, se decidió por el Dios de su suegra y abundantes fueron los frutos que recibió por ello (Rt 1:16-18; 4:13-22; Ef 2:12-22).

Abraham tuvo que echar a Agar de su tienda para que su familia pudiera perdurar. Incluso hoy en día, muchas personas tienen pecados secretos, ataduras y refugios en sus vidas que serán la destrucción de su familia y su alma eterna si no logran echarlos con un espíritu radical de liberación en el camino hacia la muerte (Ro 12:1-2; Heb 12:1; Gl 4:28-31; Mt 8:16; Mr 3:13-15).

~ La vida entre caimanes ~

Kevin Garvey es dueño de un floreciente negocio en el Condado de Broward, Florida, ya que es el único cazador autorizado por el condado para rescatar los caimanes disgregados. En el 2000, recibió 616 quejas de caimanes vistos en lugares públicos y atrapó 97 reptiles. A finales de julio de 2001, ya había recibido más de 1,500 quejas y atrapado 130 caimanes.

¿El lugar donde más caimanes atrapa? Weston, una ciudad meticulosamente planificada y decorada. Tal parece que los propietarios, que invirtieron hasta $700,000 por sus casas, no esperaban compartir su idílica comunidad con esos gigantes reptiles.

"Ese lugar es un paraíso para los caimanes", nos informa Jim Huffstodt, portavoz de Florida Fish and Wildlife Conservation Commission, y añade que tanto Weston como otras comunidades planificadas se han construido en zonas pantanosas que antes eran el hábitat exclusivo de esos reptiles transgresores. Ver uno de esos caimanes en una zona como Weston —poblada por familias con niños pequeños— es suficiente para que se les atrape y mate.

Esta anécdota nos obliga a hacernos la siguiente pregunta: ¿Cómo se le ocurre a la gente que se muda a una zona que es el hábitat por excelencia de los caimanes sorprenderse de verlos allí?

Del mismo modo, ¿por qué muchos cristianos se conforman con un estilo de vida que es fuente de conflictos y luego reaccionan sorprendidos cuando caen en el pecado?[2]

I) ¿Por qué Abraham?

Esta pregunta tiene su validez: ¿Por qué Dios escogió a Abraham cuando pudo haber llamado a muchos otros que también temían a Dios? Abraham no era el único hombre de su generación que honraba a Dios. Uno de esos adoradores, Melquisedec, era un hombre justo que se convirtió en sumo sacerdote de Jesucristoisto (Gn 14:18; Sal 110:4; Heb 7:1, 15-17). Aun así, Dios no lo escogió para que fuera el padre de la nación. ¿Por qué Dios escogió a Abraham, lo sacó de Ur de los caldeos y lo mandó a Canaán?

Dios lo escogió porque sabía que Abraham se comprometería a servir todos los planes del Señor y llegar a ser maestro y ejemplo para las generaciones posteriores. El Señor lo escogió porque sabía que mandaría "a sus hijos y a su casa después de sí, que guarden el camino de Jehová, haciendo justicia y juicio, para que haga venir Jehová sobre Abraham lo que ha hablado acerca de él" (Gn 18:19).

Abraham y Sara sin dudas se dieron cuenta de lo cerca que estuvieron de no cumplir con el perfecto plan de Dios. Gracias al profundo agradecimiento por la constante gracia de Dios que los llevó a comprometerse con los planes de Dios, Abraham y Sara estaban determinados a enseñarle a su hijo a creer en las promesas del pacto de Dios con Abraham.

Sin embargo, la clave de su éxito con Isaac y las generaciones futuras no fue únicamente su destacado ejemplo como buenos maestros que dieron muestra de su plena fe en Dios. En las generaciones venideras, Dios también se reveló en repetidas ocasiones a los descendientes de Abraham para ratificarles el pacto, tal como había hecho con Abraham (Gn 28:10-22; 31:3; Éx 3; Jos 1; 1 S 17:26; 1 R 3:4-15).

Estas continuas manifestaciones, unidas al gran ejemplo de Abraham y Sara como eficaces maestros, garantizaron el éxito. Cada generación de descendientes de Abraham, en una ininterrumpida cadena de cuarenta y dos generaciones, transmitió a sus hijos sin tropiezos el pacto hasta la venida del Mesías (Mt 1:17).

m) El padre de los fieles

No hay nada más justo que alabar a Abraham como a gran hombre de fe. También se le ha de honrar como a uno de los más excelsos maestros de todos los tiempos (Gl 3:6-9). El sueño tenía que ser perfecto en el corazón de Abraham antes de que pudiera convertirse en realidad en el camino de los separados con Dios.

Esa idea nos ayuda a entender por qué Abraham mereció el título de *padre de los fieles* (Ro 4:11-18). En el momento de mayor crisis en su hogar, Abraham pagó, mediante la fe, el precio para poder ajustarse a la perfección con los planes de Dios. Abandonó sus propios planes y comenzó a andar limpio de culpas ante Dios para cumplir sus designios, y reafirmar muchas veces en los años venideros su primera decisión (Gn 17:1). Fue el compromiso con esta fe lo que lo llevó a convertirse en el gran ejemplo de la justicia de Dios que se recibe por la fe para todos sus seguidores, tanto judíos como gentiles (Ro 4:13; Gl 3:9, 14; 2 Co 5:21).

Mi amado es mío, y yo suya.

—Cantares 2:16

2. Moisés

En la época en que era imposible que el naciente estado de esclavos hebreos pudiera escapar la tierra de Gosén, Dios levantó a Moisés, el liberador de Israel. Él creyó en que las promesas de Dios eran mucho más poderosas que los ejércitos del faraón de Egipto (Éx 5:1). Dios honró la fe de Moisés, fue su amigo, y habló con él cara a cara (Éx 33:11). El Señor logró lo que el brazo de la carne no pudo lograr. La victoria fue tan completa que Dios mismo dijo: "Vosotros visteis lo que hice a los egipcios, y cómo os tomé sobre alas de águilas, y os he traído a mí" (Éx 19:4).

En el Monte Sinaí Jehová le dio a Moisés la ley que contenía la misión de la nación hebrea: "Ahora, pues, si diereis oído a mi voz, y guardareis mi pacto, vosotros seréis mi especial tesoro sobre todos los pueblos; porque mía es toda la tierra. Y vosotros me seréis un reino de sacerdotes, y gente santa" (Éx 19:5-6; Dt 14:2). Y también: "Habéis, pues, de serme santos, porque yo Jehová soy santo, y os he apartado de los pueblos para que seáis míos" (Lv 20:26).

La ley de Moisés contenía la ley ritual, la ley moral y la civil. La ley ritual, por solo dar un ejemplo, estipula los detalles para la celebración de la Pascua (Nm 28:16-25). Si analizamos con el prisma de la cruz los siglos durante los cuales se impuso el sistema ritual, nos damos cuenta de la meticulosa atención que se daba a los detalles. Los sacrificios tenían que hacerse de manera precisa porque eran modelos que la muerte de Jesús habría de cumplir (Heb 8:5; Éx 25:9, 40; Nm 8:4).

Basándose en los detalles revelados por Dios, Moisés diseñó un elaborado sistema de adoración anclado en la ley ritual (Éx 25:9; 26:30). Este sistema se componía de sacerdotes y sacrificios de animales para demostrar el carácter de Dios ante la nación y la relación de los hombres con él. Los israelitas se acogieron a este sistema de adoración con tanto ahínco que durante mil quinientos años sus vidas giraron en torno a los sacerdotes que hacían los sacrificios, primero en el tabernáculo y más tarde en el templo. La ley ritual llegó a su fin con el perfecto sacrificio de Jesucristo (Heb 10:12-14).

La ley civil abarcaba los numerosos y minuciosos estatutos que regían la vida hebrea (Éx 21). La ley civil era la constitución que regía el gobierno del pueblo israelita como nación, y es normal que no se ajuste a los creyentes contemporáneos.

El símbolo nacional de la ley moral eran las dos tablas que Moisés trajo de la montaña y que contenían los Diez Mandamientos escritos por "el dedo de Dios" (Éx 20:1-17; 34:27-28; Dt 9:10). Dios no ha abrogado nunca la ley moral, que tiene vigencia hasta hoy. Sin embargo, el Sermón del Monte y la ética basada en el amor *ágape* de Dios logran superarla.

En este contexto general, el concepto de la santificación como *separación* fue adquiriendo un significado cada vez más amplio a medida que la cultura y los valores del pueblo israelita fueron forjando la nación. Este hecho incluso se puede apreciar desde los primeros días del éxodo de Egipto. El Señor le ordenó a Moisés que santificara al pueblo en anticipación de la ley que recibirían en Sinaí (Éx 19:10).

- El acto de separación en Horeb (Sinaí) fue tan perfecto que incluye hasta el lavado de la vestimenta de los israelitas (Éx 19:19).
- El código levítico le enseñó a los padres hebreos a consagrar a sus primogénitos para el Señor (Éx 13:2; Nm 8:17).
- Los fieles padres hebreos circuncidaron a sus primogénitos el octavo día después de su nacimiento, una ceremonia que los separaba de por vida como israelitas (Lv 12:3).
- El tabernáculo y todos sus utensilios, y luego el templo, también fueron separados (Éx 40:10-11; Nm 7:1; 2 Cr 7:16).
- La ley de Moisés incluso ordenaba que los padres de todo Israel santificaran sus hogares (Lv 27:14, 16).

Debido a que esta separación o santificación del pueblo israelita fue tan generalizada entre los hebreos, no cabe duda hoy de que la separación de los creyentes de sus pecados es lo que el Señor espera de nosotros. ¿Acaso esta separación espiritual no debe incluir también la casa, los campos, las cuentas de banco, el empleo, la ropa, las relaciones, los autos, las actividades recreativas, la dieta y la sexualidad? ¿Puede alguien haber experimentado la santificación para el Señor sin una separación de todo lo que le atañe, incluyendo todo lo que hemos mencionado antes?

Aun así, con el paso de los siglos la gente llegó a confiar más en los sacrificios que hacían y en el símbolo de la circuncisión que en su relación individual de amor de todo alma y corazón con Dios (Dt 11:1; Jer 4:4; Jn 7:22-24). Y esto era un error colosal, porque Jehová no se deleitaba con el sistema ritual sino en los hombres mismos (Dt 10:15-22; Heb 10:6), que eran su "especial tesoro" (Éx 19:5; 1 S 15:22; Sal 40:6; Os 6:6).

> Santos seréis, porque santo soy yo Jehová vuestro Dios.
> —Levítico 19:2

> Santificaos, pues, y sed santos, porque yo Jehová soy vuestro Dios. Y guardad mis estatutos, y ponedlos por obra. Yo Jehová que os santifico
> —Levítico 20:7-8

¿Cuál era entonces la importancia del sistema ritual? Este sistema apuntaba hacia el Mesías, ya que la sangre derramada en cada sacrificio era comparable a un maestro que guiaba a Israel al venidero y perfecto sacrificio de Jesús (Gl 3:24; 5:6;

Heb 10:10, 14). Jesucristo confirmó lo el contenido de la ley de Moisés. El primer mandamiento no decía que no se debía sacrificar animales sino nos ordenaba lo siguiente: Amarás al Señor tu Dios con todo tu corazón, y con toda tu alma, y con toda tu mente" (Mt 22:37; Dt 6:5;11:1). En efecto, la circuncisión apuntaba específicamente al profundo amor por Dios: "Y circuncidará Jehová tu Dios tu corazón," dijo Moisés, "y el corazón de tu descendencia, para que ames a Jehová tu Dios con todo tu corazón y con toda tu alma, a fin de que vivas" (Dt 30:6; Is 1:10-17; Jer 7:21-23; Mi 6:6-8; Am 5:21-24; Ro 4:10-16).

Desde ese punto de vista, esta separación en sus corazones dio mayor significación a los símbolos externos de su santidad interior. Moisés separó o santificó la tribu de Leví, de la cual se originó el sacerdocio sagrado de Aarón. Aarón y todos sus sacerdotes ministraron en el tabernáculo sagrado que contenía tanto el lugar santo como el santísimo. (Éx 26:33-34). Aarón y los sumos sacerdotes que le sucedieron iban cada año al lugar santísimo para hacer la expiación en el propiciatorio ante la gloria Shekinah de Dios (Éx 25:17-22; Lv 16:34). El sumo sacerdote caminaba hasta el propiciatorio llevando una taza de sangre y una lámina de oro fino en la frente en la que habría de grabar: "Santidad a Jehová" (Éx 28:36).

Esta nación sagrada separó el séptimo día como un día sagrado (Éx 20:8) y designó el séptimo año como un año sagrado en el que la tierra descansaría y los campos no se cultivarían (Lv 25:4). El año posterior al séptimo año cada siete años (el año cincuenta) sería de jubileo. Ese año, los israelitas amos de siervos hebreos tendrían que darles la libertad, y la tierra que estaba empeñada o había sido vendida, devuelta sus dueños ancestrales (Lv 25:8-13).

Este llamamiento a una separación moral y social de las naciones circunvecinas era fundamental para la vida israelita; esta regía sus días festivos, los unía indisolublemente a las sagradas Escrituras, eclipsaba sus campañas militares, y gobernaba sus actividades diarias en sus hogares y ciudades. La separación se convirtió en su ADN como pueblo.

Pero había un error fatal.

Dos mandamientos similares resumían el espíritu y el carácter de la ley: "Y amarás a Jehová tu Dios de todo tu corazón, y de toda tu alma, y con todas tus fuerzas" and "amarás a tu prójimo como a ti mismo" (Dt 6:5; Lv 19:18). El mismo Jesús dijo: "De estos dos mandamientos depende toda la ley y los profetas" (Mt 22:40). Por esa razón, Moisés reconoció la ley de amor, pero el sistema sacerdotal no logró nunca vincularla indisolublemente con la bendición de la justicia concedida por medio de la fe, tan como se expresa en Génesis 15:6. En los tiempos de Moisés, el pueblo estaba ya demasiado arraigado en el pacto de la circuncisión de Génesis 17. Este sistema ritual repleto de exigencias se combinaba con tanta facilidad con la lista de los Diez Mandamientos que de esta unión surgió un sistema práctico de adoración (Gl 3:17).

No fue hasta la muerte del Mesías de Israel en la cruz que se reveló la plenitud del amor de Dios que lleva a la salvación por la gracia por medio de la fe para el mundo entero (Gn 15:4-6; Ef 2:8-9).

Cuán asombroso resulta que la práctica ritual de los sacrificios de sangre en que confiaba la nación israelita se transformara en un sistema farisaico que acusó, juzgó y lideró la crucifixión del Mesías en una horrorosa cruz. Y con esa misma falsedad lo vieron gozosamente sufrir hasta que murió en la cruz (Mt 27:41-33; Lc 23:35).

3. El rey David

El rey David complicó su flagrante pecado de adulterio con Betsabé con el sangriento intento de cubrirlo asesinando a su esposo. "Tú eres aquel hombre," le dijo el profeta Natán al rey reincidente, obligándolo a confesar el adulterio y el asesinato, y luego le anunció: "Por lo cual ahora no se apartará jamás de tu casa la espada" (2 S 12:7, 10).

La petición de David en el salmo 51 revela la necesidad de limpieza que tenía. Le rogó a Dios por una doble bendición para que sus delitos fueran borrados y lavados de la iniquidad que lo llevó a pecar. David pidió ser purificado con hisopo para ser limpio (vv. 1, 7, 9). El rey clamó por la limpieza de sus entrañas del malvado poder del pecado: "Crea en mí, oh Dios, un corazón limpio, y renueva un espíritu recto dentro de mí" (v. 10). Sus oraciones demuestran que se daba cuenta de que había quebrantado las leyes y el corazón de Dios. David sintió hondamente su distanciamiento con Dios y ansiaba con toda sinceridad recibir de vuelta la alegría de su salvación, y oró por la liberación de la condición pecaminosa de su corazón que lo llevó a pecar tan deplorablemente (vv. 5, 12). En medio de esta crisis, David reveló el gran temor de su vida: que Dios retirara su Espíritu Santo. Le rogó humildemente a Dios: "No me eches de delante de ti, Y no quites de mí tu santo Espíritu" (v. 11), y le pidió que le concediera un "espíritu noble" capaz de sustentarlo (Sal 51:12).

Los ruegos del rey pecador ablandaron el corazón de Dios, ya que Natán le dijo: "Jehová ha remitido tu pecado; no morirás" (2 S 12:13). Como resultado, Dios no solo perdonó al rey, que estaba sinceramente arrepentido, sino que también le concedió un corazón recto ante el Señor.

El Salmo 51 también demuestra que el rey David entendía el sistema ritual tal como Dios lo había concebido al admitir no querer sacrificar animales para expiar su extremadamente pecaminoso viejo ser. Por el contrario, nos dice que "los sacrificios de Dios son el espíritu quebrantado" (v. 17). Sabía que Dios quería que tuviera un "corazón contrito y humillado" por medio de "los sacrificios de justicia" (v. 19). David presentó la ofrenda quemada como sacrificio a Dios, demostrando con cuanta intensidad quería que todo ese poder del viejo ser se convirtiera en cenizas, pero fue su espíritu quebrantado y arrepentido lo que verdaderamente dio validez a su sacrificio ante Dios (Sal 51:19).

4. Isaías

El año en que murió el rey Usías, Isaías el profeta fue un día a orar al templo y tuvo allí una visión del Señor sentado en un trono alto y sublime con toda su gloria inundando el templo, y serafines por encima de su excelso trono que cantaban el himno celestial: "Santo, santo, santo, Jehová de los ejércitos; toda la tierra está llena de su gloria" (Is 6:3). Esta visión del soberano desplegando toda su realeza fue una manifestación del Mesías que Isaías nunca pudo olvidar. La repercusión de la presencia divina fue tan fuerte que los quiciales de la puerta se estremecieron y "la casa se llenó de humo" (Is 6:4).

Parado en medio de la presencia del Dios de los ejércitos, rodeado del humo de la santidad de Dios, Isaías se vio en toda su imperfección y clamó: "¡Ay de mí! que soy muerto; porque siendo hombre inmundo de labios, y habitando en medio de pueblo que tiene labios inmundos, han visto mis ojos al Rey, Jehová de los ejércitos" (Is 6:5).

No cabe duda de que Isaías amara ya a Dios antes de ese encuentro, porque era profeta y había ido al templo en su busca. En presencia del Rey universal sentado en su encumbrado trono mientras los ángeles cantaban, Isaías entendió que todos los planes de Dios tenían como fin la venida del Mesías. Esta visión lo ayudó a entender claramente que tenía que ajustar su vida a los planes que Dios tenía en su corazón.

Uno de los serafines voló hasta Isaías y tuvo en su mano "un carbón encendido, tomado del altar con unas tenazas; y tocando con él sobre [su] boca, dijo: He aquí que esto tocó tus labios, y es quitada tu culpa, y limpio tu pecado" (Is 6:6-7). Es una verdad indiscutible que mientras más crecemos en la santidad divina, menos merecedores de ella nos sentimos; mientras más nos acercamos a la luz, con más claridad vemos nuestras faltas e imperfecciones.

"¿A quién enviaré, y quién irá por nosotros?" Isaías oyó la voz del Señor. No nos ha de asombrar que el profeta respondiera entonces con honda convicción: "Heme aquí, envíame a mí" (Is 6:8).

En ese encuentro, Isaías se comprometió nuevamente con el Señor de los ejércitos y dedicó el resto de sus días a ejemplificar la santidad de Dios que cantara el serafín. El profeta nunca olvidó la revelación del Mesías, a quien vio sentado con tanta gloria en el sublime trono (Jn 12:41).

La experiencia de Isaías en el templo es otra de las expresiones de la bendición de la santificación para Dios. Como resultado, el profeta relució como un siervo que revelaba en sus relatos las profecías más lúcidas sobre la venida del Mesías, el Rey de ejércitos que había visto en el templo. Ningún otro profeta vio con tanta claridad la primera aparición del Mesías como doliente Siervo y la segunda venida como Rey victorioso y universal (Is 42-66). El libro de Isaías es equiparable a un quinto evangelio debido a la exactitud y precisión de sus profecías. Por citar un ejemplo, Felipe utilizó únicamente este "evangelio," para predicar sobre Cristo al eunuco etíope en el desierto de Gaza (Is 53:7-8; Hch 8:26-38).

B. El Nuevo Testamento

1. Jesucristo

Jesús vivió en obediencia a su Padre, guiado por el Espíritu Santo. Toda su vida estuvo siempre separada para cumplir esta misión.

a) Los fariseos, "los separados"

En contraste, los fariseos (que significa "separados") vivían apartados solo para sus reglamentos externos. Jesús juzgó duramente esta santidad superficial que limpiaba el exterior del vaso pero que lo dejaba sucio por dentro; es decir, los pensamientos, motivos e intenciones del corazón (Mt 23:25-26). No nos asombra entonces que el Señor le dijera a algunos fariseos: "Id, pues, y aprended lo que significa: Misericordia quiero, y no sacrificio" (Mt 9:13). Los problemas de la vida provienen del corazón, y la Palabra viva de Dios tiene la capacidad de discernir los pensamientos y nociones ocultos (Heb 4:12; Mt 15:19; Mr 7:21).

b) El sacrificio del autovaciamiento

La vida de separación que llevó Jesús requiere que sus seguidores sigan un riguroso discipulado (Jn 17:19) y un autovaciamiento importante de los valores y actitudes del "viejo ser." Es por ello que, como siervos, tenemos que cargar nuestra propia cruz para seguir a Jesús en una nueva vida de abnegación. Muchas personas, a través de los siglos, incluso entre los que aceptan a Jesús como su Señor, han resistido con fuerza este excelso modelo. A menudo, la búsqueda de un corazón como el de Jesús es malinterpretada, pero aun así, el facilitador amor de Dios que el Espíritu Santo derrama en el alma es tan abundante como altos son los estándares para alcanzarlo impuestos por Dios (Ro 5:5; 1 Jn 3:1).

⚜ Siervo, una mala palabra ⚜

En un vuelo nacional, una amable azafata me atendió con tanto placer que al entregarme la bandeja de comida le dije: "De todos los grandes siervos del mundo, usted es sin dudas una de las mejores."

Me atravesó con su mirada y me respondió tajantemente: ¿Cómo se atreve a decirme eso? ¡Yo no soy sierva de nadie!" Y se alejó con prisa.

Después de este suceso, cada vez que tenía que servirme algo se mostraba brusca, hasta que, lleno de curiosidad por saber qué la había hecho cambiar de actitud, decidí preguntárselo.

Y me respondió: "Sierva es uno de las peores epítetos que alguien me ha dicho jamás."

Y le respondí que era cristiano, y que lo que más amaba en el mundo era Jesucristo, que según las Escriturascrituras, era el siervo más grande que jamás ha vivido en la tierra, y que por lo tanto, cuando yo llamaba "siervo" a una persona, era algo positivo, uno de los cumplidos más grandes.

Por su reacción pude entender cuánto malinterpreta nuestra sociedad el término "siervo".[3]

c) El abundante don de María

El Cristo, que siempre había brindado su amor con profusión, vio cómo María le demostraba abundante amor al abrir el frasco que contenía una libra de perfume que valía por lo menos el equivalente de un año de trabajo y ungir los pies de Jesús para luego enjugarlos con sus cabellos. La fragancia llenó toda la casa (Jn 12:1-8).

Por generosa que fuera la acción de María —tan magnánima que este relato se conoce en todo el mundo— su amor era pequeño en comparación con el abundante amor que Dios demostró en el Calvario (Ro 5:8; Ef 2:4). Impulsados por la magnitud del amor de Dios, los creyentes deciden vivir como siervos de Jesucristo (Éx 21:5). El profuso amor de Dios los impulsa espontáneamente a abandonar sus hogares, propiedades, padres, cónyuges, hijos e incluso sus propias vidas. Deciden comprometerse libremente para siempre a crecer en el carácter del Señor y participar en los planes divinos para con el mundo. Sin esta dedicación, Jesús dijo, nadie "puede ser mi discípulo" (Lc 14:26). El Señor, no cabe duda, estableció criterios bien elevados e instó a sus seguidores a pagar un alto precio (Lc 14:28; Mt 16:24; 19:21). La apremiante fuerza del abundante amor de Dios es lo que posibilita que podamos lograrlo (Jn 8:34-36; Ro 8:38-39; 2 Co 13:14; Tit 3:4-5).

Jesús les pide a los hombres no más de lo que Él hizo por su libre voluntad. El abundante amor "con que nos amó" lo impulsó a adaptarse voluntariamente a los hombres sin reputación y pagar el precio de la crucifixión para redimirlos (Ef 2:4-10; Flp 2:7). Este hecho explica la respuesta que da a sus detractores, que lo acusaron por decir que era Dios. "¿Al que el Padre santificó y envió al mundo, vosotros decís: Tú blasfemas, porque dije: Hijo de Dios soy?" (Jn 10:36).

d) Adoptar la actitud de Jesús

La esencia de la gracia santificadora consiste en que los creyentes acepten la forma de pensar de Cristo como si fuera la suya (Gl 4:19). Con Jesucristo, la confianza implícita en su Padre cimentaban su forma de pensar y su vida (Flp 2:5-6). La gracia santificadora impulsa a los hijos de Dios a entregarse a esta misma confianza en una vida separada para el carácter y los planes de Dios.

2. Pablo

Un cambio radical en la esencia misma de Pablo se produjo después de la experiencia que tuvo en el camino de Damasco, tan transformadora, de hecho, que se convirtió en un hombre nuevo. Hasta ese punto, había entendido que su misión en la vida era hacerle la vida difícil a todos los seguidores de el Camino (Hch 9:2, 21). Después de la revelación del camino de Damasco, se comprometió a ser un "siervo de Cristo Jesús," y por el resto de la vida se consideró un hombre "apartado para el evangelio de Dios" (Ro 1:1). La tarea que Jesús le dio a Pablo fue abrir los ojos a todo el mundo "para que se conviertan de las tinieblas a la luz, y de la potestad de Satanás a Dios" (Hch 26:18). Tenía que instarlos a recibir "por la fe que es en mí [en Cristo]", perdón de pecados y herencia entre los santificados. La transformación de Pablo fue instantánea: "En seguida predicaba a Cristo en las sinagogas, diciendo que éste era el Hijo de Dios" (Hch 9:20).

La primera carta de Pablo a la iglesia de Corinto la dirigió "a los santificados en Cristo Jesús, llamados a ser santos con todos los que en cualquier lugar invocan el nombre de nuestro Señor Jesucristo" (1 Co 1:2). El apóstol les enseñó a los corintios que Jesucristo es el único que "nos ha sido hecho por Dios sabiduría, justificación, santificación y redención" (1 Co 1:30). "Y el mismo Dios de paz os santifique por completo," fue la oración de Pablo para sus lectores en Tesalónica (1 Tes 5:23).

El discurso de despedida de Pablo a sus hermanos efesios, que hizo antes de dirigirse a la fiesta del Pentecostés en Jerusalén, es muestra de que el apóstol cumplió a cabalidad con la tarea que le fue encomendada. "Y ahora, hermanos, os encomiendo a Dios," dijo Pablo, "y a la palabra de su gracia, que tiene poder para sobreedificaros y daros herencia con todos los santificados" (Hch 20:32). El uso de esta frase, *los santificados,* es una traducción del griego *hagiasmenois,* que se refiere a una acción presente resultante de otra pasada debido al hecho de haber sido separados.

Pablo les enseñó a los cristianos de Tesalónica que vivir separados era la voluntad de Dios para ellos, y que de esta manera cada uno de ellos podría aprender a "tener su propia esposa en santidad y honor ... Pues no nos ha llamado Dios a inmundicia, sino a santificación (1 Tes 4:4, 7). También oró para que su obra de gracia fuese comprensible para ellos: "Y el mismo Dios de paz os santifique por completo; y todo vuestro ser, espíritu, alma y cuerpo, sea guardado irreprensible para la venida de nuestro Señor Jesucristo. Fiel es el que os llama, el cual también lo hará" (1 Tes 5:23-24).

Pablo les escribió a los colosenses en su carta que ellos estaban reconciliados "en su cuerpo de carne [de Jesús], por medio de la muerte," para presentarse "santos y sin mancha e irreprensibles delante de él." Lo lograrían, les dijo, si permanecían "fundados y firmes en la fe" y no se alejaban "de la esperanza del evangelio" (Col 1:22-23).

Cuando los creyentes anhelan por fe este tipo de compromiso moral, el Señor nunca los defrauda, como no defraudó a Abraham en el momento de su separación de Ismael. Sentirán una profunda transformación como hombres nuevos en Cristo Jesús.

3. Las epístolas generales

El autor de Hebreos menciona que Jesús "padeció fuera de la puerta" con tanta humillación con el fin de "santificar al pueblo mediante su propia sangre" (Heb 13:12). En Hebreos 10:14 podemos leer que "porque con una sola ofrenda hizo perfectos [separó] para siempre a los santificados" [los que están en proceso de ser separados]. Este pasaje nos señala el comienzo de la vida de los separados ("hizo perfectos") y presupone un proceso de crecimiento en la santidad del Señor ["a los santificados"] de por vida, a medida que los creyentes dan frutos que reflejan el carácter de Dios.

El apóstol Pedro enseñó esta misma vida de separación cuando instó a sus lectores a ser "como hijos obedientes," que no se conforman a "los deseos que antes teníais estando en vuestra ignorancia; sino, como aquel que os llamó es santo [separado], sed también vosotros santos [separados] en toda vuestra manera de vivir; porque escrito está: Sed santos, porque yo soy santo (1 P. 1:14-16). También les dijo: "santificad a Dios el Señor en vuestros corazones" (1 P. 3:15). Esto es un claro llamamiento para que sus lectores tomen la decisión de alejarse de los viejos hábitos del mundo, lo que redunda en una separación que se asemeja cada vez más al estilo de vida del Señor, que la dedicó por completo a cumplir los planes de su Padre.

En su segunda epístola, Pedro señaló al menos uno de los motivos que han de servir de inspiración a los hombres para dejar atrás la vida de antes y comprometerse con el Señor.

> El Señor ... es paciente para con nosotros, no queriendo que ninguno perezca, sino que todos procedan al arrepentimiento. Pero el día del Señor vendrá como ladrón en la noche; en el cual los cielos pasarán con grande estruendo, y los elementos ardiendo serán desechos, y la tierra y las obras que en ella hay serán quemadas. Puesto que todas estas cosas han de ser deshechas, ¡cómo no debéis vosotros andar en santa y piadosa manera de vivir, esperando y apresurándoos para la venida del día de Dios.
> —2 Pedro 3:9-12

En este pasaje, Pedro hizo hincapié en una motivación temerosa para la vida santa (el temor del juicio final). Un pánico al día del juicio final ha de ser la principal motivación para llevar un estilo de vida cristiano sensato. Ningún ser humano en sus cabales quiere pasar la eternidad completamente alejado de la presencia de Dios "en tormentos" (Lc 16:23). El Señor mismo le enseñó a Pedro y los demás apóstoles a velar "en todo tiempo orando que seáis tenidos por dignos de escapar de todas estas cosas que vendrán, y de estar en pie delante del Hijo del Hombre" (Lc 21:36).

El apóstol Juan expresó las motivaciones positivas con estas bellas palabras: "Amados," dijo Juan, "si Dios nos ha amado así, debemos también nosotros amarnos unos a otros" (1 Jn 4:11). Este amor será muestra de una verdad: que "Dios permanece en nosotros, y su amor se ha perfeccionado en nosotros" (1 Jn 4:12). La motivación positiva para este amor perfecto en el estilo de vida de los creyentes es explícitamente este: "Nosotros le amamos a él, porque él nos amó primero" (1 Jn 4:19).

III. Llamamiento a la madurez

A. Amar como Jesús, con corazones circuncidados

No ha de sorprendernos que en el Sermón del Monte Jesús nos ordenara: "Sed, pues, vosotros perfectos, como vuestro Padre que está en los cielos es perfecto" (Mt 5:48). Asimismo, con palabras similares, Dios llamó a Abraham a la madurez que luego alcanzara (Gn 17:1; 21:10-14).

Jesús estaba simplemente llamando a sus seguidores a que sintieran esta misma confianza y compromiso plenos con su Padre y los planes divinos que Él mismo había demostrado. La santidad es la naturaleza divina que emana del amor *ágape* de Dios. Dios no es solo perfecto en su esencia y atributos, sino que también es "la Roca, cuya obra es perfecta ... Dios de verdad, y sin ninguna iniquidad en él; es justo y recto" (Dt 32:3-4). Por consiguiente, los creyentes han de anhelar amar al prójimo como Jesús los amó y obrar por su bien tal como Él lo hizo. Esta actitud en la vida es esencial para lograr los mejores resultados en la salvación (Flp 2:12).

Dios llama a los hombres hacia él, hacia la perfección de la esencia divina. En este respecto es imposible permanecer neutrales ni quedarse en la cuerda floja ya que Dios los llama a reflejar la naturaleza intrínseca de su deidad. Si el Señor no pusiera todo su empeño en ello comprometería su propia santidad y contradiría su propio carácter.

¿Cómo es posible tal modelo? Moisés elucidó la interrogante al decir: "Y circuncidará Jehová tu Dios tu corazón, y el corazón de tu descendencia, para que ames a Jehová tu Dios con todo tu corazón y con toda tu alma, a fin de que vivas." (Dt 30:6). El objetivo de esta circuncisión del corazón (o de esta "disciplina", como la define el autor de Hebreos), es vencer al viejo ser "para que participemos de su santidad" (Heb 12:10). En efecto, Pedro corroboró que estas "preciosas y grandísimas promesas" nos han sido dadas para que "llegáse[mos] a ser participantes de la naturaleza divina" (2 P 1:4).

B. El fruto del Espíritu

El Espíritu Santo produce frutos santos únicamente en la vida de los creyentes: "amor, gozo, paz, paciencia, benignidad, bondad, fe, mansedumbre, templanza" (Gl 5:22-23). Ningún grupo étnico contradice esta aseveración. Sin embargo, para que este fruto crezca y madure, lo más profundo del ser, el "viejo hombre", ha de sufrir una transformación radical. Pablo les enseñó a los creyentes de Roma que su "viejo hombre", o su vieja naturaleza, " fue crucificado … para que el cuerpo del pecado sea destruido, a fin de que no sirvamos más al pecado." (Ro 6:6).

Solo nos queda concluir que Dios quiere que su pueblo se desarrolle y madure como hombres nuevos hasta alcanzar la misma perfección de Cristo; es más, nos ordena ese tipo de compromiso como siervos. Las exigencias que le impuso a Abraham quizás le hayan parecido irrealizables a este último, pero impulsado por el abundante amor de Dios, fueron posibles. La ayuda de Dios logró que Abraham se pudiera dedicar a plenitud al plan de redención por medio de Isaac, y no de Ismael.

C. Ocuparnos de nuestra salvación

Por lo tanto, en la santificación, los creyentes se ocupan en su "salvación con temor y temblor" y transitar el camino de la muerte es esencial (Flp 2:12). Los hijos de Dios deben vencer su manera de ser mediante la muerte espiritual y la sepultura del viejo hombre; es solo así que es posible disfrutar la nueva voluntad para transitar el camino del Señor. Cuando el viejo ser es destituido, Jesús se convierte en el Señor de sus vidas, y este nuevo señorío se difunde hasta los numerosos "tronos" o centros de poder de su vida, entre los que podemos citar:

- el dinero
- las relaciones sexuales,
- la vida consagrada,
- la vida familiar,
- la vida en la iglesia,
- la vida laboral,
- la vida recreativa,
- las posesiones,
- las ataduras generacionales y
- las costumbres pecaminosas

En cada una de estas esferas, cuando se destrona al viejo hombre, la sal de la gracia santificadora sazona las vidas de los hijos de Dios, y como consecuencia experimentan, por medio de Cristo, el resultado final de la fe: "la salvación de [sus] almas" (1 P 1:9).

Por eso no nos asombra que podamos decir de Jesús: "Mi amado es mío, y yo suya *(Cant 2:16).

Las Escrituras contienen numerosas ilustraciones que nos ayudan a entender el estilo de vida de los apartados para Dios. A continuación pasaremos a analizar algunas de ellas.

Capítulo seis
ILUSTRACIONES DE UNA VIDA SANTIFICADA

Cuando Cristo llama a un hombre, le ofrece venir y morir.
—Dietrich Bonhoeffer

Haced morir, pues, lo terrenal en vosotros.
—Colosenses 3:5

Has apresado mi corazón ... con uno de tus ojos.
—Cantar de los Cantares 4:9

I. El irresistible amor de Cristo

A. El amor de Dios, fundamento del nuevo pacto

Cuando la gente clama a Dios en oración, el Señor derrama "su amor en [sus] corazones por el Espíritu Santo, a quien él les ha dado" (Ro 5:5; 1 Jn 4:8, 16). Como "el amor no hace ningún mal a nadie," resulta que "el amor satisface todas las exigencias de Dios" (Ro 13:10). Esto es cierto puesto que el amor tiene su propia capacidad para motivar, haciéndolo como un imán mucho más poderoso que lo que el miedo pueda estimular. El amor de Dios, por lo tanto, es el fundamento del nuevo pacto (Mr 12:30-31; Lc 22:20; Sal 32:3; Jer 31:31). El amor de Dios realmente permea la pasión interior del corazón y libera el alma (Jn 8:36; 2 Co 3:18; Gl 5:1).

~ El poder del cambio hace florecer la relación ~

Cuando usted ama algo, quiere ser como eso.

Por ejemplo, tengo a un amigo al que le encanta el tenis. Se viste con ropa de tenis. Lee revistas de tenis. Habla acerca del tenis. Tiene una raqueta, y su pelo parece una pelota de tenis. Tengo otro amigo al que le encanta surfear. Se viste con ropa de surfear y lee revistas de surf. El surf realmente es su tema de conversación. Huele a algas. Todo sobre él se relaciona con el surf.

¿No es cierto que cuando a uno le gusta algo, actúa en pro de eso? A algunos de ustedes les encanta la comida. Caso cerrado.

Por eso es que la Biblia dice que el mayor mandamiento de todos es amar al Señor tu Dios con todo tu corazón, con toda tu alma, con toda tu mente y con todas tus fuerzas. Ese es el mayor mandamiento. ¿Por qué?

Porque el poder para cambiar se da en la relación, y cuando a usted le gusta algo le encanta parecerse a eso.[1]

B. El conflicto entre la naturaleza pecaminosa y el Espíritu

Los enemigos de Pablo reaccionaron negativamente a su entendimiento acerca del amor de Dios (Gl 5:14). Lo acusaron de estar contra la ley (antinomianismo) porque enseñó que la ley de Moisés no tenía ninguna capacidad para crear a un nuevo hombre con una fuerza de voluntad redimida capaz de crecer en la justicia de Dios (Gl 5:13-25).

> Porque el deseo de la carne es contra el Espíritu, y el del Espíritu es contra la carne; y éstos se oponen entre sí, para que no hagáis lo que quisiereis ... Pero si sois guiados por el Espíritu, no estáis bajo la ley. Mas el fruto del Espíritu es amor, gozo, paz, paciencia, benignidad, bondad, fe, mansedumbre, templanza; contra tales cosas no hay ley. Pero los que son de Cristo han crucificado la carne con sus pasiones y deseos.
> —GÁLATAS 5:17-18, 22-24

Pablo habló de este mismo tema cuando les escribió a los creyentes en Roma: "El amor no hace mal al prójimo". Esto es verdad porque "el cumplimiento de la ley es el amor" (Ro 13:10; Gl 5:18).

El ladrón en la cruz, por ejemplo, no ganó el paraíso basado en sus buenas obras. Al contrario, Jesús lo amó y le hizo el gran favor de aceptarlo por su propia justicia. El Señor lo hizo únicamente porque el hombre agonizante clamó por ayuda y creyó que Jesús podía acordarse de Él cuando llegara a su reino (Lc 23:39-43).

Los críticos de Pablo, sin embargo, estaban convencidos de que el apóstol manipulaba los fundamentos éticos y morales por no requerirles a los nuevos convertidos que guardaran la ley. ¿Cómo podría una persona saber lo que Dios esperaba de ellos, razonaron, si no tenían una guía por escrito de la ley para dirigirlo? Sin esas listas, los resultados serían una cruda anarquía (Hch 15:5; Ro 7:6; Gl 3—5). El modelo que los críticos de Pablo usaron para estudiar diligentemente la ley era elaborar una lista de lo que se debe y no se debe hacer, para luego esforzarse por guardar todo lo que la guía decía. Pero Santiago escribió: "Porque cualquiera que guardare toda la ley pero ofendiere en un punto, se hace culpable de todos" (Stg 2:10-11; Col 2:21-22). Eso era un patrón imposible de cumplir; sus propios líderes espirituales no podían hacerlo (Hch 7:53; 15:10).

El hombre orgulloso de su naturaleza humana cree que trabaja por lo que quiere en la vida. Razona y dice que si eso es cierto en su trabajo secular con lo que se gana la vida, también debe serlo en el mundo espiritual. Pablo entendió esto dado que las regulaciones de la ley realmente señalan la conclusión anterior. Eso pasa porque los preceptos de la ley, en efecto, "tienen a la verdad cierta reputación de sabiduría en culto voluntario, en humildad y en duro trato del cuerpo; pero no tienen valor alguno contra los apetitos de la carne" (Col 2:23).

II. Cómo romper el dominio de la vieja naturaleza del viejo hombre de pecado

Sin embargo, cuando Pablo estudió acerca del sacrificio de la cruz, descubrió un nuevo modelo. Jesús amó a su Padre y vivió con una actitud de confianza implícita en Él (Flp 2:5). Bajo ese principio, triunfó sobre la carne en su cruz y rompió la supremacía del pecado. El grito triunfante de Jesús mientras era clavado en la cruz, "consumado es", sonó con una nota victoriosa de éxito y cumplimiento (Jn 19:30). El pecado nunca triunfó sobre Jesús (Jn 8:46; 1 P 2:22).

Pero ¿qué pasa con los seguidores de Jesús, que tienen una naturaleza de pecado heredada y pelean con la adicción a pecar? ¿Cómo forja el nuevo nacimiento del evangelio en ellos una voluntad redimida que pueda decir: "No", al pecado y alejarse realmente? Esta es una pregunta justa.

⁓ La muerte de la araña ⁓

"Después que fui salva encontré algunas cosas en mi corazón que no eran correctas", dijo la señorita en su testimonio. La analogía que usó fue cautivadora.

"Parecía que habían telarañas en las esquinas de mi corazón. Yo solía barrerlas vigilándolas y orando; pero ellas aparecían de nuevo. Durante algún tiempo seguí barriendo las telarañas, para encontrar que aparecían nuevamente.

"Pero un día el Señor vino y mató a la araña; y desde entonces no hubo más telarañas en mi corazón."[2]

La gente camina hacia la cruz con todas sus "telarañas", su equipaje, sus ataduras, sus cargas y sus pecados. Esta condición incluye muchas esferas corrompidas de sus vidas. Ellos también vienen a Cristo "con una araña" dentro de sí, el viejo hombre, que continuamente teje su telaraña de control alrededor de su corazón.

En el nuevo nacimiento, la persona experimenta el perdón de sus pecados en una demostración pródiga del amor de Dios. La gracia santificadora rompe el dominio de la vieja naturaleza, dándole al hombre una voluntad redimida, lo que hace posible que muchos aspectos de su vida estén bajo el señorío de Jesucristo. Esto es lo que significa que debemos trabajar por nuestra salvación con temor y temblor", "porque Dios es el que en vosotros produce así el querer como el hacer por su buena voluntad" (Flp 2:12-13).

Este estudio presentará seis ilustraciones bíblicas, cada una de las cuales refleja la misma verdad bíblica. Cuatro de las seis las encontramos en el libro de Romanos.

- Un árbol fructífero
- El profundo misterio del matrimonio
- Bautismo con Cristo
- Crucifixión y resurrección
- Esclavitud
- La ley del nuevo matrimonio después de la muerte de un cónyuge

A. Un árbol fructífero

Jesús usó una parábola de la naturaleza para poder explicar el problema universal del pecado natural. Ya que los arbustos de espina no producen higos y de las zarzas no nacen uvas, toda la gente da fruto según "el árbol" que crece en ellos (Lc 6:43-45). La pregunta que surge es: ¿cómo puede el árbol viejo, con el corazón dañado ser desarraigado y plantado otra vez en un corazón nuevo y sano?

La solución requiere del amor del Mesías, expresado en el sacrificio perfecto (Heb 5:7-10; 7:28; 10:12-14). Jesús llevó mi:

- miedo, Él no tuvo miedo de la cruz (Jn 10:18).
- culpa, haciéndose culpable (Is 53:10; Heb 10:19-22).
- vergüenza, colgando de tres clavos, probablemente sin ropa que le cubriera su cuerpo y que le diera un poco de dignidad (Heb 12:2)

Así como nosotros somos crucificados con Cristo y resucitados con Él, podemos apropiarnos de la provisión que hizo para desarraigar la vieja naturaleza del pecado original, sustituyendo la voluntad corrompida por el nuevo árbol que da fruto que puede decidir tomar la justicia de Cristo (Mt 12:33; Gl 2:20-21). "A los afligidos en Sion se les dé gloria en lugar de cenizas, óleo de gozo en lugar de luto, manto de alegría en lugar del espíritu angustiado; y serán llamados árboles de justicia, plantío de Jehová para gloria suya" (Is 61:3). Este regalo maravilloso requiere una profunda respuesta de gratitud, de modo que lleguemos a ser como lo que amamos.

El apóstol Pablo nunca amonestó a sus lectores a que siguieran una lista de lo que debemos y no debemos hacer. Por el contrario, predicó acerca de la cruz de Cristo, que les dio un nuevo comienzo (1 Co 1:23-30). El Señor se deleita en que todos sus hijos puedan descansar en la libertad que compró en la cruz con su sangre (Ro 5:9; Gl 5:1; Ap 5:9). El amor del Padre hace que la Palabra de Dios pueda transformarnos

(Jn 17:17). En efecto, el amor nunca falla en animar a las personas para que puedan vivir en libertad para cultivar el nuevo "árbol" con gozo (1 Co 13:8).

B. El profundo misterio del matrimonio

Pablo usó el pacto del matrimonio para ilustrar la relación entre Cristo y su iglesia, por lo que habló de ello como "un misterio profundo" (Ef 5:32). Una verdad profunda del mensaje cristiano es que los votos del matrimonio se identifican con el amor de Jesucristo que, expresado en el regalo de su sangre preciosa, es un llamado al camino de la negación.

⚜ Los votos del matrimonio ⚜

Señor (Wilson Wayne McWilliams), ¿toma usted a (Sue Ellen Wilson) para ser su esposa legítimamente casada, vivir juntos en la ordenanza de Dios en el santo estado del matrimonio? ¿Para amarla, consolarla, en honor, y guardarla en enfermedad y en salud; y dejando a todos los otros, guardarse solo para él, mientras los dos vivieren? (Lo haré.)

Yo (Wilson) te tomo a ti (Sue) como mi esposa, para tenerte y sostenerte, a partir de este día en adelante, en lo bueno y en lo malo, en riqueza y en pobreza, en salud y en enfermedad, para amarte y apreciarte, hasta que la muerte nos separe, según la sagrada ordenanza de Dios; lo prometo.

Lo que sigue después de los votos demuestra el misterio profundo de cómo el amor de Dios, expresado en el sacrificio de Jesús, rompe la hegemonía del viejo hombre. El resultado es una maravillosa nueva vida en Cristo.

En el momento especial cuando los ojos de los dos jóvenes enamorados unen sus corazones en el noviazgo, reconocen con un sentido especial que ellos han encontrado finalmente su "pareja ideal": el uno para el otro. Pero también deben afrontar el precio del amor: que es morir a todos los viejos pretendientes, y entregar la confianza plena de uno al otro. La entrega a menudo de estos afectos previos viene fácilmente, pero la muerte puede requerir tiempo y traer consigo frustración (una relación anterior puede luchar ferozmente para retenerle). Pero cuando el amor es genuino, las viejas llamas del noviazgo rápidamente se consumen y florece la confianza.

La analogía encaja en la bendición de la gracia santificadora. El espíritu del creyente se une con el corazón de Jesús en el Calvario, donde su Señor murió y tres días más tarde resucitó de la tumba por él. Cuando esa realización florece, el viejo hombre con sus afectos rápidamente se desvanece en el fondo. Ahora la persona quiere la nueva libertad que viene con amar a otra persona como Jesús ama. La chispa del amor realmente se desarrolla en una nueva llama, profunda y apasionada. Este amor, por lo tanto, termina la regla y el control de las relaciones antiguas (el viejo hombre y sus esclavitudes), y surge una nueva vida de confianza.

El matrimonio que no desecha los afectos e intereses pasados, permitiendo que esas llamas se extingan; no sobrevivirá.

- Jesús dijo: "Por esto dejará el hombre a su padre y a su madre y se unirá a su mujer, y los dos serán una sola carne; así que no son ya más dos, sino uno" (Mr 10:7-9; Gn 2:24). Para establecer un matrimonio exitoso, la pareja no solo debe "morir" a todos los antiguos pretendientes; sino también deben separarse de sus padres y sus hermanos, la gente que los ama más. Toman la decisión en dejar sus relaciones de la infancia y nunca volver a aquella misma unión, a fin de construir su propia familia. Están llamados a "morir" a la comodidad, la bendición y la seguridad de su casa, con todas las ventajas y las provisiones del amor paternal. Jesús declaró un llamado a una vida santificada que realmente implica muchas separaciones. En efecto, Él era muy explícito: "si alguno viene a mí, y no aborrece a su padre, y madre, y mujer, e hijos, y hermanos, y hermanas, y aun también su propia vida, no puede ser mi discípulo" (Lc 14:26-27; también Gn 21:10-14).

- ¡En un momento específico en la ceremonia, cada contrayente dice ante Dios y se dice el uno al otro: "Acepto!" Entonces viven para el resto de sus vidas con los resultados de ese pacto. Incluido en el voto hay un compromiso "de guardarse sólo para su cónyuge mientras que los dos vivan." Este voto también toma la buena voluntad de morir en el futuro a todas las posibles atracciones y encontrar la realización total para la vida en los brazos el uno del otro. En un buen matrimonio, una pareja resistirá todas las tentaciones a la infidelidad, presente y futura. De esta manera el amor de un marido por su esposa la hace santa y la guarda limpia (Ef 5:26-27). Aquel mismo amor también conserva su integridad.

Existen tantos ejemplos de la fidelidad verdadera en matrimonios de cuarenta, cincuenta y hasta de sesenta años de los cuales nadie debería dudar que son posibles. ¿Por qué dudar que la gracia santificadora también produzca ese tipo de fruto?

En el proceso de la santificación, el Señor exige ser el dueño de todo lo que somos y tenemos; esto implica una vida de confianza y compromiso, sin rivales. En esta relación, un creyente en un tiempo y lugar específicos promete su fidelidad a Jesucristo, aceptándolo como su único Salvador. El creyente decide amar a su Señor y confiar en Él completamente para el resto de su vida.

Jesús es para siempre el amante fiel que roba su corazón (Cant 4:9). Es por eso que la Biblia es un romance, una historia de amor que siempre está vigente, en la cual el novio compra a su novia con su propia sangre. Un día la presentará, una iglesia gloriosa que no tiene manchas ni arrugas (Ef 5:27).

- El matrimonio requiere nuestra rendición; morir a lo más preciado, tiempo y derechos personales, para servir a las necesidades del cónyuge. Algo menos no es una unión provechosa. En una vida santificada, el creyente rinde a Jesucristo su tiempo, sus talentos, su necesidad del placer, así como sus finanzas, sus sueños y sus derechos personales.
- El matrimonio es "en lo bueno y en lo adverso, en las riquezas y en la pobreza, en la enfermedad y en la salud, hasta que la muerte los separe." De la misma forma, el creyente santificado se apropia de los deseos de Jesús, viviendo donde Jesús quiere que viva, y haciendo y diciendo lo que representa a Jesús fielmente. Esto incluye el sufrimiento hasta morir por el bien de Cristo. El llamado a la santificación es realmente uno a morir. De igual manera, cuando un marido ama a su esposa, con gusto abraza el sufrimiento, hasta la muerte, por causa de su propio bien; por eso el creyente santificado abrazará con júbilo el sufrimiento y aun da su vida por su Señor.
- El pacto que se hace durante la ceremonia ayuda al matrimonio a ser exitoso liberándolo de un estilo de vida egocéntrico. A medida que su unión madura, ellos se encuentran realmente disfrutando al ayudarse a cubrir las necesidades y objetivos vitales del uno y del otro. En la santificación, al creyente sincero le deleita crecer conforme a la imagen de Cristo. Quiere ser semejante a Cristo en todas las esferas de su vida, incluso trabajar con gozo con el Señor en su visión mundial (Hch 1:8). ¡En efecto, le encanta hacerlo!
- En un matrimonio la madurez, es constante, es normal que una pareja con el tiempo se vuelvan parecidos, incluso pueden llegar a parecerse físicamente. En una vida ápartada, mientras el creyente pone su mirada en Dios y contempla al Señor a quien ama, más el carácter del Señor es formado en su vida (2 Co 3:18).

- El matrimonio debe estar basado en el compromiso, no en las emociones. El amor permite que estas decisiones se tomen a diario. Una pareja casada aprende rápidamente que las emociones engañan; y que las parejas sienten que no siempre están "enamoradas." Ellos van adelante con la convicción de que el amor es una decisión. Así que deciden confiar y permanecer comprometidos, aun cuando no vivan tomados de la mano. El compromiso sostiene el matrimonio; la dependencia de las emociones es lo que lo destruye.

En la santificación, la persona aprende que un acto de fe es "llenarte de amor" y no "darte por vencido," no importa cuán difícil sea el camino (Mt 25:19-23; Col 3:14; 2 Co 4:16; Ap 2:10). Un corazón y una vida santificados no están basados en el sentimiento de la presencia de Dios, pero por la fe el creyente decide creer y adorar al Novio (Jesús). El seguidor de Jesús decide diariamente y reafirma su respuesta al amor pródigo del Señor expresado en el Calvario. Anda por fe y no por vista, aun cuando las dudas, las espinas y las incertidumbres ensucien su camino (2 Co 5:7; Heb 6:8).

C. Ven y muere conmigo. Cuatro ilustraciones en Romanos

Jesús enseñó diciendo: "De cierto, de cierto os digo, que si el grano de trigo no cae en la tierra y muere, queda solo; pero si muere, lleva mucho fruto. El hombre que ama su vida la perderá; pero el que aborrece su vida en este mundo, para vida eterna la guardará" (Jn 12:24-25).

La muerte de Jesucristo tuvo implicaciones personales en el pensamiento del apóstol Pablo. Por ejemplo, la crucifixión de Jesús significó que este realmente llevó los pecados de Pablo y su naturaleza pecaminosa a la cruz. La afinidad de Pablo con la muerte de Jesús fue así de cercana. Esto también significó que Pablo personalmente estaba identificado con el triunfo de Jesús. Cuando el apóstol escribió: "He sido crucificado con Cristo," era una asociación apasionadamente individual (Gl 2:20). Cuando Jesús triunfó sobre el pecado y Satanás en la cruz, hubo un sentido de conexión personal que significó el triunfo de Pablo también. Entonces, cuando Jesús salió de la tumba al tercer día, Pablo aceptó sin dudar que había resucitado con Cristo a una nueva vida victoriosa sobre el poder de pecado: "He sido crucificado con Cristo," dijo el apóstol, "y ya no vivo yo, pero Cristo vive en mí. La vida que vivo en el cuerpo, la vivo por la fe en el Hijo de Dios, que me amó y se dio por mí" (Gl 2:20, énfasis añadido).

El estudiante de las Escrituras debe entender la afinidad que Pablo sintió con la crucifixión y la resurrección de Jesús, o tropezará tratando de entender las ilustraciones verbales de Pablo. Además, sólo como un hijo de Dios que hoy acepta la invitación del Señor y anda en su propio camino hacia la muerte, haciendo la misma identificación personal con la cruz y la resurrección de Jesús, podrá experimentar el triunfo personal.

Los capítulos 1—3 del libro de Romanos establecen la necesidad universal de la justificación en los corazones de todos los hombres. Los capítulos 4 y 5 ilustran la solución universal de la justificación y sus frutos, usando los ejemplos del Antiguo Testamento de Abraham y David. Los capítulos 6 y 7 proveen el seguimiento lógico de Pablo acerca de estas enseñanzas ilustrando la experiencia de la vida santificada. ¿"Qué diremos, entonces?", preguntó Pablo. "¿Continuaremos pecando de modo que la gracia pueda aumentar? ¡De ningún modo! Morimos al pecado. ¿Cómo podemos entonces vivir en ella por más tiempo?" (Ro 6:1-2). En el razonamiento de Pablo desde que Jesús murió al pecado, Pablo murió también al pecado, porque tanto sus pecados como su naturaleza pecaminosa, su fuerza de voluntad corrompida, estaban allí en el corazón de Jesús cuando el Señor hizo el sacrificio.

Pablo dio cuatro ejemplos gráficos para mostrar que el amor de Dios revelado en el sacrificio sangriento de Jesús rompió con el dominio del pecado que se hereda de Adán.

1. bautismo en la muerte de Cristo
2. crucifixión y resurrección
3. esclavitud
4. la ley del nuevo matrimonio después de la muerte de un cónyuge

En este estudio, el segundo de estos ejemplos recibirá la mayor parte de la atención. Estas analogías se manifiestan como dos corrientes que emergen en el río maravilloso del triunfo de la vida del creyente; lo que Dios hace en la santificación y lo que el hombre hace (Éx 31:13; Lv 20:7-8; 1 P 3:15). Lo que Jesús hizo fue morir en la cruz en nuestro lugar. Lo que el hombre hace es subir a la cruz con Él mediante la identificación con su muerte. El amor de Dios combina estos dos canales en uno. Cuando la persona mira fijamente a Jesús en la cruz, se da cuenta de que solo el magnánimo amor divino motivó a Jesucristo a sufrir esa clase de muerte. La única respuesta razonable debe ser, lo que el rey Salomón le dijo a su amada: "Prendiste mi corazón ... con uno de tus ojos, con una gargantilla de tu cuello" (Cant 4:9; 2 Co 3:8; Ro 5:5-8).

1. Bautismo en la muerte de Cristo (Ro. 6:1-4)

El bautismo es la primera ilustración en Romanos que muestra la gracia que rompe con el control del viejo hombre y el nacimiento de una vida santificada. Pablo preguntó: "¿O no sabéis que todos los que hemos sido bautizados en Cristo

Jesús, hemos sido bautizados en su muerte?" (Ro 6:3; Col 2:12). Qué verdad tan profundamente clara; la muerte de Jesús es "la fuente" en la cual el amor de Dios sumerge a sus hijos. ¿Cómo puede alguien experimentar el bautismo en la sangre de Cristo sin cambiar por el resto de la vida?

Cuando el Señor dijo en la cruz, "consumado es", resumió en una breve frase la victoria sobre el pecado, lo cual fue completamente absoluto para Él (Jn 19:30). Pablo procedió a aplicar lo que significa el triunfo de Cristo para el creyente: "Porque somos sepultados juntamente con él para muerte por el bautismo, a fin de como Cristo resucitó de los muertos para la gloria del Padre, así también nosotros andemos en vida nueva" (Ro 6:4). Para el apóstol Pablo, la identificación con la muerte y resurrección de Cristo era así de particular.

Por esa razón, Pablo describe en su ilustración un cambio interior cualitativo que tiene dos dimensiones. Primero, el bautismo en la muerte de Cristo significó que la vieja naturaleza de Pablo fue con Jesús a la cruz, donde el río de la sangre de Cristo lavó la naturaleza de pecado del apóstol bajo la corriente carmesí, rompiendo el dominio de la vieja naturaleza sobre su vida. La segunda ilustración que surge del bautismo es la resurrección, saliendo del agua con Cristo, lavado, limpio y separado con una nueva fuerza de voluntad que puede decidir vivir en la libertad de Cristo (Ro 6:5).

El cambio ocurre por la gracia por la fe, cuando el Espíritu Santo vierte el amor de Cristo en los corazones de los hijos de Dios (Ro 5:5; 8:15). Este amor aplica el poder expiatorio de la sangre de Jesús produciendo una respuesta de fidelidad para toda la vida (Ro 5:21; 1 Co 1:30).

~ El doctor Godbey lo es ~

—Un predicador se me acercó —dijo tío Robinson—, y me preguntó si alguna vez había visto a alguien que fuera santo, afirmando que no creía que alguien podía serlo.

—Sí, el doctor Godbey —le dije.

—¿Cómo sabes que él es santo?

—Por su manera de actuar —le contesté.

—¿Y cómo actúa?

—Bueno —dije—: Un día, le gritaron obscenidades en la calle, y él no respondió; le tiraron huevos podridos, y ni se limpió; y cuando fue a predicar, no mencionó cómo lo habían tratado; predicó como si nada había pasado.

—Yo diría que un hombre así es loco.

—No, él no es loco; es santo.[3]

2. Crucifixión y resurrección (Ro. 6:6-14)

Esta representación es otra ilustración viva de cómo el triunfo de la cruz produce una vida apartada del poder del pecado.

> Una cosa es clara: antes éramos pecadores, pero cuando Cristo murió en la cruz, nosotros morimos con él. Así que el pecado ya no nos gobierna. Cuando morimos, el pecado ya no tiene poder sobre uno. Si por medio del bautismo morimos con Cristo, estamos seguros de que también viviremos con él. Sabemos que Jesucristo resucitó y nunca más volverá a morir, pues la muerte ya no tiene poder sobre él. Cuando Jesucristo murió, el pecado perdió para siempre su poder sobre él. La vida que ahora vive, es para agradar a Dios. De igual manera, el pecado ya no tiene poder sobre ustedes, sino que Cristo les ha dado vida, y ahora viven para agradar a Dios.
> —Romanos 6:6-11

a) El principio de identidad

Los creyentes del siglo veintiuno que desean o anhelan reflejar la actitud y el plan del Señor no pueden subir físicamente a la cruz con Jesús. La ilustración es una representación poderosa, sin embargo, de cómo la identificación con Cristo por la gracia a través de la fe consigue una crucifixión personal y cede a un estilo de vida apartada o santificada.

El Señor no fue al Calvario para triunfar sobre su propia vieja naturaleza de pecado, porque no tenía pecado (2 Co 5:21). En cambio, murió para hacer provisión de su amor para sus seguidores (2 Co 1:22). Él realmente llevó mi naturaleza de pecado a la cruz y pagó mi pena de muerte (Col 2:13-14). Esta clase de amor realmente transforma la vida, porque Jesús como el segundo Adán cargó en su corazón —en el Calvario— la naturaleza pecaminosa de cada hijo del primer Adán (1 Co 15:45).

El creyente experimenta la muerte victoriosa del Señor porque este fue su sustituto. Percibe en la muerte de Cristo, los horrores del Gólgota, tanto la magnitud del amor de Dios como la naturaleza atroz de su viejo hombre (Is 52:14; Ro 6:6; 8:39; Col 3:9). Como resultado, experimenta la gracia insondable de Dios, expresada en la muerte de Jesús para quienquiera (Ef 1:6-7).

Del mismo modo que una persona se une o se identifica con Jesús en el sufrimiento que le causó la muerte, se une o se identifica con Él en el triunfo de su resurrección.

b) Final del dominio del viejo hombre

Cuando esta identificación ocurre, siempre es alimentada por la emoción. Un padre que pierde a su adolescente en un trágico accidente de caza, por ejemplo, volverá a vivir a menudo las circunstancias y sus detalles, y lamentará profundamente

Ilustraciones de una vida santificada

no haber podido morir en lugar de su hijo. Del mismo modo, las personas que aman a Jesús se identifican fácilmente con su cruz, sintiendo profunda y dolorosa culpa porque se dan cuenta de que sus pecados causaron su muerte. Entonces, cuando entienden que Jesús murió por ellos y se apropian de la voluntad redimida que les regaló, la gratitud transformadora se convertirá en la nueva opción para amar y servir a Jesús por el resto de sus vidas. Es esta la identificación y el amor que rompen con la hegemonía del viejo hombre (Ro 6:5).

Debido a esta afinidad, la verdad dada por el Espíritu Santo es que la vieja naturaleza heredada de Adán "fue crucificada con Cristo" y "ya no es esclavo del pecado" (Ro 6:6). En el momento que entiendo el amor pródigo de Cristo, creyendo lo que hizo en Gólgota por mí, la fe encuentra a la gracia y da paso a la luz resplandeciente de la mañana (Ef 1:8; 1 Jn 3:1). Cuando el Espíritu Santo hace renacer esta verdad en los corazones de la gente, todo cambia, y la victoria se hace personal. Cristo, como un acontecimiento histórico real, llevó mi pecado a la cruz y literalmente pagó mi pena de muerte. Esta ejecución es liberadora y redentora, mis deseos cambian; lo que realmente quiero, y seriamente deseo, es vivir a la manera de Cristo, incluso con sus valores y su plan diario (Flp 2:5). He encontrado a mi amado de toda la vida.

La iglesia del Señor hoy debe enfrentar el hecho de que la provisión de la muerte de Cristo en la cruz no es insuficiente para triunfar sobre el pecado. La deficiencia se encuentra en gran parte en la llamada vida cristiana exitosa, la cual no implica ningún camino de muerte y sobre todo ninguna muerte por crucifixión. Al contrario, los líderes espirituales se vuelven a los paliativos sociológicos y sicológicos para ayudar a la gente a vivir con su dolor sin tratar "con la araña" que es la causante principal del mal. "Por eso", afirmaba el apóstol Pablo convencido, "den muerte a todos sus malos deseos; no tengan relaciones sexuales prohibidas, no sean indecentes, dominen sus malos deseos y no busquen amontonar dinero, pues es lo mismo que adorar a dioses falsos" (Col 3:5, BLS).

Bonhoeffer afirmó: "Cuando Jesús llama a un hombre, le ofrece venir a Él y morir."[4] Muchas personas creen que pueden coexistir exitosamente con el viejo hombre de pecado dentro de ellos. Aplicando la analogía del matrimonio, quieren el nuevo amor junto con la vieja llama, evitando el dolor del sacrificio y la muerte. Abraham seguramente deseaba que tanto Ismael como Isaac crecieran en la misma tienda de campaña y no fue fácil para él renunciar a su primogénito (Gn 17:18).

Es un hecho discrepante que un cónyuge rechace pagar el precio y realmente muera a todos los viejos pretendientes; esto solo escribe la sentencia de muerte del matrimonio. Es más fácil morir a cada antiguo, cada presente y cada futuro pretendiente, que optar por el divorcio, la tumba de los matrimonios (Mal 2:16). La sola idea de coexistir crea la competencia que mata y sepulta los matrimonios. Esto también desvaloriza la gracia y no permite ser liberado del viejo hombre. Santiago describió el estado de doble ánimo y dijo que tal persona es "inestable en todo lo que hace" (Stg 1:8).

❧ Amo a Jesús, pero ... ❧

Amo a Jesús, pero quiero conservar a mis propios amigos aun cuando no me acercan mucho a Jesús. Amo a Jesús, pero quiero retener mi propia independencia, aun cuando esto no me traiga ninguna libertad verdadera. Amo a Jesús, pero no quiero perder el respeto de mis colegas profesionales aunque su respeto no me haga crecer espiritualmente. Amo a Jesús, pero no quiero dejar mi escritura, mis viajes ni mis proyectos, aun cuando eso exalte más mi ego que glorificar a Dios.[5]

c) Separación como muerte

Un estilo de vida santificada de acuerdo a la actitud de Jesús, su carácter y su plan dentro y fuera de la casa, solo ocurre cuando morimos al yo. Puesto que Jesús dio su vida en la cruz por los pecados del mundo —de lo que se deduce que los hijos de Dios deben vivir en victoria—, también deben morir al mundo, con sus deseos y lujurias (Gl 5:24; 1 Jn 2:15-17). Sin embargo, la persona natural no abandona fácilmente sus deseos carnales, desechando "todo lo que nos impide" y el pecado que "tan fácilmente nos asedia" (Heb 12:1). Pablo afirmó que la solución requiere una separación tan dolorosa que solo el término "muerte" puede describirla:

> Ahora si morimos con Cristo, creemos que también viviremos con él.
> —Romanos 6:8

d) Crucifixión y resurrección: Tres acciones vitales (Ro. 6:11-14)

Pablo presenta tres pasos esenciales en el camino a la muerte necesaria de una vida apartada con Cristo el Señor (1 P 3:15). Cada paso contribuye a la victoria sobre la vieja naturaleza de pecado.

1) Considerarse como muerto

"Así también vosotros consideraos muertos al pecado; este es el paso inicial y la primera orientación de Pablo (Ro 6:11; Col 3:5). El mandamiento de Pablo trae a la memoria una analogía de un cálculo matemático. La suma "de los números" significa que lo que Jesús consiguió en el Calvario da como resultado que:

- Jesús murió
- en mi lugar y
- pagó mi deuda;

Ilustraciones de una vida santificada

- por lo tanto, acepto por la fe que yo esté muerto con Cristo al pecado.

Esta analogía muestra qué considerarse muerto al pecado lo es todo, y esta debe ser la opción del creyente. Por ejemplo, Dios le dijo a un Caín muy abatido, después de rechazar su ofrecimiento, que su cara podría "resplandecer de gozo nuevamente". "Si hicieras lo bueno, podrías andar con la frente en alto. Pero si haces lo malo, el pecado te acecha, como una fiera lista para atraparte. No obstante, tú puedes dominarlo." (Gn 4:7). Dios no le dijo a Caín: "Voy a conquistar esta batalla por ti;" sino que le dijo: "Tú puedes dominarlo."

Esta conquista ocurre cuando una persona está de pie frente a la cruz y firmemente "lo considera" de esa manera. Lo podemos hacer, confiando en el poder transformador del río de amor que fluye en la sangre de Cristo. ¡El sacrificio expiatorio de Jesús es tan poderoso que revela el amor irresistible de Dios, dando autoridad y poder al creyente. "Cancelando" al viejo hombre (Tit 2:12).

Los números tienen sentido realmente. Cuando el creyente hace lo que puede hacer y se declara muerto al pecado con una fe sincera, el Espíritu Santo hará en él lo que solo Él puede hacer. En los momentos de crisis, la gracia abraza la fe y produce la muerte del viejo hombre. En esta separación, la puerta se abre de par en par a una nueva vida de crecimiento del carácter de Dios y participación en el plan de Jesucristo (Jn 8:34; Ro 6:22).

2) Considerarse vivo para Dios

Pablo nos enseña en estos versos un doble cálculo de fe. El primero se considera muerto al pecado. El segundo entonces sigue el entendimiento de sí mismo como "vivo para Dios en Cristo Jesús" (Ro 6:11).

- Jesús murió
- en mi lugar
- y resucitó de entre los muertos.
- De ahí, por la fe morí al pecado con Cristo y soy resucitado con Él a un nuevo estilo de vida santificada.

"Los números" tienen lógica aquí también. El cálculo demuestra que como Él clavó mis pecados en su cuerpo en la cruz, realmente participé en la riqueza de su resurrección. El producto total es, por lo tanto, que me ha apartado del mundo y me ha levantado para crecer en carácter para engrandecer su reino. Soy santificado para una nueva vida en Cristo.

Pablo no enseña a los seguidores del Señor a practicar solamente el pensamiento positivo. Es más, el apóstol sabía que en el momento que una persona con fe sinceramente muere al viejo hombre, el Espíritu Santo mora en él, como cuando estaba con Abraham. El Espíritu deposita abundantemente el amor transformador de Cristo, amor que demanda una respuesta de gratitud que produce un compromiso total (1 Jn 3:1; 4:9). En este sentido, somos encerrados, y nuestros corazones son robados para siempre (Sal 139:4; Cant 4:9; Ef 6:24) Cuando una señorita encuentra su amor verdadero se aleja de todos los viejos pretendientes y no mira atrás, comprometiéndose para toda la vida con su hombre especial. En ese mismo sentido, la hegemonía del viejo hombre también se rompe en esta nueva relación de amor, y una vinculación nueva, para toda la vida con Jesucristo, toma el control (Gn 21:12; Jer 29:13; Flp 2:12-13).

3) Entregarse a Dios

Pablo dijo: "Si vivís conforme a la carne, moriréis; mas si por el Espíritu hacéis morir las obras de la carne, viviréis" (Ro 8:13). Otra vez, "los números" se multiplican y tienen lógica, formando una sociedad poderosa. Lo que el Espíritu hace es derramar en gran manera el irresistible amor de Dios en nuestros corazones (2 Co 5:14; 1 Jn 4:19). Respondemos con mucho gusto sacrificando en el altar al viejo hombre y todos los antiguos amores que dificultan la relación con Cristo. De ahí, el Espíritu Santo, debido a la eficacia de la sangre de Cristo, crucifica nuestra naturaleza pecaminosa (Ro 6:8; 8:9; Ef 4:22; Col 3:9).

¿Cuál es el resultado? Los creyentes pueden darse a sí mismos a Dios en gratitud abundante por el pródigo amor del Señor en el Calvario. Este amor les permite, frente a la tentación, para que "tampoco presentéis vuestros miembros al pecado como instrumentos de iniquidad, sino presentaos vosotros mismos a Dios como vivos de entre los muertos, y vuestros miembros a Dios como instrumentos de justicia. Porque el pecado no se enseñoreará de vosotros; pues no estáis bajo la ley, sino bajo la gracia" (Ro 6:13-14; Stg 1:13-14)

3. Esclavitud

Pablo usó la analogía del trabajo forzado como su tercera ilustración de la vida santificada (Ro 6:16-23). Un esclavo no es su propio dueño; en cambio, es "propiedad" de otro. La persona que vive el estilo de vida del viejo hombre vive así porque el pecado esclaviza sus decisiones y sus opciones.

> Como a ustedes todavía les cuesta entender esto, se lo explico con palabras sencillas y bien conocidas. Antes ustedes eran esclavos del mal, y cometían pecados sexuales y toda clase de maldades. Pero ahora tienen que dedicarse completamente al servicio de Dios. Cuando ustedes eran esclavos del pecado, no tenían que vivir como a Dios le agrada. ¿Y qué provecho sacaron? Tan sólo la vergüenza de vivir separados de Dios para siempre. Pero ustedes ya no son esclavos del pecado. Ahora son servidores de Dios. Y esto

sí que es bueno, pues el vivir sólo para Dios les asegura que tendrán la vida eterna.

—ROMANOS 6:19-22, BLS

¡Qué clase de esperanza tenemos en el evangelio! Jesús voluntariamente eligió el humilde estilo de vida de Siervo, primero con su Padre, y luego con sus prójimos. Su último acto de servicio fue derramar su sangre en el Calvario para exonerar a todos aquellos que están en esclavitud espiritual (Flp 2:7-8; Gl 5:1). Porque nos convertimos en lo que amamos, cuando nos enamoramos de Jesús, la gratitud por su sacrificio es abrumadora. El amor expresado en la fuente de su sangre en el Calvario realmente nos separa de nuestro viejo hombre y nos dirige hacia los brazos de un Dios que espera.

El hijo transformado de Dios puede decidir ahora hacerse siervo de un nuevo Señor. Alegre y libremente elige a Jesucristo, que ha cautivado su corazón, en un vínculo que es la esencia "de la santidad" (Ro 6:22; Éx 21:5-6; Cant 4:9). Él cambia de dueño y acepta el reclamo del Señor de todo su ser, incluso en todas las áreas de autoridad de su vida.

Cuando Jesús habló a los judíos sobre este tema, lo expresó de esta forma: "De cierto os digo, que todo aquel que hace pecado, esclavo es del pecado ... así que si el Hijo os libertare, seréis libres de verdad" (Jn 8:34, 36). Entonces, "libertados del pecado," dijo Pablo: venimos a ser siervos de la justicia" (Ro 6:18). La implicación es clara. En este cambio, el hijo de Dios ya no está en la esclavitud del pecado. El resultado es que el creyente espontáneamente entrega su lealtad entusiasta a los caminos de Dios (Éx 21:6; Flp 2:5-8).

~ El amor estimula al servicio ~

Sam era una persona controladora, y su matrimonio con María fue desdichado desde la luna de miel. Sam fue con María un excelente proveedor económicamente, pero ella vivió en la pobreza emocional. Él era un marido exigente. Sam quería su desayuno servido a las 7:30 y no a las 7:35. Su comida tenía que estar en la mesa a las 5:30 de la tarde. Sam era como un capataz, le enseñó a María cómo quería que sus camisas fueran planchadas y dobladas. María sentía que moría internamente y poco a poco.

Llegó un día cuando Sam sintió un dolor insoportable en su garganta y comenzó a perder peso. María le pidió que fuera a hacerse una revisión general con su médico. Cuando finalmente fue al doctor, el diagnóstico fue un cáncer inoperable en su garganta. Sam había tardado demasiado tiempo para buscar ayuda. Su muerte ocurrió tres meses después.

Cuando murió, María se sintió aliviada de que el capataz la había dejado libre. Entonces sintió culpa por esos pensamientos.

Con el tiempo, sanó emocionalmente y alcanzó el lugar en su vida en el cual podía amar de nuevo. Encontró a un hombre cristiano, que la trataba como una reina. Ella no creyó que alguien podía amarla alguna vez de la manera que Billy la adoraba.

Un día María estaba trabajando en el desván. Encontró una vieja carta que Sam le había escrito en los primeros meses de su matrimonio. En ella, Sam exigía sin rodeos que le sirviera su comida a las 5:30 en punto. Solo leer la carta trajo un torrente de viejos y dolorosos recuerdos.

Sin embargo, mientras meditaba en todo eso, algo muy especial renació en ella. María se dio cuenta de que todavía cocinaba el desayuno, y que ella y Billy comían como a las 7:30 cada mañana. También planchaba las camisas de Billy y las doblaba. Disfrutaban de la comida juntos, a las 5:30 cada día. Pero esos viejos sentimientos, negativos, que tuvo hacia Sam no los sentía con Billy. Eso la hizo reflexionar. Sam había sido un capataz que la tenía en esclavitud. María había tratado de cumplir sus ásperas expectativas, pero nunca lo logró.

El nuevo matrimonio era mejor. Billy la amaba por lo que ella era y quiso que fuera feliz. Él la había liberado y le había dado el derecho de ser ella misma. El resultado fue que ella realmente disfrutaba haciendo cosas para Billy. Su amor la motivó para querer servir, amándolo.[6]

La proclamación de libertad que Jesús publicó en la cruz dio por terminado el asunto. La nueva libertad es verdadera y está vigente, y la relación con Jesucristo produce felicidad (Gl 5:1). El criterio para medir esta nueva relación no es uno libre de pecado hacia la perfección, pero sí a la separación a la manera de pensar del siervo hacia su Señor y su plan global.

"Pero ustedes ya no son esclavos del pecado. Ahora son servidores de Dios. Y esto sí que es bueno, pues el vivir sólo para Dios les asegura que tendrán la vida eterna" (Ro 6:22, BLS). La Nueva Versión Internacional lo expresa de esta manera: "Pero ahora que han sido liberados del pecado y se han puesto al servicio de Dios, cosechan la santidad que conduce a la vida eterna."

La vida vieja pagó su precio a través de la muerte (Ro 6:21). Con esa vida, las ataduras sólo fueron más profundas cada vez más. Sin embargo, el nuevo Maestro ofrece bendiciones del valor inestimable: "el regalo de Dios es vida eterna in Cristo Jesús" (Ro 6:23).

El amor de Dios transforma a la gente de tal manera que pueden tener libre albedrío para escoger ser sujetos leales al Nazareno (Ef 4:1). En efecto, Dios siempre inspira un sentimiento de gratitud que bendice a otros por amar a Jesús (1 Co 13:8;

Col 2:7). Al mismo tiempo, el maravilloso amor de Dios nunca exige una respuesta positiva contra la voluntad de la persona. En efecto, la libertad es por último libre sólo cuando la gente tiene la opción para ser desagradecida, hasta por el sacrificio de su Redentor.

4. Nuevo matrimonio

La cuarta ilustración de Pablo es la ley del nuevo matrimonio después de la muerte del cónyuge (Ro 7:1-6). La ley de Moisés decía que una mujer estaba ligada a su marido mientras él vivía. Su muerte, sin embargo, la liberaba de esa ley.

> Así que, si en vida del marido se uniere a otro varón, será llamada adúltera; pero si su marido muriere, es libre de esa ley, de tal manera que si se uniere a otro marido, no será adúltera.
> —Romanos 7:3

Con esta analogía entendemos que por su misma naturaleza, la muerte es separación. En este mismo sentido de separación, el amor de Dios expresado en la muerte de Jesús rompe con la hegemonía del pecado sobre la vida del creyente y lo separa de su poder controlador y condenatorio. El hijo de Dios es liberado para darse en fidelidad a un nuevo matrimonio, una nueva relación con Cristo. La asociación con el viejo hombre o la vieja naturaleza de Adán era un terrible convenio que lo mataba. Pablo dijo: "Mientras estábamos en la carne, las pasiones pecaminosas que eran por la ley obraban en nuestros miembros llevando fruto para muerte" (Ro 7:5).

El nuevo matrimonio con el último Adán, que es "un espíritu vivificante," es indescriptiblemente mejor (1 Co 15:45). El insondable amor de Dios, derramado en las vidas de sus hijos por el Espíritu Santo, nos motiva para amar a Jesucristo por siempre (Ro 5:5; Ef 6:24; Tit 3:6). El camino está ahora abierto de par en par para los hijos de Dios a fin de que puedan vivir como siervos que "dan fruto para Dios ... muriendo a lo que una vez nos ataba, hemos sido liberados de la ley" (Ro 7:4-6; Gl 5:22-23).

La consecuencia es que los hijos de Dios no están atados al compañero dominante que es el pecado. Pero ahora "estamos libres de la ley ... de modo que sirvamos bajo el régimen nuevo del Espíritu" (Ro 7:6).

D. Resumen

Cada una de estas seis ilustraciones comunica el mismo mensaje a su propia manera. El amor generosamente abundante de Jesucristo expresado en su sangre vertida es tan atractivo, que somos atraídos a Él (Is 53:12; Lc 22:20; Ro 5:5; Tit 3:6). Cuánto más lo miramos en la cruz, más lo amamos. Y en la medida que nuestro amor por Él crece, más queremos parecernos a Él. La misericordia de la gracia divina es tan determinante para separarnos del poder del pecado, que nos da el libre albedrío para darle la espalda al viejo estilo de vida y abrazar las actitudes, valores y plan global de Jesucristo.

Por lo tanto, los creyentes son "apartados para el evangelio de Dios" (Ro 1:1). Esto puede ser posible por "el amor de Dios que está en Cristo Jesús, Señor nuestro" (Ro 8:39). La grandeza de este amor radica en que nada ni nadie puede separar a un hijo de Dios de ese gran amor (Ro 8:35-39).

Este estudio enfatiza este enfoque, por lo tanto; el amor de Dios demostrado en abundancia en la cruz, hace posible que cada creyente trabaje por su "salvación con temor y temblor." Toda la gloria es dada a Jesucristo, "porque Dios pone en nosotros el querer como el hacer por su buena voluntad (Flp 2:12-13). El punto de partida es desear tener la mente de Cristo (Flp 2:5).

1. Amor: persuasión y edicto sin coerción

Usando la analogía del cortejo, cuando una persona transita el camino de muerte a la cruz, en ese momento especial sus ojos se encuentran con los de Jesús (Lc 22:61). Inmediatamente se une con su Señor. Se da cuenta de que Jesús derramó todo su amor en esa cruz sólo por él (Cant 4:9; 1 Jn 3:1). En ese instante irresistible, el amor de ayer pierde toda esperanza en su corazón y la supremacía del viejo hombre es rota (Col 2:13-14). Con una profunda gratitud por la muerte del Señor por su pecado, entiende el rico significado de las canciones de David: "Detrás y delante me rodeaste" (Sal 139:5). Esto permite que el creyente sienta la mano de bendición sobre su vida.

Este amor, entonces, es lo que persuade a las personas a decidir hacer la voluntad de Jesús, seguir su estilo de vida e imitar su vida de servicio. De una manera extraordinaria, el amor tiene poder para obligar sin anular el libre albedrío de una persona; por lo tanto, esto puede llevar a cabo lo que la ley nunca podría (2 Co 5:14).

Este asombroso tipo de amor divino también puede ser decretado. Jesús seguramente lo hizo. Jesús dijo: "Un mandamiento nuevo les doy: Que os améis unos a otros; como os he amado, que también os améis unos a otros" (Jn 13:34; 14:15; 15:9, 12; Lc 6:27). También Moisés dio este mandamiento (Dt 6:5, 20; 10:12, 19; 11:1, 13, 22).

En todo el alcance de la santa gracia, incluso en las pruebas de una muerte espiritual por la identificación con la cruz de Jesús, el Señor nunca nos obliga para que le seamos fieles. Por el contrario, el irresistible amor de Dios inspira al creyente hasta tal punto que responde con profunda gratitud personal por todo lo que Jesús ha hecho.

Nosotros le amamos a él porque él nos amó primero.

1 JUAN 4:19

2. El amor que sana al espíritu de doble ánimo

La muerte del viejo hombre no es un proceso fácil ni sin dolor. Todo lo contrario, la determinación de vivir es tan fuerte que la gente lucha con la muerte hasta el último aliento. En términos espirituales, el fruto del pecado de una relación con un viejo amor puede ser a veces muy seductor, unos mentirán y se verán involucrados en encubrimientos complicados. Otros lucharán hasta el final, hasta que se rindan "al pecado que tan fácilmente enreda" (Heb 12:1-4).

Abraham, el padre de la fe, vivió por muchos años después del nacimiento de Isaac con un estilo de vida de doble ánimo. Cuando el momento de la verdad llegó, luchó con esa situación y no fue fácil para él morir a sus propios planes (Gn 21:12). La gracia del amor divino fue lo que lo animó, de tal manera que Abraham, le permitió a Dios usarlo a él y a sus descendientes para ser la nación escogida por su fe, en la que el Mesías nacería.

3. El amor como poder para permanecer en la cruz

Por todas las bendiciones que esta nueva libertad con Cristo promete, la persona hará nuevos compromisos para mejorar, prometerá cambiar sus hábitos, todo lo que lo lleve a despojarse de su cruz espiritual (Éx 8:25-28; 10:7, 24; Mt 27:40-42). Pero bajar de la cruz deja a la persona como simplemente un reformado, o tal vez un pecador más cauteloso. No ocurre ninguna muerte ni ninguna resurrección a una nueva vida resplandeciente. Sólo el amor por Dios mantiene a la persona en la cruz hasta que la muerte ocurra, para que pueda ser seguida de una resurrección. La gracia tiene el poder para hacerlo.

4. El amor como gracia para cambiar

a) En Abraham

Cuando Dios le habló a Abraham en aquella alentadora visita, derramó en el padre de la fe la gracia para honrar la petición de Sara, aunque esto implicara renunciar a su hijo Ismael y a su madre (Gn 21:11-12). La separación tenía que pasar; la coexistencia con el pecado nunca funciona.

En aquel instante de confianza, Abraham recibió la ayuda de Dios que lo reforzó para hacer lo que sabía que tenía que hacer. Aunque la opción era como la muerte, la resurrección que siguió le trajo la unión con su Señor, el amor supremo de su vida. Esta nueva relación de amor también le permitió vivir para el resto de su vida en fidelidad al carácter y el plan de Dios. Abraham descubrió el romance de los siglos y el Novio del cielo y, con un corazón de profundo amor, entro en unión de fe con su Mesías (Jn 8:56). Abraham pasó el resto de su vida con mucha ilusión pensando en la ciudad con fundamentos, cuyo arquitecto y constructor era Dios" (Heb 11:10).

El resultado de la gracia para cambiar es una resurrección a una nueva vida de servicio en el redil de Jesucristo (Jn 10:11-14). Este estilo de vida santificada es en efecto un logro maravilloso de un amor irresistible (2 Co 5:14). Al pie de la cruz, donde la sangre de Cristo fue derramada por mí, el amor abundante de Dios libera a la persona de la opresión del pecado (Gl 5:1; 1 Jn 3:1).

b) En el centurión

El centurión endurecido que crucificó a Jesús se dio cuenta de que había crucificado a un hombre inocente. El oficial nunca había visto a un hombre enfrentar la muerte como Jesús; en efecto, el Señor no lanzó un solo adjetivo a sus asesinos (Lc 6:28; 1 P 2:23-24; Is 53:7). Mientras miraba a Jesús de cerca, concluyó que algo muy diferente ocurría en la colina del Gólgota. El Señor obviamente sufrió el dolor inimaginable y la vergüenza en la cruz, pero también mantuvo su enfoque durante todo el proceso. Él sabía por qué estaba en aquella cruz y entendía las circunstancias que le rodeaban, lo que era una injusticia. Sorprendentemente, aunque inocente, Jesús nunca actuó como víctima.

El hecho de que no blasfemara contra los líderes religiosos que se burlaron y se mofaron de Él, ni contra los soldados que lo crucificaron y echaron suertes por sus ropas, debe haber resonado en este oficial endurecido cuando "la gracia para el cambio" comenzó a trabajar en su corazón (Mt 27:41-44; Jn 19:24; Sal 22:18; 1 P 2:23). La compasión que Jesús mostró hacia su madre, que estaba adolorida como si un soldado le hubiera traspasado el corazón con una espada, y la ternura que Jesús sintió por el ladrón al lado de la cruz derramaron más gracia en el centurión (Jn 19:27; Lc 2:35; 23:40-43). Las tres horas de oscuridad sin duda también estremecieron y multiplicaron el poder de Dios cuando el cortejo de la gracia operaba en su corazón endurecido (Lc 23:44-45).

Este pagano nunca pudo olvidar las declaraciones que Jesús había hecho desde la cruz, sobre todo que para él era seguramente una exclamación verdadera: "Padre perdónalos, ya que ellos no saben lo que hacen" (Lc 23:34). Los romanos entendieron el poder brutal de la venganza, pero ellos tropezaron delante del amor supremo que perdona.

Es verdad que una persona puede tener más libertad como prisionero en la cárcel que los oficiales que lo guardan. En este sentido, Jesús era libre en la cruz, y el centurión, que fue testigo de su libertad, fue confrontado a aceptar que él era el preso. Estas demostraciones visuales de la gracia motivaron a este oficial romano para abrir su corazón y decir: "Seguramente era el Hijo de Dios" (Mt 27:54).

Si la experiencia de la cruz de Jesús pudo derretir en unas horas el corazón de este verdugo endurecido, eso también puede salvar "al que quiera ser salvo" (Jn 3:16). Y lo ha hecho. Millones desde entonces han mirado las mismas pruebas y han llegado a la conclusión de este centurión. En nuestro mundo actual, la cruz de Jesús sufre, no a falta del rescate del poder, sino porque muchos se apartan antes de contar la historia completa.

Cuando una persona medita en los diferentes aspectos del Calvario, el maravilloso amor de Dios que Jesús demostró cautiva nuestros corazones y nos funde en una sólida amistad de afecto mutuo (Cant 4:9; Sal 145:20; 1 P 1:8; Ap 1:5-6). Él se aleja del Gólgota porque tomó la decisión de amar a Jesús por el resto de su vida (Ef 6:24). Su decisión también incluye la determinación de vivir la voluntad del Padre para ayudar a la gente, como Jesús lo hizo. Pablo lo expresó diciendo: "A griegos y a no griegos, a sabios y a no sabios soy deudor. Así que, en cuanto a mí, pronto estoy a anunciaros el evangelio también a vosotros que estáis en Roma" (Ro 1:14-15). Cristo murió por todo pecado, debemos morir a todos los pretendientes del pasado, presentes, y futuro; y todos los que compiten con nuestra lealtad al Nazareno (Mt 2:23).

Cuando los creyentes entienden el precio tan alto que Dios pagó en la cruz por amor a nosotros para expiar el pecado, también nace un amor profundo por los pecadores. Por otra parte, un entendimiento menor y difuso de la historia de la cruz de Jesús siempre producirá una vista indiferente y compasiva de la gente perdida y realmente puede causar una negación de su realidad.

5. El amor: Proclama el triunfo de Jesús

El Espíritu Santo hace posible que una persona pueda identificarse con la muerte y la resurrección de Jesús al grado que cambie su vida. En efecto, es una norma para el creyente tener un sentido fuerte que él estaba realmente allí en el Calvario.

Jesús tomó mis pecados y murió en mi lugar. El Espíritu Santo me permite, por lo tanto, estar parado al pie de la cruz, mirando la escena sangrienta de lo que debería haber estado pasándome, y percibir así el insondable amor de Dios. Este entendimiento es la esencia de una expiación sustituta, el concepto de la muerte de Cristo como un sustituto por mí, cubriendo mis pecados (Is 53; Ro 3:25; 5:19; Gl 1:4; Heb 2:17).

Los hijos de Dios reconocen cuando están en fe al pie de la cruz, que debido a la justicia de Jesús, el Padre puso su sello de aprobación en su Hijo cuando lo levantó de los muertos. Por lo tanto, el Padre celestial se deleita en que sus hijos reclamen el amor de Dios que triunfó en la muerte de Jesús como su santidad (Gn 15:6; Ro 4:3-8). El resultado es, que ellos realmente llegan a ser "participantes de la naturaleza divina, habiendo huido de la corrupción que hay en el mundo a causa de la concupiscencia" (2 P 1:4).

6. El amor que paga completo

¡Qué buenas noticias! Jesús pagó toda nuestra deuda con su sangre, y la Palabra de Dios es el recibo de su pago. El grito del Señor en su cruz, "consumado es," se oye como el final de una deuda pagada en su totalidad (Jn. 19:30). Así como el médico hace un examen de rutina y da un certificado de defunción en el momento que una persona muere, de la misma manera en un momento de crisis el viejo hombre es destronado y Jesucristo es exaltado. En ese instante de triunfo, comienza una nueva vida de resurrección en Cristo. En esta relación, la maestría del pecado es rota porque el Espíritu Santo derrama el amor de Dios para cambiarnos por dentro (Ro 5:5; Jn 5:42). Este amor hace lo que la ley no puede hacer; impartir vida (Gl 3:21).

7. El amor que produce la negación del yo

Hemos notado en este estudio que nuestro ' Señor, sin pecado, en su encarnación, rindió los aspectos más preciosos de su deidad —sus derechos morales— a su Padre y al Espíritu Santo. Con la confianza total en su Padre, Jesús fungió con la confianza que el Espíritu los ministraría a ellos a través de Él, como era necesario en su ministerio (Hch 2:22). Tal es la esencia de la declaración de Pedro en la casa de Cornelio en cuanto al método de operación de Jesús: "Dios ungió a Jesús de Nazaret con el Espíritu Santo y poder", y "él fue a muchos lugares haciendo el bien y sanando a todos aquellos quienes estaban bajo el poder del diablo, porque Dios estaba con él" (Hch 10:38).

Con la gracia santificadora, el creyente rinde su corazón, alma, mente y fuerza a Dios. Pablo lo declaró, diciendo: "He sido crucificado con Cristo, y ya no vivo yo, pero Cristo vive en mí. La vida que vivo en el cuerpo, la vivo por la fe en el Hijo de Dios, que me amó y se dio por mí" (Gl 2:20). Este testimonio fue posible porque Pablo amó a Jesucristo (Mr 12:30). En total compromiso con el Señor, Pablo rindió o brindó todo su:

- corazón —el asiento de sus emociones, sentimientos, deseos, afectos y su voluntad
- alma —el fundamento de la dimensión espiritual de su ser moral y eterno
- mente —su capacidad de pensar y razonar
- fuerza —su capacidad para ir y venir con energía y poder

Cuando la persona rinde estos aspectos de su naturaleza humana, la realidad es que el Espíritu Santo será fiel al santificarlos para el servicio divino.

La imagen de un matrimonio resulta apropiada en este contexto. En el altar de una boda, un hombre y una mujer rinden cada uno todas las relaciones pasadas y se comprometen el uno al otro para siempre. En efecto, muchos matrimonios de cincuenta años, que viven en fidelidad verdadera, dicen que guardar el pacto o los votos es posible. La confianza implícita mutua, da nacimiento al compromiso que une y mantiene a un matrimonio junto para toda la vida.

Así como pasa con el matrimonio, seguramente habrá altibajos con el pasar del tiempo en el camino de la fe, pero la relación del creyente con Dios, unido por este afecto mutuo, permanece sólido por toda una vida.

8. El amor cambia los centros de poder

Al momento en que Jesús es firmemente asentado en el trono de su corazón, comienza la modificación radical y sigue madurando en lo que el hijo de Dios ama y quiere de la vida. Jesús se hace su Señor. Esta nueva actitud cambia en la medida en que él se relaciona con muchos asientos de poder en su vida, incluso su:

- dinero
- vida sexual
- vida devocional
- vida familiar
- vida en la iglesia
- vida en el trabajo
- vida recreacional
- posesiones y
- hábitos impíos

Ahora ellos son sometidos a la misión y el poder de la cruz. En todas estas áreas de influencia, la sal de la gracia santificadora sazona las vidas de los hijos de Dios. De hoy en adelante, ellos disfrutan de una obligación nueva ansiosos por duplicarse en su propio estilo de vida, con las actitudes y valores de Jesús, así como su visión para las naciones. El Señor realmente se hace más que residente en el corazón del creyente; Él es el nuevo presidente y el presidente del consejo de administración. El resultado es que la persona comienza a sentir su nueva libertad en Cristo. La confianza crece rápidamente, asegurándole que está progresando al ocuparse en su salvación (Flp 2:12-13).

¡Un muchacho otra vez!

En el libro *In the Voyage of the Dawn Treader*, escrito por C.S. Lewis, este cuenta la historia de un jovencito llamado Eustace que se convirtió en un dragón muy infeliz. Eustace se roba un brazalete de oro y se lo pone, sólo para encontrar que su avaricia lo convierte en dragón. Y el brazalete estaba insoportablemente apretado a su pie de dragón.

Una noche, en medio de su dolor y frustración, Eustace encuentra a un enorme león que le dice al muchacho que lo siga a unas altas montañas. Eustace desea bañar sus pies adoloridos en agua fresca, pero el león le dice que debe desnudarse primero. Eso le parece tonto a Eustace porque los dragones no llevan puesta ropa, pero recordó que los dragones como las serpientes mudan la piel.

Así que Eustace rasguña su piel, y las escamas comienzan a caérsele y pronto toda su piel completa se cae. Pero cuando puso su pie en el agua, vio que era tan áspero y escamoso como antes. Así que siguió rasguñando la segunda piel de dragón y se dio cuenta que aún había otra piel interior.

Finalmente el león dice: "Tendrás que dejar que yo te desvista."

Eustace tiene miedo de las garras del león, pero está desesperado por entrar en el agua. El primer rasgón fue dolorosamente agudo cuando el león comienza a pelar la piel. Seguramente seguirá la muerte, cree Eustace. Con el lío nudoso de la piel de dragón ahora cortada, el león sostiene a Eustace y lo lanza al agua.

Al principio, le arde el agua, pero después estaba absolutamente delicioso. Eustace nada sin dolor, ya que volvió a ser un muchacho.[7]

III. El sacrificio corporal del santificado

A. Contar el costo

El discípulo de Cristo nunca debería cometer el error de creer que desarrollar un corazón de siervo con la mente de Cristo es fácil. La decisión de Jesús de vivir una vida apartada con su Padre le costó su vida, "y ningún siervo es mayor que su Señor" (Jn 15:20). Sin embargo, debido a que pagó el precio con su vida y luego venció a todos sus enemigos en su resurrección explica por qué los hombres fuertes, y muchos de los mejores intelectos de los siglos, han tomado el desafío del Señor y han hecho su acercamiento para vivir sus propias vidas (Lc 14:28; Jn 3:16; Mt 20:28; 1 Tim 2:6; Heb 9:16). Por lo tanto, Jesús ganó el derecho de decir: "Si alguno viene a mí y no sacrifica el amor a su padre y a su madre, a su esposa y a sus hijos, a sus hermanos y a sus hermanas, y aun a su propia vida, no puede ser mi discípulo" (Lc 14:26).

Eso significa que aceptamos que el trabajo de Dios en nuestras vidas es a menudo doloroso. Bonhoeffer lo expresó de esta forma:

> Cuando emprendemos el discipulado ... dedicamos nuestras vidas a la muerte.[8]

Fortalecidos por el amor de Dios, llevamos nuestra cruz con gozo, sabiendo que el propósito del Señor es transformarnos en templos del Espíritu Santo (Mt 16:24; Ro 5:3; 8:18; 1 Co 3:16-17).

El amor de Dios sella esta relación sagrada entre el Salvador y su pueblo, así como entre los hombres y sus prójimos. En este proceso, "nunca nos deja sintiéndonos incapaces de cambiar. Al contrario, no podemos encerrar suficientes contenedores para mantener todo lo que Dios generosamente mana en nuestras vidas a través del Espíritu Santo" (Ro 5:5 ; Ef 4:25-32).

B. Déle su cuerpo a Dios

Muchos seguidores de Jesús creen que la llegada de Cristo es sólo una transacción espiritual del corazón, pero la enseñanza de Pablo era específica en cuanto a que el compromiso de Jesucristo incluye una opción para sacrificar el cuerpo de uno a Dios. La historia de Abraham que realiza el rito de la circuncisión en la edad adulta refleja enérgicamente este principio (Gn. 17:9-14). Usando la analogía del matrimonio; si el pacto en el matrimonio no incluyera dar el cuerpo de uno para el otro —y solo para cada uno— entonces el matrimonio es una farsa. Por lo consiguiente Pablo escribe:

> No reine, pues, el pecado en vuestro cuerpo mortal, de modo que lo obedezcáis en sus concupiscencias; ni tampoco presentéis vuestros miembros al pecado como instrumentos de iniquidad, sino presentaos vosotros mismos a Dios como vivos de entre los muertos, y vuestros miembros a Dios como instrumentos de justicia. Porque el pecado no se enseñoreará de vosotros; pues no estáis bajo la ley, sino bajo la gracia.
> —Romanos 6:12-14

Pablo pidió a sus lectores hacer este sacrificio, ofreciendo uno tras otro "todas las partes de su cuerpo a Dios." Hacer requiere que tomemos la decisión de morir a todos los viejos amores. Cuando una persona hace este sacrificio, un cambio maravilloso, cualitativo realmente ocurre en su corazón (Jn 8:34-36; Ro 6:19; 1 Jn 1:7; 2:15; Heb 10:19-22; 13:12). Él descubre que puede confiar en la gracia del Señor para manifestar una nueva autoridad en Cristo que no ofrecerá en ninguna parte de su cuerpo el poder del pecado (Ro 6:13-14; Stg 1:13-14). Pablo aplicó esta enseñanza de esta manera: "Por lo tanto, hermanos, tomando en cuenta la misericordia de Dios, les ruego que cada uno de ustedes, en adoración espiritual, ofrezca su cuerpo como sacrificio vivo, santo y agradable a Dios" (Ro 12:1).

El Señor habitó en un cuerpo y murió físicamente (Jn 1:14; 1 P 2:24). Él salió de la tumba físicamente, subió al cielo en su cuerpo, y un día volverá físicamente para gobernar y reinar en la tierra (1 Co 15:3-4; Col 2:9; Jn 14:3). El apóstol Pablo expresó el propósito final del hombre en un lenguaje directo, diciendo: "¿O ignoráis que vuestro cuerpo es templo del Espíritu Santo, el cual está en vosotros, el cual tenéis de Dios, y que no sois vuestros?" (1 Co 6:19).

~ La construcción de un palacio ~

"Imagínese que es una casa viva", escribió C.S. Lewis en *Mero cristianismo*. "Dios entra para reconstruir la casa. Al principio, quizás, usted puede entender lo que hace. Él arregla los desagües y tapa los agujeros en la azotea, etcétera. Usted sabía que esos trabajos se necesitaban arreglar, por lo que eso no lo sorprende. Pero en realidad comienza a golpear la casa en una manera que duele demasiado y no parece tener sentido. ¿Qué está a la altura de Él? La explicación consiste en que Él está construyendo una casa completamente diferente a la que uno pensaba, haciendo una nueva ala para la casa, poniendo piso nuevo, construyendo torres, haciendo jardines.

"Usted pensó que haría una pequeña casa de campo decente, pero edifica un palacio. Él tiene la intención de venir y vivir dentro de él." [9]

El creyente que ama a su Señor y desea crecer en la mente de Cristo decidirá hacer un sacrificio completo de su cuerpo para Dios. Muchas personas han sido abandonadas en la esclavitud espiritual porque dejaron de entender esta gran provisión del evangelio, en un acto decisivo, dar su cuerpo a Dios (Ro 12:1-2). La palabra ofrecer traducida en este verso es un verbo del aoristo, significa que el regalo realmente es hecho. Como dos enamorados se dan sólo el uno al otro en el matrimonio, y siguen reafirmando el regalo en un noviazgo de toda la vida, así el creyente se ofrece a Dios físicamente como "sacrificio vivo, santo y agradable a Dios" (Ro 12:1). Pablo describió este sacrificio como "un acto espiritual de adoración." El regalo del cuerpo de uno a Dios debe ser tan determinante como el acto de circuncisión (Ro 2:29).

Cuando un creyente respeta su cuerpo como su regalo de adoración a Dios, prestará seguramente la atención a las necesidades del cuerpo, como hacer una dieta apropiada que no da lugar a la glotonería, así como el descanso adecuado, la ropa, el ejercicio y el hogar. Esto también abarca un estilo de vida perseverante que rinde los apetitos y pasiones del cuerpo bajo la autoridad del Espíritu de Dios (Ro 16:18; 1 Co 9:24-27; Tit 3:3). El abuso de sustancias químicas en sus variadas adicciones es claramente pecado contra el cuerpo, el templo del Espíritu Santo. Lo mismo se ajusta con respecto a toda la variedad de pecados sexuales, incluso pecados heterosexuales como homosexuales, y la pornografía (Lv 18:22; 20:13; Ro 1:26-27; 1 Co 6:9-11; 1 Tim 1:10; Heb 13:4; Ap 21:8; 22:15). Pablo advirtió que los creyentes: "No se amolden al mundo actual, sino sean transformados mediante la renovación de su mente. Así podrán comprobar cuál es la voluntad de Dios, buena, agradable y perfecta." (Ro 12:2, NVI).

Pablo también reconoció la unión cercana entre el cuerpo y la mente, motivándolo a él a escribir que los creyentes deben, "renovar su mente" (Ro 12:2; Is 55:7). El objetivo último, por supuesto, es entrenar nuestras mentes para pensar como Cristo

(Flp 2:4-5). Este objetivo es en efecto posible porque Pablo declaró que, "tenemos la mente de Cristo" (1 Co 2:16). Como el compañero de matrimonio trabaja para pensar como el cónyuge, así el seguidor de Jesucristo querrá aprender a pensar como piensa su Dios. Pablo expresó un método eficaz para hacer esto cuando animó a sus lectores en Corinto a traer "al cautiverio cada pensamiento a la obediencia de Cristo" (2 Co 10:5; Flp 4:8).

Una pareja que se ha enamorado reafirmará continuamente el regalo de sus cuerpos cada uno al otro fundiéndose en una vida, de sacrificio. En efecto, cuando el amor reina, esto no parece un sacrificio. Enamorarse de Jesús lo hace posible el decidir darse toda la vida en fidelidad al Salvador, una decisión que afirmará y volverá a afirmar muchas veces mientras que los años pasen.

Para Abraham, el amor vivificante de Dios en su corazón era mayor que el dolor y la pena anticipada cuando él sabía que tenía que sacar a su primogénito de su tienda de campaña (Gn 21:11; Gl 3:21; Jn 6:63). Sin aquel amor pródigo, nadie "tirará todo lo que dificulta" y el pecado que tan fácilmente "lo enreda" (Heb 12:1). Sólo con este amor puede uno someterse al modo de pensar del Señor (Ro 12:2; Flp 2:5). La vida santificada, por lo tanto, es una opción en la cual el amor de Dios motiva al creyente a abandonar su manera antigua de pensar, lo cual incluye entregar su cuerpo a Dios.

Esta clase de transformación programará de nuevo en la cristiandad cada una de las muchas esferas de influencia anclada en los deseos de la carne en la vida de la persona. El resultado es que el creyente alumbrará, con un renovado corazón, alma, mente (incluso su mente subconsciente), y fuerza, habiendo descubierto la perla de gran precio (Mt 13:46; Dt 6:5; Lv 19:18; Gl 5:22-23).

Tristemente, muchas personas viven toda su existencia buscando en los lugares incorrectos, cuando todo el tiempo el verdadero tesoro se ha encontrado al pie de la cruz.

✺ Encontramos el verdadero tesoro de la vida ✺

El Tesoro de la Madre Sierra es la historia de tres exploradores "a su suerte" y su búsqueda de oro en México. En cierta ocasión en su faena, a los exploradores Fred, Bob y Howard se les unió un cuarto hombre. Apenas había llegado el nuevo explorador los cuatro estuvieron implicados en un tiroteo con varios bandidos ... el cuarto explorador fue muerto. Los otros tres se acercaron al cuerpo, que estaba apoyado en una roca grande. Decidieron averiguar quién era el hombre. Howard se inclina y le quita la billetera y algunos papeles del hombre. "Su nombre es James Cody, Dallas, Texas. Hay una carta de Dallas también. Debe ser de su casa," dice Howard, y muestra a los demás una foto de una mujer. Uno de ellos comenta: "No está mal." Howard comienza a leer, y luego Bob le toma la carta.

Querido Jim:

Tu carta acaba de llegar. Fue un alivio poder escuchar algunas palabras después de tantos meses de silencio. Me doy cuenta, por supuesto, que no hay ningún buzón ahí en la selva en el cual puedas poner una carta. Pero esto no me impide preocuparme por ti. El pequeño Jimmy está bien, pero echa de menos a su papá tanto como yo. Él sigue preguntando: ¿Cuándo viene papá a casa? Tú dices que si no haces un verdadero hallazgo esta vez, nunca más irás. No puedo comenzar a decirte cómo se alegra mi corazón con esas palabras, si realmente lo quiere decir. Ahora me siento libre de decirte que, nunca he pensado que ningún tesoro material, no importa cuán grande sea, merece el dolor de estas largas separaciones.

El país está especialmente encantador este año. Ha sido una primavera perfecta: caliente lluvias y apenas si han habido heladas. Los árboles frutales están todos con flores. El huerto de arriba luce flamante, y el de más abajo, parece como una tormenta de nieve. Cada uno espera con mucha ilusión grandes cosechas. Espero realmente que estés de vuelta para la cosecha. Por supuesto, espero que logres hacerte rico. Es el tiempo perfecto para que la suerte comience a sonreírte. Pero por si acaso eso no pasa, recuerda, hemos encontrado ya el verdadero tesoro de la vida.

Para siempre tuya,

Callie

Fred dice: "Bueno, creo que debemos excavar un hoyo para el."[10]

C. Respeto por los cuerpos de los demás

Jesús fue claro al enseñar: "Ama a tu vecino como a ti mismo" (Mt 22:39; Gl 5:14). Una persona que ama a Dios y ama a la gente respetará los cuerpos de los otros. La vida es preciosa, si es la mía o la de otro ser humano. El cuerpo de un hermano, el cuerpo de una hermana, el cuerpo de un cónyuge, y el cuerpo de un vecino es también "un templo de Dios" (1 Co 3:16-17; 6:19).

Por esa razón, la afirmación de Pablo cobra un nuevo sentido: "Pues la voluntad de Dios es vuestra santificación; que os apartéis de fornicación; que cada uno de vosotros sepa tener su propia esposa en santidad y honor" (1 Tes 4:3-4; 1 Co 6:15-18).

La carencia de estima para el templo de uno siempre se expresa de modos destructivos, primero en relación con Dios y luego en cuanto al prójimo. Usando la analogía del matrimonio, Pablo explicó que un hombre que no ama a su esposa no se ama a sí mismo (Ef 5:28-29). Cuantos se han quedado en el camino porque se aficionaron a la pornografía o al sexo en Internet (para nombrar sólo dos cosas), cada uno de los cuales es adulterio mental que viola completamente el plan de Dios para la intimidad matrimonial.

Esta clase de trampa moral viola el pacto del marido tanto con su esposa como con Jesucristo, porque eso rechaza el plan de Dios para el matrimonio (Mt 19:5). Esto también rebaja su respeto por sí mismo, aun cuando reduzca a su esposa a un objeto para ser usado, en vez de un compañero igual para ser amado y apreciado (Ef 5:28-30).

Es igual con respecto al azote del divorcio en la sociedad, que está arraigado en el desacato del plan de Dios para el cuerpo, como es expresado en el matrimonio (Mr 10:7-9). El profeta Malaquías oyó que el Señor decía apasionadamente: "Odio el divorcio" (Mal 2:16).

Jesús explicó que Moisés permitió carta de divorcio debido a la dureza del corazón (Mt 19:8; Dt 24:1-3). Esto permanece vigente hasta hoy, cualquier problema de matrimonio es redimible hasta que uno de los cónyuges endurezca su corazón y se aleje. El plan de Dios es el matrimonio monógamo, el principio de un hombre para una mujer hasta que la muerte los separe. Es un deleite para el marido y la esposa, que están santificados por amor a Jesucristo, practicándolo con la fidelidad verdadera (Gn 2:20-24; Mt 5:28; 19:5; Ro 7:2).

Pablo preguntó: ¿No sabe usted que el malo no heredará el reino de Dios? ¿No sabéis que los injustos no heredarán el reino de Dios? No erréis; ni los fornicarios, ni los idólatras, ni los adúlteros, ni los afeminados, ni los que se echan con varones, ni los ladrones, ni los avaros, ni los borrachos, ni los maldicientes, ni los estafadores, heredarán el reino de Dios (1 Co 6:9-10). El defecto fundamental en cada uno de estos estilos de vida pecaminosa es la falta de respeto por el cuerpo humano como templo del Espíritu Santo. Es como la gente que se aprovecha de otros para satisfacer sus propios apetitos lascivos.

El corazón de Dios, sin embargo, está lleno de gracia redentora: "Y esto erais algunos; mas ya habéis sido lavados, ya habéis sido santificados, ya habéis sido justificados en el nombre del Señor Jesús, y por el Espíritu de nuestro Dios" (1 Co 6:11).

D. Respeto por el no nacido

La doctrina del cuerpo como templo del Espíritu Santo alcanza hasta a un feto y demuestra que esa vida es preciosa desde la concepción. Juan el Bautista estuvo lleno del Espíritu Santo desde la matriz de su madre (Lc 1:15). Como un bebé aún no nacido, Juan era ya un receptor perdurable del Espíritu de Dios, hasta antes de que Elizabet estuviera llena del Espíritu Santo (Lc 1:41).

Cuando María llegó a la casa de Elizabet, solo tenía seis meses de embarazo (Lc 1:36). Juan el Bautista, aunque sólo era un feto, saltó en el vientre de su madre de la alegría cuando María saludó a la madre de Juan (Lc 1:41, 44). Este era obviamente el reconocimiento al niño aún no nacido —por parte del Espíritu Santo—, que María llevaba en su vientre al Hijo de Dios. Elizabet habló claro en voz alta, dirigiéndose a María como "la madre de mi Señor" (Lc 1:42-43). En esta gran revelación, Elizabet percibió a Jesús, estando en el vientre, que el sería su "Señor", aunque el niño Dios probablemente estaba en su primer trimestre de gestación.

Dios eligió a Jeremías desde el vientre de su madre y lo separó como profeta a las naciones (Jer 1:5). Isaías dijo que Dios lo llamó desde el vientre (Is 49:1). David escribió un salmo para expresar que Dios lo creó y lo entretejió en el vientre de su madre (Sal 139:13). El apacible salmista añadió: "Mi embrión vieron tus ojos, y en tu libro estaban escritas todas aquellas cosas que fueron luego formadas, sin faltar una de ellas" (Sal 139:16).

La falta de respeto por la vida de un niño que aún no ha nacido también viola la enseñanza del Señor en cuanto al prójimo, que debemos amar como nos amamos a nosotros mismos (Mt 22:39). Un niño en el vientre es el más indefenso de todos los vecinos. No es de amigos matar a un vecino, pero es más despreciable matar a un amigo indefenso en el vientre.

Los hijos de Dios deben concluir que el amor por Cristo se manifestará en el respeto por la vida del que aún no ha nacido.

IV. La perfección absoluta

A. Glorificación

Cuando el Señor salió de la tumba como primicia de la resurrección, se levantó inmortal e incorruptible, para nunca afrontar la muerte otra vez (1 Co 15:20). La resurrección marcó la glorificación de Jesús, estableciendo una perfección absoluta que quitó de Él todas las limitaciones y restricciones de la humanidad caída.

En su estado glorioso, por ejemplo, nuestro Señor ya no estaba sujeto a las leyes del orden natural. Él podría aparecer de repente en un cuarto con las puertas cerradas con llave (Jn 20:26). Además, la ley de la gravedad ya no lo sostenía; subió físicamente a la gloria divina para tomar su asiento como el mediador de la mano derecha de Dios (Lc 20:42–43; Hch 1:9; 7:56; 1 Tim 2:5). Jesucristo, la primicia de la resurrección, prometió que sus hijos un día experimentarían un estado glorioso como su Señor (1 Co. 15:23; Lc. 24:13-35; Jn 17:24; 20:19-31;21).

Ningún hijo de Dios experimentará la glorificación en esta vida. La santificación será consumada, por lo tanto, en el triunfo de fe que sigue a la muerte, cuando "para ser ausente del cuerpo" debe "ser presente con el Señor" (2 Co 5:8).

B. La perfección libre de pecado

Una vida apartada no es un estado de perfección libre de pecado. Es un camino cristiano en un mundo caído, con el señorío de Cristo en los corazones de sus seguidores transformados por el amor de Dios de la naturaleza de Adán al comportamiento de Jesús (Ro 6:18). El amor incomparable de Dios es el imán que hace entrar a la persona en esta nueva relación, y la respuesta de gratitud los "casa" de por vida al último Adán (Ef 2:8; Ro 7:3, 6; 1 Co 15:45).

La vida santificada consiste en vivir con un corazón, "santo" y la prueba es este compromiso para vivir con los valores y el plan de Jesucristo. La santidad bíblica no saca a los hijos de Dios de este mundo pecador (Jn 17:15). En cambio, los pone aparte con el pensamiento y los valores de Jesucristo mientras estén en el mundo (Ef 4). La gente santificada entra con mucho gusto y alegremente en una relación de siervo con su Señor, caracterizado por el corazón y el plan de Jesús. Este amor divino aplica la sangre redentora de Dios y da nacimiento a la vida nueva que está separada para Dios (Ro 3:25; Gl 3:21). Es en este sentido que el amor de Dios, y no el legalismo, los rodea "detrás y delante" (Sal 139:5).

C. La tentación

La santificación no quita toda la tentación en el mundo caído, pero el hijo de Dios puede disfrutar de la victoria sobre ella. Pablo escribió: "No os ha sobrevenido ninguna tentación que no sea humana; pero fiel es Dios, que no os dejará ser tentados más de lo que podéis resistir, sino que dará también juntamente con la tentación la salida, para que podáis soportar" (1 Co 10:13).

Un viejo proverbio dice que nadie es capaz de impedir que un ave se pose en su cabeza, pero no tiene que permitirle que haga un nido sobre ella; así es con la tentación. El impacto de la oportunidad para pecar alardea a diario. Con Jesús en el trono de su corazón derramando el amor en su alma y con el dominio del pecado innato perdiendo su poder, lo que el hijo de Dios quiere de la vida es esencialmente cambiado (1 Jn 3:9; 5:18). El mundo ya no le atrae como antes. Y si erró el blanco realmente, se siente muy vacío, sin ningún placer. Una parte fundamental del encanto del pecado es disfrutarlo, al menos por "un corto tiempo" (Heb 11:25). Básico para quebrantar la autoridad del pecado es esta pérdida de alegría. El pecado ahora lo enferma del alma, un dolor tan fuerte que puede sentirlo hasta en su estómago.

Decir que el control de pecado está destruido, por lo tanto, no es lo mismo que decir que el pecado no tiene ninguna atracción. Uno no puede decir que un creyente no será tentado por el pecado, negándole al pecado que reine en su cuerpo (Tit 2:11-12; Stg 1:13-14). La nueva fuerza de voluntad del creyente que se ha consagrado aparte incluye libertad y autoridad en Cristo para no ceder a sus "miembros como instrumentos de maldad para pecar" (Ro 6:12-13). Esta nueva capacidad tiene éxito porque el pecado ya no es "[su] maestro ... [él] no está bajo la ley, pero conforme a la gracia" (Ro 6:13-14).

Y, si peca realmente, tiene a un defensor ante el Padre, que es "Jesucristo" (1 Jn 2:1).

D. La perfección angelical

Ni una vida consagrada ni una santificada lo hace a uno angelical. Lejos de ser beata, la persona que ha experimentado esta separación para el Señor sigue viviendo en un mundo pecador y lucha con sus reglas, principados y poderes (Ef 6:12). Su respuesta de fe debe de ser ponerse la armadura entera de Dios de modo que sea capaz de estar de pie (Ef 6:13-18).

E. La naturaleza humana

La santidad no hace que uno deje de ser humano. La persona que ha sido apartada vive en un cuerpo y sigue teniendo todos los deseos que son pertinentes a la naturaleza humana. Sin embargo, la relación de la persona consagrada la equipa para disfrutar de esos apetitos a su potencial más pleno, bajo el señorío de Cristo. "Mi cuerpo ... lo pongo en servidumbre, no sea que habiendo sido heraldo para otros, yo mismo venga a ser eliminado", dijo Pablo" (1 Co 9:27; Gl 5:16,25). Otra vez, el matrimonio es el cuadro literario apropiado. Una pareja en el altar se compromete con decisión, trayéndose totalmente al sometimiento de uno al otro. Ellos lo hacen así para cubrir las necesidades del uno al otro toda la vida.

F. El conocimiento perfecto

Vivir apartado no siempre implica el conocimiento perfecto. El tiempo, el aprendizaje y el desarrollo serán requeridos para que todos los apetitos y hábitos vengan bajo el sometimiento de Cristo Jesús. Nuestro Señor es sufrido, pero nunca es permisivo, y entiende perfectamente la línea divisoria entre dos valores.

V. Conclusión

"Todo aquel que hace pecado, esclavo es del pecado", dijo Jesús, y concluyó: "si el Hijo os libertare, seréis verdaderamente libres" (Jn 8:34, 36). Pablo era explícito también: "Porque el pecado no se enseñoreará de vosotros; pues no estáis bajo la ley, sino bajo la gracia" (Ro 6:9, 14). Por lo tanto, el creyente surge refulgente de la tumba vacía con una nueva voluntad o poder de decisión. Él es "creado según Dios en la justicia y santidad de la verdad" (Ef 4:24; Flp 2:13).

Pablo dijo cuando una persona se viste "del nuevo yo," esto realmente inicia el proceso de restaurar la imagen de Dios en el alma: "el nuevo yo ... está siendo renovado en el conocimiento en la imagen de su Creador" (Col 3:10). El creyente consagrado permanece en el mundo, pero no será dominado por el mundo (Jn 17:15).

Con la voluntad corrompida (la araña) destronada, la semilla de vida primero plantada en el nuevo nacimiento puede convertirse totalmente ahora en la actitud, carácter, y caminos del Señor Jesucristo, que es la esencia de la vida consagrada. En este contexto, "la resolución de la salvación de alguien con temor y temblor" toma un significado más rico y lleno de motivación (Col 3:5-17).

Este estudio comenzó a notar que el plan de salvación incluye tanto el nuevo nacimiento como la santificación. Lo que comenzó en la gracia ahora viene a la finalización plena con una vida consagrada aparte (Flp 2:12-13). En esta nueva relación, Jesús se sienta en el trono de su vida. El resultado es el poder del amor divino que rompe todo dominio de la voluntad corrompida y penetra todos los centros de control de su vida.

Jesús sabía que el viejo hombre perdió la supremacía en su cruz. Podemos regocijarnos por lo tanto en el sentido de la exclamación de Pablo: "He sido crucificado con Cristo y ya no vivo yo, pero Cristo vive en mí. La vida que vivo en el cuerpo, vivo por la fe en el Hijo de Dios, que me amó y se dio para mí" (Gl 2:20-21).

El amor siempre tiene éxito y dura para siempre (1 Co 13:8).

Jesús busca corazones dedicados que "[aten] todo junto perfectamente" (Col 3:14). Él le da la bienvenida. En efecto, le encanta responder vertiendo abundantemente el transformador amor de Dios en los corazones de la gente (Éx 31:13; 1 Jn 3:1).

La gente santificada ama a Jesús y a los demás, y sinceramente quieren aprender a pensar como Jesús. Ven a la gente como son ellos, en su necesidad, pero también se emocionan pensando en quiénes se convertirían cuando su unión con Cristo se produzca. Así como aman a Dios con sus corazones completos y a sus vecinos, se deleitan en la oportunidad de traer a la gente "a la luz del mundo," que pueden darles un nuevo principio (Jn 8:12; Stg 1:17). Jesús es esa luz.

~ Un mundo encendido cuesta más ~

Cuando niño, oí una historia memorable de una reunión de avivamiento de santidad en Nueva York. Parece que una misionera, con permiso para regresar a su casa, compraba un globo del mundo para llevar a su agencia misionera. El vendedor le mostró uno a un precio razonable y otro con una bombilla dentro. "Este es más bonito", le dijo el vendedor, señalando al globo iluminado, "pero por supuesto, un mundo encendido cuesta más".[11]

Cuando los principales sacerdotes detuvieron a Jesús, todos sus discípulos lo abandonaron y huyeron. Seguramente no estaban comprometidos aún a comportarse como siervos de Dios y de su plan, menos si implicaba sufrimiento. El Maestro estaba entrenándolos, pero ellos necesitaron más tiempo para asimilar todo lo que habían oído y atestiguado. Aquel proceso llegó a su conclusión tras la resurrección.

Jesús reunió a su pequeño rebaño otra vez el día de su resurrección y comenzó a enseñarles el nuevo y estimulante triunfo de regreso a la vida. Después que absorbieron las instrucciones del Señor —entre la Pascua de los judíos y el día de Pentecostés, pasando por el Aposento Alto vía Monte de los Olivos—, nunca lo abandonaron ni escaparon otra vez, no después de Pentecostés. Ellos estaban "casados" para lo mejor o lo peor, con "el amor inmortal," con su modo de pensar y su carácter de siervos. Los discípulos entendieron que eran sus embajadores vitalicios, confiados en la estrategia de Dios para alcanzar al mundo (2 Co 5:20; Mt 28:18-20). Jesús los había unido y cautivado sus corazones (Sal 139:4-5; Cant 4:9).

Capítulo siete
CUARENTA DÍAS CON EL MAESTRO

Yo soy la rosa de Sarón, y el lirio de los valles.
—CANTAR DE LOS CANTARES 2:1

Y comenzando desde Moisés, y siguiendo por todos los profetas, les declaraba en todas las Escrituras lo que de él decían.
—LUCAS 24:27

≫ Mi maestra está muy cerca de mí ≪

Siguiendo el consejo del Dr. Alexander Graham Bell, los padres de Helen Keller hicieron venir a una maestra de *Perkins Institution for the Blind* [Instituto Perkins para ciegos] situado en Boston, Massachusetts. La maestra que escogieron para que enseñara a Helen, que tenía entonces seis años, fue Anne Sullivan, una huérfana de diecinueve años de edad.

Ese fue el comienzo de una estrecha y duradera amistad entre ellas. Sirviéndose de un abecedario manual, Anne "deletreaba" palabras como 'muñeca' o 'perrito' en la palma de la mano de Helen. Dos años más tarde, Helen podía leer y escribir en Braille con facilidad, y a los diez aprendió varios sonidos colocando sus dedos en la laringe de su maestra y "escuchando" las vibraciones.

Helen asistió al Radcliffe College, donde Anne le deletreaba las clases en las manos. Después de graduarse con honores, Helen decidió dedicar su vida a ayudar a los ciegos y a los sordos. Como parte de esta labor, escribió numerosos libros y artículos y viajó por todo el mundo impartiendo conferencias. Como no todos podían entenderlas, a menudo Anne las traducía.

Esta amistad de casi cincuenta años llegó a su fin con la muerte de Anne en 1936. Helen se despidió de su amiga de toda una vida con estas cariñosas palabras:

"Mi maestra está tan cerca de mí que apenas me puedo imaginar separada de ella. Siento que su ser es inseparable del mío, y que las huellas que han dejado mis pies en la tierra están dentro de las de ella. Lo mejor de mi ser le pertenece, no hay en mí ningún talento, inspiración ni alegría que no haya sido despertado por su amoroso tacto."[1]

Jesucristo vivió con un plan bien claro en cuanto a su encarnación; todo cuanto hizo tenía como objetivo el Calvario. En su humillación, se dedicó por entero a la labor redentora.

En el período de tiempo que transcurrió entre la resurrección y la ascensión, el objetivo del Señor glorificado para con sus discípulos era, basándose en el pasado, ayudarlos a entender el significado de su espectacular triunfo en el Calvario. Es en esas seis breves semanas del ministerio del Señor en las que pondremos toda nuestra atención.

I. Los temas de los cuarenta días

El término Pentecostés significa "cincuenta", por lo que el tiempo transcurrido entre la Pascua y los festejos de Pentecostés es de cincuenta días. Jesús ascendió al cielo en el cuadragésimo día y los discípulos aguardaron en el Aposento Alto diez días antes de Pentecostés. Es por ello que Jesús tuvo aproximadamente cuarenta días para instruirlos antes de la ascensión (Hch 1:3). En este breve periodo de tiempo, la abarcadora estrategia del Señor fue continuar cumpliendo los planes del Padre con la misma confianza que caracterizó su ministerio antes de la crucifixión. La misión de Jesús era preparar a sus seguidores para el Pentecostés, haciendo hincapié, como lo hizo, en la aplicación mundial del rotundo éxito de la inquebrantable confianza en su Padre que alcanzó en el Gólgota. Su objetivo constaba de cuatro elementos:

- Ofrecer a los discípulos prueba indubitable de su resurrección,
- Enseñarles a interpretar las Escrituras del Antiguo Testamento a la luz de la crucifixión y la resurrección,
- Prepararlos para la venida del Espíritu Santo, lo que daría nacimiento a la iglesia de Jesús y fortalecería la estrategia mundial del Señor,
- Inculcarles la manera en que deberían cumplir con ese plan en su tierra y en todo el mundo atrayendo a la gente y plantándolas en las iglesias.

Es importante señalar qué era lo que no se incluía en el currículo o 'plan de estudios' del Señor. Jesús no estableció un plan de sucesión apostólica con el nombramiento del reemplazante de Judas, que lo traicionó y luego se suicidó (Hch 1:15-26). No instruyó nada sobre el gobierno de la iglesia, ni acerca de cómo acumular riquezas ni avivar la autoestima de cada uno de sus discípulos. Sus enseñanzas tampoco trataron el tema de la necesidad de establecer lazos matrimoniales y familiares más sólidos. Entre sus objetivos no figuraban ninguna de estas cosas; el Señor puso toda su atención en los factores que eran imprescindibles para establecer su iglesia. Sabía que si:

- la fe de sus discípulos en Él y la resurrección era absoluta,
- su confianza en la autoridad de las Escrituras era de todo corazón,
- su sometimiento a su autoridad y a la Gran Comisión era sin reservas,
- añoraban ser llenos con el mismo poder de ministrar que caracterizó su propia vida para que pudieran servir al Padre celestial y satisfacer las necesidades de su pueblo como Él lo hizo, entonces
- estaban preparados para graduarse en el Aposento Alto y recibir el Espíritu Santo para que este pudiese hacer nacer la iglesia de Cristo con su ayuda.

¡Qué clase de currículo!

Jesús decidió entrelazar las enseñanzas de estos cuatro temas durante los cuarenta días de ministerio posteriores a su resurrección. En este estudio trataremos primero de manera general estos temas para luego concentrarnos en cada uno de ellos detalladamente.

A. Las apariciones de la resurrección

1. Las visiones el día de la resurrección

Los autores del Nuevo Testamento prestaron especial interés a la manera en que el Señor se manifestó tras la resurrección, que luego diera paso a la ascensión.

1. Los soldados romanos que custodiaban el sepulcro fueron los primeros testigos de este asombroso milagro. Un terremoto sacudió la tierra y un ángel descendió del cielo para apartar la piedra. "Y de miedo de él los guardas temblaron y se quedaron como muertos" (Mt 28:4). No existe ninguna indicación de que los soldados hubiesen visto al Señor resucitado, pero probablemente lo vieron ya que sabían con certeza que su cuerpo había desaparecido. Algunos de los soldados dieron aviso a los principales sacerdotes "de todas las cosas que habían acontecido" (Mt 28:11). Resulta asombroso que fuesen gentiles —soldados romanos— los primeros en dar testimonio a los principales sacerdotes de la ausencia del cuerpo de Jesús en el sepulcro. Las observaciones de los soldados se convirtieron en otro de los afectuosos intentos del Señor para llegar hasta la institución religiosa judía, pero sin resultado alguno. La respuesta de los principales

sacerdotes fue sobornar a los soldados "con mucho dinero" para que dijeran que los discípulos habían hurtado el cuerpo (Mt 28:11-15). El mensaje de esos soldados también fue señal de que en las décadas siguientes miles de romanos se convertirían en testigos del Señor.

2. María Magdalena, Juana, María, la madre de Jacobo, Salomé y otras personas que no se nombran fueron al sepulcro con especias para ayudar a embalsamar el cuerpo de Jesús (Lc 24:1,9-10; Mr 16:1; Jn 19:39). Según Mateo, esas personas llegaron inmediatamente después de la resurrección (Mt 28:2-5). María Magdalena fue la primera seguidora de Jesús que lo vio resucitado (Mt 28:8-10; Mr 16:9-11; Jn 20:11-18; ver también Mt 28:8-10 para notar cómo todo el grupo de mujeres "abrazaron sus pies, y le adoraron").

Una mujer, Eva, se unió a su marido para traer el pecado al mundo (Gn 3:6). Una mujer, María, trajo al mundo al Mesías (Lc 2:7). Y fue también una mujer, María Magdalena, la primera evangelista que difundió la nueva de la resurrección entre los discípulos del Señor (Mr 16:9; Jn. 20:18). Sin dudas, el evangelio de Jesucristo elevó la condición de las mujeres, dándoles un lugar en el cumplimiento de la Gran Comisión del Señor (Hch 2:17-18; Gl 3:28).

3. Juan corrió más aprisa que Pedro hasta el sepulcro para asegurarse (Jn 20:4). También Pedro vio a Jesús el día de la resurrección antes de que el Señor se reuniera con los discípulos esa noche, pero no se describen ni las circunstancias ni el tema de conversación de esa reunión (Lc 24:34; 1 Co 15:5).

4. Jesús se unió a dos caminantes que recorrían los once kilómetros que separan a Jerusalén de Emaús. Uno de ellos se llamaba Cleofas; del otro no se menciona el nombre (Lc 24:13-32).

5. Jesús regresó de Emaús la noche de la resurrección y se le apareció a diez de los discípulos que se encontraban en el Aposento Alto con las puertas cerradas con cerrojos. Tomás se encontraba ausente y todavía no habían escogido el sucesor de Judas, que se había suicidado (Mr 16:14; Lc 24:36-43; Mt 27:5).

2. *Apariciones después de la resurrección*

1. Una semana después, Jesús se les apareció a once discípulos cuando Tomas estaba presente (Jn 20:26-31).
2. Una noche Simón Pedro, Tomás, Natanael, los hijos de Zebedeo (Jacobo y Juan) y dos discípulos que no se nombran fueron de pesca al Mar de Galilea. Pusieron las redes toda la noche pero no pescaron

nada. Al despuntar el alba, Jesús los esperó de pie en la playa y les dijo que lanzaran la red hacia la derecha de la barca, y pescaron tanto que los peces no cabían en ella. Jesús también preparó el desayuno y les dijo: "Venid y comed". Luego restauró a Pedro, después que indignamente negara al Señor en el juicio (Jn 21:1-23; Lc 22:54-62). "Esta era ya la tercera vez que Jesús se manifestaba a sus discípulos, después de haber resucitado de los muertos" (Jn 21:14).
3. Algunos días después, los discípulos se reunieron en una montaña en Galilea y vieron al Señor resucitado venir caminando cuesta arriba hacia ellos. En la cima de esa montaña, desde donde podían ver kilómetros a la redonda e imaginar los confines de su mundo, Jesús les dio la Gran Comisión (Mt 28:16-20; Mr 16:15-18).
4. Además de las apariciones que se relatan en el evangelio, el apóstol Pablo nos cuenta en su Primera Carta a los Corintios que:

" … apareció a Cefas, y después a los doce. Después apareció a más de quinientos hermanos a la vez, de los cuales muchos viven aún, y otros ya duermen. Después apareció a Jacobo; después a todos los apóstoles; y al último de todos, como a un abortivo, me apareció a mí."
—1 Corintios 15:5-8

Por lo general, se asume que la aparición de Jesús a los quinientos fue en el Monte de los Olivos el día de la ascensión, pero esto resulta algo cuestionable. La Biblia dice que "después apareció a Jacobo; después a todos los apóstoles" (1 Co 15:7). Esas apariciones a Jacobo y luego a los once apóstoles no hubieran sido posible si la aparición a los quinientos hermanos hubiese acaecido durante su ascensión. Lo que sí resulta claro, nos dice Lucas, es que "[Jesús] se presentó vivo con muchas pruebas indubitables, apareciéndoseles durante cuarenta días y hablándoles acerca del reino de Dios" (Hch 1:3).

El Señor no disfrutó la sentida devoción de todos sus discípulos antes de la crucifixión, pero este hecho cambió radicalmente tras la resurrección. A medida que iba madurando su comprensión del significado del evangelio, Jesús floreció en sus vidas como "el lirio de los valles" y la "rosa de Sarón" (Cant 2:1). Nunca más le darían la espalda y huirían (Mr 14:50).

B. Interpretación de las Escrituras del Antiguo Testamento

1. *El prisma de la cruz y el sepulcro vacío*

Jesús también aprovechó esos trascendentes días entre la resurrección y la ascensión para ayudar a sus seguidores a entender mejor la segunda dimensión de su currículo. Tenían que aprender a enfocar todo lo relacionado con el Antiguo Testamento con el lente fijo en la cruz y en el sepulcro vacío del Señor. Jesucristo glorificado es hasta el día de hoy el mediador de un pacto mejor, lo que demuestra con gran fuerza su continuo papel como siervo de todos los hombres (Jer 31:33; Mt 26:28; 1 Tim 2:5; Heb 7:22; 9:15).

2. El camino de Emaús

En realidad, Jesús comenzó con este tipo de enseñanza el mismo día que resucitó, en el camino de Jerusalén a Emaús con dos de sus seguidores. Lucas relata que "iban hablando entre sí de todas aquellas cosas que habían acontecido. Sucedió que mientras hablaban y discutían entre sí, Jesús mismo se acercó, y caminaba con ellos. Mas los ojos de ellos estaban velados, para que no le conociesen" (Lc 24:14-16). "¿Qué pláticas son estas que tenéis entre vosotros mientras camináis?", les preguntó (v. 17).

La pregunta asombró tanto a los tristes caminantes que en su incredulidad, se pararon en el camino. Cleofas fue el primero en preguntarle:

> "¿Eres tú el único forastero en Jerusalén que no has sabido las cosas que en ella han acontecido en estos días? Entonces él les dijo: ¿Qué cosas? Y ellos le dijeron: De Jesús nazareno, que fue varón profeta, poderoso en obra y en palabra delante de Dios y de todo el pueblo; y cómo le entregaron los principales sacerdotes y nuestros gobernantes a sentencia de muerte, y le crucificaron. Pero nosotros esperábamos que él era el que había de redimir a Israel; y ahora, además de todo esto, hoy es ya el tercer día que esto ha acontecido. Aunque también nos han asombrado unas mujeres de entre nosotros, las que antes del día fueron al sepulcro; y como no hallaron su cuerpo, vinieron diciendo que también habían visto visión de ángeles, quienes dijeron que él vive. Y fueron algunos de los nuestros al sepulcro, y hallaron así como las mujeres habían dicho, pero a él no le vieron."
> —Lucas 24:19-24

Jesús inmediatamente les explicó a Cleofas y su compañero por qué les costaba aceptar la noticia; habían dejado insensatamente que sus corazones se contagiaran con la enfermedad espiritual de los "tardos de corazón para creer todo lo que los profetas han dicho" (Lc 24:25). Y luego Jesús dio su primera lección tras la resurrección y les explicó cómo la cruz es el intérprete más importante de las Escrituras del Antiguo Testamento. Comenzó diciéndoles así: "¿No era necesario que el Cristo padeciera estas cosas, y que entrara en su gloria? Y comenzando desde Moisés, y siguiendo por todos los profetas, les declaraba en todas las Escrituras lo que de él decían" (Lc 24:26-27).

Una vez llegados a Emaús, los dos hombres lo invitaron a cenar con ellos. Jesús aceptó y mientras oraba por la comida y la bendecía, "les fueron abiertos los ojos, y le reconocieron; mas él se desapareció de su vista" (Lc 24:31). (Esta declaración —"él se desapareció de su vista"— es una de las primeras expresiones después de la resurrección del Señor que demuestran cómo ni el espacio ni el tiempo limitan al Cristo glorificado.) Cleofas y su anónimo compañero se preguntaron: "¿No ardía nuestro corazón en nosotros, mientras nos hablaba en el camino, y cuando nos abría las Escrituras?" (Lc 24:32).

El relato no registra qué sección de las Escrituras les explicó Jesús, pero demuestra claramente que tenía un interés particular en enseñarles a sus seguidores a interpretar el Antiguo Testamento utilizando la perspectiva de su cruz.

La narración de Lucas acerca del camino a Emaús también demuestra cuánta fortaleza había alcanzado Jesús con su cuerpo glorificado. Tan solo tres días antes, había sido golpeado salvajemente, "de tal manera [que] fue desfigurado de los hombres su parecer, y su hermosura más que la de los hijos de los hombres" (Is 52:14). Pero Jesús no parecía haber sido golpeado con brutalidad sólo setenta y dos horas antes, al contrario, estaba lleno de energía. Caminó con los dos viajeros hacia Emaús por lo menos tres horas para recorrer los once kilómetros que separan esta localidad de Jerusalén.

Lucas no habla de la manera en que Jesús regresó esa misma noche a Jerusalén después de haber desaparecido durante la cena en Emaús. Sin embargo, "cuando llegó la noche de aquel mismo día, el primero de la semana, estando las puertas cerradas en el lugar donde los discípulos estaban reunidos por miedo de los judíos, vino Jesús, y puesto en medio, les dijo: Paz a vosotros (Jn 20:19). Ni la distancia desde Emaús ni las puertas cerradas eran obstáculos para el Señor en su gloria resucitada. En realidad, Jesús es la llave de todas las cerraduras.

"Y les dijo: Estas son las palabras que os hablé, estando aún con vosotros: que era necesario que se cumpliese todo lo que está escrito de mí en la ley de Moisés, en los profetas y en los Salmos. Entonces les abrió el entendimiento, para que comprendiesen las Escrituras" (Lc 24:44-45).

El apóstol Pedro aprendió la lección tan bien que interpretó toda la era de los profetas del Antiguo Testamento utilizando el enfoque de la crucifixión con dos aseveraciones contundentes. La primera fue en el mensaje que expuso en la casa de Cornelio y que contenía una profunda expresión de las expectativas del Mesías para con los profetas: "De éste dan testimonio todos los profetas, que todos los que en él creyeren, recibirán perdón de pecados por su nombre" (Hch 10:43). De seguro fue el Señor quien le enseñó a Pedro esta conclusión durante los cuarenta días de enseñanzas. Todas las personas del Antiguo Testamento que con fe miraban hacia adelante y creían en la llegada del Mesías sintieron la salvación en la cruz, al igual que los creyentes de hoy recuerdan al Cristo en la cruz y sienten el perdón de Dios.

Es así que la cruz de Jesús articula el mensaje de los profetas con el del Señor y el de sus santos apóstoles: Jesucristo es la única puerta para alcanzar la vida eterna (Hch 4:12).

La segunda aseveración contundente de Pedro demostró que el espíritu del Mesías que tenían los profetas los llenaba de un profundo deseo de entender el momento y los acontecimientos relacionados con la aparición del Señor.

> "Los profetas que profetizaron de la gracia destinada a vosotros, inquirieron y diligentemente indagaron acerca de esta salvación, escudriñando qué persona y qué tiempo indicaba el Espíritu de Cristo que estaba en ellos, el cual anunciaba de antemano los sufrimientos de Cristo, y las glorias que vendrían tras ellos."
>
> —1 Pedro 1:10–11

Aunque los profetas inquirirían diligentemente, Pedro entendió que la interpretación correcta del antiguo pacto era solo posible a la luz del Calvario y del sepulcro vacío.

3. El principio de Tomás

Un requisito indispensable del programa de estudios de cuarenta días del Señor era la necesidad de esclarecer el problema de la fe y la duda. Jesús confiaba en su Padre plenamente y con su amor guió a sus seguidores a llegar a la misma conclusión. Pero cuando apareció a sus discípulos la noche de la resurrección, Tomás estaba ausente. Los discípulos le contaron después a Tomás que el Señor había aparecido tras las puertas cerradas, pero él les respondió: "Si no viere en sus manos la señal de los clavos, y metiere mi dedo en el lugar de los clavos, y metiere mi mano en su costado, no creeré" (Jn 20:25; Mr 16:14). Tomás tuvo la oportunidad de comprobar eso una semana más tarde cuando el Señor apareció de nuevo a los discípulos:

> "Ocho días después, estaban otra vez sus discípulos dentro, y con ellos Tomás. Llegó Jesús, estando las puertas cerradas, y se puso en medio y les dijo: Paz a vosotros. Luego dijo a Tomás: Pon aquí tu dedo, y mira mis manos; y acerca tu mano, y métela en mi costado; y no seas incrédulo, sino creyente. Entonces Tomás respondió y le dijo: ¡Señor mío, y Dios mío! Jesús le dijo: Porque me has visto, Tomás, creíste; bienaventurados los que no vieron, y creyeron."
>
> —Juan 20:26-29

A la vista de Jesús, tanto la fe como la incredulidad son respuestas que decidimos dar ante la enormidad de la evidencia de su resurrección. En realidad, había tantas pruebas de ella, que Jesús le ordenó a Tomás que no fuera "incrédulo, sino creyente" (Jn 20:27). Es por ello que el principio de Tomás sugiere que la fe en la resurrección física y corporal de Jesucristo no es una cuestión de prueba creíble ya que de estas hay muchísimas. Si alguien no cree ni acepta la resurrección de Cristo como un acontecimiento histórico, lo hace porque en su interior decide negar todas esas pruebas, y la renuencia a aceptarlas es la extremidad superior del témpano de hielo del principio de Tomás. Para cualquier persona razonable, la resurrección corporal de Cristo está fuera de dudas (Jn 7:17; Heb 3:12). Por esa razón, lo que el Señor le ordenó a Tomás fue que tomara la decisión correcta: "¡No seas incrédulo sino creyente!" La implicación de esta orden es que Tomás podía cambiar de opinión y creer en las pruebas de la resurrección, como bien hizo.

"¡Señor mío, y Dios mío! fue la respuesta de Tomás a Jesús (Jn 20:28). Tomás creyó porque tenía las pruebas delante de sí; podía ver y tocar a Jesús.

Todos los hijos de Dios, desde la ascensión del Señor, creen en las pruebas basadas en los registros históricos de la Biblia, y de las cuales el Espíritu da testimonio. Por esta razón, Jesús bendijo a todos sus seguidores a partir de la resurrección. Le dijo a Tomas: "Porque me has visto, Tomás, creíste; bienaventurados los que no vieron, y creyeron" (Jn 20:29).

El principio de Tomas es aún aplicable hoy. Sin embargo, desdeñar la abundancia de las pruebas es, en palabras del salmista, cosa de "necios" (Sal 14:1).

C. La preparación para el Pentecostés y la visión internacional del Señor

Cuando Jesús apareció en medio de ellos la noche de la resurrección, les dijo:

> "Paz a vosotros. Y cuando les hubo dicho esto, les mostró las manos y el costado. Y los discípulos se regocijaron viendo al Señor. Entonces Jesús les dijo otra vez: Paz a vosotros. Como me envió el Padre, así también yo os envío. Y habiendo dicho esto, sopló, y les dijo: Recibid el Espíritu Santo. A quienes remitiereis los pecados, les son remitidos; y a quienes se los retuviereis, les son retenidos."
>
> —Juan 20:19-23

En este pasaje, el Señor dice "Paz a vosotros" dos veces. La primera vez lleva la prueba de las cicatrices de los clavos en las manos y el costado; la segunda incluye los dones prometidos del Espíritu Santo que da fuerzas a los creyentes y hace nacer las iglesias. Una vez que los creyentes creen que Jesús se ha levantado de entre los muertos y ha recibido el don del Espíritu Santo, no tendrán ninguna dificultad en cuanto al significado y la dirección de su vida.

La preparación de los discípulos para el Pentecostés era un factor esencial durante los cuarenta días de enseñanza. Recibir el Espíritu Santo significaba que los apóstoles tendrían la facultad de proclamar el perdón de los pecados por medio de Jesucristo, y que tendrían que llevar a cabo la tarea de desarrollar la iglesia que Jesús proféticamente les había anunciado en la región de Cesárea de Filipo (Mt 16:18). Los profetas habían anunciado la naturaleza pecaminosa del hombre, la cual hacía necesario el arrepentimiento, pero no entendían muy bien la solución. Los apóstoles, después de Pentecostés, sabían cuál era la cura y la proclamaron con firmeza, ofreciendo en el nombre de Jesús el verdadero perdón de los pecados (Jn 20:23).

La crucifixión y la resurrección demuestran que la función específica del Espíritu Santo es llevar a los hombres hacia Cristo, con Jesús como el único con potestad para perdonar los pecados (Mt 9:6; Jn 20:23). Los seguidores del Señor contribuyen con ese perdón afirmando todo lo que el Espíritu Santo obrará en sus vidas si creen y se arrepienten. Sin embargo, a menudo resulta cierto que muchos de los que se han arrepentido de sus pecados necesitan escuchar a un siervo del Señor en quien tienen confianza confirmarles que Dios ha realmente perdonado sus pecados. Esta es sin lugar a dudas una autoridad excepcional.

¡Hermano, tus pecados han sido perdonados!

"Hace algunos años, en Guatemala", escribió Luis Palau en su libro *Discipleship Journal* [Diario del discipulado], "un hombre que había deshonrado el nombre del Señor se me acercó. Estaba deshecho y arrepentido, tampoco sentía ninguna alegría. Era claro que necesitaba que alguien le asegurara que había sido perdonado, porque de lo contrario Satanás hubiese aprovechado esta situación.

"En ese entonces hice algo que nunca había hecho. Le puse un brazo en los hombros y le dije: 'Hermano, te has arrepentido, tus pecados han sido perdonados. Déjame orar contigo.'

"Y ese hombre destruido y humilde me dijo: 'Oh, gracias, muchas gracias ¡Ahora soy libre!'

"Con lágrimas en los ojos nos abrazamos. Estaba sumamente emocionado porque un hermano en Cristo lo había reconfortado.

"Pero resulta que ese hombre debía haber sido reconfortado mucho antes por la iglesia. Cuando una persona está destruida y se ha arrepentido, la iglesia ha de levantarse y decir: '¡En el nombre del Señor Jesús, gózate! "Él te ha perdonado y nosotros también.' El consuelo que se siente al recibir ese perdón de toda la institución eclesiástica produce sanidad y alegría a toda la congregación."[2]

En efecto, Jesús empezó a enseñarles a los discípulos a esperar los dones del Espíritu Santo antes de la crucifixión (Jn 24:16-8, 26). La misma noche de la resurrección le dio a este tema especial importancia y lo elevó a un nivel superior. El asunto era de gran urgencia ya que la fiesta de Pentecostés se celebraría en pocas semanas. Jesús les demostró el vínculo indisoluble que existe entre el bautismo con el Espíritu Santo y el nacimiento de la iglesia que había profetizado en Cesarea de Filipo. En realidad, sin el bautismo en el Espíritu, la iglesia no hubiese podido existir, y los discípulos hubiesen sido incapaces de afrontar los obstáculos que se interpondrían en los planes del Señor de llegar hasta todos los hombres.

Cuando Jesús "sopló sobre ellos" aquella noche, demostró que recibir el Espíritu Santo iba a ser como sentir una fresca ráfaga de viento (Jn 20:22). El término griego *emphusao* quiere decir que Él insufló, o sopló sobre ellos (Gl 5:25).

El Señor sabía que el bautismo con el Espíritu Santo era una necesidad ineludible para poder llevar a cabo su misión internacional, y las implicaciones de este hecho eran enormes. Por ejemplo, sin la presencia del Espíritu que fortalecía su propia vida residiendo en sus discípulos, no podrían interpretar las Escrituras correctamente. Es más, mientras Jesús se encontraba entre ellos, tuvo que abrirles el entendimiento para que comprendiesen mejor las Escrituras (Lc 24:45). Asimismo, sin el bautismo del Espíritu, serían impotentes para enfrentar los retos del plan mundial de Cristo.

En lo referente a su visión internacional, Jesús les dijo a los discípulos la noche de la resurrección: "Como me envió el Padre, así también yo os envío" (Jn 20:21). La revelación de sus planes para salvar al mundo iría cobrando cada vez mayor importancia a medida que avanzaran las seis semanas de entrenamiento.

～ El amor rige el plan mundial de Jesús ～

El documental *Beyond the Gates of Splendor* [Tras las puertas del esplendor] narra los sucesos verídicos acaecidos a cinco misioneros estadounidenses: Jim Elliot, Pete Fleming, Ed McCully, Nate Saint y Roger Youderian, que en enero de 1956 fueron asesinados con lanzas en las selvas de Ecuador a manos de los indígenas auca, una tribu solitaria conocida como los Waodani.

Al principio, los misioneros fueron acogidos por el auca pero luego se convirtieron en víctimas de su feroz hostilidad.

En testimonio del amor de Cristo que escoge a las personas para los planes internacionales del Señor, los familiares de los misioneros asesinados se fueron a vivir con esta tribu y evangelizaron a las mismas personas que habían asesinado a sus seres queridos.

En una conmovedora escena del documental, Kathy y Steve Saint, hijos de Nate Saint, hablan de sus propios bautismos, hechos por los aucas que ya eran creyentes.

Kimo, uno de los participantes tanto en el asesinato como en los bautismos, habla del bautismo de Steve: "Bautizamos a Steve junto a la tumba de su padre cuando ya había cumplido algunos años. Era cerca del río, y también había traído a su mamá."

"Fue en el mismo río en que habían lanzado el cuerpo de mi papá", cuenta Kathy, "y a mis costados tenía a los dos hombres que en su juventud lo habían matado. Pero lo único que yo sabía era que los quería de verdad."³

II. "Y comenzando desde Moisés, y siguiendo por todos los profetas" (Lc 24:27)

Con esta visión general, comenzamos a analizar la manera en que el Señor empieza a descubrirse mucho más francamente en las Escrituras, a partir del camino de Emaús (Lc 24:13-27). Debido a que el Espíritu Santo no incluyó los detalles de la conversación del camino de Emaús en la Biblia, tenemos que descubrir lo que el Señor les dijo a los caminantes por otra vía. Si analizamos lo que enseñaron los apóstoles al sentar las bases de la iglesia del Señor, resulta claro cómo la cruz y la resurrección de Jesús trajeron un nuevo significado a las Escrituras del Antiguo Testamento (Ef 2:20).

A. La ley

La cruz y la resurrección cambiaron la perspectiva de la ley de Moisés. Los Diez Mandamientos dados a Moisés por el dedo de Dios les dieron a los israelitas la oportunidad de vivir en consonancia con el Espíritu de Dios. Es más, el último designio de la ley era ayudar a descubrir a su Mesías a fin de que fuesen "justificados por la fe" (Gl 3:24; también Gn 15:6; Éx 33:12-23). El pueblo hebreo debía poner a un lado la ley para ver y amar al Señor de las regulaciones y vivir en la esperanza de la venida de su Redentor, del cual Moisés hizo esta profecía: "Profeta de en medio de ti, de tus hermanos, como yo, te levantará Jehová tu Dios; a él oiréis" (Dt 18:15). Para adorar a este Mesías, tendrían que recibir las enseñanzas específicas de Moisés y enfocarse en el espíritu de los mandamientos: "Y amarás a Jehová tu Dios de todo tu corazón, y de toda tu alma, y con todas tus fuerzas," y "a tu prójimo como a ti mismo" (Dt 6:5; Lv 19:18).

Con el tiempo, el enfoque de la historia de todo el pueblo se centró en la ley misma y en sus manifestaciones externas, en detrimento del amor del Dios que les había dado esas leyes (Jl 2:13; Sal 51:17; Is 1:11; Jer 6:20). Este hecho ayuda a explicar por qué el pueblo rechazó a su Mesías cuando llegó, aunque este revelara tener un perfecto equilibrio entre la letra y el espíritu de la ley (2 Co 3:6).

Aun con esas limitaciones, la ley ofrecía un modelo confiable mediante el cual poder juzgar. El código logró esto al manifestar de forma bien clara la culpa tanto personal como a nivel de toda la nación. Además, el sistema de sacrificios se convirtió en una verdadera escuela en la cual Israel podía aprender acerca de la venida del Salvador y recibir justificación por medio de la fe (Gl 3:24).

B. Las fiestas judías

La fiesta de la Pascua, la fiesta de las Primicias y la fiesta de las Semanas nos ofrecen la oportunidad perfecta para demostrar cómo la cruz y la resurrección de Jesús dan un nuevo significado a las Escrituras.

La fiesta de la Pascua se iniciaba el día catorce del primer mes del calendario judío y se celebraba durante siete días, por lo general en abril (según nuestro calendario actual). La Pascua servía para recordar el milagroso éxodo y liberación de la esclavitud en Egipto, que se produjo después que cada familia había sacrificado su primer cordero de Pascua (Éx 12:1-13; Lv 23:4-8; Dt 16:1). Jesús mismo fue ofrendado por medio del Espíritu eterno como el Cordero pascual (1 Co 5:7; Heb 9:14). La crucifixión de Cristo tuvo lugar la primera mañana de la fiesta de la Pascua en el instante preciso en que se sacrificaban los corderos en el templo.

La fiesta de las Primicias se celebraba el decimosexto día del mes, o el tercer día después del comienzo de la fiesta de Pascua. Dios designó este festival anual para que recordaran que su sustento provenía de la tierra y tenía sus orígenes en Él. Jehová bendijo generosamente los campos, los granos y los cultivos (Lv 23:9-14). La fiesta de las Primicias les enseñó que Dios era su sustento, que les daba miel, uvas, aceite y mies; es por ello que tenían que ofrendarle a Dios parte de la cosecha de sus campos (Lv 2:12).

La fiesta de las Primicias, como se celebraba tres días después de Pascuas, gozaba de su máxima realización en la resurrección de Jesucristo, que resucitó el tercer día, "primicias de los que durmieron es hecho" (1 Co 15:20, 23).

Dios era la vida de las gentes, compartiendo con ellos su propia existencia en las cosechas. En este sentido, Jesucristo es también nuestro pan de vida (Jn 6:35, 48), nuestro maná caído del cielo, nuestra agua viva y nuestra carne (Jn 4:10; 4:34; 6:48; 6:55-58). Como Jesús resucitó de los muertos como primicias de la resurrección, Él es nuestra garantía de que también seremos vivificados a su semejanza (Ro 6:4; 8:11).

La fiesta de las Semanas se celebraba el decimoquinto día después de Pascuas (Lv 23:15-16; Dt 16:9-12). Esta ocasión se denominó la fiesta de Pentecostés en el Nuevo Testamento porque el término griego *pentakosta* significa "cincuenta".

En esta festividad, los hombres de la nación se reunían cada año ante el Señor al finalizar la cosecha de trigo de mayo para ofrendarle y adorarlo en agradecimiento por los alimentos y sustento de la vida que producían sus cosechas.

En el momento en que Jesús vino al mundo, la fiesta de Pentecostés se había convertido en uno de los acontecimientos más importantes del calendario judío. Los hebreos, cientos de miles de ellos, hacían una peregrinación cada año a Jerusalén para celebrar el gran festival, incrementando la población de Jerusalén y saturando las instalaciones turísticas de la ciudad.

El Padre celestial derramó el Espíritu Santo en toda la grandeza del Nuevo Testamento exactamente cincuenta días después que Cristo se convirtiera en el Cordero pascual. En la misma medida en que la cosecha de los campos les daba energías para servir a Dios, el Espíritu Santo les da a los creyentes la fuerza y el vigor para obedecer la Gran Comisión del Señor en el espíritu de la misma (Mt 28:18; Lc 24:45–49; Hch 1:8). Él es el espíritu morador de la vida o los tabernáculos con los que lo reciben. Esta fortaleza es necesaria, porque la cosecha es realmente inmensa. En realidad, los campos "están blancos para la siega … mas los obreros pocos" (Lc 10:2; Jn 4:35).

C. Las predicciones de los profetas sobre el Mesías

Los videntes del Antiguo Testamento hicieron algunas predicciones sobre el Mesías de Israel, y los autores de los evangelios del Nuevo Testamento tuvieron el cuidado de registrarlas. Sin embargo, en el momento de la resurrección del Señor, los discípulos apenas habían empezado a vincular esas profecías con Jesús. El Salvador se las reveló a cada uno de ellos con sus enseñanzas. Entre los numerosos pasajes en que se explican la vida y el ministerio de Jesús se encuentran los siguientes:

- El Mesías era hijo de una mujer: María era la madre de Jesús, descendiente de Eva, la primera madre (Gn 3:15; Mt 1:16; Lc 3:23; Gl 4:4)
- Como era descendiente de Abraham, Jesús, el Mesías, era el único en el que serían benditas todas las familias de la tierra (Gn 12:3; 18:18; Hch 3:25, 26; Gl 3:16)
- El Mesías era descendiente de Judá (Gn 49:10; Mt 1:2; Lc 3:33)
- También era descendiente de David (Sal 132:11; Jer 23:5; 33:15; Lc 1:32)
- Una virgen lo trajo al mundo (Is 7:14; Mt 1:18; Lc 1:26-27)
- Había nacido en Belén (Mi 5:2; Mt 2:1; Lc 2:4)
- Su ministerio empezó en Galilea (Is 9:1; Mt 4:15)

- "él entró en el templo con autoridad" (Mal 3:1; Mt 21:12; Lc 19:45)
- Era el Hijo de Dios (Sal 2:7; Mt 3:17; Lc 3:22; Jn 20:28–29)
- Vino como nuestro salvador y redentor (Sal 130:8; Mt 1:21)
- Era el gran santificador (Éx 31:13; Heb. 2:11)
- Era el bautizador junto con el Espíritu Santo, un don a la disposición de todos (Jl 2:28; Jn 14:16, 26)
- El Mesías sanó dolencias y enfermedades, incluyendo a los ciegos, los sordos y cojos, y también echó fuera demonios (Sal 103:3; Is 35:5; Mt 4:23; 10:8; 11:3-5; Jn 11:47)
- Primero vino a la tierra como un Siervo sufriente y la Segunda Venida la haría como Rey de reyes (Is 53; 1 Ts. 4:16; Zac 14:4; Ap 19:16)
- Las autoridades lo maltrataron brutalmente (Sal 22; 35:11; Mt 26:59-60; 27:34-50; Lc 23:11, 35-39; Jn 19:31-36)
- El odio que se le tenía era infundado (Sal 41:9; 69:4; Jn 15:23)
- Esperaba la traición de parte de un amigo (Sal 41:9; Jn 13:18)
- Entró a Jerusalén en un asno (Zac 9:9; Jn 12:15)
- El Mesías fue vendido por treinta piezas de plata (Zac 11:12; Mt 26:15; 27:3)
- Fue abandonado por sus discípulos (Zac 13:7; Mt 26:31, 56)
- Fue la piedra desechada por los edificadores, y sin embargo se convirtió en la piedra angular (Sal 118:22; Is. 28:16; Mt 21:42; 1 P 2:6)
- El salvador de Israel guardó silencio ante sus acusadores (Is 53:7; Mt 26:62-63)
- Murió junto a delincuentes (Is 53:12; Mt 27:38)
- Fue enterrado con los ricos (Is 53:9; Mt 27:59-60)
- Resucitó de entre los muertos (Sal 16:10; 49:15; Is 52:13; Mt 28:5-9)
- Creó un nuevo y eterno pacto que transmite el amor vivo de Dios (Jer 31:31; Lc 22:20; Jn 6:63; Gl 3:21; Heb 8:6)
- El Mesías continúa sirviendo como sacerdote eterno según el orden de Melquisedec (Sal 110:4; Heb 5:6)
- Era un intercesor (Is 59:16, Heb 7:25; 9:15)
- Bautiza a cualquier creyente sediento con el Espíritu Santo y envía su mensaje incluso a las más remotas islas del mar (Nm 11:29; Jl 2:28–32; Mt 3:11; Hch 2:16-21; Is 42:4)

D. El Espíritu Santo en los profetas

Jesús quería que sus discípulos entendieran la obra del Espíritu Santo en los antiguos videntes a través del prisma de la crucifixión y la resurrección. A lo largo del legado de los profetas, el Espíritu era la presencia que fortalecía sus ministerios y hacía milagros (Jos 6:20; 1 R 18:36–38).

Sin dudas, Moisés disfrutó la presencia del espíritu de Dios mientras guiaba a su pueblo. El Señor incluso le dijo a Moisés que les daría el mismo espíritu que le había concedido a él a los setenta varones que escogiera para ayudar a juzgar a Israel (Nm 11:16-17). Cuando el espíritu del Señor descendió sobre los setenta varones, comenzaron a hacer profecías (Nm 11:25). Moisés también expresó profundo interés en que todos los hijos de Dios fueran profetas y que el Señor pusiera su espíritu sobre ellos (Nm 11:29).

Tanto David como Isaías entendieron que Él era el Espíritu de santidad que fortalece el carácter de Dios en los hombres (Sal 51:11; 143:10; Is 30:1). Isaías también se dio cuenta de que el Espíritu Santo tiene sentimientos y dijo que el pecado enoja al espíritu (Is 63:10).

El salmista entendió la imposibilidad de huir de la presencia del Espíritu (Sal 139:7). Nehemías entendió que durante los largos viajes por el desierto, el "buen espíritu" había sido enviado a su pueblo por Dios para enseñarlos (Neh 9:20).

Isaías dijo que el Mesías poseería el "espíritu de sabiduría y de inteligencia, espíritu de consejo y de poder, espíritu de conocimiento y de temor de Jehová" (Is 11:2). Uno de las manifestaciones del Espíritu en la vida del Mesías iba a ser su "entender diligente" (Is 11:3).

Ezequiel el profeta vivió en cautiverio en Babilonia, y allí, nos cuenta, "el Espíritu me alzó entre el cielo y la tierra", transportándolo en visiones hasta Jerusalén (Ez 8:3). Aún Ezequiel, en una visión, llegó a ser testigo del Espíritu saliendo del templo (Ez 3:12; 8:3; 11:23).

Nabucodonosor y la reina madre de Babilonia reconocieron que el "espíritu de los dioses santos" moraba en Daniel (Dn 4:8; 5:11). La unción del espíritu para gobernar era lo único que podía explicar con validez su prolongado servicio civil en Babilonia y Persia, durante el cual demostró tener un intachable carácter. ¿De qué otra manera se pueden explicar las acertadas profecías de Daniel sobre los eventos internacionales en el momento del nacimiento del Mesías si no es por el Espíritu de Dios?

Hageo dijo que el pacto de Dios con Israel incluía la promesa de la continua presencia del Espíritu. "Así mi Espíritu estará en medio de vosotros, no temáis", dijo el profeta (Hg 2:5).

Zacarías sabía que el éxito de Israel dependía del Espíritu, y expresó esa confianza con las palabras de Dios a Zorobabel: "'No con ejército, ni con fuerza, sino con mi Espíritu, ha dicho Jehová de los ejércitos" (Zac 4:6).

Cuando Juan el Bautista, y más tarde Jesús, comenzaron a hablar del bautismo con el Espíritu Santo y con fuego, existía ya en la tradición judía pruebas suficientes que facilitaban la aceptación de los nuevos aspectos de la revelación (Mt 3:11).

E. La manifestación de los dones del Espíritu en el pacto antiguo

Los dones del Espíritu que se mencionan en 1 Corintios 12:8-11 encuentran su expresión en los profetas del Antiguo Testamento. En cada una de esas manifestaciones anteriores al Espíritu, Dios, por medio del Espíritu Santo, se reveló en todo su imperio. Pero a pesar de todas las maneras maravillosas en que el Espíritu obró a través de los profetas, usándolos para satisfacer necesidades especificas en determinadas ocasiones, estos fueron tan solo modelos y precursores de la dispensación del Espíritu (Heb 10:1; 11:40).

- José le dijo a Faraón, en un mensaje de sabiduría, que Egipto debía prepararse para la hambruna que se avecinaba (Gn 41:14-57).
- Eliseo demostró su conocimiento al aconsejar a los reyes confederados antes de la guerra contra los moabitas (2 R 3:10-17). Eliseo demostró nuevamente su don al anunciar con certeza el desplazamiento de las tropas del ejército sirio (2 R 6:8-12). Mediante el Espíritu Santo, Natán supo los detalles de los pecados de David (2 S 12:1-14).
- Abraham demostró irrebatiblemente el don de la fe cuando ofrendó a su hijo Isaac (Gn 22:9–12). Eliseo volvió a demostrarlo nuevamente en la confrontación con Baal en el Monte Carmelo (1 R 18:1-39).
- Moisés manifestó el don de la sanidad al colocar la serpiente en un asta; todos los israelitas que la miraron fueron sanados (Nm 21:8; Jn. 3:14). Lo mismo sucedió con las aguas amargas de Mara, cuando Jehová se reveló como Jehová-Rapha, "Jehová tu sanador" (Éx 15:26).
- El Espíritu Santo demostró el don de los milagros a través de Moisés en el mar Rojo (Éx 14). Moisés también obró muchos otros milagros, como abrir la tierra para que se tragase a Coré y a sus seguidores durante la rebelión más importante en el desierto (Nm 16:31-33).
- Cada uno de estos profetas hizo uso del don de la profecía, y este hecho es tan patente que no se presta a dudas. Un profeta pagano

y egoísta como Balam solo podía decir lo que le transmitía el Señor, aunque Balac le hubiese traído muchas cosas para sobornarlo con el fin de que maldijera a Israel (Nm 23 y 24).
- Uno de los prototipos del don de lenguas y de su interpretación en el Antiguo Testamento se manifestó durante el banquete de Belsasar cuando una mano trazó la siguiente escritura en la pared: "Mene, Mene, Tekel, Upharsin" (Dn 5:25). Sin dudas, la escritura provenía de la mano de Dios y estaba escrita en un idioma desconocido para Belsasar y todos sus sabios. Solo Daniel pudo interpretar el mensaje que llevó a Belsasar a la balanza de la justicia divina en la que fue hallado falto (Dn 5:11, 27).

F. El derramamiento del Espíritu en profecía

El plan consistía en que el don del espíritu eterno viniera a petición de Jesús, como un don del Padre, después de su ascensión (Jn 14:16). El espíritu que María sintió en el Mar Rojo y que los ancianos vieron manifestarse en el "Pentecostés del desierto" era el mismo que estaba presente en el Aposento Alto (Éx 15:19-21; Nm 11:24-30; Hch 2:1-4).

El pueblo de Israel encontró a Dios en el sistema sacrificial como la gloriosa Shekinah manifestada en sus muchas ofrendas. El Espíritu moraba en el más santo de los lugares, entre los querubines. Los sacerdotes lo sabían y la gente también era consciente de ello, pero sentir su presencia era una bendición que no todo el pueblo, sino solo unos pocos, disfrutaban. En este contexto, el profético punto de vista de Moisés sin dudas adquirió un significado mucho más amplio cuando le dijo a Josué: "¿Tienes tú celos por mí? Ojalá todo el pueblo de Jehová fuese profeta, y que Jehová pusiera su espíritu sobre ellos" (Nm 11:29).

Isaías profetizó el día en que el derramamiento del Espíritu caería sobre su pueblo desde lo alto y los aliviaría como el agua fresca en una boca sedienta (Is 32:15). Las bendiciones sobre sus descendientes sería como aguas sobre el sequedal (Is 44:3).

El primer pacto tenía una naturaleza global y representativa. El Espíritu cayó sobre los profetas, los sacerdotes y los reyes, pero en muy pocos israelitas comunes y corrientes. Jeremías sabía que esta situación iba a cambiar ya que el Señor tenía entre sus planes el establecimiento de una nueva relación con Israel. La marca de este pacto innovador vendría a ser su notable individualismo. "Daré mi ley en su mente, y la escribiré en su corazón; y yo seré a ellos por Dios, y ellos me serán por pueblo" (Jer 31:33; también Ez 36:27; 39:29; Heb 8:10; 10:16).

El profeta Joel fue el vidente que con mayor claridad profetizó que este individualismo se manifestaría como un derramamiento del Espíritu "sobre toda carne" (Jl 2:28). No cabía duda de que se incluiría a Israel, pero también a todos los pueblos del mundo. La promesa del Padre vendría a ser un don universal. Sin embargo, hacía falta no perder de vista la crucifixión y el sepulcro vacío para descubrir esta nueva significación.

Joel profetizó con extrema claridad la hambruna que devastaría a Judá. Las langostas se lo comerían todo, presagió, y luego vendría una larga sequía. La situación degeneraría tanto que se suspenderían las ofrendas en los altares del templo (Jl 1:13). Joel utilizó esta fatídica profecía para atraer a la gente hacia Dios; también habló del día en que las lluvias volverían a caer y los campos darían frutos nuevamente. Utilizó este contexto como analogía para proclamar el derramamiento del Espíritu Santo como "la lluvia temprana y tardía como al principio (Jl 2:23-27).

Según el apóstol Pedro, el derramamiento del Espíritu Santo el día del Pentecostés que se menciona en 2 Hechos era el cumplimiento directo de la profecía de Joel, una conclusión a la que sin dudas llegó tras los cuarenta días de enseñanzas de Jesús. Joel dijo que la bendición sería derramada sobre hijos e hijas, jóvenes y viejos, incluso sobre siervos y siervas (Jl 2:28-29; Hch 2:18). Pedro predicó esta misma doctrina de individualismo e universalidad del Espíritu al decir en el sermón del Pentecostés: "Porque para vosotros es la promesa, y para vuestros hijos, y para todos los que están lejos; para cuantos el Señor nuestro Dios llamare" (Hch 2:39).

G. El papel de Juan el Bautista

El doble enfoque de la cruz y el sepulcro vacío también dio un nuevo significado a la vida de Juan el Bautista. Gabriel había anunciado las nuevas del nacimiento de Juan cuando visitó a Zacarías, un levita de la clase sacerdotal de Abías, en el momento en que este se encontraba en el templo ofrendando incienso (Lc 1:5-20). El ángel proclamó que Dios había escogido a Zacarías y Elisabet, unos ancianos estériles, para que fuesen los padres del precursor del Mesías. "Ambos eran justos delante de Dios, y andaban irreprensibles en todos los mandamientos y ordenanzas del Señor" (Lc 1:6).

Gabriel dijo que Juan iría "delante de él con el espíritu y el poder de Elías... para preparar al Señor un pueblo bien dispuesto" (Lc 1:17; Mt 3:3). No cabe ninguna duda de que Juan realmente preparó el camino para la llegada del Mesías (Jn 1:29). Profetizó la llegada de Cristo, anunció su aparición cuando Jesús llegó al río Jordán y bautizó al Señor para que se cumpliese "toda justicia" (Mt 3:15; Mr 1:7). El mismo Jesús dijo que ninguno de los profetas era tan grande como Juan el Bautista (Mt 11:11; Lc 7:28).

El bautismo de Juan en el río Jordán instaba al pueblo a hacer "frutos dignos de arrepentimiento" (Lc 3:8). También le dijo al pueblo sin rodeos que ni pensaran en decir que ponían toda su confianza en Abraham como su padre espiritual (Mt 3:9). En su lugar, Juan insistió en el arrepentimiento y la fe personales si querían enderezar la senda y preparar el camino para el Mesías que estaba por venir (Mt 3:3; Lc 3:4).

Juan el Bautista, colmado por el Espíritu, también profetizó la era del Espíritu que se iniciaría con los logros redentores del Mesías. Moisés la había deseado y Joel la había profetizado (Nm 11:29; Jl 2:28). Juan el Bautista siguió los pasos de estos grandes profetas. Le anunció a la muchedumbre reunida en el Jordán que el don del Espíritu era para todos y no para un grupo de escogidos. Dirigiéndose a la muchedumbre de "Jerusalén, y toda Judea, y toda la provincia de alrededor del Jordán", Juan les explicó: "Yo a la verdad os bautizo en agua; pero viene uno más poderoso que yo, de quien no soy digno de desatar la correa de su calzado; él os bautizará en Espíritu Santo y fuego" (Mt 3:5, 11; Mr 1:8; Lc 3:16).

Antes de la crucifixión de Jesús, las enseñanzas de Juan el Bautista eran para muchos como una maravilla cubierta de misterio (Lc 3:1-18; Jn 1:19-27). Pero después de la resurrección, el mensaje de Juan se hacía bien claro. Sí, no cabe dudas de que la vida siempre adquiere su lógica al pie de la cruz.

III. El ministerio del Espíritu

Durante los cuarenta días de enseñanzas del Señor, es justo pensar que Jesús practicó con sus discípulos lo que compartió con ellos antes de la crucifixión acerca de los dones del Espíritu Santo del Padre. El claro mensaje del Nuevo Testamento es que todo creyente ha de andar su propio camino desde el Monte Calvario hasta el Aposento Alto para recibir la llenura del Espíritu.

A. La humildad del Espíritu

Dios es amor y el amor "no guarda rencor" (1 Co 13:5; 1 Jn 4:8). Al contrario, se contenta siempre de actuar humildemente pensado en el beneficio de los demás. Este atributo encuentra toda su expresión en la Deidad. Cada uno de los integrantes de la Trinidad, todos equivalentes, tiene su razón de ser para el provecho de los otros dos, y se somete con amor a ellos (Jn 15:26; Hch 10:38). La comprensión de esta naturaleza esencial de la Deidad explica porqué nunca puede haber ni división ni egoísmo en la Trinidad.

La iglesia, que es el cuerpo de Cristo, necesita con urgencia aprender esta lección de humildad que la Trinidad refleja con perfección. No cabe duda de que al hacerlo el hogar de la fe resolverá muchos de sus problemas. ¡Qué mejor que entregarse totalmente a Dios como un vaso lleno del Espíritu Santo con el vehemente deseo de ser guiados por el Espíritu!

B. El Espíritu como agua viva

El último día de la fiesta de los Tabernáculos en Jerusalén, Jesús se puso en pie y alzó la voz, diciendo: "Si alguno tiene sed, venga a mí y beba. El que cree en mí, como dice la Escritura, de su interior correrán ríos de agua viva" (Jn 7:37-38). El apóstol Juan explicó estas enardecidas palabras: "Esto dijo del Espíritu que habían de recibir los que creyesen en él; pues aún no había venido el Espíritu Santo, porque Jesús no había sido aún glorificado" (Jn 7:39).

El ardiente deseo que Jesús albergaba en su corazón era que todos los presentes en la fiesta recibieran el don que Él les había prometido. En realidad, Jesús profetizó en el templo en Jerusalén que esa experiencia era para todo aquel que tuviera sed (Jn 7:37). El Señor tenía planeado derramar estas bendiciones sin importar la edad, el sexo, la clase social, la raza o el país. Como dijera el apóstol Pablo: "Ya no hay judío ni griego; no hay esclavo ni libre; no hay varón ni mujer; porque todos vosotros sois uno en Cristo Jesús" (Gl 3:28). Sin embargo, se necesita tener la sed suficiente para venir a Cristo y beber si se quiere recibir el Espíritu Santo (Jn 7:37). "Si conocieras el don de Dios, y quién es el que te dice: Dame de beber; tú le pedirías, y él te daría agua viva" (Jn 4:10).

C. El Espíritu como Consolador

En la que sería su última fiesta de la Pascua, Jesús comió con los discípulos y aprovechó la ocasión para prepararlos mejor para su partida y para la venida del Espíritu Santo. "No se turbe vuestro corazón", les dijo, "creéis en Dios, creed también en mí. En la casa de mi Padre muchas moradas hay; si así no fuera, yo os lo hubiera dicho; voy, pues, a preparar lugar para vosotros. Y si me fuere y os preparare lugar, vendré otra vez, y os tomaré a mí mismo, para que donde yo estoy, vosotros también estéis" (Jn 14:1-3).

Para los discípulos, está claro que esta importante declaración les producía sentimientos encontrados de alegría y tristeza. Les causaba alegría porque Jesús tenía pensado dejarlos, pero al mismo tiempo sentían alegría porque el Maestro estaba pensando en sus intereses (iba a preparar un lugar para ellos y prometerles que regresaría por ellos). No es difícil entender los sentimientos de los discípulos, que habían aprendido a amar su presencia, cuando empezaron a sentirse profundamente angustiados a causa de esta separación.

Jesús vio su preocupación, les aseguró que Él y el Padre eran uno solo, y les recordó que si pedían al Padre en su nombre, Él mismo lo haría (Jn 14:13). Luego les hizo esta maravillosa promesa:

> Si me amáis, guardad mis mandamientos. Y yo rogaré al Padre, y os dará otro Consolador, para que esté con vosotros para siempre: el Espíritu de

verdad, al cual el mundo no puede recibir, porque no le ve, ni le conoce; pero vosotros le conocéis, porque mora con vosotros, y estará en vosotros. No os dejaré huérfanos; vendré a vosotros."

—Juan 14:15-18

Paracleto es la palabra que se traduce del griego *parakletos* y significa "consejero o consolador" (Jn 14:16). La misma palabra se traduce también como "abogado," o el que defiende el caso de otra persona (1 Jn 2:1). El Espíritu Santo es el abogado divino que mora en los creyentes y defiende su caso. Como sucedió con la mujer adúltera sorprendida en el acto mismo, los hijos de Dios tienen un abogado celestial, el Espíritu Santo. Él es el Espíritu de verdad que nunca abandona a los suyos ni los condena a la orfandad (Jn 14:18). El plan del Señor es que el Espíritu Santo, el Espíritu de verdad, more eternamente con los hombres. Y al hacerlo, no habla por su propia cuenta sino que hace saber a los creyentes las cosas que habrán de venir, dándole toda la gloria a Jesús (Jn 1:13-16; 16:13-14). Este abogado enviado por Dios sin dudas demostró todo su temple cuando Jesús defendió a la mujer sorprendida en el acto de adulterio (Jn 8:3-11).

≈ El Paracleto ≈

En el libro *Healing the Masculine Soul* [La sanidad del alma masculina], Gordon Dalbey señala que cuando Jesús se refiere al Espíritu Santo como al Ayudador, emplea el término griego *paracleto*, una antigua palabra del léxico de guerra. "Los soldados griegos iban a las batallas en parejas", nos explica Dalbey, "para cuando el enemigo atacara, poder colocarse de espaldas uno con otro y abarcar con la vista todos los puntos que el otro no podía ver. El compañero de pelea de los soldados era el paracleto.

"Nuestro Señor no nos envía solos a luchar las buenas batallas; el Espíritu Santo es nuestro compañero de lucha que abarca con la vista los puntos que no podemos ver y pelea por nuestro bienestar."[4]

La palabra que se tradujo como "otro Consolador" en Juan 14:16 indica que el Espíritu Santo, que remplazaría a Jesús, sería idéntico a Él. Es posible que los discípulos se preguntaran a menudo qué querían decir esas enseñanzas anteriores a la crucifixión, pero la muerte y la resurrección de Jesús, junto con los cuarenta días de enseñanzas del Señor, pronto despejaron la niebla de sus corazones y los prepararon para su ascensión y el Pentecostés.

D. El Espíritu como maestro

Jesús les comprobó a los discípulos durante la Última Cena que a la venida del Espíritu Santo, este iba a ser su Maestro y que su currículo se enfocaría en el ministerio y la persona del Señor Jesús. El Espíritu les enseñará "todas las cosas," les dijo Jesús, "y os recordará todo lo que yo os he dicho" (Jn 14:26).

Como Maestro, el Espíritu Santo es el verdadero intérprete de las Escrituras. Este arroja su luz sobre la Biblia, que es la palabra escrita, para permitir que los discípulos aprendan quién es Cristo. Sin embargo, fue necesario esperar hasta el Pentecostés, con las imágenes del Calvario y el sepulcro vacío presentes en sus mentes, para que pudieran entenderlo a plenitud.

IV. El proyecto mundial del Señor

A. Los siervos de su programa de acción

Sentir la ardiente pasión de Jesús mientras les hablaba de su visión internacional debe haber sido una monumental experiencia para los discípulos en esos cuarenta días en que el Señor ministró entre ellos. No solo tenían que escuchar a Jesús enseñarles esta visión sino que también tenían que entenderla para luego asimilar el hecho de que el Señor los había escogido como sus testigos. Es más, Jesús los había escogido como los siervos de su programa de acción para la salvación del mundo (Mt. 16:18; 28:16-20).

Desde el inicio de los tiempos, la estrategia de la Deidad era que el Espíritu Santo ministrara la obra del Señor para todas las naciones. Hacía falta nada menos que un bautismo o llenura del Espíritu Santo para que los discípulos se comprometieran con el perfil de Siervo de Jesús y con su plan mundial de ganar a los hombres y llevarlos a las iglesias.

Después del Pentecostés, con la resurrección aún fresca en sus mentes, comenzaron a entender la magnitud de la influencia espiritual y moral que el Señor les había dado, y la autoridad espiritual y moral siempre aplasta la política y la económica. Para los discípulos, el Espíritu se convirtió en "poder de Dios, y sabiduría de Dios" (1 Co 1:24).

B. La Gran Comisión

Son dos las profecías que enfatizan la visión del Señor para con las naciones. La primera se produjo en Cesarea de Filipo antes de la crucifixión, cuando anunció: "Edificaré mi iglesia" (Mt 16:18). La segunda se produjo en una montaña anónima en Galilea, aproximadamente una semana después de la resurrección. Jesús había planeado reunirse con ellos antes de la crucifixión (Mt 28:16). Los once discípulos recordaron la conversación y fueron al lugar indicado, y fue allí que Jesús les reveló la importante profecía conocida como la Gran Comisión, que estructura la misión de todos los creyentes en todas las generaciones de la iglesia del Señor:

> "Y cuando le vieron, le adoraron; pero algunos dudaban. Y Jesús se acercó y les habló diciendo: Toda potestad me es dada en el cielo y en la tierra. Por tanto, id, y haced discípulos a todas las naciones, bautizándolos en el nombre del Padre, y del Hijo, y del Espíritu Santo; enseñándoles que guarden todas las cosas que os he mandado; y he aquí yo estoy con vosotros todos los días, hasta el fin del mundo."
>
> —Mateo 28:17-20

(Véanse el Salmo 96 y 1 Crónicas 16:23-33 para las expresiones poéticas de la Gran Comisión.)

En realidad, una comisión es una "co-misión." En el poder de la resurrección, el Señor que tiene toda la potestad en sus manos les da a sus seguidores la oportunidad de servirle en la obra de ganar todo el mundo para Él, hecho este que es al mismo tiempo una emocionante y plena "co-misión". El Señor une sus esfuerzos con los de los creyentes llenos del Espíritu y juntos llevan a cabo la obra sin importar cuán difícil sea. Esto resulta cierto dondequiera que se ministre, incluso en las más remotas islas del mar. "Yo estoy con vosotros todos los días," les prometió, "hasta el fin del mundo" (Mt 28:20).

Las promesas que Dios le hizo a Abraham serían cumplidas; sus descendientes espirituales serían como la arena en la playa y las estrella en el cielo, y todas las naciones serían bendecidas por su "simiente, la cual es Cristo" (Gl 3:16; Gn 15:4-5; 22:17-18).

V. La ascensión de Jesús

Después de la resurrección, los discípulos contaban con solo seis semanas para sentarse a los pies del gran Maestro. En ese tiempo, "se presentó vivo con muchas pruebas indubitables ... y [les enseñó]... acerca del reino de Dios" (Hch 1:3). También les dejó instrucciones por medio del Espíritu Santo (Hch 1:2).

A. El suceso

Al concluir los cuarenta días "Dios también le exaltó hasta lo sumo, y le dio un nombre que es sobre todo nombre, para que en el nombre de Jesús se doble toda rodilla de los que están en los cielos, y en la tierra, y debajo de la tierra; y toda lengua confiese que Jesucristo es el Señor, para gloria de Dios Padre" (Flp 2:9-11).

En su encarnación, Jesús fue solamente un préstamo a la humanidad. Su trono eterno en la unicidad de la Trinidad estaba junto a su Padre y lo aguardaba. La tierra solo había sido estrado para sus pies (Sal 110:1; Hch 2:34).

Cuando finalmente llegó el momento de estar en la tierra con ellos, reunió a sus seguidores en el Monte de los Olivos y resumió una vez más el contenido de las enseñanzas de esos cuarenta días, haciendo hincapié en los asuntos que más le preocupaban.

> Cuando se reunieron, le preguntaron: "Señor, ¿restaurarás el reino a Israel en este tiempo? Y les dijo: No os toca a vosotros saber los tiempos o las sazones, que el Padre puso en su sola potestad; pero recibiréis poder, cuando haya venido sobre vosotros el Espíritu Santo, y me seréis testigos en Jerusalén, en toda Judea, en Samaria, y hasta lo último de la tierra."
> —Hechos 1:6-8

Tendrían que aceptar el ministerio de Jesús como el bautizador, regresar al Aposento Alto de Jerusalén y permanecer allí hasta tanto no recibieran el poder del Espíritu Santo. Esta fue la última lección que el gran Maestro compartió con sus discípulos en la tierra.

El Señor sabía que estaban listos para graduarse ya que habían aprendido bien las lecciones. Podía contar con ellos para que hicieran lo que les había enseñado.

Cuando les daba estas últimas instrucciones, presenciaron otro poderoso acto de Dios, una portentosa manifestación de la energía divina.

> Y habiendo dicho estas cosas, viéndolo ellos, fue alzado, y le recibió una nube que le ocultó de sus ojos.
> —Hechos 1:9

No cabe dudas de que recordarían este momento toda la vida y lo transmitirían con deleite a sus nietos y biznietos.

El rey David escribió un salmo acerca de la ascensión mil años antes de que sucediera. En el imaginario poético de una toma de posesión de un reino hebreo, describió la ascensión del Hijo mayor de David a la diestra de su Padre:

> Alzad, oh puertas, vuestras cabezas, Y alzaos vosotras, puertas eternas, Y entrará el Rey de gloria. ¿Quién es este Rey de gloria? Jehová el fuerte y valiente, Jehová el poderoso en batalla. Alzad, oh puertas, vuestras cabezas, Y alzaos vosotras, puertas eternas, Y entrará el Rey de gloria. ¿Quién es este Rey de gloria? Jehová de los ejércitos, El es el Rey de la gloria."
> —Salmo 24:7-10

El rey David también escribió un poema que describe el momento en que el Padre celestial recibió a Jesús de vuelta al trono celestial. Este pasaje tiene tal significación en el evangelio que los autores del Nuevo Testamento se refirieron a él cinco veces: "Jehová dijo a mi Señor: Siéntate a mi diestra, hasta que ponga a tus enemigos por estrado de tus pies'" (Sal 110:1; Mt 22:44; Mr 12:36-37; Lc 20:42-44; Hch 2:34-35; Heb 1:13).

La gran recompensa por la valiosa obra del ministerio de Jesús fue que "Dios también le exaltó hasta lo sumo, y le dio un nombre que es sobre todo nombre" (Flp 2:9). La magnitud de esta alabanza de Jesús radica en que ante el "nombre de Jesús se doble toda rodilla de los que están en los cielos, y en la tierra, y debajo de la tierra; y toda lengua confiese que Jesucristo es el Señor, para gloria de Dios Padre" (Flp 2:10-11).

B. Los mensajeros después del suceso

Los seguidores de Jesús presenciaron cómo su Señor resucitado ascendía al cielo. La naturaleza de este suceso era de tal magnitud que clavaron la vista en las nubes que lo ocultaban.

> Tenían los ojos puestos en el cielo con intensidad cuando de repente dos hombres vestidos de blanco se acercaron a ellos y les dijeron: "Varones galileos, ¿por qué estáis mirando al cielo? Este mismo Jesús, que ha sido tomado de vosotros al cielo, así vendrá como le habéis visto ir".
> —Hechos 1:10-11

La intención de este mensaje angelical era evidente: tienen una obra que realizar, así que dejen de escudriñar el cielo. Hagan lo que Jesús ordenó. El Pentecostés está a su alcance y hay que ganarse al mundo. ¡Manos a la obra!

Pero primero había que hacer las cosas más importantes. La manera en que servirían a Dios era obedeciendo los mandatos de Jesús, su Bautizador. Pero ahora tenían que descender del Monte de los Olivos, atravesar el valle de Kidron y dirigirse al Aposento Alto en Jerusalén.

Mientras lo hacían, "volvieron a Jerusalén desde el monte que se llama del Olivar, el cual está cerca de Jerusalén, camino de un día de reposo. Y entrados, subieron al aposento alto" (Hch 1:12-13). Su tarea consistía en esperar que el Padre les enviara el don del Espíritu Santo. Cerca de ciento veinte personas subieron al Aposento Alto para aguardar y orar.

Jesucristo es recordado afectuosamente como el "siervo de todos" porque cumplió a plenitud el plan de su Padre y satisfizo la necesidad central que se albergaba en el alma de todos los seres humanos del mundo (Is 42:1; 49:5-6; Mr 9:35; Jn 3:16; Ro

15:8; Heb 3:2). Para lograr su objetivo de restaurar la paz entre Dios y la humanidad Jesús tuvo que:

- diagnosticar el problema central humano, incluso si la gente no se daba cuenta de que lo tenía y se oponía resueltamente a la idea (Mr 7:15-23; Jn 16:8-11);
- derramar su propia sangre como antídoto (Jn 19:30; 1 Jn 1:7);
- amar y servir con tal convencimiento, incluso si la gente se oponía drásticamente a su ayuda, para que llegaran a aceptar su amor por su propia voluntad, incluyendo el diagnóstico, la sanidad y la aplicación en todo el mundo de su visión (Ap 1:18);
- comisionar, fortalecer y preparar a sus discípulos para que sirvieran como Él, llevando las buenas nuevas de su diagnóstico y sanidad hasta lo último de la tierra (Hch 1:8).

Ahora pasaremos a analizar esta cuarta dimensión del asunto.

Capítulo ocho
EL DON DEL ESPÍRITU SANTO DA NACIMIENTO A LA IGLESIA

Y mi corazón se conmovió dentro de mí.
—Cantar de los cantares 5:4

Y fueron todos llenos del Espíritu Santo, y comenzaron a hablar en otras lenguas, según el Espíritu les daba que hablasen.
—Hechos 2:4

El avivamiento en la Calle Azusa da nacimiento al movimiento pentecostal

El poder de Dios tiene conmovida esta ciudad como nunca antes. Pentecostés ciertamente ha llegado y con él las evidencias bíblicas que le siguen. Muchos se han convertido y han sido santificados y llenos del Espíritu Santo, hablando en lenguas como en el día de Pentecostés. Las escenas que se forjan diariamente en el edificio de la Calle Azusa [en Los Ángeles, California, en 1906] y en misiones e iglesias de otras partes de la ciudad son indescriptibles; el verdadero avivamiento apenas ha comenzado, mientras Dios trabaja con sus hijos ... captándolos por medio de Pentecostés, y estableciendo el fundamento para una poderosa ola de salvación entre los no convertidos.

Las reuniones se realizan en una antigua iglesia metodista que había sido convertida en parte en una casa de vecindad, con un salón más grande sin friso, parecido a un granero, en la planta baja ...

Ahora las reuniones continúan todo el día hasta la noche y el fuego se está encendiendo por todas partes de la ciudad y los pueblos circundantes. Predicadores presuntuosos, bien vestidos, vienen para "investigar". Pronto sus miradas altivas son sustituidas por el asombro, viene entonces la convicción y, muy a menudo, los encontrará revolcándose en el sucio suelo pidiéndole a Dios que los perdone y los convierta en niños.

Sería imposible declarar cuantos han sido convertidos, santificados y llenos del Espíritu Santo. Han estado y siguen saliendo diariamente a todos los puntos cardinales para extender este maravilloso evangelio.[1]

I. Cómo entender la doctrina y la misión

La enseñanza de Jesús durante los cuarenta días probó ser maravillosamente exitosa preparando a los discípulos para Pentecostés. La razón principal de su preparación fue que el Señor había dedicado un tiempo adecuado a enseñarles cómo equilibrar la doctrina y la misión.

A. Una falsa dicotomía: Separar el saber del hacer

Muchos creen erróneamente que es posible separar las enseñanzas de la fe de la misión evangelística (Jn 14:15; 15:14; Stg 1:22-25). Por lo tanto, ellos dedican sus vidas al aprendizaje de las creencias del evangelio, pensando que su conocimiento los libera de la responsabilidad de ayudar a llevar a cabo la misión del Señor en el mundo. Tal pensamiento establece una falsa dicotomía y manifiesta que ellos todavía no conocen la doctrina de Jesucristo (1 Jn 2:3). Así como una madre no puede separar su amor por sus hijos del cuidado sacrificial que les da, la doctrina tampoco puede ser separada de la misión evangelística de la iglesia del Señor. Jesús explicó muy claro que no permite la separación de la doctrina y la misión en su reino; es más, conocer la doctrina es escucharla y obedecerla, viviéndola a través de la propia experiencia (Mt 28:20; Lc 11:28; Jn 14:22-24). Cualquier cosa menos que eso, encaja en la analogía de un hombre tan imprudente que construyó su casa para su esposa y sus niños sobre un fundamento de arena. Jesús dijo:

> Cualquiera, pues, que me oye estas palabras, y las hace, le compararé a un hombre prudente, que edificó su casa sobre la roca. Descendió lluvia, y vinieron ríos, y soplaron vientos, y golpearon contra aquella casa; y no cayó, porque estaba fundada sobre la roca. Pero cualquiera que me oye estas palabras y no las hace, le compararé a un hombre insensato, que edificó su casa sobre la arena; y descendió lluvia, y vinieron ríos, y soplaron vientos, y dieron con ímpetu contra aquella casa; y cayó, y fue grande su ruina.
> —Mateo 7:24-27

La información sola no tiene ningún poder para transformar una vida (2 Co 3:6). El apóstol Santiago habló de este tema cuando escribió: "Al que sabe hacer lo bueno, y no lo hace, le es pecado" (Stg 4:17; Lc 12:47; Jn 9:41). Cuando una persona trata de separar la doctrina y la misión, muestra como mínimo un entendimiento anémico "del evangelio de Dios" (Ro 1:1). También puede significar que esté viviendo en franca desobediencia.

Por ejemplo, antes de la ascensión del Señor, el Salvador triunfante se encontró con sus discípulos para comer. En aquella conversación, "les mandó que no se fueran de Jerusalén, sino que esperasen la promesa del Padre, la cual, les dijo, oísteis de mí" (Hch 1:4). Jesús no los invitó a esperar ni les aconsejó que esperaran; les dio una orden. La espera en Jerusalén por la promesa del Espíritu no era opcional para los discípulos. Era una necesidad. Sin duda, si los discípulos del Señor no podían separar la doctrina de la misión, los creyentes de hoy tampoco deberían intentarlo.

Sin embargo, muchos leen la Biblia pero no permiten que ella los lea. Es ciertamente posible citar la Biblia sin conocer al Señor de las Escrituras.

El racionalismo evangélico
Por A.W. Tozer

Actualmente hay un racionalismo evangélico que afirma que la verdad se encuentra en la Palabra de Dios y que si quiere conocerla, debe aprender la Escritura. Si usted obtiene la Palabra de Dios, tiene la verdad. Eso es racionalismo evangélico... en círculos fundamentalistas: Si usted se aprende el texto, tiene la verdad.

Este racionalista evangélico lleva nuestro uniforme... y afirma lo que los fariseos.... decían: "Bueno, la verdad es la verdad y, si usted cree en ella, la tiene." Tales personas no pueden ver más allá de ninguna profundidad mística, ni ningún misterio o divinidad. Lo único que ven es: "Yo creo en Dios el Padre Todopoderoso, Creador de los cielos y de la tierra; y en Jesucristo su único Hijo, nuestro Señor."

Ellos tienen el texto, el código y el credo, y para ellos esta es la verdad. De modo que lo pasan a otros. Y como resultado morimos espiritualmente.

Para conocer la Verdad, debemos "conocer" al Hijo.[2]

B. El ministerio del Espíritu en la resurrección

La enseñanza angular de la fe cristiana es la muerte y resurrección de Jesucristo. Pablo les escribió a los creyentes en Gálatas que "Dios el Padre ... resucitó [a Jesús] de los muertos" (Gl 1:1). Jesús dijo que su vida era suya; Él la puso y la tomó de nuevo (Jn 10:18). Pablo informó a los cristianos en Roma que "el Espíritu ... levantó a Jesús de los muertos" (Ro 8:11). Obviamente, la Trinidad estuvo involucrada por completo en sacar de nuevo a Jesucristo de la tumba.

Como el Espíritu Santo es el Espíritu de vida, Pablo razonó que la presencia del Espíritu en la vida del creyente es la promesa que tiene este de que también resucitará un día. Tenemos "las arras" del Espíritu en nuestros corazones, dijo Pablo, "como garantía de sus promesas" (2 Co 1:22; 5:5). Este pago inicial asegura que el hijo de Dios tendrá una herencia en el gran día de la redención (Ef 1:14). El punto de la promesa es obvio: "Si el Espíritu de aquel que levantó a Jesús de los muertos mora en vosotros, el que levantó a Cristo Jesús vivificará también vuestros cuerpos mortales por su Espíritu que mora en vosotros" (Ro 8:11). Este es el eje de la historia cristiana y de las buenas nuevas del evangelio que siempre mezcla el conocer con el hacer, o la teología con la misión.

C. Cómo desarrollar testigos poderosos

El mensaje de tan maravillosa historia merece ser entendido, dicho y obedecido. Es más, la Trinidad está consagrada a que la gente alrededor del mundo escuche las buenas nuevas de la muerte y la resurrección de Jesús. Por lo tanto, con Jesucristo el conocer y contar la historia van juntos, como la mano y el guante.

Jesús les ordenó a sus discípulos que se quedaran en Jerusalén por una razón específica: "Recibiréis poder cuando haya venido sobre vosotros el Espíritu Santo; y me seréis testigos en Jerusalén, en todo Judea, en Samaria, y hasta lo último de la tierra" (Hch 1:8). El término traducido como "poder" es *dunamis*, que significa "fuerza, capacidad o energía." Cuando Dios Espíritu Santo descendió sobre ellos, la Tercera persona de la Trinidad que ungió a Cristo, también hizo de los discípulos su morada. El Espíritu en ellos les proporcionó la fuerza, capacidad, y sabiduría para servir a la gente y adelantar el plan del Señor (Jn 14:12). Con esa energía, los discípulos fueron los primeros contadores de historias de Cristo "hasta lo último de la tierra" (Hch 1:8). Así como su Señor, ellos tampoco trataron de separar el conocer del hacer.

El vocablo griego para *testigos* en Hechos 1:8 es *martures*, que significa una persona que cree en su testimonio tan fuertemente que da hasta su vida para contar la historia. La palabra *mártir* viene de ese término. Pablo escribió hacia el final de su ministerio, "cuando se derramaba la sangre de Esteban tu testigo, yo mismo también estaba presente" (Hch 22:20). Luego, al final de su estancia, mientras estaba en la prisión Mamertina en Roma, Pablo escribió lo que se convirtió en su epitafio:

> Porque yo ya estoy para ser sacrificado, y el tiempo de mi partida está cercano. He peleado la buena batalla, he acabado la carrera, he guardado la fe. Por lo demás, me está guardada la corona de justicia, la cual me dará el Señor, juez justo, en aquel día; y no sólo a mí, sino también a todos los que aman su venida.
>
> —2 Timoteo 4:6-8

El gran apóstol nunca separó la doctrina de la misión. Siempre las entrelazó, hasta el punto de sufrir muerte de mártir en Roma.

El creyente que se quede esperando en su propio "Aposento Alto" por el bautismo con el Espíritu Santo debe calcular el costo. Convertirse en siervo en el plan de Dios implica ser testigo o uno que relata historias, aunque eso requiera dar hasta la vida. Concluimos, por tanto, que una persona que entiende el mensaje de la fe cristiana combinará el saber con el hacer, convirtiéndose en uno de los abogados del Señor en la iglesia contemporánea.

"¡Yo soy el trigo de Dios!"
Por: Ignacio, Obispo de Antioquía, 110 d.C.

Escribo a todas las iglesias para hacerles saber que moriré felizmente por Dios sólo si ustedes no se meten en mi camino. Les suplico: no me muestren ninguna bondad inoportuna. Déjenme ser el alimento de las bestias salvajes, ya que son mi camino a Dios. Soy el trigo de Dios y seré molido por sus dientes, de modo que puedan convertirme en el pan puro de Cristo. Oren a Cristo por mí para que los animales sean el medio para hacerme una víctima sacrificial para Dios. Ni placeres terrenales, ni reinos de este mundo pueden beneficiarme de manera alguna. Prefiero la muerte en Cristo Jesús que el poder sobre los límites más apartados de la tierra. Él que murió en lugar de nosotros es el único objeto de mi búsqueda. Él que resucitó para nuestro bien es mi único deseo.

El tiempo para mi nacimiento es cercano ... Que vengan el fuego, la cruz, la lucha con las bestias salvajes, el crujir de huesos, la mutilación de miembros, la trituración de mi cuerpo entero, las torturas crueles del diablo, ¡sólo déjenme llegar a Jesucristo![3]

Dos frases verbales en Hechos 1:8 merecen una breve atención: "*recibiréis* poder" y "me *seréis* testigos" (énfasis añadido). Ambos verbos están en tiempo futuro, declarando lo que será la inevitable realidad después de Pentecostés. La misión de la gente llena del Espíritu es clara: cuando el Espíritu Santo viene a ellos, su práctica rutinaria será extender la historia de la resurrección del Señor (Hch 1:8). Estas afirmaciones gemelas que vienen de la última enseñanza del Señor antes de su ascensión, han permanecido vigentes hasta hoy.

Sin embargo, para que los discípulos pudieran vivir ese estilo de vida con éxito, tenían que comenzar en el Aposento Alto, donde Jesús era el bautizador con el Espíritu Santo (Mt 3:11; Hch 1:4). El camino al ministerio de un siervo eficaz siempre se dirige hacia el Gólgota, luego a la tumba vacía y después, vía Monte de los Olivos, al Aposento Alto. La gente que hace este peregrinaje recibe de Dios tantas bendiciones maravillosas, que se convierten en alegres contadores de historias. Salen a difundir las buenas nuevas por todas las naciones de la tierra en su increíble jornada hacia la Nueva Jerusalén.

D. Nacimiento de la iglesia

La ascensión del Señor sucedió el día cuarenta después de su crucifixión, y la Fiesta de Pentecostés ocurrió cincuenta días después de la Pascua de los judíos (Hch 1:3; 2:1). Por lo tanto, la reunión de oración en el Aposento Alto continuó por aproximadamente diez días.

El día de Pentecostés marcó el nacimiento de la iglesia. El Padre, el Hijo y el Espíritu Santo en la Tri-unidad divina participaban de la magnífica ocasión. El Señor había prometido antes de su crucifixión: "Yo [Jesús] rogaré al Padre, y os dará otro Consolador para que esté con vosotros para siempre, el Espíritu de verdad" (Jn 14:16-17). Desde esta perspectiva, el significado poderoso de Hechos 2:1 se aclara realmente: "Cuando llegó el día de Pentecostés, estaban todos unánimes juntos". Los discípulos estaban en unidad con la Trinidad. En verdad, estaban en el centro de la voluntad de Dios. Habían recibido las enseñanzas del Señor, pero necesitaban el bautismo con el Espíritu Santo para poder hacer lo que Jesús les dijo.

II. El papel del Espíritu Santo

A. La Investidura de Jesús como Mesías

El Señor Jesucristo recibió de su Padre en el río Jordán una impartición ilimitada del Espíritu (Jn 3:34). La ocasión era su investidura como Mesías, permitiéndole iniciar su ministerio para salvar el mundo.

B. Investir a los discípulos como contadores de historias

Con oración y súplica durante los diez días después de la ascensión de Jesús, este pequeño grupo fiel buscó a Dios para encontrar un sucesor de Judas, que por su transgresión había caído (Hch 1:13-26). Luego, como vasijas secas, continuaron intercediendo en el Aposento Alto por la promesa del Padre (Lc 24:49; Hch 1:4-5).

Juan el Bautista, el más grande de los profetas, anunció a Jesús como el Mesías y lo proclamó como el bautizador "en Espíritu Santo y fuego" (Lc 3:16). La impartición que Juan pronosticó sucedió el día de Pentecostés. Jesús guardó su promesa a sus discípulos al enviarles el Espíritu Santo (Jn 16:7).

> Y de repente vino del cielo un estruendo como de un viento recio que soplaba, el cual llenó toda la casa donde estaban sentados; y se les aparecieron lenguas repartidas, como de fuego, asentándose sobre cada uno de ellos. Y fueron todos llenos del Espíritu Santo, y comenzaron a hablar en otras lenguas, según el Espíritu les daba que hablasen.
> —Hechos 2:2-4

Esta ocasión marcó la investidura de los discípulos del Señor como sus contadores de historias de lo que ellos habían visto y oído. Este era un mensaje destinado para ir a lo último de la tierra.

C. El bautismo con el Espíritu Santo como vivencia espiritual

El Espíritu Santo primero viene a la persona a través de la gracia, atrayéndola hacia Cristo en la fe que produce el nuevo nacimiento. La gracia santificadora continúa este trabajo del Espíritu, aplicando la sangre de Jesús para romper el dominio del viejo hombre. El hijo de Dios es apartado para el Señor a fin de que madure como una nueva persona con la actitud, el carácter y la misión de Jesús para evangelizar al mundo. Esto solo puede ocurrir cuando el centro de poder de la persona está bajo el señorío de Jesucristo. Por lo tanto, visitar el Aposento Alto siempre implica una parada vital en el Calvario, el cual trata con el viejo hombre.

Cuando la gracia de Dios ha hecho su trabajo en estas vivencias espirituales, el creyente se hace entonces candidato para la tercera bendición: el bautismo con el Espíritu Santo. En este encuentro, el Espíritu Santo viene para dar poder, justificar y apartar a los creyentes a fin de que asuman su nueva actitud de confianza total en el Padre celestial. La madre de Jesús lo expresó mejor cuando dijo: "Haced todo lo que os dijere" (Jn 2:5; ver 1 Co 6:19).

Nuestro Señor nunca revocó su gran mandamiento de que todos los creyentes fueran a su propio Aposento Alto. Más bien, el bautismo con el Espíritu Santo es una experiencia útil para toda la gente sedienta de cada generación que viene a Cristo a beber (Jn 7:37-38). Esto no quiere decir que esas experiencias con Dios deben ocurrir en tres momentos diferentes de la intercesión espiritual. Pueden ocurrir simultáneamente cuando la persona viene a Cristo arrepentida. También es posible nacer de nuevo y experimentar simultáneamente la santificación y el bautismo con el Espíritu Santo. Sin embargo, creemos que la norma es que las tres experiencias ocurran en tres ocasiones diferentes. Aunque la bendición pentecostal sea recibida en un momento en particular, es apropiado esperar varias renovaciones definidas en el curso de la vida (Hch 4:31). La expresión "Sed llenos del Espíritu" en Efesios 5:18, por ejemplo, está en tiempo presente, y su sentido es "estar siendo llenos". Esto implica una continua expectativa de renovación.

D. Jesús como Intercesor

Esa mañana de Pentecostés, los discípulos recibieron del Padre, a petición de Jesús, su propia impartición del Espíritu Santo. Cuando el creyente comprende que eso ocurre debido a la petición de Jesús a su Padre, puede comenzar a apreciar el asombroso poder de Jesús como intercesor a la diestra de Dios: "Y yo rogaré al Padre, y os dará otro Consolador para que esté con vosotros para siempre" (Jn 14:16; 16:26; Ro

8:34). La ocasión marcó su investidura como servidores del plan del Señor para las naciones. De modo que la Gran Comisión enmarca la estrategia mundial de Cristo, a la vez que expresa el amor del Maestro, lo que motivó el plan (Jn 13:34; 14:16).

Jesús arrastró su cruz hasta el Gólgota para salvar a toda la gente en todas partes, restaurándolos a una relación correcta con su Padre. Además, murió para establecer una iglesia en la que sus seguidores puedan encontrar familia y fraternidad mientras van semejándose a Cristo (Jn 3:16; Hch 20:28; Ef 5). Con esto preparó el camino para ese gran acto de intercesión cuando volviera al cielo. Al lado de su Padre, hizo la petición como prometió, para que todos aquellos que creen en Él reciban al Espíritu Santo.

E. El regalo del Padre revelado

El Padre celestial quiso que el Espíritu Santo fuera su bendición especial para todos aquellos que depositan su confianza en su Hijo. Los creyentes que habían estado con el Señor en su ascensión fueron los primeros en experimentar esa impartición. El bautismo con el Espíritu Santo permanece hasta hoy como el regalo del Padre a cualquier persona sedienta que acude a Cristo para beber (Jn 7:37-38; Hch 2:39). Como Jesús, el Espíritu Santo no tiene un plan independiente (Jn 14:26). La primera tarea del Espíritu Santo es enseñar a la gente de Cristo y unirla a su visión.

Los ciento veinte seguidores de Cristo en el Aposento Alto percibieron que el Espíritu que sintieron esa mañana era idéntico a la presencia que emanaba de Jesús en su ministerio. Ellos conocían esta unción muy bien; había caracterizado la vida del Mesías durante todo el tiempo que había vivido con ellos.

Es más, el Espíritu en el Aposento Alto les era tan familiar que pensaron que el propio Jesús estaba en el cuarto, aunque lo habían visto ascender al cielo diez días antes. No podían tocarlo esa mañana, pero comenzaron a percatarse de que estaba allí.

Los ciento veinte estaban en lo correcto; Jesús estaba en la habitación. Lo reconocieron por la presencia, y se hizo distinguir. El Espíritu Santo siempre revela a Jesús (Jn 14:26). Recibir al Espíritu es recibir a Jesús, el que siente a Jesús, también recibe al Padre (Jn 14:9). El Espíritu es vida, energía divina y unción para capacitar a los hijos de Dios para que sean contadores de historias, mostrando el gran poder de la cruz del Señor y su resurrección.

✺ Si el Espíritu Santo fuera retirado... ✺

En muchos círculos cristianos el Espíritu Santo es descuidado, olvidado o malentendido. El que fue dado para unir al cuerpo de Cristo es centro de controversia. Es una irritación que debe ser firmemente captada. A menudo el trabajo cristiano está programado tan rígidamente que parece que no necesitáramos depender más de Él; sin embargo, Jesús dijo: "Sin mí nada podéis hacer".

El finado doctor A.W. Tozer, escritor y pastor, afirmó: "Si el Espíritu Santo fuera retirado de la iglesia hoy, el noventa y cinco por ciento de lo que hacemos continuaría y nadie notaría la diferencia. Si el Espíritu Santo hubiera sido retirado de la iglesia del Nuevo Testamento, el noventa y cinco por ciento de lo que ellos hacían se habría parado, y todos hubieran notado la diferencia."[4]

Tres fenómenos extraños acompañaron la aparición repentina del don del Padre. Comenzó con un ruido como de un viento fuerte, que soplaba (Hch 2:2). Luego, lenguas repartidas, como de fuego, se asentaron milagrosamente sobre cada uno de ellos (Hch 2:3). El resultado fue que "fueron todos llenos del Espíritu Santo, y comenzaron a hablar en otras lenguas según el Espíritu les daba que hablasen" (Hch 2:4). El viento y las lenguas repartidas ocurrieron en la atmósfera del Aposento Alto. El tercer fenómeno, "hablar en otras lenguas" o idiomas, fluyó de sus corazones llenos del Espíritu, y era el símbolo de que el Espíritu realmente habitaba en ellos.

Los primeros dos de estos tres fenómenos no ocurrieron de nuevo en la iglesia apostólica; por lo tanto, el sonido como de viento y las lenguas encendidas que se asentaron sobre ellos, se entiende mejor como símbolo o señal de la nueva dispensación. Sin embargo, los creyentes llenos del Espíritu solían hablar en otras lenguas en la era apostólica (1 Co 14:18). Hablar en lenguas debe seguir siendo reconocido como el primer indicador de la llenura del Espíritu.

El poder divino presente en esa mañana le dio al apóstol Pedro valentía como la de un león y, con esa nueva unción, se paró a predicar a la gente allí reunida. Pedro había absorbido como una esponja las enseñanzas de Jesús durante los cuarenta días entre la resurrección y la ascensión, y estaba listo para el día de Pentecostés.

Esa mañana, el Espíritu no dejó caer simplemente las profecías de Joel y David en la boca de Pedro mientras hablaba. En cambio, es mucho más plausible que Jesús ya había interpretado estas profecías específicas ante los discípulos. No es de asombrarse que Pedro pudiera decir:

> Mas esto es lo dicho por el profeta Joel: Y en los postreros días, dice Dios, derramaré de mi Espíritu sobre toda carne, y vuestros hijos y vuestras hijas profetizarán; vuestros jóvenes verán visiones, y vuestros ancianos soñarán sueños; y de cierto sobre mis siervos y sobre mis siervas en aquellos días derramaré de mi Espíritu, y profetizarán.
>
> —HECHOS 2:16-18

La abrumadora respuesta al mensaje de Pedro debe haber sido estimulante, cuando tres mil personas aceptaron esa mañana a Jesús como su Mesías. Sólo cincuenta días antes, Pedro había negado al Señor maldiciendo y jurando. Sin embargo, todo cambió cuando esos seguidores apartados permitieron que la cruz del Señor y la tumba vacía les ayudaran a llegar a conocer a su Salvador. Siempre es verdad que conocer a Jesús es descubrirnos a nosotros mismos.

F. Jesús, la principal piedra del ángulo de la Iglesia

Los ciento veinte nunca olvidarían la ocasión: lo que oyeron en la habitación, lo que vieron descansando en las cabezas de cada uno, y la propia presencia de Jesús que sintieron. En la encarnación, María dio a luz al Mesías (Lc 2:11). En el Aposento Alto, el Espíritu Santo dio a luz a la iglesia del Señor, con Jesucristo como su cabeza (Hch 2:1-4; Ef 1:22; 5:23).

La iglesia fue construida sobre el fundamento puesto por los apóstoles del Señor y los profetas, con Jesús "como la principal piedra del ángulo" (Mt 16:18; Jn 14:16; Ef 2:20). Después de Pentecostés, los discípulos ya no trabajaron bajo la dirección de Cristo encarnado, sino que sirvieron bajo la tutoría y el poder del Espíritu Santo (Jn 14:26; Hch 1:8; 16:13-15). Los seguidores de Cristo fueron ungidos por el mismo Espíritu que potenció el ministerio de Jesús (Lc 4:1, 18; Hch. 10:38). La misión completa del Espíritu Santo es exaltar al Señor y darlo a conocer (Jn 14:26).

G. Inicio de la era de la gente llena del Espíritu

¿Cómo entiende uno el asombroso río de amor divino en el cual Jesús bautizó a sus seguidores aquella mañana tan celebrada en Jerusalén? El Espíritu Santo creó el cielo y la tierra (Gn 1:2), inspiró las Escrituras (2 P1:21), separó las aguas del Mar Rojo y pasó a Israel a través de tierra firme (Éx 14:10; 15:18). Él es el mismo Espíritu que capacitó milagrosamente a la virgen María para concebir a Jesús en su vientre (Mt 1:18). El mismo dirigió y capacitó la vida de Jesucristo en su humillación y ministerio (Jn 3:34; Hch 10:38), y que finalmente lo levantó de entre los muertos (Ro 8:11).

Aquel Espíritu estaba allí en la escena del Aposento Alto en Jerusalén, exactamente a las nueve de esa histórica mañana de Pentecostés (Hch 2:15). El Espíritu que entró en el Aposento Alto es el mismo que ungió a Jesús el Mesías, convirtiéndolo en primicia de los hombres llenos del Espíritu (Mt 4:16; Jn 3:34; Ro 8:23). Fue una concentración masiva e imponente de la gloriosa *Shekina* y de la autoridad. La era de los hombres llenos del Espíritu en la iglesia del Señor comenzó ese día. Ha continuado por dos milenios desde aquel Pentecostés del primer siglo y no muestra ningún signo de menguar. En este contexto, uno puede apreciar las implicaciones universales de la promesa de Dios a Abraham: sus descendientes espirituales serían innumerables, como las estrellas y la arena a la orilla del mar (Gn 15:4-6).

H. La Presencia permanente

Después que el grupo lleno del Espíritu dejara finalmente el Aposento Alto, para su gran placer, el Espíritu no los abandonó (Jn 14:17-18). Cada uno de ellos sintió que Jesús andaba con ellos, dondequiera que iban; ¡y lo estaba haciendo! La profecía de Moisés se estaba cumpliendo ahí mismo, ante sus ojos: "¿Tienes tú celos por mí? Ojalá todo el pueblo de Jehová fuese profeta, y que Jehová pusiera su espíritu sobre ellos" (Nm 11:29).

La proclamación de Jeremías del nuevo mandato también había comenzado a florecer, la ley ahora estaba "en su mente" y escrita "en su corazón" (Jer 31:31-33; 32:40). La profecía de Joel se estaba desarrollando también: "Porque para vosotros es la promesa, y para vuestros hijos, y para todos los que están lejos; para cuantos el Señor nuestro Dios llamare" (Jl 2:28-32; Hch 2:39).

I. El evangelio inclusivo

Jesús el gran bautizador derramó el Espíritu Santo e impartió los dones y llamados del Espíritu en las mujeres, así como en los hombres (Jn 14:16; Hch 2:16–18). Una de las implicaciones asombrosas de la profecía de Joel era que el don del Padre del Espíritu Santo fue destinado para romper barreras de género, elevando la posición de las mujeres. La profecía de Joel era clara, por ejemplo, en que en el nuevo pacto las mujeres recibirían el don de profecía (Jl 2:28; Hch 21:8–9). Como el registro bíblico es específico en este tema, ¿no sigue esto que Dios puede también usar mujeres para manifestar los otros dones del Espíritu? Con Jesucristo, "no hay varón ni mujer; porque todos vosotros son uno en Cristo Jesús" (Gl 3:28).

J. Cambio de Templo

El pueblo judío adoró en su tabernáculo por aproximadamente quinientos años y en su templo durante un milenio. Pero algo completamente nuevo sucedió en Jerusalén aquella mañana de Pentecostés. Se desarrolló un gran "cambio de templo". El día se terminó para el templo —hecho por manos de artesanos expertos— al cual todos venían para adorar: "Este es el pacto que haré con ellos después de aquellos días, dice el Señor: Pondré mis leyes en sus corazones, y en sus mentes las escribiré" (Heb 10:16; Jer 31:33).

Temprano en su ministerio, Jesús entró al templo que el rey Herodes había construido, con un látigo en su mano para limpiarlo de los comerciantes que estaban comprando y vendiendo. Lo reclamó como casa de su Padre y luego acusó a todo el sistema del templo porque se había convertido en una guarida de ladrones y ya no era una casa de oración (Jn 2:16; Mt 21:13). Después que limpió el templo, los discípulos recordaron que David había predicho los sentimientos precisos del Mesías: "El celo de tu casa me consume" (Sal 69:9; Jn 2:17).

El Padre no derramó el Espíritu Santo en el lugar santísimo del templo de Herodes; en vez de eso, Dios estableció el nuevo y vibrante templo del Espíritu Santo en el santuario interior de cada creyente (1 Co 3:16). El Espíritu estaba ahí mismo en sus corazones, el templo hecho sin manos. Y el notable celo que el Señor había sentido una vez por el templo de Jerusalén, lo transfirió al nuevo "templo del corazón" (Jn 2:17). Lo que había sido el abismo oscuro del alma, resultado de la caída de Adán en el jardín del Edén, estaba otra vez lleno de vida, energía y propósito. En cuanto al templo de Herodes, el general romano Tito en el año 70 d.C. ordenó que sus soldados lo derribaran, piedra por piedra, y lo quemaran, cumpliendo la profecía de Jesús (Mt 24:1-2).

El plan trazado desde la eternidad del Padre celestial iba a toda marcha. Todo creyente puede estar lleno del Espíritu y tener acceso directo al Señor Jesucristo. Él es el gran Sumo Sacerdote que entra en una relación personal con cada uno de los hijos de Dios (Heb 4:14-15).

Construido sobre este fuerte fundamento, el evangelio del reino tenía todos los ingredientes necesarios para ir hasta lo último de la tierra. Una persona común que viviera a un extremo del Imperio Romano, alejado de Jerusalén y del Aposento Alto, que nunca hubiera conocido a Jesús, y que nunca hubiera oído predicar a uno de los doce apóstoles, podía recibir ese mismo bautismo en el Espíritu Santo. El que lo hiciera se percataría del mismo amor y experimentaría igual sensación de unción y presencia divina que estuvo en el Aposento Alto. Este nuevo creyente también vendría a estar consciente de que Jesús está con él, por lo que estaría en lo correcto. El evangelio da nacimiento a ese tipo de relaciones personales entre Jesús y cada uno de sus seguidores, a quienes conoce por nombre (Jn 10:3).

La enseñanza del Señor se convirtió en realidad: "En aquel día vosotros conoceréis que yo estoy en mi Padre, y vosotros en mí, y yo en vosotros" (Jn 14:20-21). Capacitado por esta estrategia dinámica del Espíritu, el evangelio de Jesucristo realmente podría ir hasta lo último de la tierra (Mat 28:16–20). Como lo ha hecho.

K. La naturaleza de la residencia interior del Espíritu

¿Cómo mora el Espíritu Santo en un creyente? El Espíritu Santo es la tercera Persona del trino Dios, que mora en una persona humana. Cuando el Espíritu mora en un individuo, no pasa por una encarnación ni toma una naturaleza humana como lo hiciera Jesús. Más bien, se acopla al creyente en una unión espiritual.

En esta morada, las individualidades tanto de la personalidad humana como del Espíritu divino son respetadas. Ambas llegan a ser dos voluntades que operan en una relación recíproca. Cuando un creyente se somete totalmente al modo de pensar de Cristo en un firme compromiso moral de obedecer al Padre en todas las cosas, el Espíritu Santo responde (corresponde) vigorizándolo y capacitándolo para crecer en el carácter y misión del Señor. En otras palabras, cuando la persona cede al Espíritu Santo todo lo que es, el Espíritu abre para él las posibilidades diversas inherentes al plan de Jesucristo. Este incluye ubicarlo en un ministerio en la iglesia y darle dones para servir al cuerpo de Cristo.

Esta relación es obviamente diferente del concepto de la encarnación de Jesucristo. El Espíritu Santo concibió a Jesús en el vientre de la virgen María. Jesús era el Dios-hombre, dos naturalezas en una persona. En el bautismo con el Espíritu Santo, el espíritu del hombre es el tabernáculo en el cual mora el Espíritu Santo. En esta relación, el hombre retiene su libre albedrío y el Espíritu conserva sus derechos divinos. La clave de esta relación es una "mutua" reciprocidad, una cooperación divino-humana, de la persona divina morando en la persona humana. La maravilla de Pentecostés es que cada creyente lleno del Espíritu está capacitado para vivir una vida victoriosa en la presencia de Jesucristo mientras espera la segunda aparición del Señor (Jn 14:2-3).

Una palabra de advertencia es apropiada. El Espíritu también es exclusivo e independiente de cada creyente en el cual mora. Esto es cierto debido a que el Espíritu eterno es también más grande que la combinación de toda la gente en la cual Él reside.

- El Señor enseñó a sus discípulos que el Espíritu "mora en vosotros y estará en vosotros" (Jn 14:17).
- Jesús también reconoció el templo que Herodes construyó como "la casa de [su] Padre" (Jn 2:16).
- Cristo enseñó que "donde están dos o tres congregados en mi nombre, allí estaré yo en medio de ellos" (Mt 18:20).
- Jesús les dijo a sus discípulos que su propio cuerpo era un templo que sería destruido y levantado el tercer día (Jn 2:19).
- Pablo explicó que el cuerpo completo de creyentes, los santos de todas las edades, forman "un templo santo" para "morada de Dios en el Espíritu" (Ef 2:20-22).

El Espíritu Santo es totalmente capaz de bautizar y capacitar a cada hombre en la tierra; más aun, si eso pasara, no agotaría su gran ser. Esto es cierto porque también es la tercera Persona del Dios trino que habita la eternidad, aun cuando también mora en el tiempo con el hombre (Hch 5:3-4; 1 Co 3:16; 2 Co 3:17; Sal 104:30).

Este entendimiento de su poderosa y universal capacidad es fuente de gran consuelo. Ningún hombre tiene el monopolio del Espíritu de Dios, ni ninguna institución, iglesia, denominación ni sistema gubernamental lo encierra bajo llave.

> ¿A dónde me iré de tu Espíritu? ¿Y a dónde huiré de tu presencia? Si subiere a los cielos, allí estás tú; y si en el Seol hiciere mi estrado, he aquí, allí tú estás. Si tomare las alas del alba, y habitare en el extremo del mar, aun allí me guiará tu mano, y me asirá tu diestra. Si dijere: Ciertamente las tinieblas me encubrirán; aun la noche resplandecerá alrededor de mí. Aun las tinieblas no encubren de ti, y la noche resplandece como el día; lo mismo te son las tinieblas que la luz.
>
> —Salmo 139:7-12

En su ministerio mundial, el Espíritu Santo nunca ha solicitado un pasaporte a ninguna cancillería. En cambio, como Espíritu eterno, va donde desee para consolar y atender a sus ovejas (Heb. 9:14; Jn. 14:16). Mientras hace su trabajo como Oficial Ejecutivo de la Divinidad, nunca habla de sí mismo ni procede con una actitud independiente. Más bien, en la común sumisión que caracteriza a la Tri-unidad de Dios, su misión total es exaltar al Bautizador, Jesucristo, como Salvador y Señor (Jn 14:25; 16:13).

El Viento divino sopla hacia donde desee, no permitiendo que nadie lo ponga en cuarentena. No es de extrañar que la fuerza del Imperio Romano probara ser impotente para detener el avance de la iglesia del Señor. Los gobiernos civiles no pueden detener a una iglesia que en su esencia fundamental es invisible y espiritual, y que reside en los corazones de los hombres.

L. El propósito de esa morada en el interior

El foco central del mensaje de Pentecostés es que Jesucristo subió al Padre y ya no mora con el hombre en la carne. Mientras tanto, Dios Espíritu Santo, dado por el Padre a petición de Jesús, sigue este bendito compañerismo divino humano. Con ello, Él revela a Jesús a cada persona en la cual mora (Jn 14:26; Flp 2:5).

El pentecostalismo toma seriamente a las tres Personas indivisibles de la Tri-unidad del Dios que es uno. La tercera Persona de la Trinidad, el Espíritu Santo, continúa sirviendo en la iglesia contemporánea como el administrador de la Deidad que ministra la mente de Cristo en la iglesia. Este entendimiento de ninguna manera disminuye los logros redentores de Jesús, ya que, como enseñó Juan el Bautista, el Señor es el que bautiza con el Espíritu Santo (Mt 3:11; Mr 1:8; Lc 3:16). El ministerio completo del Espíritu como Oficial Ejecutivo de la Divinidad —la función completa de los dones que administra y el fruto que hace crecer— es para exaltar a Jesucristo, el unigénito Hijo de Dios, y hacerlo conocido (Jn 16:13–15; Gl 5:22). Con ello, el Espíritu Santo madura la mente de Cristo en las vidas de los creyentes contemporáneos, así como lo hizo en la iglesia apostólica. Por lo tanto, el pentecostalismo trata acerca de lo referente a gozar de una relación personal e íntima con el Dios vivo.

El Padre celestial dio al Espíritu Santo para que tomara el lugar físico de Jesús en la tierra (Jn 16:7). Él capacita a cada creyente para que madure la actitud de confianza implícita que Jesús estableció en su Padre, de modo que los hijos de Dios aprendan a pensar como Cristo (Flp 2:5). El Señor era el siervo comprometido con el plan de su Padre. También los creyentes llenos del Espíritu se hacen siervos genuinos del proyecto de Jesús (Jn 14:16, 25-26). En efecto, esta es la esencia de lo que significa vivir victoriosamente en Cristo Jesús (1 Co 15:57; 1 Jn 5:4; Ap 15:2). Con ello, el Espíritu atrae a los hombres hacia Cristo y los prepara para su Segunda Venida.

Como Dios hizo al hombre a su propia imagen, el Espíritu divino satisface el anhelo por Dios que tiene el corazón del hombre (Gn 1:26-27; Sal 42:1; Ec 3:11). Tanto los hombres como las mujeres se sienten en paz cuando el Espíritu Santo mora en ellos (Jn 20:21). El Espíritu también da descanso a las personas cuando aprenden a obedecer al Señor, el gran objeto de toda alabanza y adoración (Heb 4:9).

Mientras más muere un hijo de Dios a sí mismo, más viene a vivir para Cristo. En la medida que crece el conocimiento de Cristo, también crece el compromiso para ver a toda la gente nacida de nuevo (Jn 3:3; 7; 1 P 1:23). Pablo lo expresó diciendo: "A griegos y a no griegos, a sabios y a no sabios soy deudor. Así que, en cuanto a mí, pronto estoy a anunciaros el evangelio también a vosotros que estáis en Roma. Porque no me avergüenzo del evangelio porque es poder de Dios para salvación a todo aquel que cree; al judío primeramente, y también al griego" (Ro 1:14-17).

❧ Libre de amar a Jesús delante de las personas ❧

El Espíritu Santo de Dios arregla nuestras vidas para tocar a otros —extraños, amigos, gente relacionada con el trabajo, trabajadores de la industria de servicio y más— si sólo nos sensibilizáramos y fuéramos auténticos.

¿Cómo?

Sea libre para amar Jesús delante de las personas. Sea un embajador mediante el cual Él pueda presentarse. Hay un mundo hambriento que busca a Jesús y su amor. No se lo guarde para usted solo.[5]

M. Las lenguas como evidencia inicial

Hablar en lenguas es la primera indicación de que un creyente ha recibido el bautismo del Espíritu Santo. El estudio de los cinco relatos que aparecen en los Hechos de los Apóstoles cuando se recibió el Espíritu lo confirma.

El primero es el derramamiento durante el día de Pentecostés, registrado en Hechos 2: "Fueron todos llenos del Espíritu Santo, y comenzaron a hablar en otras lenguas, según el Espíritu les daba que hablasen" (v. 4).

En el avivamiento de Samaria, Lucas no hizo ninguna declaración específica en cuanto a algún fenómeno que acompañara al bautismo del Espíritu Santo. Sin embargo, Lucas registró lo que Simón "vio": "Cuando vio Simón que por la imposición de las manos de los apóstoles se daba el Espíritu Santo, les ofreció dinero" (Hch 8:18). Lo que Simón observó le hizo saber que la gente había recibido el Espíritu Santo. Es razonable concluir que vio cuando la gente habló en lenguas.

El tercer relato del bautismo del Espíritu Santo en Hechos fue la conversión del apóstol Pablo (Hch 9:3-19). Lucas no registró ningún fenómeno cuando el apóstol recibió el Espíritu Santo. Sin embargo, el silencio como argumento no prueba que Pablo no hablaba en lenguas. El testimonio de Pablo está claro en sus escrituras posteriores en las que él hablaba en lenguas prolíficamente. Él les escribió a los cristianos en Corinto diciéndoles que hablaba en lenguas más que todos ellos (1 Co 14:18). También expresó su deseo de que todos los creyentes hablaran en profecía y en lenguas (1 Co 14:5).

La historia del avivamiento en Cesarea, en la casa de Cornelio muestra que hablar en lenguas era la evidencia por la cual el apóstol Pedro y su equipo ministerial sabían que esos gentiles habían recibido el Espíritu Santo.

> Y los fieles de la circuncisión, que habían venido con Pedro, se quedaron atónitos de que también sobre los gentiles se derramase el don del Espíritu Santo. Porque los oían que hablaban en lenguas, y que magnificaban a Dios.
>
> —Hechos 10:45-46

El quinto relato acerca de gente recibiendo el bautismo con el Espíritu Santo en el libro de Hechos, ocurre durante la visita final de Pablo a Éfeso. Los doce discípulos, que Pablo encontró en la costa del mar Egeo, recibieron el Espíritu Santo cuando impuso sus manos sobre ellos. El resultado fue que "hablaban en lenguas y profetizaban" (Hch19:1-7).

De estas cinco ocasiones cuando los creyentes recibieron el bautismo con el Espíritu Santo en la iglesia apostólica primitiva, la declarada evidencia inicial fue específicamente el hablar en lenguas en el Aposento Alto, Cesarea y Éfeso. En el relato del Pentecostés personal de Pablo, las Escrituras están calladas; sin embargo, sabemos que Pablo hablaba en lenguas a menudo y quería que todos los creyentes tuvieran la experiencia (1 Co 14:5, 18). En el avivamiento samaritano, el contexto razonablemente apoya la conclusión de que el hablar en lenguas estaba presente. Estas pruebas forman la base bíblica para enseñar que hablar en lenguas es la primera prueba o evidencia inicial de que el creyente ha recibido el bautismo del Espíritu Santo.

Este entendimiento de prueba inicial no supone que las lenguas sean la única verificación que seguirá en la vida del creyente lleno del Espíritu. Es más, es sólo la primera de muchas. Cuando el Espíritu Santo mora en un creyente, hace que Jesucristo cobre vida en su vida, y resultan otras pruebas. Entre ellas están el valor y el poder para testificar, así como la demostración de uno o varios dones del Espíritu. Además, el Espíritu hará madurar el fruto del Espíritu y enfocará al creyente lleno del Espíritu en el plan del Señor para las naciones.

N. La constante necesidad en cada generación

Algunos enseñan que la experiencia del bautismo en el Espíritu Santo en Hechos 2 con el hablar en lenguas fue un don especial de Dios puesto a disposición sólo para los discípulos del primer siglo. Esta enseñanza de cesación mantiene que los creyentes del primer siglo necesitaron poderes especiales para establecer el cristianismo en el pagano mundo romano. Según este punto de vista, después que el Espíritu Santo estableció la iglesia en el Imperio Romano, Dios retiró las lenguas de la adoración en su iglesia porque el fenómeno ya no era necesario. El pasaje de la Escritura elegido más a menudo para apoyar esta posición errónea es 1 Corintios 13:8: "El amor nunca deja de ser; pero las profecías se acabarán, y cesarán las lenguas, y la ciencia acabará".

¿Debemos entender que las profecías cesaron también, y que el conocimiento desapareció al final de la edad apostólica? ¿Si no, por qué criterios puede uno llegar a la conclusión de que sólo las lenguas cesaron? También podríamos preguntar, ¿por qué la experiencia de Hechos 2 es menos necesaria en nuestro pagano mundo moderno que en el primer siglo?

La conclusión es obvia. Los creyentes necesitan el poder del Espíritu Santo hoy tanto como en el primer siglo. Una conclusión adicional también es necesaria: el Espíritu que mora en nosotros, incluido el hablar en lenguas, es tan disponible para los creyentes de hoy como lo fue en el primer siglo.

Cómo dirigir a los nuevos creyentes a la santificación y al bautismo con el Espíritu Santo

"En los primeros años de mi ministerio", declara el pastor Joel Downing, "el servicio dominical nocturno era la mejor oportunidad de la gente para orar ardientemente y sentir a Dios. Cuando la asistencia de nuestra congregación comenzó a menguar me percaté de que teníamos que ofrecer una alternativa novedosa para el servicio del altar del domingo en la noche".

El modelo del pastor Joel para dirigir a la gente a un estilo de vida apartado y al bautismo con el Espíritu Santo, es el "Encuentro de fines de semana". Él ve el concepto de estos encuentros (desde el viernes por la tarde hasta el mediodía del domingo) como "el instrumento más significativo del ministerio" que haya "presenciado en casi cuarenta años de servicio".

"En esos retiros," afirma, "hemos visto repetidamente a creyentes jóvenes y espiritualmente inmaduros —impedidos por varias ataduras—, dar pasos agigantados en su vida espiritual. Ocurre durante una serie de encuentros con Dios en el curso del fin de semana.

"El énfasis de la enseñanza el viernes por la noche debe llevar a los participantes a una poderosa seguridad bíblica de su salvación personal.

"El sábado es dedicado principalmente a tratar con el viejo yo. Los nuevos creyentes son animados a colocar su espíritu, mente y cuerpo entero en la cruz y recibir la victoria que Cristo compró para ellos con su sangre. La cruz y el camino de muerte cobran un nuevo significado que es escrito para siempre en sus corazones, mientras liberan al viejo hombre de sus heridas, esclavitudes, hábitos y fortalezas, y experimentan limpieza de las heridas pasadas y la falta de perdón. Hemos visto la alegría y la paz interior florecer una y otra vez cuando esos jóvenes creyentes 'mueren' a su naturaleza pecaminosa.

"La ministración del domingo por la mañana comienza con la enseñanza acerca de recibir el bautismo con el Espíritu Santo. Con frecuencia hay una atmósfera parecida a la del Aposento Alto. Hemos encontrado como algo normal que todos sean llenos del Espíritu y hablen en lenguas. Este impacto espiritual tiene efectos duraderos en estos buscadores de Dios.

"El encuentro termina el domingo en la mañana con un llamado a los asistentes a rendir sus planes a Dios y desarrollar una visión personal para sus proyectos dentro y fuera del país a través de su iglesia. Este llamado de completa rendición normalmente resulta en un compromiso profundo y genuino para ser usado por el Señor en el ministerio de la iglesia.

"Los encuentros de fin de semana incluyen enseñanzas precisas, ministerio de grupos pequeños y oportunidades especiales para sentir a Dios. No se permiten televisores, teléfonos celulares ni otros aparatos. La enseñanza hace uso de varios accesorios que incluyen una cruz rústica, una corona de espinas, diapositivas y cuadros que ayudan a los participantes a identificarse en la fe con la muerte y la resurrección de Cristo. Esto incluye hacer que cada persona sostenga una corona de espinas, así como dar a cada participante un clavo grande. El objetivo al usar todas estas herramientas, es ayudar a la persona a recorrer su propio camino de muerte. El hecho de identificarse en la fe con el sufrimiento de Cristo en el Calvario es vital para dejar al viejo yo atrás y todo su bagaje de pecado.

"Estimo que el noventa por ciento de nuestros líderes de la Iglesia Higher Ground ha sido conmovido profundamente por un encuentro. Nuestros sostenedores financieros más fieles y generosos son las personas que han sido tocadas dramáticamente en uno de esos encuentros. Nuestros encargados de dar la bienvenida, ujieres, líderes de niños, trabajadores juveniles, equipo de alabanza y líderes de pequeños grupos son todos hombres y mujeres que han pasado por un encuentro de fin de semana. Cada faceta del ministerio en la Iglesia Higher Ground es dirigida por alguien que ha pasado por un encuentro".[6]

III. El fruto del Espíritu

El Espíritu Santo cultiva un encantador huerto de frutos en la vida de los creyentes. Estos rasgos del carácter son un retrato maravilloso de la mente de Cristo. Ni siquiera los paganos tienen leyes contra el fruto del Espíritu (Gl 5:22-25; Flp 2:5).

- **Amor**. Pablo no habla aquí del amor egocéntrico, paternal ni conyugal. Habla del amor *ágape*, el amor divino que motivó a Dios a dar a su Hijo, Jesús, que se ofreció para morir por cada uno de nosotros (Jn 3:16). *Ágape* es el amor que no nace de sentimientos sino de decisiones y elecciones. Tiene el poder de emitir comandos y órdenes directas, de obligar y "de rodear" (Mt 28:19; Jn 13:34; Co 2. 5:14; Sal 139:5). El amor incluso disciplina (Heb 12:5-11), pero el amor *ágape* nunca obliga a ninguna persona a hacer nada en contra de su voluntad. La parábola del buen samaritano refleja este amor, y 1 Corintios 13 lo expresa maravillosamente en poesía (Lc 10:30-37). Jesús claramente lo requirió cuando dio el Gran Mandamiento (Jn 13:34-35).
- **Gozo**. El fundamento de este fruto es el deleite de una relación personal con Jesucristo. Servir a Cristo cuando andamos en el Espíritu personifica el epítome de la euforia. Este fruto, cuando

está anclado en Cristo, es "inefable y glorioso" (1 P 1:8). De ahí que el gozo se arraigue a la fraternidad con el Señor, no a las circunstancias externas (Flp 4:4-8; Jn 16:22).

- **Paz**. La tierna satisfacción interior que viene de saber que la relación de uno con Cristo está en orden, es la esencia de la paz. La relación con Cristo es su fundamento, no el ambiente ni las condiciones de vida. Saber que los pecados de uno han sido perdonados es su máxima expresión, con toda la enemistad eliminada entre el hombre y su Dios. Isaías predijo que Jesús sería el Príncipe de paz, y el Espíritu Santo produce este fruto maravillosamente delicioso para los seguidores de Cristo (Is 9:6; Jn 14:27; Ro 5:1).
- **Paciencia**. Este fruto del Espíritu no es irascible. Por el contrario, capacita a la persona, como hizo el Señor, para defender el derecho y la verdad con tolerancia y paciencia, pero sin hacer concesiones. Una persona paciente, como el Señor, también puede resistir una fuerte presión por un período largo de tiempo porque ha aprendido a hacerlo en el poder del Espíritu (Lc 4:13; 2 Tim 4:16–22; Nm 14:18; 2 P 3:9).
- **Benignidad.** Pruebas de este fruto del Espíritu son la capacidad del hombre de permanecer tranquilo, amable, y ser gentil en medio de gran estrés. También incluye ser fácilmente accesible. Incluso las mujeres y los niños pequeños se sintieron muy cómodos en la gentil presencia de Jesús (Zac 9:9; Mr 10:14-15; 15:41; 1 Tes 2:7; 2 Tim 2:24; Stg 3:17; 1 P 2:18). Nada era rimbombante ni pomposo en el comportamiento del siervo del Señor, por ejemplo, cuando montó al humilde burro hacia Jerusalén el Domingo de Ramos (Zac 9:9; Mt 21:1-11)
- **Bondad**. La bondad se expresa en las relaciones vitales como la decencia y la honestidad inspiradas por el Espíritu Santo. La bondad es muy parecida a la gracia (favor inmerecido de Dios). La bondad pregunta, ¿cómo puedo ser amable con usted, lo merezca usted o no, o me retribuya o no la bondad? La principal historia de Jesús sobre la bondad, una narrativa que describe el propio carácter del Señor, es la parábola del buen samaritano (Lc 10:30-37).
- **Fe.** "Es, pues, la fe la certeza de lo que se espera, la convicción de lo que no se ve" (Heb 11:1). Esto brinda a los hombres la capacidad de creer en Dios con fidelidad, y da como resultado el nuevo nacimiento (Jn 3:3). Un corazón que confía "ve" aun cuando no haya nada tangible. Uno de los mayores ejemplos de la historia

de la fe de Dios seguramente es la encarnación de Jesús (Lc 1:27, 34; Ro 3:3). La relación entre el Señor Jesús y su Padre estaba anclada implícitamente en esta confianza, y este hecho probó durante su ministerio ser invulnerable. El Espíritu Santo madura a los hombres en esta misma aceptación y confianza, enseñándolos a rendir su completa lealtad y confianza en cada situación a Jesucristo como Salvador y Señor. Cuando esa fidelidad se da, progresa a una inmortal y leal confianza en la capacidad y voluntad del divino Cristo para llevar a cabo todo lo que ha prometido. Herodes tuvo la intención de matar a Pedro al día siguiente, pero este confiadamente durmió (Hch 12:6). Eso es fe.

- **Mansedumbre**. La mansedumbre es el voluntario y disciplinado ejercicio del poder y la autoridad para conseguir un objetivo digno. La mansedumbre no es debilidad. Al contrario, es el poder restringido por la gentileza, nacido en las alas de la compasión. Tampoco es condescendiente, dictatorial ni egoísta. La mansedumbre hace que la persona limite el uso de su poder y hasta sufra que le hagan mal en el mayor interés de ayudar a un hermano o de ganar su alma perdida (Gl 6:1; 2 Tim 2:25; Nm 12:1-3.) La mansedumbre siempre acepta límites y restricciones por un bien mayor. Jesucristo es el Supremo ejemplo de ello, porque empleó su poder con muchas restricciones (Zac 9:9; Mt 5:5; 11:29; 21:5; Flp 4:5).
- **Dominio propio**. Todos los hijos de Dios necesitan una capacidad divina para reflejar templanza o moderación en sus palabras y hechos. Jesús estaba siempre magistralmente al control de sí mismo, y el Espíritu Santo madura esta autodisciplina en los creyentes llenos del Espíritu. Cuando Pablo predicó, Félix tembló ante el pensamiento del dominio propio (Hch 24:25). El rey Salomón dijo que "un hombre cuyo espíritu no tiene rienda" es "como una ciudad derribada y sin muro" (Pr 25:28) La moderación es un valor central para aquellos que andan en el Espíritu (Mt 23:25).

IV. Los sacramentos

Jesús mostró su ingenio puro cuando estableció el bautismo en agua y la Santa Cena como los sacramentos de la iglesia, los que fueron dados con la intención de ayudar a sus seguidores a recordar su muerte y resurrección.

Un sacramento es un acto religioso formal sagrado como un signo o una insignia de una realidad espiritual. Los sacramentos sirven como promesas públicas de la fidelidad del creyente al Señor, vinculándolo a su compromiso de lealtad y distinguiéndolo del mundo. Son poderosos testigos ante los incrédulos del compromiso que los hijos de Dios han hecho con Jesucristo. (Hch 4:13).

Los sacramentos han sido la razón principal del triunfo de la iglesia del Señor a través de los siglos. El rol del Espíritu Santo es asegurarse de que los creyentes nunca olviden la horrible y amarga cruz sobre la cual murió el Hijo de Dios. Es más, los sacramentos garantizan que los creyentes recordarán la crucifixión y la resurrección de Cristo.

A. La Santa Cena

Era una noche solemne, sagrada; la noche de la traición del Señor. Jesús deseaba con suma anticipación comer su última comida de la Pascua con sus discípulos. Más aun, su corazón estaba fijo en ello (Lc 22:15). En esa comida final con los Doce antes de su crucifixión, Jesús lanzó el nuevo mandamiento.

> Mientras comían, tomó Jesús el pan, y bendijo, y lo partió, y dio a sus discípulos, y dijo: Tomad, comed; esto es mi cuerpo. Y tomando la copa, y habiendo dado gracias, les dio, diciendo: Bebed de ella todos; porque esto es mi sangre del nuevo pacto, que es derramada para remisión de los pecados.
>
> —Mateo 26:26-28

El sacramento de la Santa Cena tiene sus raíces en el Antiguo Testamento, en la primera Fiesta de Pascua de los judíos en Egipto. El Señor le dijo a Moisés: "Y veré la sangre y pasaré de vosotros" (Éx 12:13). Jesús cumplió en esa noche en el Aposento Alto con el significado enriquecedor y la historia de la Pascua de los judíos. Pocas horas más tarde, derramó su propia sangre como sacrificio definitivo por el pecado para hacer "perfectos para siempre a los santificados" (Heb 10:10-14; Tit 3:6).

La Pascua era mucho más que una cena. Incluía un pacto de dos partes: Dios libraría a los israelitas de la ira del ángel de la muerte y los libertaría de Egipto, pero la nación cubierta por la sangre era responsable de seguir al Señor incondicionalmente (Éx 12:21-30).

El cuerpo quebrantado y la sangre derramada de Jesús son la única cubierta para los pecados del hombre (Hch 4:12; Heb 2:9, 17). Por lo tanto, el banquete de la Pascua del viejo pacto, unió la noche de la traición de Jesús con la Santa Cena del nuevo pacto. El propio Mesías vino a la mesa, hizo suya la comida, y estableció el Nuevo Testamento en su propia sangre (Mt 26:28; Heb 9:15). Tanto publicanos como pecadores pueden venir libremente al Cordero Pascual del Calvario, disfrutando del compañerismo inspirado en la fe con el Señor resucitado (Lc 15:2; Mt 11:18-19).

Las dos frases de Jesús, "Este es mi cuerpo" y "esta es mi sangre" han dado nacimiento en la historia de la iglesia a tres escuelas de interpretación.

1. Transubstanciación

Los profesores católicos interpretan estas declaraciones en el sentido más literal posible.[7] Cuando el sacerdote consagra los elementos, el pan y el vino realmente se convierten en el cuerpo y la sangre de Cristo en todos los detalles excepto el gusto, de ahí surge la enseñanza en cuanto a que la cena imparte realmente la gracia que salva. Bajo este punto de vista, Cristo está tan presente en el pan y el vino, como lo estuvo en su cuerpo terrenal. Por lo tanto, los católicos romanos se entienden que están adorando a Cristo mismo cuando reciben la Eucaristía.

La transubstanciación es una enseñanza fundamentalmente defectuosa porque anula la cruz de Cristo. ¿Debería el creyente confiar para su salvación en la nueva representación de un sacerdote de la crucifixión? O, ¿descansa su confianza únicamente en el Señor triunfante de la tumba vacía que personalmente intercede a la diestra de Dios por su iglesia? Además, cuando Jesús consagró los elementos de la Santa Cena, ¿debemos entender que el pan se convirtió en el cuerpo de Cristo y el vino en su sangre, con Jesús parado allí sosteniendo el pan y el vino en sus manos?

Claramente, el Señor usó un lenguaje figurado cuando dijo: "Este es mi cuerpo" y "Esta es mi sangre".

2. Consubstanciación

Una causa importante para la rebelión de Martín Lutero contra la Roma papal fue su reacción contra los extremos de la transubstanciación. Con ello, Lutero (1483-1543) enmarcó una posición parecida a la del catolicismo romano. La consubstanciación significa la coexistencia simultánea de dos sustancias: en este caso, los elementos de la cena y la presencia de Cristo.[8] Lutero enseñó que el pan y el vino continúan siendo sólo pan y vino; pero, Cristo estaba presente en, con y bajo los símbolos en la consagración de los elementos.

Lutero sostenía que todos aquellos que reciben los elementos en realidad reciben a Cristo, aunque la consagración de los elementos no cambia los elementos mismos en el cuerpo y la sangre real de Cristo. Por lo tanto, cuando un creyente recibe la Sagrada Comunión en fe, también recibe la gracia que salva. Si no recibe los elementos en fe, entonces participa en su propia condena (1 Co 11:27-31).

3. La Cena del Señor como conmemoración

El reformador suizo Ulrich Zwinglio (1484-1531)[9] era contemporáneo de Lutero. Zwinglio enseñó que las dos afirmaciones del Señor ("Este es mi cuerpo" y Esta es mi sangre") son sólo figuras literarias.[10] Para Zwinglio no había más de la presencia real de Cristo en el pan y el vino de la Cena del Señor después de la consagración que antes de esta. Puesto que Zwinglio entendía que ninguna presencia objetiva estaba en los elementos, el beneficio de la cena de la fiesta para él era la motivación de recordar el Calvario: hacer esto... "en memoria de mí" (Lc 22:19; 1 Co 11:25). Según Zwinglio, los elementos de la comunión actuaban como símbolos para inspirar al creyente, por el Espíritu Santo, a nunca olvidar el cuerpo herido de Cristo y su sangre derramada.

El apóstol Pablo explicó cómo la iglesia debía entender el cuerpo y la sangre de Cristo cuando les dijo a los corintios: "La copa de bendición que bendecimos, ¿no es la comunión de la sangre de Cristo? El pan que partimos, ¿no es la comunión del cuerpo de Cristo?" (1 Co 10:16). Pablo no interpretó la enseñanza de Jesús diciendo "la copa que bendecimos" es la sangre de Cristo. Tampoco dijo "el pan que partimos" es el cuerpo de Cristo. Mejor dicho, afirmó que los elementos son "la comunión de la sangre" "y la comunión del cuerpo." La palabra traducida aquí "comunión" es *koinonía*, cuya raíz es "participación en el compañerismo," que se refiere a una relación en la cual los creyentes aceptan la invitación del Señor a venir a su mesa y compartir una rica relación que disfrutan en común.

El Señor amó a los pecadores lo suficiente como para dar su cuerpo y su sangre para salvarlos. Cuando una persona recibe el perdón de Cristo, esta retribuye naturalmente a su Señor un amor profundo y duradero. En la Santa Cena, los elementos del pan y el vino simbolizan esta comunión santa, íntima. Por lo tanto, la función del servicio de la comunión es sellar públicamente este compañerismo, ante todos los hombres, ángeles y hasta los demonios.

El propósito de la Cena del Señor no era una transformación literal del pan y el vino en la presencia puntual de Cristo, suscribiendo los méritos de salvación a los elementos mismos. En cambio, la meta del sacramento es que el creyente tome su lugar en la mesa de la intimidad espiritual con el Señor. En este banquete, él disfruta de la dulce comunión que resulta del gran regalo de Cristo con su vida en el Gólgota. La cena se trata de la celebración de lo que logró el Señor en la cruz.

> Me llevó a la casa del banquete, y su bandera sobre mí fue amor.
> —Cantares 2:4

Los platos que el Señor seleccionó para la mesa son el pan y el fruto de la vid. Ellos simbolizan el cuerpo y la sangre de Cristo, el alimento espiritual más necesario del creyente. En esta mesa, tanto el hijo de Dios como el Señor disfrutan de la compañía mutua. El resultado es que los adoradores reciben nueva fuerza de su Señor.

El Salvador exaltado está tan deseoso de compartir la *koinonía* con sus hermanos hoy como lo estuvo de disfrutar con los Doce en la Última Cena pascual. Hasta este día, su corazón está puesto en esa clase de fraternidad (Lc 22:15). En cuanto al creyente, la cena es realmente futurista, porque tan a menudo como acuda a la mesa de Cristo, proclamará "la muerte del Señor hasta que él venga" (1 Co 11:25-26).

La comunión que el creyente disfruta con Jesús a través del simbolismo del cuerpo y la sangre de Cristo es un prototipo de la *koinonía* que existirá entre el Señor y su iglesia en la Cena de las Bodas del Cordero (Ap 19:9). En el gran día del segundo advenimiento del Señor, el simbolismo se desvanecerá ante la luz brillante de la presencia gloriosa, literal y personal de Cristo.

B. El bautismo en aguas

Juan el Bautista practicaba el bautismo en aguas como testimonio público de arrepentimiento (Lc 3:3). El Señor honró el rito y mandó que Juan lo bautizara, aunque Jesús fuera un hombre "sin pecado" y no tuviera ninguna necesidad personal de arrepentimiento (Mt 3:13-15; Heb 4). En su propio ministerio, Jesús enseñó a sus discípulos a practicar la ordenanza, pero no bautizó a nadie (Jn 4:1-2). El Señor ordenó la práctica en su Gran Comisión, queriendo que el ejercicio del bautismo en aguas se extendiera mundialmente (Mt 28:19-20). Al dar este mandato, Jesús también anunció que la fórmula bautismal trinitaria a ser pronunciada por todo el mundo es "en nombre del Padre y del Hijo y del Espíritu Santo" (Mt 28:19).

Los discípulos obedecieron, practicando la ordenanza y enseñándola a sus seguidores (Hch 2:38, 41; 8:12-13, 36; 10:47; 16:15; 18:8; 19:5). El apóstol Pablo también se sometió al sacramento y lo enseñó en su predicación y en sus escritos (Hch 9:18; 22:16).

Pablo también vio el bautismo en aguas como un símbolo y no le dio igual posición que al arrepentimiento ante Dios, que imparte la fe que salva en Jesucristo. La línea limítrofe que dibujó se destacó vigorosamente en su ministerio en Corinto. Pablo les recordó a los corintios que durante el tiempo que predicó allí, sólo había bautizado a Crispo y a Gayo, y la casa de Estéfanas. Pablo añadió que el Señor no le envió "a bautizar, sino a predicar el evangelio" (1 Co 1:16-17).

El apóstol no rechazó el bautismo en aguas como sacramento en Corinto; más bien, enfocó la ordenanza de modo que pudiera ocupar su lugar legítimo en el cuerpo de Cristo. Al no hacer el bautismo en aguas una prioridad para la salvación, Pablo estaba enseñando que la ordenanza no impartía ningún mérito de salvación. En cambio, daba testimonio público de un trabajo interior de la gracia que salva que ya Jesús había obrado a través del Espíritu Santo.

Generaciones posteriores de la iglesia interpretaron mal pasajes como Juan 3:5: "Respondió Jesús: De cierto te digo, que el que no naciere de agua y del Espíritu, no puede entrar en el reino de Dios". El clamor que se desarrolló, identificado por el término *regeneración bautismal*, consistía en que el propio Jesús hizo el bautismo esencial para la salvación, de modo que el bautismo en agua realmente libera la fe que salva.

En el ministerio público del Señor, la razón por la cual no bautizó, sino que delegó ese papel a sus discípulos, puede haberse concentrado en esa misma preocupación. Jesús previó que si bautizaba personalmente, sería más fácil para la gente unir el bautismo de agua con el nuevo nacimiento. Sin embargo, el hecho de que el Mesías de Israel no bautizó personalmente a nadie lo distanció de esa conclusión incorrecta (Jn 4:2). Y, por supuesto, el ladrón en la cruz, que fue ese mismo día al Paraíso con el Señor, no fue bautizado (Lc 23:43). Si realmente era la intención del Señor que sus apóstoles enseñaran la regeneración bautismal, el apóstol Pablo falló al presentar todo el consejo de Dios a los creyentes en Corinto.

El bautismo en agua ha sobrevivido a través de los siglos como una ordenanza sumamente importante y sagrada que simboliza públicamente a la persona que por fe ha venido a Cristo, arrepentido de sus pecados, y que ha aceptado a Jesús como Salvador y Señor. También es presentado en la Escritura como una ilustración viva de la santificación de la gracia, y del bautismo con el Espíritu Santo (Lc 3:16; Ro 6:1-4;Col 2:12). Jesús describió hasta su sufrimiento en su pasión como un bautismo, significando su muerte y resurrección (Lc 12:50; Ro 6:3-4).

Al someterse al sacramento, el creyente se compromete a una relación de pacto con Cristo, no importa el costo. "El agua, la cual *simboliza* el bautismo que ahora los salva también a ustedes", dijo Pedro, "El bautismo no consiste en la limpieza del cuerpo, sino en el compromiso de tener una buena conciencia delante de Dios" (1 P 3:21, NVI, énfasis añadido).

~ Trajo su equipaje ~

Cuando el pastor Jim Denison de Texas estaba en la universidad, sirvió como misionero en el breve periodo de verano en Malasia Oriental. Mientras estaba allí, asistió a una pequeña iglesia. En uno de los servicios de adoración, una jovencita pasó al frente para anunciar su decisión de seguir a Cristo y aceptar el bautismo cristiano.

Durante el servicio, Denison notó un equipaje desgastado que se apoyaba contra la pared de la iglesia. Le preguntó al pastor sobre aquello. El pastor señaló a la muchacha que iba a ser bautizada y le dijo a Denison: "Su padre le dijo que si ella era bautizada como cristiana, nunca podría regresar a casa otra vez. Así que, trajo su equipaje".[11]

El testimonio del bautismo en agua trae a la mente una imagen descrita en palabras en la cual una persona, con su equipaje en mano, muere al mundo. Como nadie puede vivir bajo el agua, el simbolismo es que muere a sus pecados y a su viejo estilo de vida. Entonces, cuando el agua fluye hacia abajo, el mensaje es que sus pecados son lavados de modo que ya no están. La persona se levanta de la nueva agua, reflejando la resurrección a una nueva vida, basada en el estilo de vida de Jesucristo.

Así como el sello de un notario en un documento legal lo hace oficial ante los tribunales, también el bautismo en agua es el sello en la escritura de propiedad del nuevo nacimiento que lo hace públicamente oficial. Aunque el sello inspira la confianza pública, no es el documento. Sin embargo, el sello da credencial pública de que el pacto es oficial. En el sometimiento al bautismo en agua, el creyente declara que el Espíritu Santo lo ha sepultado con Cristo y lo ha levantado a una nueva vida (Ro 6:2-4). Las personas que observan el bautismo se convierten en los testigos del testimonio público (1 P 3:21).

La inmersión siempre ha sido el modo más deseable del bautismo en agua porque muestra mejor el simbolismo, pero no es el único método aceptable. Por ejemplo, la rociada también era válida en las limpiezas de ritual del Antiguo Testamento (Nm 8:7; 19:13-20; Ez 36:25). La aspersión también sigue siendo un método válido de bautismo en la iglesia de hoy.

⁓ Lo escribí lo más pequeño que pude: "Aborto" ⁓

Recuerdo mi miedo. En efecto, era el mayor temor que recuerdo en mi vida. Escribí tan diminuto como pude en aquel pedazo de papel la palabra aborto. Me asustaba tanto que alguien abriera el papel, lo leyera y averiguara que era yo. Quise levantarme y salir del auditorio durante el servicio, la culpa y el miedo eran muy fuertes.

Cuando llegó mi turno, caminé hacia la cruz y fijé el papel allí. Fui dirigida por un pastor para ser bautizada. Me vio directo a los ojos, pensé que seguramente leería este terrible secreto que había mantenido por tanto tiempo.

Pero, al contrario, sentí como que Dios me decía: *Te amo. Está bien. Has sido perdonada.*

Sentí tanto amor por mí, terrible pecadora. Es la primera vez que realmente sentí el perdón y el amor incondicionales. Era increíble, indescriptible.[12]

Ahora continuamos este estudio acerca de la iglesia del Señor procurando descubrir cuánta pasión siente Jesús por ella.

ᕯ Capítulo nueve
LA IGLESIA, EL MISTERIO REVELADO

Al huerto de los nogales descendí a ver los frutos del valle.
—Cantar de los Cantares 6:11

Yo edificaré mi iglesia.
—Mateo 16:18

Cristo amó a la iglesia y se entregó a sí mismo por ella.
— Mateo 16:18

I. La iglesia, el secreto escondido en Dios

A. La institución profética

Dios le habló a Abimelec en un sueño mientras Abraham vivía en el Neguev y le dijo que este era "profeta" (Gn 20:7). La palabra *profeta* en hebreo es *nabiy'*, y significa "un hombre inspirado." Cuando Dios se le reveló a Moisés en el desierto de Sinaí, le dijo: "Tu hermano Aarón será tu profeta [*nabiy'*]", queriendo decir que Aarón hablaría por Moisés en nombre de Dios (Éx 7:1).

El ministerio del profeta en la vida nacional de Israel nació en Sinaí como parte del plan de Dios de revelarse a sí mismo. Cuando los israelitas "vieron el estruendo y los relámpagos, y el sonido de la bocina y que el monte humeaba" realmente temblaron (Éx 20:18). Aterrorizados, se quedaron a cierta distancia y le dijeron a Moisés: "Habla tú con nosotros, y nosotros oiremos; pero no hable Dios con nosotros, para que no muramos" (Éx 20:19-20).

El Espíritu Santo sigue encargando a los profetas hoy porque muchos tienen la misma tendencia que los israelitas cuando estaban en la presencia manifiesta de Dios:

> El pueblo estuvo a lo lejos, y Moisés se acercó a la oscuridad en la cual estaba Dios.
> —Éxodo 20:21-23

Al final de su vida, Moisés resumió este acontecimiento. También le dio al pueblo la promesa de Dios acerca del gran profeta mesiánico que hablaría en nombre de Dios.

> Conforme a todo lo que pediste a Jehová tu Dios en Horeb el día de la asamblea, diciendo: "No vuelva yo a oír la voz de Jehová mi Dios, ni vea yo más este gran fuego, para que no muera." Y Jehová me dijo: "Han hablado bien en lo que han dicho. Profeta [nabiy'] les levantaré de en medio de sus hermanos, como tú; y pondré mis palabras en su boca, y él les hablará todo lo que yo le mandare.
>
> —Deuteronomio 18:16-18

El término hebreo *nabiy'* en el Antiguo Testamento se traduce como *prophetes* en el griego del Nuevo Testamento (Heb 1:1-3). Este término es transliterado al español como *profeta*.[1]

B. La iglesia, oculta de los profetas

Aquí yace un misterio que el apóstol Pablo trató en su carta a la iglesia de Éfeso. El Espíritu Santo predijo muchos hechos acerca del Mesías, incluso su concepción y nacimiento, y sobre todo su crucifixión y resurrección (Is 7:14; 53:1-12). Los escritores inspirados también hablaron de su Segunda Venida (Zac 14:4). Pero el Espíritu apenas dio insinuaciones a los profetas acerca del misterio de la iglesia en cuanto a "que los gentiles son coherederos y miembros del mismo cuerpo, y copartícipes de la promesa en Cristo Jesús por medio del evangelio" (Ef 3:6). La palabra que más se traduce en el Nuevo Testamento como *iglesia* es el término griego *ekklesia*, que significa "una asamblea convocada".

Esteban en sus palabras a los del Sanedrín se refirió a Israel como "la asamblea en el desierto" (Hch 7:38, NVI). Obviamente, la nación hebrea, llamada de Egipto por el Dios del cielo y sacada de Gosén por la nube y la columna de fuego, era un prototipo de la iglesia, pero Esteban lo entendió al reflexionar en la tumba vacía.

El rey David, que también era profeta, pudo haber recibido una vislumbre de la iglesia cuando escribió: "Te confesaré entre las naciones, oh Jehová; y cantaré a tu nombre (Sal 18:49; Ro 15:8-9).

Isaías fue tal vez el profeta que llegó a ver a la iglesia más de cerca. En su primera y segunda Canción del Siervo, por ejemplo, Isaías observó que el Mesías sería dado por luz a las naciones, que su mensaje de salvación iría a lo último de la tierra, y que el Mesías levantaría su bandera entre todos los pueblos (Is 42:4-9; 49:6).

El profeta Simeón fue "movido por el Espíritu" y "vino al templo" en el tiempo preciso en que María y José llevaron al niño Jesús "al templo, para hacer por él conforme al rito de la ley" (Lc 2:25, 27). Simeón era un hombre "justo y piadoso" que "esperaba la consolación de Israel". Él tomó al bebé Jesús "en sus brazos, y bendijo a Dios" (Lc 2:25, 28). Su profecía reconoció el sufrimiento que le esperaba y afirmó lo que Isaías escribió, que el niño sería "luz para revelación a los gentiles" (Is 42:6; Lc

2:31-32; 34-35). Así que, el Espíritu Santo sí les insinuó a los profetas que Dios estaba preparando algo grande, pero ninguno de ellos pudo comprender qué era.

Asimilar eso debía dar una nueva y dinámica apreciación por la pasión que el Señor siente por su iglesia. A Jesús le gusta descender "al huerto de los nogales ... a ver los frutos del valle" (Cant 6:11). No es de extrañar entonces que el apóstol Pedro escribiera que los profetas "inquirieron y diligentemente indagaron acerca de esta salvación, escudriñando qué persona y qué tiempo indicaba el Espíritu de Cristo que estaba en ellos, el cual anunciaba de antemano los sufrimientos de Cristo, y las glorias que vendrían tras ellos" (1 P 1:10-11).

Las relaciones de Dios con la simiente de Adán en el Antiguo Testamento apuntaban paso a paso a la introducción de la iglesia. Dios trató con:

- toda la raza humana en Noé (Gn 6:8, 13)
- una familia llamada, seleccionada en Abraham (Gn 12:1)
- una nación particular en Israel (Éx 5:1)
- un linaje real especial en David (2 S 7:8–17)
- un remanente de la nación en el regreso de los exilios (Is 10:20–21; Esd 9:8)
- una familia escogida de la simiente de Aarón en Zacarías y Elisabet (la tribu de Leví), y del linaje real de David en José y María (la tribu de Judá) (Lc 1:5–6; Mt 1:16)
- los doce discípulos, uno de los cuales era un diablo (Jn 6:70).

Pero los Doce lo abandonaron y escaparon, dejando sólo al Cristo mismo para personificar a la iglesia (Mr 14:50). Para dar nacimiento a la iglesia, Jesús resistió solo las llamas del Gólgota. Por lo tanto, la promesa de que Cristo puede redimir a los pecadores encontró su cumplimiento en un solo Hombre, el Señor mismo, que pagó el precio solo en el Calvario. Como dice la Escritura: "[*Él*] vino a ser autor de eterna salvación para todos los que le obedecen" (Heb 5:9, énfasis añadido). Jesucristo, en su propia persona, es la esencia de la iglesia.

C. El anuncio reservado para "el Profeta"

La iglesia era tan especial para Dios el Padre que le reservó el exclusivo privilegio de anunciarla a su único Hijo, el Profeta-Mesías.

Asaf era el líder de adoración del rey David en el Monte de Sion. Él predijo que el Mesías hablaría "cosas escondidas desde tiempos antiguos" (Sal 78:2). Mateo observó el uso que el Señor hacía de las parábolas y aplicó la declaración a Jesús. Él interpretó la expresión del gran músico, diciendo que el Mesías "pronunciaría las cosas escondidas desde el comienzo del mundo" (Mt 13:35).

La iglesia fue una idea exclusiva de Jesucristo, que vino a cumplir el plan de su Padre y morir por la salvación de todos los hombres (1 P 2:24). Su propósito santo era dar su vida para unir en un cuerpo, la iglesia, a todos los que confíen en Él (Ef 5:25). En este contexto, se entiende por qué Pablo dijo que el Señor en realidad "sustenta" a su iglesia (Ef 5:29; Hch 20:28).

Este entendimiento de cuán profundo era el sentimiento de Jesús por la iglesia, hizo más excepcional el viaje que el Señor realizó con sus discípulos a Cesarea de Filipo. El paganismo antiguo era tan pronunciado allí que muchos judíos pensaban de él como las puertas del infierno. En ese ambiente malvado, Pedro confesó a Jesús como "el Cristo, el Hijo del Dios viviente" (Mt 16:16).

Jesús el Profeta respondió a aquella confesión dando una de las mayores profecías de su ministerio. Les reveló a los discípulos el secreto que había estado en el pensamiento de Dios desde la eternidad, reservado para ese momento tan especial. Los sentimientos apasionados de Jesús y su santa determinación deben haber salido a través de su voz cuando dijo: "Bienaventurado eres, Simón, hijo de Jonás, porque no te lo reveló carne ni sangre, sino mi Padre que está en los cielos. Y yo también te digo, que tú eres Pedro, y sobre esta roca edificaré mi iglesia; y las puertas del Hades no prevalecerán contra ella" (Mt 16:17-18).

En ese tiempo no existía ni una iglesia en ninguna parte del mundo; eso era solo un anuncio, una profecía. Este lanzamiento del nuevo pacto, la iglesia, tenía que ser construido, y Jesús afirmó: "¡La edificaré!"

EL seguidor del Señor nunca será capaz de entender cuán apasionado es Jesús con respecto a su iglesia, hasta que capte la afirmación del Señor: "*Mi* iglesia" (Mt 16:18, énfasis añadido). La iglesia pertenece a Jesús. Él dio su sangre para establecerla porque la ama. Él es su cabeza y su protector (Ef 5:23).

Solo cuando los discípulos vieran a través del lente del Aposento Alto, manchado por la sangre real del Calvario, podrían entender la importancia de aquel anuncio en Cesarea de Filipo. Jesús tenía una estrategia maravillosa; no tuvo la intención de abandonar a sus seguidores como vagabundos para que se valieran por sí mismos (Jn 14:18). Él planeó formar un cuerpo invisible que también tomaría una forma visible. El Espíritu Santo moraría en ellos, y Jesús se encontraría con ellos dondequiera que se reunieran (Jn 14:17; Mt 18:20).

Los creyentes nacidos de nuevo son la *ecclesia*, asambleas de fe llamadas de entre sus comunidades, dondequiera que se reúnan. En la fuerza de estas reuniones, los creyentes vienen a ser el pueblo de Dios, encontrando fe, familia, comunión, motivación, perdón y restauración (Ef 3:15; Mt 16:18; Sal 68:6).

⚜ Quién es Jesús y qué hizo, el fundamento ⚜

Jeremy Bowen, presentador de un documental de la BBC (Corporación Británica de Radiodifusión) acerca de Jesús declaró: "Lo importante no es lo que era o no era, sino lo que la gente cree que ha sido. Una religión mundial masiva, que cuenta con más de dos mil millones de personas que siguen su memoria; eso es bastante notable, y por 2000 años".

Bowen no podía estar más equivocado. Lo que Jesús es y lo que hizo es el fundamento de nuestra fe.[2]

D. La gente, los templos del nuevo pacto

1. El velo rasgado

En el preciso momento de la muerte de Jesús en su cruz, el velo del templo de Jerusalén se rasgó milagrosamente de arriba abajo (Mt 27:51). A lo largo de los mil quinientos años desde la dedicación del templo en el desierto, el velo había separado el lugar santo del lugar santísimo. Solo el sumo sacerdote podía entrar en el lugar santísimo, y únicamente una vez al año (Éx 30:10; Heb 9:25). El resto de las personas no podían ni esperar entrar en ese sagrado lugar interno donde Dios moraba (Éx 25:17-22; 1 S 4:4).

El velo rasgado era una señal audaz del nuevo pacto (Jer 31:31; Heb 12:24). Ahora el camino estaba abierto para cualquiera con corazón hambriento para venir confiadamente al trono de la gracia de Dios (Mt 27:51; Heb 4:16; Lv 16:2-14). Todos los hijos de Adán tienen la "[esperanza] como segura y firme ancla del alma, y que penetra hasta dentro del velo, donde Jesús entró por nosotros como precursor, hecho sumo sacerdote para siempre, según el orden de Melquisedec" (Heb 6:19-20; Ef 2:14; Sal 110:4).

2. El nuevo principio

Por lo tanto, el regalo del Espíritu Santo concluyó la era de mil quinientos años durante la cual los hijos de Abraham forjaron sus vidas, primero, alrededor de su tabernáculo y, luego, alrededor de su templo. Pentecostés marcó un nuevo principio y dio nacimiento a la iglesia como expresión visible del cuerpo invisible de Cristo (1 Co 12:27; 1 P 2:5). El templo del nuevo orden es gente que realmente camina y habla, se traslada, va y viene.

En el avivamiento pentecostal de la Calle Azusa en Los Ángeles, en 1906, los creyentes llenos del Espíritu recibieron la misma unción que caracterizó la experiencia de los 120 en el Aposento Alto, el mismo Espíritu que estaba en el lugar santísimo del tabernáculo (Heb 9:25; Lv 16:2; 2 R 19:14-16; Sal 46:4). La gente llena del Espíritu no solamente habla del Padre y su Palabra, sino que en sus corazones tienen un vivo sentido de que Jesús es la Palabra viva y que Dios está con ellos. El Espíritu Santo en ellos muestra a Jesús continuamente al mundo.

La conciencia de que Dios está muy cerca de sus hijos es vital para el pentecostalismo. El viaje de Jesús al Calvario presupone que cada uno de sus seguidores hace el mismo trayecto espiritual. Desde el Monte de la Calavera, la intención del Señor para cada creyente es que vaya más allá de la tumba vacía, el Monte de los Olivos y el Aposento Alto.

3. *Una relación personal con Dios*

Lo genial de la Gran Comisión es que gente llena del Espíritu, con una relación personal con Dios, lleva el nuevo templo espiritual hasta los vecinos perdidos a través de sus relaciones en la comunidad (1 P 2:4-5). En el nuevo pacto, nadie tiene que hacer cada año peregrinaciones de largas distancias para adorar en "la casa del Señor" (Sal 122:1-4; Jer 31:31; Lc 22:20). "Donde están dos o tres congregados en mi nombre", enseñó Jesús, "allí estaré yo en medio de ellos" (Mt 18:20).). "El templo" fue con estos seguidores de Cristo llenos del Espíritu, porque cada uno de ellos se había convertido en un lugar en el cual moraba Dios.

Por lo tanto, el mensaje de esta relación personal con Dios simplemente debe ir a la gente de pueblo en pueblo y de ciudad en ciudad hasta que un día circunde la tierra. Isaías dijo que el Siervo del Señor no se cansará hasta que "las costas [esperen] su ley" (Is 42:4). Pablo enseñó que Cristo vino a ser Siervo ante los judíos, confirmando "las promesas hechas a los padres ... para que los gentiles glorifiquen a Dios por su misericordia" (Ro 15:8-9; Sal 18:49)

Pablo también les dijo a los creyentes de Galacia:

> Pues todos sois hijos de Dios por la fe en Cristo Jesús; porque todos los que habéis sido bautizados en Cristo, de Cristo estáis revestidos. Ya no hay judío ni griego; no hay esclavo ni libre; no hay varón ni mujer; porque todos vosotros sois uno en Cristo Jesús. Y si vosotros sois de Cristo, ciertamente linaje de Abraham sois, y herederos según la promesa.
> —Gálatas 3:26-29

4. *La visión, el acceso a Dios*

La visión especial que había estado en el corazón de Jesús desde la eternidad se estaba haciendo realidad. Tanto judíos como gentiles tienen "entrada por un mismo Espíritu al Padre" (Ef 2:18; 3:6). En la iglesia de Cristo, no hay extranjeros, solo "conciudadanos de los santos, y miembros de la familia de Dios" (Ef 2:19).

Lo que sucedió en el Monte Calvario dio nacimiento a la unidad y significa que el estilo de vida segregacionista no tiene lugar al pie de la cruz. Jesús oró para que todos sus hijos "sean uno" así como el Padre era en el Hijo, y el Hijo era en el Padre (Jn 17:21). Esta armonía existe a través del ministerio del Espíritu que une a los creyentes a Cristo. En realidad, Pablo comparó este acuerdo espiritual en la iglesia con la unidad de la Trinidad: "Un cuerpo, y un Espíritu, como fuisteis también llamados en una misma esperanza de vuestra vocación; un Señor, una fe, un bautismo, un Dios y Padre de todos, el cual es sobre todos, y por todos, y en todos" (Ef 4:4-6).

Edificaré mi iglesia.

—Mateo 16:18

E. La esencia espiritual de la iglesia

La iglesia que Jesús anunció en Cesarea de Filipo tiene una cualidad muy visible como asamblea de adoradores en comunidad. Sin embargo, la verdadera esencia de la iglesia es espiritual e invisible.

La iglesia invisible incluye todos aquellos de cada nación y lengua, en cada generación, en cualquier parte del mundo que confiesan a Jesús como Salvador y Señor. "Yo soy el buen pastor", dijo el Señor. "Conozco mis ovejas" (Jn 10:14). Dentro de la capacidad ilimitada del Dios que es Espíritu, está la de tener una íntima relación con cada uno de ellos individualmente y a la vez con todos simultáneamente. Aun cuando todos ellos, juntos, formen una multitud innumerable, Él conoce cada uno de sus nombres (Ap 7:9; Jn 10:3). Incluso los cabellos de sus cabezas "están todos contados" (Lc 12:7).

Cuando una persona capta la naturaleza cercana, espiritual, de la relación viva de Jesús con cada uno de los millones de miembros de su cuerpo espiritual, comienza a entender el asombroso ingenio de la iglesia del Señor. En cada asamblea, cada creyente tiene la oportunidad de entrar en una amistad espiritual intensamente personal con el "Hijo de Dios, el cual me amó y se entregó a sí mismo por mí" (Gl 2:20; Éx 33:11). Los hijos de Dios responden al cuidado amoroso de Jesús:

- comunicándose con su Señor con regularidad en el lugar privado de oración (Mt 6:6);
- gozando del compañerismo en la mesa del Señor, saboreando la dulce comunión (Lc 22:19);
- madurando en la actitud, el carácter y el plan del Señor estudiando ávidamente su Palabra (Sal 119:11; 2 P 3:15-16);
- adorando al Señor con verdadera devoción en medio del compañerismo de creyentes (Jn 4:24);
- honrando la visión mundial del Señor, pescando fielmente hombres y trayéndolos a la fraternidad de la iglesia (Mt 4:19).

El Señor creó su iglesia como un organismo invisible que crecería para siempre a la semejanza de su cabeza (Ef 5:23). El buen Pastor no ligó a sus seguidores a un sistema legal o a un régimen gubernamental. Los vinculó personalmente a sí mismo, al postrer Adán resucitado, el Cristo del Calvario (Jn 10:11; 1 Co 15:45; Mt 16:18). Jesús es el currículo o plan de estudios y la energía, el fundamento y la principal piedra angular del edificio de Dios (1 Co 3:11; Ef 2:20-22).

Jesús es también el único encargado del Libro de la Vida del Cordero, en el cual los nombres de los redimidos están registrados (Lc 10:20; Ap 3:5; 21:27). "Yo les doy vida eterna," dijo Jesús, "y no perecerán jamás, ni nadie las arrebatará de mi mano" (Jn 10:28).

El pescador sabe lo que pesca. Clasifica el pescado comerciable y desecha el resto. El agricultor cierne su trigo para sacar la paja y la cizaña. De la misma manera, el Señor Jesús guarda registros exactos en el Libro de la Vida del Cordero. Él conoce a cada persona que está en su iglesia (Mt 13:30, 47-48; Ap 21:27).

Si la naturaleza de la iglesia invisible es así de personal, ¿quién puede discernirla? Obviamente, al final solo el Señor mismo identifica los redimidos de todos los siglos. Al mismo tiempo, el Espíritu da testimonio a nuestro espíritu de que somos hijos de Dios. En efecto, recibimos "el espíritu de adopción, por el cual clamamos: ¡Abba, Padre!" (Ro 8:15). Las personas que caminan en el Espíritu también tendrán una buena revelación, porque el Espíritu Santo operará en ellos la manifestación del don de discernimiento de espíritus (1 Co 12:7, 10). Una parte vital de esa sensibilidad proviene de observar el fruto del Espíritu en la vida de la persona (Gl 5:22; Mt 12:33). El Señor dijo: "Por sus frutos los conoceréis" (Mt 7:16; Lc 6:44). Además, enseñó que "En esto conocerán todos que sois mis discípulos, si tuviereis amor los unos con los otros" (Jn 13:35).

F. La iglesia y el reino

Jesús habló con frecuencia acerca de su reino usando las expresiones *reino de Dios* y *reino de los cielos* de modo intercambiable (Mr 1:15; Mt 4:17). Por definición, el reino del Señor es la esfera total de su dominio y abarca todo el orden creado por Dios. El reino también incluye el remanente de Israel que un día mirará a quien traspasaron y reconocerán su señorío (Zac 12:10; 14:9; Jer 3:16-18; Mt 25:32-33; Ap 20:4-7).

Cuando Gabriel anunció el nacimiento de Jesús a María, lo hizo en términos de realeza: "El Señor Dios le dará el trono de David su padre, y reinará sobre la casa de Jacob para siempre, y su reino no tendrá fin" (Lc 1:32-33). Jesús nos enseñó a orar: "Venga tu reino" (Mt 6:10). En el juicio de Jesús, Pilato le preguntó al Señor: "¿Eres tú rey?" (Jn 18:37). Jesús le contestó: "Tú dices que yo soy rey. Yo para esto he nacido, y para esto he venido al mundo, para dar testimonio a la verdad. Todo aquel que es de la verdad, oye mi voz" (Jn 18:37).

El Señor enseñó que su reino "no vendrá con advertencia, ni dirán: Helo aquí, o helo allí" (Lc 17:20-21). En nada se parece a las instituciones fácilmente observables de un gobierno nacional. En cambio, "el reino de Dios es entre vosotros" (Lc 17:21). La esfera de su reino está en el corazón, y la puerta por la cual la gente entra al dominio de Jesús es el nuevo nacimiento.

Con respecto a su imperio en los corazones de sus hijos, su reino ya ha venido. En este sentido, el dominio de Jesucristo está en la tierra aun ahora. En cuanto a su señorío sobre las naciones, su reino es todavía futuro. Las Escrituras prometen que este reino de Dios por venir será literal y que la gente comenzará a experimentar el significado máximo del reino del Señor en su Segunda Venida (1 Co 15:24-27, 53-54; Ap 1:7). Entonces, todos sus enemigos serán hechos su escabel (Heb 10:13).

En el tiempo de Dios, la era actual es la de la iglesia. La iglesia del Señor es una incubadora para el reino; sin embargo, el reino es mayor que la iglesia. El destino final de la iglesia es llegar a ser la esposa de Cristo en su reino (Ap 19:6-9). Por lo tanto, el reino de Dios tiene una dimensión presente, "el ahora". Está dondequiera que Jesús reine. Por otro lado, también muestra el aspecto del "no ahora", en el que Cristo está "esperando hasta que sus enemigos sean puestos por estrado de sus pies" (Heb 10:13). Es muy importante discernir la diferencia entre ambas cosas. Por ejemplo, Jesús le dijo a Pilato cuando estaba siendo enjuiciado: "Mi reino no es de este mundo" (Jn 18:36). Por lo tanto, la misión de la iglesia de Dios es crecer ganando almas para Cristo.

La mejor manera de aferrarnos fuertemente, en esta era de la iglesia, a la esperanza bendita del reino literal de Cristo por venir, es adoptar las mismas pasiones del Señor. Jesús ama a todo el mundo y murió para ver a cada uno salvo (Jn 3:16). Además, colgó en la cruz para establecer su iglesia (Ef 5:25; Hch 20:28). Jesús quiere que todos sus hijos encuentren la familia, la fe y el compañerismo en sus ministerios, madurándolos en Cristo (Sal 68:6). El Señor también fue muy enfático en cuanto a su Gran Comisión, queriendo apasionadamente que la historia del evangelio avance hasta los confines de la tierra en cada generación (Mt 28:16-20; Hch 1:1-8).

Es un error en la era de la iglesia perseguir el reino del Señor, buscando hacer llegar el reino de Jesús. La mejor manera de ser un hombre del reino en la era de la iglesia "y apresurar su venida" es comprometiéndose en corazón y alma a extender la iglesia del Señor (2 P 3:12).

II. La iglesia se muda al Imperio Romano

Ahora tornemos nuestra atención hacia el avance de la iglesia naciente en los primeros veinte años después de Pentecostés.

A. El nacimiento de la iglesia en Jerusalén

El Padre celestial honró la petición de Jesús y dio nacimiento a la iglesia en el Aposento Alto durante el día de Pentecostés (Jn 14:16). El hecho de que Dios derramara el Espíritu Santo con tal multitud de peregrinos que estaban en la ciudad para disfrutar de las festividades, mostró la capacidad divina para anunciar en público el humilde nacimiento de su iglesia. Aproximadamente 120 creyentes sentados en el Aposento Alto recibieron el Espíritu Santo esa mañana de primavera y comenzaron a hablar en lenguas (Hch 1:15; 2:4). Los visitantes de unas quince naciones y otros grupos de gente se congregaron rápidamente. Escucharon con asombro cuando los 120 hablaron con soltura acerca de "las maravillosas obras de Dios" en las lenguas de los viajeros, las cuales no habían aprendido (Hch 2:5-12).

Después del sermón de Pedro, el Señor añadió tres mil personas a la iglesia. En Hechos 4:4, el número de creyentes subió a casi cinco mil hombres. Lucas registró en Hechos 5:14 que "los que creían en el Señor aumentaban más, gran número así de hombres como de mujeres". Y "crecía la palabra del Señor, y el número de los discípulos se multiplicaba grandemente en Jerusalén; también muchos de los sacerdotes obedecían a la fe" (Hch 6:7). Así como Dios les dio a Adán y Eva el mandato de "fructificad y multiplicaos; llenad la tierra", también en esta era de la iglesia, todos los creyentes deben reproducirse (Gn 1:28). De esta manera se cumplirá la promesa de Dios a Abraham (Gn 15:5; Mt 28:16-20; Hch 1:8).

B. El avivamiento en Samaria

Desde Jerusalén y Judea, el avance de la iglesia se dirigió hacia el norte. Esto fue resultado "de una gran persecución" que irrumpió en Jerusalén, dispersando a los creyentes, pero no a los apóstoles (Hch 8:1-3).

> Pero los que fueron esparcidos iban por todas partes anunciando el evangelio. Entonces Felipe, descendiendo a la ciudad de Samaria, les predicaba a Cristo. Y la gente, unánime, escuchaba atentamente las cosas que decía Felipe, oyendo y viendo las señales que hacía. Porque de muchos que tenían espíritus inmundos, salían éstos dando grandes voces; y muchos paralíticos y cojos eran sanados; así que había gran gozo en aquella ciudad.
> —Hechos 8:4-8

Después que los apóstoles escucharon acerca de la obra del Espíritu en Samaria, enviaron a Pedro y a Juan para dar instrucciones sobre el avivamiento.

> Los cuales, habiendo venido, oraron por ellos para que recibiesen el Espíritu Santo; porque aún no había descendido sobre ninguno de ellos, sino que

solamente habían sido bautizados en el nombre de Jesús. Entonces les imponían las manos, y recibían el Espíritu Santo.

— Hechos 8:15-17

C. El Pentecostés de los gentiles

El primer registro de que los gentiles recibieron el bautismo con el Espíritu Santo ocurrió en Cesarea, el hermoso puerto marítimo de Medio Oriente y capital del mundo romano. Entre muchos soldados guarnecidos allí había un centurión que comandaba el regimiento italiano. Él y su familia eran devotos y temerosos de Dios. Este centurión "hacía muchas limosnas al pueblo, y oraba a Dios siempre" (Hch 10:1-2). Un día, casi a las tres de la tarde, este comandante romano tuvo una visión.

> Ido el ángel que hablaba con Cornelio, éste llamó a dos de sus criados, y a un devoto soldado de los que le asistían; a los cuales envió a Jope, después de haberles contado todo.
>
> —Hechos 10:7-8

El mismo Espíritu Santo que le habló a Cornelio también preparó a Pedro por medio de un trance, motivándolo a él, un judío, a disponerse a visitar la casa de ese gentil y predicarle el evangelio a él y a su familia. Después del trance, el Espíritu Santo le dio a Pedro instrucciones explícitas: "He aquí, tres hombres te buscan. Levántate, pues, y desciende y no dudes de ir con ellos, porque yo los he enviado" (Hch 10:19-20).

Simón Pedro obedeció al Espíritu y fue. El apóstol a los judíos usó en la casa de Cornelio las llaves del reino y abrió el camino para el ministerio entre el mundo gentil (Mt 16:19; Gl 2:7-8). Allí proclamó "cómo Dios ungió con el Espíritu Santo y con poder a Jesús de Nazaret, y cómo éste anduvo haciendo bienes y sanando a todos los oprimidos por el diablo, porque Dios estaba con él" (Hch 10:38). Cuánto significado descansaba en aquella pequeña palabra —*todos*—, para el futuro de la iglesia. El ministerio de Jesús no puede ser restringido por ningún límite étnico ni nacional (Mt 8:5-13).

Mientras predicaba este mensaje en la casa de Cornelio, Pedro y su séquito vieron cuando el Espíritu Santo vino sobre el oficial romano "y sobre todos los que oían el discurso". Ellos comenzaron a hablar en lenguas así como los apóstoles en el Aposento Alto (Hch 10:44-46; 11:15, 17). Cornelio y su casa fueron los primeros gentiles en recibir el Espíritu Santo, haciendo de Cesarea el "Aposento Alto" de los gentiles.

D. El avivamiento de Antioquía

Como el administrador de la iglesia del Señor, el Espíritu Santo se movió después de Cesarea hacia el norte, por la costa mediterránea hacia Antioquía, una ciudad en Siria. Los sirios habían sido de los primeros gentiles que respondieron a Jesús en los primeros meses de su ministerio. Es más, "se difundió su fama por toda Siria" (Mt 4:24).

Los apóstoles no comenzaron el avivamiento en Antioquía. Más bien, fue un trabajo espontáneo del Espíritu.

> Los que habían sido esparcidos a causa de la persecución que hubo con motivo de Esteban, pasaron hasta Fenicia, Chipre y Antioquía, no hablando a nadie la palabra, sino sólo a los judíos. Pero había entre ellos unos varones de Chipre y de Cirene, los cuales, cuando entraron en Antioquía, hablaron también a los griegos, anunciando el evangelio del Señor Jesús. Y la mano del Señor estaba con ellos, y gran número creyó y se convirtió al Señor.
> —Hechos 11:19-21

1. El ministerio de Bernabé y Saulo

Cuando los apóstoles en Jerusalén se enteraron del avivamiento, enviaron a Bernabé, hijo de consolación, a Antioquía (Hch 11:22). Bernabé fue un terrateniente levita de Chipre que "era un varón bueno, lleno del Espíritu Santo y de fe" (Hch 4:36-37; 11:24). Los apóstoles lo eligieron, sin duda, porque podía relacionarse mejor con los griegos que vivían en Antioquía. Su tarea era dar estabilidad y dirección al avivamiento.

Bernabé hizo un viaje al norte hacia el Asia Menor a la ciudad de Tarso y localizó a un hombre llamado Saulo. Bernabé se hizo amigo de Saulo cuando este vino a Cristo, después de su conversión en el camino hacia Damasco (Hch 9:27-30). Saulo aceptó la invitación de Bernabé y regresó al sur con él para participar en la obra de Dios en Antioquía: "Y se congregaron allí todo un año con la iglesia, y enseñaron a mucha gente; y a los discípulos se les llamó cristianos por primera vez en Antioquía" (Hch 11:26). Antioquía fue la primera ciudad de gentil que recibió el mensaje de Jesucristo, predicado a través del poder del Espíritu Santo.

2. Los cristianos, gente con la unción

"A los discípulos se les llamó cristianos por primera vez en Antioquía" (Hch 11:26). Desde entonces, los creyentes en Jesús han llevado el mesiánico nombre griego del Señor —Christos—, que es traducido como "Cristo". Es de esta palabra que sale el término cristiano. Este término reconoció la unción del Espíritu Santo en Jesucristo, una unción que se transfirió a sus seguidores. Los cristianos son gente cuyas vidas manifiestan esa misma unción.

Los griegos que vinieron a Cristo en números tan grandes en Antioquía vieron algo especial en la vida de los siervos del Señor que les enseñaban: observaron la unción que tenían. Sin duda algunos de ellos habían viajado a Israel al sur, a principios del ministerio de Jesús (Mt 4:24). Seguramente reconocieron que la unción en los creyentes de Antioquía era la misma presencia que había captado su atención en la vida de Jesús; así que, los seguidores del Camino eran gente de unción (Hch 9:2). Jesús comisiona a cada uno de sus seguidores, como una extensión de su propia unción mesiánica, a reproducirse alcanzando a otros.

3. El principio simultáneo

El principio simultáneo del ministerio apostólico siempre ha sido el paradigma del Espíritu Santo. Se enfoca en *mientras*, no en *después; mientras* gana su ciudad y su nación para Cristo, lleva el evangelio hasta lo último de la tierra, haciendo ambas cosas *al mismo tiempo*. El Señor declaró este principio antes de su ascensión: "Recibiréis poder, cuando haya venido sobre vosotros el Espíritu Santo, y me seréis testigos en Jerusalén, en toda Judea, en Samaria, y hasta lo último de la tierra" (Hch 1:8) El principio dice que mientras usted está ganando su ciudad para Dios, vaya simultáneamente a las naciones. Haga "ambas cosas" al mismo tiempo. La manera en que el ministerio apostólico se desarrolló en los Hechos de los Apóstoles ilustra este principio en acción.

El Señor usó este paradigma para hacer crecer su iglesia en la era apostólica, con Jerusalén como su base de lanzamiento. El principio simultáneo destaca que mientras el avivamiento seguía en la joven iglesia de Jerusalén, las buenas nuevas también se extendían a través de Judea. Mientras la iglesia estaba comenzando en Judea, las buenas nuevas también se extendían a Samaria. Mientras se realizaban esfuerzos simultáneos para ganar Jerusalén, Judea y Samaria, el Espíritu Santo dio nacimiento a la iglesia del Señor en Cesarea. Mientras la iglesia estaba creciendo simultáneamente en Jerusalén, Judea, Samaria y Cesarea, un avivamiento espontáneo se levantó en Antioquia de Siria. Muchos griegos comenzaron a acudir a Dios.

Un día, mientras el equipo de ministerio en Antioquía estaba "ministrando … al Señor, y ayunando, dijo el Espíritu Santo: Apartadme a Bernabé y a Saulo para la obra a que los he llamado. Entonces, habiendo ayunado y orado, les impusieron las manos y los despidieron" (Hch 13:2-3). La iglesia en Antioquía probablemente no tenía más de dos años.

Esta nueva iglesia en Antioquía estaba lejos de ganar su ciudad; sin embargo, el Espíritu Santo decidió tomar a los mejores y más brillantes siervos de la creciente iglesia de Antioquía y enviarles en el primer viaje misionero de la era apostólica, que los convirtió en los primeros misioneros de la iglesia cristiana. Entonces, el principio simultáneo dice que cuando usted gana su ciudad para Dios, vaya a las naciones paralelamente, haciendo ambas cosas al mismo tiempo.

La manera en que el ministerio apostólico se desarrolló en Hechos de los Apóstoles ilustra este principio simultáneo en acción. La iglesia de Antioquía obedeció la Gran Comisión del Señor expresada por la voz del Espíritu Santo, y al hacerlo no dañó el desarrollo de la iglesia en Antioquía. Por el contrario, la congregación surgió como el epicentro de la temprana iglesia posapostólica. El Obispo Ignacio de Antioquía, que fuera martirizado en Roma el año 107 d.C., es posiblemente el más recordado de los primeros líderes posapostólicos.[3]

Si una iglesia abraza la perspectiva *"antes-después"*, comete un grave error. El modo de pensar que dice: *"Después* que alcancemos nuestra ciudad y desarrollemos una iglesia madura, *entonces* comenzaremos a pensar en las regiones más remotas", pierde el sentir de Jesucristo y el alto principio ministerial que distingue a una congregación como apostólica. Una congregación con fe apostólica hoy no contempla la opción de esperar hasta que logre la madurez para cumplir la Gran Comisión del Señor.

Mientras, no *después* es el modelo apostólico.

E. El llamado macedónico

Otro momento memorable en el avance de la iglesia del Señor ocurrió mientras Pablo estaba en su segundo viaje misionero. Su plan era girar hacia el este y predicar el evangelio en Asia, pero el Espíritu Santo lo detuvo. En aquel remolino de acontecimientos, Pablo terminó en Troas. Una noche tuvo una visión acerca de un hombre de Macedonia parado y suplicando, diciéndole: "Pasa a Macedonia y ayúdanos" (Hch 16:9). En vez de ir hacia el este, el Espíritu Santo lo envió hacia el oeste. Aquella revelación estableció el curso de la iglesia del Señor en el hemisferio occidental, lo cual ha caracterizado su avance por dos milenios.

El período de tiempo entre Pentecostés y la gran visión de Pablo en Troas fue aproximadamente de veinte años. La visión internacional de Jesucristo se convertía en realidad al moverse el evangelio a todas las naciones. "Recibiréis poder, cuando haya venido sobre vosotros el Espíritu Santo", prometió Jesús, "y me seréis testigos en Jerusalén, en toda Judea, en Samaria, y hasta lo último de la tierra" (Hch 1:8).

F. Dos revelaciones ayudaron a lanzar la iglesia

Cuando Pablo consideró la cruz de Jesús, el Espíritu Santo le dio dos conceptos bíblicos que incluyó en Gálatas, su primera epístola (escrita alrededor del 48 d.C.). Ambos estuvieron implícitos en la enseñanza de Jesús (Jn 8:31-44; Mt 3:9; Lc 3:8). El primero estuvo relacionado con el significado de la simiente de Abraham. La revelación se le había desplegado claramente a Abraham después de que estuvo dispuesto a ofrecer a su único hijo, Isaac, como un sacrificio en Moriah (Gn 22:1-13).

La iglesia, el misterio revelado

> Por mí mismo he jurado, dice Jehová, que por cuanto has hecho esto, y no me has rehusado tu hijo, tu único hijo; de cierto te bendeciré, y multiplicaré tu descendencia como las estrellas del cielo y como la arena que está a la orilla del mar; y tu descendencia poseerá las puertas de sus enemigos. En tu simiente serán benditas todas las naciones de la tierra, por cuanto obedeciste a mi voz.
>
> —Génesis 22:15-18

El significado pleno de aquella revelación estuvo inactivo durante 1800 años, hasta que el apóstol Pablo lo entendió contemplándolo a través del lente de la muerte y resurrección de Jesús. Por lo que les escribió a los Gálatas que "en Cristo Jesús la bendición de Abraham" había alcanzado "a los gentiles, a fin de que por la fe recibiésemos la promesa del Espíritu" (Gl 3:14). Se necesitó el Gólgota para captar el significado que descansó en la historia de Abraham por casi dos milenios: "Ahora bien, a Abraham fueron hechas las promesas, y a su simiente. No dice: Y a las simientes, como si hablase de muchos, sino como de uno: Y a tu simiente, la cual es Cristo" (Gl 3:16; Gn 12:7; 13:15; 22:18; 24:7).

Esta revelación apostólica descubrió el secreto de la iglesia como una fuerza internacional. Jesucristo como el Mesías de Israel es la Simiente que trae redención a todos: judíos y gentiles por igual. El Cristo que voluntariamente derramó su sangre en la cruz ama a todo el mundo (Tit 3:6). Su muerte no hace distinción y no tiene preferidos (Jn 3:16; Ro 2:11; Ef 6:9).

Este ejercicio asombroso de la autoridad apostólica —decir lo que el término "simiente" siempre significó en el corazón de Dios (aunque fue malentendido por siglos)— abrió una gran supercarretera para que el evangelio llegara a pueblos de todas las etnias.

Una segunda y relacionada revelación registrada en Gálatas fue la enseñanza de Pablo de que cualquiera, judío o gentil, que tiene la fe de Abraham es hijo de Abraham y heredero de la promesa (Gl 3:29). En aquel tiempo, muchas personas vieron como una interpretación radical de la Escritura el hecho de que la fe en Abraham y no su relación de sangre era lo que definía a sus verdaderos herederos.

Obviamente, estas dos explicaciones enojaron a muchos judíos. Ellos también mostraban la dirección soberana que el Espíritu Santo le dio a la naciente iglesia de Jesús. Ambas revelaciones llegaron a Pablo con un cronometraje perfecto, encajándolas en la primera carta que escribió. Ellas abrían la puerta de par en par para que la fe de Abraham encontrara un semillero completamente nuevo en el mundo de los gentiles (Gn 15:6).

G. El gobierno de Galión

Galión era el gobernador romano de Acaya en el sur de Grecia. Durante la gestión de Galión (51-52 d.C.), mientras Pablo establecía la iglesia en Corinto, los judíos hicieron un ataque unido contra Pablo, arrastrándolo al tribunal pagano del gobernador. El judaísmo era una religión reconocida conforme a la ley romana, lo cual significaba que los romanos veían a los cristianos como un derivado del judaísmo. El objetivo de los enemigos de Pablo era conseguir el fallo, en el tribunal de Galión, de que el cristianismo no era una rama del judaísmo (Hch 18:12-16). Ellos alegaron ante Galión que Pablo "persuade a los hombres a honrar a Dios contra la ley" [tanto del judaísmo como de Roma]; por lo tanto, la ley romana no debería proteger a estos cristianos como un ala del judaísmo. Herodes había tratado de matar al bebé Jesús en la cuna, y ahora la estrategia era usar la ley romana para detener a la iglesia creciente (Mt 2:13-18). Pero Galión rechazó involucrarse en lo que percibió como una disputa interna judía.

> Y al comenzar Pablo a hablar, Galión dijo a los judíos: Si fuera algún agravio o algún crimen enorme, oh judíos, conforme a derecho yo os toleraría. Pero si son cuestiones de palabras, y de nombres, y de vuestra ley, vedlo vosotros; porque yo no quiero ser juez de estas cosas. Y los echó del tribunal. Entonces todos los griegos, apoderándose de Sóstenes, principal de la sinagoga, le golpeaban delante del tribunal; pero a Galión nada se le daba de ello.
> —Hechos 18:14-17

La decisión de Galión fue fundamental. Significó que a los ojos de la ley romana la iglesia del Nuevo Testamento permanecía bajo el ala del judaísmo, lo que le dio un tiempo valioso a la iglesia para que se fortaleciera y continuara extendiéndose. Sin duda, una cuna judía meció al cristianismo, aun cuando estaba destinado a convertirse en una religión mundial por derecho propio.

H. Captaron la visión del Señor

Jesús confió en su Padre implícitamente y era un fiel siervo de su plan, por lo que los primeros seguidores del Señor estuvieron encantados de adoptar su actitud (Flp 2:5; Heb 10:7-9). Sirvieron desarrollando ministerios que cultivaron la iglesia y cambiaron la vida de las personas. Esos creyentes fueron a cada área del mundo romano, proclamando a Jesucristo como el mensaje urgente que la gente necesitaba oír. Con ello ganaron hombres y mujeres para Cristo mientras que desarrollaban iglesias activas y crecientes. Esos creyentes llenos del Espíritu se convirtieron en embajadores que trajeron reconciliación entre Dios y los hombres, y lo hicieron gozosos, aunque eso implicara el riesgo de ser brutalmente golpeados, encarcelados

La iglesia, el misterio revelado

y muertos (2 Co 5:20; Hch 16:16-24). Dondequiera que iban las buenas nuevas, la unción del Espíritu Santo en la vida de Jesús —el cual descendió en el Aposento Alto—, caracterizó a esos evangélicos.

La estrategia global de Jesucristo fue puesta en marcha para redimir a todo el mundo en todas partes, destruyendo así "las obras del diablo" (1 Jn 3:8). Cristo también quería que sus hijos maduraran a su propio carácter en "las asambleas llamadas" o iglesias que sus discípulos establecieran. Para lograr esto era fundamental plegarlos al cuerpo espiritual del Señor en la iglesia invisible (1 P 2:5; Ef 1:3-7).

Estos nuevos convertidos se dieron cuenta de que en Cristo podrían distinguirse; la visión de Jesús les dio a sus vidas un nuevo significado. Dios los quería a *ellos*. Los había llamado, comisionado y llenado con el Espíritu Santo para servir a su generación. Ellos sabían que tenían algo de mucho valor que darle al mundo (2 Co 4:7).

Esos cristianos avanzaron en contra de la fuerza y el poder de Roma, la habilidad intelectual de los griegos, y el orgullo y arrogancia religioso de los judíos (1 Co 1:22). Hacer esto requería confianza absoluta en que Dios estaba con ellos. También presuponía la certeza de que el evangelio identificaba exactamente el problema humano: toda la gente en todas partes está en rebelión contra Dios y se perderán para siempre si no aceptan a Jesucristo como Salvador y Señor (Jn 8:24, 34; Ro 3:23; 6:23).

Estos evangelistas sentían un firme compromiso de convencer a romanos, griegos y judíos de su necesidad más profunda, aun cuando sus oyentes no pensaran que tenían problema alguno. Ellos confiaban absolutamente en la superioridad incomparable de Cristo crucificado sobre todos los rivales.

El libro de los Hechos empieza con una reafirmación de la Gran Comisión y registra el don del Espíritu Santo así como también el nacimiento de la iglesia durante el día de Pentecostés (Hch 1—2). Y concluye con Pablo en Roma, en una casa alquilada, extendiendo el evangelio en la capital del Imperio Romano. "Abiertamente y sin impedimento", durante dos años enteros, predicó "el reino de Dios … enseñando acerca del Señor Jesucristo" (Hch 28:30-31). Esos dos años de ministerio ayudaron a hacer de la iglesia en Roma un elemento fundamental en la conversión del imperio los próximos dos siglos.

III. Andar en el Espíritu

El don del Espíritu Santo en el Aposento Alto reveló la novedosa dinámica de andar en el Espíritu (Hch 2:1-4; Gl 5:16, 25). Andar en el Espíritu es caminar con Jesús, porque el Espíritu Santo siempre se deleita en revelarlo (Jn 14:26). Los apóstoles que anduvieron con el Señor en la carne aprendieron de su Profesor, su Maestro, lo que significaba andar en el Espíritu. Jesús siempre seguía al paso del Espíritu, que dirigió su vida (Hch 10:38; Gl 5). Después de Pentecostés, hasta el más ordinario de los creyentes llenos del Espíritu, descubrió que también podía caminar en el Espíritu, mientras que manifestaban al mismo tiempo los dones espirituales con corazones de siervo.

El apóstol Juan registró que Jesús tenía una sensible capacidad de ver lo que el Padre hacía y decía para luego actuar conforme a lo que había visto y oído (Jn 5:19-21, 30; Is 50:4). El Señor también aplicó ese mismo principio al ministerio del Espíritu Santo. Él "no hablará por su propia cuenta," dijo Jesús, "sino que hablará todo lo que oyere" (Jn 16:3).

Andar en el Espíritu se refiere a adoptar la actitud del Señor y seguir su ejemplo (Flp 2:1-5). Jesús ancló su vida en las Escrituras del Antiguo Testamento, con una práctica muy activa de oración. Entrenó sus ojos espirituales para ver lo que su Padre hacía y entrenó sus oídos espirituales para oír lo que su Padre decía. Andar en el Espíritu asume estas cualidades de siervo, que fluyen de la vida de los creyentes apartados que están llenos del Espíritu.

Moisés tenía tal sensibilidad espiritual a la voz de Dios que el Espíritu realmente le dio secciones completas de la ley textualmente. La historia del Gran Emancipador acerca de cómo Dios se dirigió a él cuando recibió los Diez Mandamientos es sólo un ejemplo. "Y habló Dios todas estas palabras", registró Moisés (Éx 20:1-17; Dt 5-6).

Pedro mencionó el testimonio de David en su sermón en el Aposento Alto: "Veía al Señor siempre delante de mí; porque está a mi diestra, no seré conmovido" (Hch 2:25; Sal 16:8-11). Por lo tanto, la vida del rey David se había caracterizado por su buena disposición a ver y oír lo que el Padre hacía y decía, luego actuaba acorde a ello. Esa misma dinámica estuvo presente cuando Pedro curó al hombre cojo en la puerta La Hermosa. Sucedió en el momento que Pedro y Juan "[fijaron] en él los ojos". Como resultado de esa mirada conocedora, el apóstol le dijo: "¡Míranos!" (Hch 3:4-5). El hombre cojo fue sanado de inmediato y entró al templo saltando y adorando a Dios (Hch 3:6-8).

En Listra, un hombre tullido que nunca había caminado escuchó a Pablo. "Pablo ... fijando en él sus ojos, y viendo que tenía fe para ser sanado" (Hch 14:9) le dijo al hombre: ¡"Levántate derecho sobre tus pies!" (Hch 14:10). Después de esto, el hombre "saltó y anduvo".

Lidia era miembro de un grupo de oración femenino que se reunían a orillas de un río en Filipos. Mientras Pablo predicaba, "el Señor abrió el corazón de ella para que estuviera atenta a lo que Pablo decía" (Hch 16:14). Ella se convirtió en un pilar de esta iglesia que surgió al norte de Grecia y se convirtió en una gran amiga y apoyo de Pablo y su ministerio.

Como el Espíritu Santo es en efecto espíritu, los hijos de Dios lo perciben, necesariamente, con ojos y oídos espirituales (Jn 10:1-6; Hch 16:13-18). El andar en el Espíritu intrínsecamente abarca esta dinámica, con:

- adhesión a la primacía de las Escrituras para todos los asuntos de fe y práctica (Mt 7:15; 2 Tim 3:16; 2 P 1:21; 1 Jn 4:1).
- un deseo profundo de madurar para pensar como Jesucristo, que confió completamente en su Padre (Flp 2:5-8);
- una vida de oración activa (Lc 9:28); y
- entender que el Espíritu Santo desea hablarles a los seguidores de Cristo, dándoles una dirección específica que pueda ser probada por la Palabra de Dios (Hch 8:29; 13:2; Is 50:4-5).

Madurar a la actitud de Jesús [ser del mismo sentir de Cristo] es la clave de la vida cristiana. Con este fin, Pablo reprendió a sus lectores en Filipos: "Ocupaos en vuestra salvación con temor y temblor" (Flp 2:12-13). La advertencia, "con temor y temblor", ciertamente abarca la manera en que uno trata con los asuntos discutibles, como los modos de bautizar en agua. Más importante aun, considera el nuevo nacimiento y la vida consagrada, e implica una visita personal al Aposento Alto. También asume descubrir cómo el Espíritu Santo ha dotado a cada seguidor de Cristo para el servicio de manera que el Espíritu pueda mostrar a Jesús al mundo.

Cuando el Señor desciende "al huerto de los nogales", busca "los frutos del valle" (Cant 6:11). Jesús quiere saber "si [brotan] las vides y si [florecen] los granados" y le deleita que la fruta esté madura en los árboles.

IV. El diezmo

La iglesia del Señor debe tener un plan financiero. El diseño de Dios es que sus hijos diezmen de todas sus fuentes de ingresos (Lv 27:30; 2 Cr 31:2-5; Lc 11:42; 18:9-14). La práctica de dar un décimo al Señor data del tiempo de Abraham, que dio diezmos a Melquisedec de todo el botín de la guerra (Gn 14:20; Heb 7:2-9). La costumbre también fue bien establecida en la ley mosaica, la cual afirmaba que el diezmo pertenecía al Señor (Lv 27:30-33; Nm 18:21-32). Malaquías fue más lejos al decir que la nación le había robado a Dios porque el pueblo no había mantenido la costumbre de diezmar y de traer las ofrendas al alfolí para que "haya alimento en mi casa" (Mal 3:10; 2 Cr 31:5; Neh10:37; 12:44; 13:5,12). Al robarle a Dios, estaban trayendo maldición sobre sí mismos y sobre la casa de Dios; la falta de financiamiento adecuado obstaculizó el trabajo de Dios en el nuevo templo construido por Zorobabel (Mal 3:8).

Jesús reprendió a los fariseos por sus legalismos al diezmar, mientras que al mismo tiempo hizo una afirmación clara del principio de diezmar. "Esto [juicio, piedad, y fe] os era necesario hacer", les dijo a los fariseos, "sin dejar aquello [el diezmo]" (Lc 11:42; 18:9-14). Jesús trató el mismo tema cuando enseñó: "Dad, y se os dará; medida buena, apretada, remecida y rebosando darán en vuestro regazo; porque con la misma medida con que medís, os volverán a medir" (Lc 6:38).

Jesús también mostró su profundo interés en la gracia de dar al mirar lo que la gente daba en la tesorería del templo. Al hacerlo, alabó el sacrificio de la viuda pobre que de su pobreza dio todo que tenía. Así como observaba en el templo los hábitos de dar, tanto del rico como del pobre, el Señor sabe nuestros hábitos en cuanto a dar hoy (Lc 21:1-4).

Cristo ama a todo el mundo y ama a su iglesia. Por eso, diezmar y dar ofrendas generosamente a la iglesia de Dios se convierte en la delicia del creyente. El hijo de Dios es un mayordomo; todo lo que tiene le pertenece a Dios (Lc 12:42). Los buenos administradores de las posesiones de Dios harán del ayudar a cumplir la Gran Comisión su primer interés, porque hacerlo es uno de los intereses principales de Jesús (Mt 28:16-20).

El apóstol Pablo pidió una grata generosidad y escribió cartas a las iglesias animando a la gente a dar libremente. "Dios ama al dador alegre", dijo (2 Co. 9:7; 1 Co. 16:1; 2 Co. 8-9). Pablo continuó diciendo que los creyentes experimentarían la bendición a tal punto que "sus buenas acciones [podrían ser] siempre recordadas" (2 Co. 9:11).

"Acuérdate de Jehová tu Dios", amonestó Moisés a la nación el último mes de su vida. Su objetivo era enseñarle a la gente que Dios "te da el poder para hacer las riquezas, a fin de confirmar su pacto" (Dt 8:18). Dios le dijo a Malaquías que las bendiciones especiales son para la gente que practica el diezmo, y que el principio realmente puede ser probado:

> Probadme ahora en esto, dice Jehová de los ejércitos, si no os abriré las ventanas de los cielos, y derramaré sobre vosotros bendición hasta que sobreabunde.
>
> —Malaquías 3:10

V. La iglesia y el estado secular

Los hijos de Dios tienen la responsabilidad de ser sal y luz tanto en la iglesia como en la comunidad. Para ello, la iglesia debe respetar las autoridades civiles. Jesús enseñó a sus seguidores a dar "a César lo que es del César" (Mt 22:21). El apóstol Pablo escribió una carta a los creyentes en Roma, antes de visitar la capital del imperio, la cual enseñaba a los creyentes de allí a "[someterse] ... a las autoridades superiores" (Ro 13:1). Pablo veía a toda autoridad establecida como proveniente de

Dios y llegó a decir que el que se opusiera a la autoridad "a lo establecido por Dios resiste" (Ro 13:2).

Pablo veía hasta a los oficiales gubernamentales paganos como "[servidores] de Dios para tu bien" (Ro 13:4). Los creyentes en Roma debían someterse a sus autoridades civiles para evitar el castigo y guardar una conciencia clara. El siervo del Señor cuya vida manifieste los dones y el fruto del Espíritu decide ser un ciudadano modelo en el estado secular.

La dedicación del cristiano a hacer su parte para cumplir la Gran Comisión tiene en cuenta que el punto principal de esta comisión es ganar gente para Cristo. Un beneficio secundario del evangelio es que los principios morales y éticos cristianos bendicen a las naciones. Por lo tanto, es lógico el que el estado le permita a la iglesia funcionar libremente. Esto se debe a que el reino espiritual de Jesucristo redime a la gente. Además, limpia sus hábitos, sus ataduras y los hace buenos ciudadanos.

El reino del Señor no es de este mundo. Si lo fuera, Jesús les habría permitido a sus seguidores que se armaran y lucharan con las espadas y las lanzas de las naciones (Mt 26:52; Jn 18:36). Su reino es espiritual y existe en medio de los gobiernos, y las armas de su guerra son espirituales (2 Co 10:4).

La doctrina bíblica de sujetarse a los poderes superiores no quiere decir que la iglesia deba respaldar todas las acciones del estado secular. Al contrario, los cristianos llenos del Espíritu comprometidos a cumplir con la Gran Comisión traerán el juicio a este mundo señalando sus pecados (Jn 9:39). Al hacer esto, la iglesia siempre debe recordar que, "Dios no envió a su Hijo al mundo para condenar al mundo, sino para que el mundo fuera salvo por él" (Jn 3:17).

Hay ocasiones en que los miembros del cuerpo de Cristo deben desobedecer las autoridades del estado. Esto ciertamente es verdad cuando las autoridades civiles les piden a los creyentes que nieguen el señorío eterno y la autoridad máxima de Jesucristo. Tanto Daniel como los tres jóvenes hebreos estuvieron dispuestos a desobedecer la ley babilónica porque entró en conflicto específicamente con la ley de Dios (Dn 1:8; 3:1-30; 6:4-28). Cuando Pedro y los otros apóstoles estaban siendo enjuiciados, contestaron al Sanedrín judío: "Es necesario obedecer a Dios antes que a los hombres" (Hch 5:29). La historia de la iglesia resplandece con mártires que han dado sus vidas por Jesucristo, antes que dar una lealtad idólatra al estado secular.

Las Escrituras enseñan que los hombres de Dios deben involucrarse en el servicio civil y buscar posiciones de liderazgo político. David, el joven pastor de Belén, llegó a ser rey y un hombre conforme al corazón de Dios. Daniel llegó a ser el primer ministro de Babilonia. Los tres jóvenes hebreos tomados en cautiverio con él llegaron a ser gobernadores de provincias babilónicas (Dn 3:30; 5:29; Hch 13:22; 1 S 13:14). Por lo tanto, es ciertamente bíblico para los hombres y mujeres llenos del

Espíritu que entren en la arena política con la misma seriedad con que toman su responsabilidad de cumplir con la visión internacional de Dios.

Ya que Dios ha establecido las autoridades que existen, es natural pensar que hay un lugar legítimo para los "Danieles" contemporáneos en las esferas políticas del gobierno (Ro 13:1).

Es apropiado enfocar nuestra atención ahora en cómo el Señor estructuró y dotó a su iglesia de manera que duplique su ministerio y prospere en medio de todos los gobiernos y culturas.

~ Capítulo diez
LA IGLESIA, CÓMO MULTIPLICAR EL MINISTERIO DE JESÚS EN EL MUNDO ENTERO

Levántate, Aquilón, y ven, Austro; soplad en mi huerto, despréndanse sus aromas. Venga mi amado a su huerto, y coma de su dulce fruta.
—CANTAR DE LOS CANTARES 4:16

Las puertas del Hades no prevalecerán contra ella.
—MATEO 16:18

Y él mismo constituyó a unos, apóstoles; a otros, profetas; a otros, evangelistas; a otros, pastores y maestros.
—EFESIOS 4:11

EL ESPÍRITU SANTO engendró a la iglesia con Jesucristo a su cabeza (Col 1:18). El objetivo del espíritu como administrador de la iglesia era multiplicar el ministerio de Jesús en todos los pueblos del imperio y en las regiones que no estaban supeditadas a la influencia de Roma. Esa misma motivación está aún vigente. Cuando los hombres vienen a Cristo:

- inmediatamente se convierten en parte espiritual y cuerpo invisible de Cristo,
- fundan asambleas o iglesias en las que crecen y se desarrollan inmersos en la actitud y visión de Jesucristo y deciden comprometerse con su plan para todas las naciones,
- se llenan del Espíritu Santo, y
- el Espíritu les concede los dones y la fuerza necesarias para multiplicarse tanto ellos como sus iglesias en sus países y en el extranjero.

Tanto el gobierno romano como la cultura griega y el sistema religioso judío se opusieron enérgicamente al desarrollo de la visión de Cristo, pero no prevalecieron. Es más, la iglesia floreció en medio de toda esta hostilidad. La genialidad de la estrategia de Jesús favoreció su desarrollo y se reforzó en el alma de la supervivencia de la iglesia durante siglos. Jesús enfatizó: "Edificaré mi iglesia" (Mt 16:18).

Este estudio pretende descubrir cómo el Señor concibió su iglesia para que sobreviviera por más de dos mil años sin dar muestras de decadencia en todo el mundo. También analizaremos el papel de la Trinidad en los dones concedidos a la iglesia y haremos hincapié en la función de estos dones del Espíritu en la multiplicación del ministerio de Jesús.

Compañeros de celda ávidos por el evangelio

"Me encontraba participando en un entrenamiento para los miembros del consejo y los jóvenes líderes de la iglesia local", nos dice el líder cristiano chino, el hermano Zhong. "El Buró de Seguridad Pública (PSB) irrumpió en medio nuestro el primer día y arrestó a todos los líderes. En la prisión nos rasuraron la cabeza y nos interrogaron; nos advirtieron que los prisioneros más peligrosos nos podrían golpear. Así que con inmensa agitación, otro hermano y yo entramos a nuestra celda.

"Nos recibieron 16 prisioneros, dispuestos en fila y chocándose los puños amenazadoramente. Sentí mi corazón acelerarse mientras le oraba a Dios.

"El líder de la pandilla nos preguntó: '¿Por qué razón están aquí?'

"'Porque somos cristianos,' le respondí.

"'¿Ustedes no golpean a los demás?'

"'No,' le dije con seguridad.

"'¿Cantan?'

"'Sí,' le respondí.

"El líder me ordenó que cantara algo, y mientras lo hacía lloré. El Espíritu Santo había descendido entre nosotros, y cuando terminé de cantar, todos los prisioneros estaban llorando. Para mi asombro, el líder de la pandilla me pidió que les hablara del evangelio, y después de esa acogida, nuestros compañeros de celda estaban ávidos por escuchar el evangelio todos los días.

"Un domingo celebramos un servicio de adoración y el guardia de la prisión, que quería saber quién era el responsable, nos amenazó con castigarnos a todos si nadie hablaba. Entonces me levanté y confesé.

"Me obligaron a quitarme toda la ropa y a pararme en un ángulo inclinado contra la pared. El líder de la pandilla no pudo aguantar más y pidió que lo castigaran conmigo. Todos los demás compañeros de celda pidieron que los castigaran a ellos también. El guardia, enojado, rabió fuera de la celda.

"La acción de mis compañeros me emocionó. Uno de ellos, que llevaba tres años preso, se convirtió ese mismo día."[1]

I. El cuerpo de Cristo

A. Su cuerpo invisible

El Padre celestial nombró a Jesús "cabeza sobre todas las cosas a la iglesia" (Ef. 1:22). Parte de lo ingenioso del Señor es haber logrado que la iglesia floreciera incluso en épocas de persecución (Mt 5:11-12). Jesús dijo antes de la crucifixión que el Espíritu Santo sería el administrador de su iglesia, y este puede trasladarse dondequiera para alabar el nombre de Cristo, incluso a las prisiones (Jn 14:16; 15:26; 16:7-11; Hch 1:8; 16:22-34; Ef 1:13-14).

Cuando el Espíritu Santo trae a una persona hacia Cristo en un nuevo nacimiento, esta se convierte inmediatamente en parte del cuerpo universal e invisible de Cristo (Ef 5:30), al mismo tiempo que pasa a formar parte de la familia de la iglesia visible (Ro 1:7; 1 Co 1:2).

La iglesia universal y la visible, aunque distintas, están interrelacionadas, por lo que como parte de la estrategia de crecimiento de la iglesia de Jesús, se necesita tener una doble membrecía. Cuando venimos a Cristo, lo hacemos rodeados por una comunidad de hermanos y hermanas.

> ¿Cómo, pues, invocarán a aquel en el cual no han creído? ¿Y cómo creerán en aquel de quien no han oído? ¿Y cómo oirán sin haber quien les predique? ¿Y cómo predicarán si no fueren enviados? Como está escrito: ¡Cuán hermosos son los pies de los que anuncian la paz, de los que anuncian buenas nuevas!
>
> —ROMANOS 10:14-15

El escritor de Hebreos nos dice que los que conforman el cuerpo espiritual de Cristo vienen al :

> ...monte de Sion, a la ciudad del Dios vivo, Jerusalén la celestial, a la compañía de muchos millares de ángeles, a la congregación de los primogénitos que están inscritos en los cielos, a Dios el Juez de todos, a los espíritus de los justos hechos perfectos.
>
> —HEBREOS 12:22-23

Las bendiciones del nuevo nacimiento son realmente grandes (Ef 3:10, 21; 5:23-32; Col 1:24). Sin embargo, los hijos de Dios también viven en la tierra y han de crecer y desarrollar su vida cristiana en medio de un mundo caído. Es esencial conceder importancia al cuerpo invisible de Cristo, pero no en detrimento de su manifestación terrenal, es decir, de la iglesia visible. Caer en ese error significa poner todos nuestros pensamientos en el cielo a tal punto que no podemos ayudar a la causa de la Gran Comisión aquí en la tierra.

La verdad es que ambas dimensiones, la celestial y la terrenal, han de coexistir en perfecto equilibrio, y con ese fin, Jesús le pidió a su Padre que no quitara a sus seguidores "del mundo" sino que los guardara "del mal" mientras vivieran en la tierra. También rogó que sus discípulos fueran separados o santificados en su verdad y reafirmó que la Palabra del Padre constituía la "verdad" (Jn 17:15-17).

B. El cuerpo visible de Cristo

La estrategia del Señor, por lo tanto, incluye congregar a sus hijos en grupos visibles de creyentes que se convierten en la *ecclesia*, o asambleas surgidas de un grupo cultural. Estas comunidades se levantan sobre las bases históricas de la muerte y la resurrección de Jesucristo. Según lo veía Jesús, la *ecclesia* podía ser un grupo tan sencillo como un hogar: "Porque donde están dos o tres congregados en mi nombre, allí estoy yo en medio de ellos" (Mt 18:20).

C. Jesús: dogmático y flexible a la vez

Jesús reveló una sorprendente capacidad para ser firmemente dogmático respecto a todo aquello que era esencial para el bienestar de sus seguidores. Le dijo a Nicodemo: "Os es necesario nacer de nuevo" (Jn 3:3, 7). Jesús les enseñó a sus discípulos: "Yo soy el camino, y la verdad, y la vida; nadie viene al Padre, sino por mí" (Jn 14:6). También demostró su firmeza respecto a las exigencias del discipulado: "Si alguno viene a mí, y no aborrece a su padre, y madre, y mujer, e hijos, y hermanos, y hermanas, y aun también su propia vida, no puede ser mi discípulo. Y el que no lleva su cruz y viene en pos de mí, no puede ser mi discípulo" (Lc 14:26-27; Jn 8:24).

Jesús fue muy claro en cuanto al nuevo mandamiento que les dio a sus discípulos: "Que os améis unos a otros; como yo os he amado, que también os améis unos a otros." (Jn 13:34). Este constituye la piedra angular sobre la cual Jesús se multiplica en el mundo. Mediante este único y singular mandamiento, se reconocen a los discípulos del Señor dondequiera que se reúnan (Jn 13:35). En lo tocante a este compromiso de hacer crecer la iglesia en el mundo entero, Jesús también fue enfático: "Edificaré mi iglesia" (Mt 16:18). Asimismo, dejó muy claro que para los ricos gobernantes la entrada al reino de Dios no se puede comprar ni con oro ni con plata (Lc 18:18-27; Is 55:1).

> ### ~ ¿Es esta "una gran vía"? ~
>
> En junio de 2006, Warren Buffet, el segundo hombre más rico en ese entonces, anunció que iba a donar ochenta y cinco por ciento de su fortuna, valorada en cuarenta y cuatro mil millones de dólares a cinco organizaciones caritativas.
>
> Al explicar este extremo acto de generosidad, Buffet dijo: "Hay más de una manera de llegar al cielo, y esta es una gran forma".[2]

En cuanto a la manera en que el Señor quería que su iglesia fuera gobernada como institución visible de la sociedad, la omnisciencia de Jesús se manifestó con asombrosa flexibilidad al no dictaminar ningún tipo de sistema organizativo para ella. En efecto, ni siquiera trató el tema de la administración de la iglesia sino que la diseñó de modo que pudiera adaptarse a las costumbres de todas las culturas.

En su sabiduría eterna, Jesús supo cómo transmitir tanto lo que decía como lo que hacía. Nada en la vida estaba sujeto a la suerte. Por ejemplo, el Señor quería que a partir de su decisión de no anunciar ningún plan referente a la política administrativa de su iglesia, los hombres se dieran cuenta de que estaba a favor de la flexibilidad.

Por lo tanto, el principio de la flexibilidad en el gobierno de la iglesia visible es una de las estrategias fundamentales del Señor. La realidad ha demostrado que la capacidad con que la iglesia ha sabido adaptarse a las formas de gobierno y administración es una de las razones esenciales de su éxito internacional.

II. El propósito de los dones espirituales

A. Cómo estructurar el plan

La máxima prioridad de la iglesia es adaptarse a las principales pasiones del Señor. Jesús arrastró su cruz por la cuesta del Gólgota y derramó su sangre para redimir a los hombres (Jn 3:16). También "amó a la iglesia, y se entregó a sí mismo por ella," y la ganó "por su propia sangre" (Ef 5:25; Hch 20:28). Estas dos pasiones —el amor por los hombres y por la iglesia— enmarcan la estrategia para todas las congregaciones de creyentes en los lugares donde adoran.

El plan del Señor para cumplir sus propósitos incluye siempre un Aposento Alto para cada uno de sus seguidores. "Si alguno tiene sed, venga a mí y beba", es el clamor constante del corazón de Jesús. El apóstol Juan interpretó estas palabras así: "Esto dijo del Espíritu que habían de recibir los que creyesen en él" (Jn 7:37, 39). Su plan es que cada hijo de Dios reciba esta llenura para darle entonces la capacidad de multiplicarse (Hch 1:8). Jesús enfatizó en el llamado, la preparación y los dones de los seguidores que estaban llenos del Espíritu Santo y santificados con su actitud y su carácter a fin de que sostuvieran su visión internacional (Ro 1:1).

B. El corazón de Jesús revelado

Las habilidades especiales que el Señor demostró en su propio ministerio se transformaron en los dones espirituales que el Espíritu Santo derramó después de Pentecostés en las vidas de sus seguidores. La lista de los dones que Jesús le dio a Pablo en Efesios 4:11-13 es suficiente para demostrar este punto.

- Jesús es el *Apóstol* y sumo sacerdote de nuestra profesión, enviado por su Padre al mundo para redimir a todos los hombres (Heb 3:1; Jn 3:16).
- Jesús es el *Profeta* de Dios, cuyas sorprendentes profecías han cambiado al mundo. Dos de las más contundentes son la profecía de la creación de la iglesia y la promesa del don del Espíritu Santo (Mt 16:18; Jn 14:16).
- Jesús es el fiel *Evangelista*. Su capacidad para buscar y salvar a los perdidos es proverbial, ejemplo de ello es el relato de la mujer en el pozo de Jacob (Jn 4:4-42; Mt. 18:11).
- Jesús es el *Pastor* ideal, el gran Pastor de nuestras almas (Jn 10:11; 1 P 5:4).
- Jesús es también el gran *Maestro*. El Sermón del Monte es otro ejemplo de su asombrosa capacidad docente (Mt 5; Jn 11:28).

Por lo tanto, los dones del Espíritu hacen evidente la necesidad que los hombres tenemos de Cristo, y cada uno de ellos, a su manera, refleja una dimensión diferente del corazón de Jesús. En su conjunto, todos ellos son muestra de su ministerio terrenal en acción, comprobando la significación que tuvo haberlo visto en carne y hueso mientras servía a los hombres. Estos dones duplican las ideas y el ministerio de Jesús generación tras generación (Ro 12:6-8; 1 Co 12:4-11, 28-31; Ef 4:11-13; 1 P 4:9-11).

La esencia primera de la naturaleza de la iglesia es que es un reino invisible. Lo segundo es que es una institución visible en la sociedad. Esto adquiere un significado especial en la esfera de los dones del Espíritu. Son claramente dones espirituales que se manifiestan de forma tangible, lo cual quiere decir que los hijos de Dios no pueden tocarlos con sus manos pero sí pueden atesorarlos en sus corazones y verlos manifestados en sus vidas. Por lo tanto, los dones del Espíritu revelan cómo late el corazón de Jesús por bendecir a la humanidad.

Muchas iglesias, sin embargo, no se enfocan en las prioridades de Jesucristo, amando las cosas que Él ama. El resultado es que sus miembros no comparten las ideas del Señor, su actitud de plena confianza en su Padre, así como sus valores y su visión internacional. Estas congregaciones tienen una necesidad acuciante de profetas que les enseñen a actuar como incubadoras espirituales, que engendren y hagan crecer en la semejanza a Cristo (Ap 3:14-22).

Jesús fue Siervo, primero de su Padre y luego de los hombres (Jn 5:19, 30; Heb 2:17; Is 42:1). Hasta el día de hoy, el Espíritu Santo produce siervos semejantes al humilde Nazareno (1 P 5:3). Incluso una somera lectura de esta lista de dones del Espíritu demuestra cuán orientados están para satisfacer las necesidades de los hombres.

C. Abrir los ojos de los ciegos

Dondequiera que Jesús estuvo logró abrir el corazón de los hombres. Esta habilidad fue fuente de profunda inspiración. Los discípulos de Jesús fueron testigos de ella una y otra vez. Un ejemplo clásico es el relato de la samaritana del pozo de Jacob (Jn 4) que había tenido cinco esposos y no estaba casada con el hombre con quien estaba viviendo. La conversión que se operó en ella mientras hablaba con el Señor le abrió los ojos y le concedió una vida nueva, transformándola en una casta mujer. Este milagro también sirvió para que muchos en la comunidad abrieran su corazón.

El primer gran ejemplo, en Hechos de los apóstoles, que evidencia esta maravillosa capacidad del Espíritu Santo para abrir los ojos del espíritu es el relato de los judíos temerosos de Dios que estaban de visita en Jerusalén para la celebración de Pentecostés. Una gran muchedumbre se reunió llena de asombro ante los estruendos que provenían del Aposento Alto (Hch 2:6).

"¿Qué significa ese ruido?", preguntaron con sinceridad (Hch 2:12).

En medio del milagro de Pentecostés abrieron los ojos y antes del mediodía, tres mil personas de más de quince naciones se habían convertido a la iglesia del Señor (Hch 2:5-41). Por lo tanto, desde su fundación, la iglesia ha tenido un marcado carácter internacional. Los tres dones espirituales más importantes que obraron esa mañana fueron el de la profecía, expresado en las prédicas de Pedro; el don de las lenguas, patente en las 120 personas que alababan a Dios; y el de la evangelización, manifiesto en la cosecha de 3000 almas (Lc 10:2; Jn 4:35). Como resultado, el Espíritu Santo dio a luz a la iglesia que Jesús había profetizado (Mt 16:16-18).

Otro ejemplo es la conversión de Saulo de Tarso, un fariseo orgulloso de su religión. El Señor lo derribó al suelo con una brillante luz que lo dejó temporalmente ciego para que le prestara toda su atención y abriera los ojos del espíritu. Mientras estaba en el suelo, Saulo abrió los ojos del espíritu y preguntó: "¿Quién eres, Señor? Y le dijo: Yo soy Jesús, a quien tú persigues; dura cosa te es dar coces contra el aguijón" (Hch 9:5). Tres días después, Ananías fue a orar por la devolución de la vista de Saulo y rogó que el Espíritu Santo lo llenara (Hch 9:10-18).

Pablo, un apóstol lleno del Espíritu, supo darse cuenta certeramente de que "el dios de este siglo cegó el entendimiento de los incrédulos, para que no les resplandezca la luz del evangelio de la gloria de Cristo, el cual es la imagen de Dios" (2 Co 4:4).

Pablo percibió que tanto los judíos como los gentiles vivían espiritualmente ciegos, como él mismo. Sabía también que gran número de gentiles se acercarían a Cristo si se lograban abrir sus corazones (Is 6:10; 2 Co 4:4; 1 Jn 2:11). Es por eso que la cura de la ceguera espiritual era una de las funciones de los dones del Espíritu en la iglesia apostólica, una bendición que aún perdura. Y para lograr ese fin, estos dones son de una efectividad sorprendente (Hch 3:1-10; 5:1-16).

Hacia el final de su ministerio, Pablo resumió esta idea al citar la tarea que le diera el Señor cuando lo convirtió: "… los gentiles, a quienes ahora te envío, para que abras sus ojos, para que se conviertan de las tinieblas a la luz, y de la potestad de Satanás a Dios; para que reciban, por la fe que es en mí, perdón de pecados y herencia entre los santificados" (Hch 26:17-18).

> Levántate, Aquilón, y ven, Austro; soplad en mi huerto, despréndanse sus aromas. Venga mi amado a su huerto, y coma de su dulce fruta.
> —Cantares 4:16

> Y habiendo dicho esto, sopló, y les dijo: Recibid el Espíritu Santo
> (Gn 2:7; Jn 20:22).

D. El desarrollo de la administración de la iglesia visible

A medida que crecía el número de creyentes de la iglesia invisible, se hizo realidad el insólito crecimiento de la iglesia visible, lo cual hizo evidente la necesidad de organizar la institución eclesiástica. Pablo escribió: "A unos puso Dios en la iglesia … los que administran" (1 Co 12:28) para que dirijan la iglesia. [Léase también Mateo 22:17-22 para ver la actitud del Señor hacia el gobierno civil, y Romanos 13:1-7 para conocer las enseñanzas de Pablo.]

Debido a que Jesús no dijo ni hizo cosa alguna respecto a la estructura jerárquica de la iglesia que se propuso fundar, sus sucesores se han encargado de establecer la política eclesiástica. El Espíritu Santo les ha dado la oportunidad a los apóstoles y a sus seguidores —a lo largo de los siglos—, de establecer las estructuras de gobierno necesarias para organizar la cosecha. Tanto las costumbres locales como los patrones étnicos y culturales han influido en la administración de la iglesia en los lugares en que ha florecido. Ya que el Señor fue flexible en lo referente a esta política, la iglesia se ha convertido en una especie de mosaico que refleja la rica variedad de tradiciones culturales en los lugares en que se ha difundido (1 Co 9:20, 22).

En la iglesia institucional siempre ha existido una dinámica tirantez entre la importancia que se da a la política administrativa y el deseo de ministrar el invisible cuerpo de Cristo. Sin embargo, en demasiadas ocasiones, el péndulo se inclina más hacia la parte estructural, organizacional y arquitectónica de la iglesia. A lo largo de la historia de la iglesia, construcciones cada vez más suntuosas han desplazado en ocasiones el liderazgo del Espíritu.

Sin embargo, como los creyentes andan en el Espíritu, son capaces de anunciar con certeza el diagnóstico de los problemas humanos dado por el Señor, sin tener en consideración los riesgos que ello conlleve. Asimismo, comparten la cruz de Jesucristo como la única cura (Mr 7:20-23; Jn 3:3; 14:6; Hch 4:12). Con ello manifiestan a Cristo ante el mundo. Como resultado, los ciegos abren los ojos ante esta nueva valoración del amoroso rostro de Jesús (Mr 9:8; Lc 8:54-55).

La gran lección que podemos sacar de la vida del Señor es que los hombres viven en la oscuridad de la rebelión contra Dios con la consabida depresión y desaliento que la acompaña. Día a día se sientan en la vereda de la vida rogando por ayuda (Mt 9:27-30). ¡Qué tragedia que muchas iglesias, en vez de ofrecerles una visión del "amado" Salvador que es simiente de David e Hijo de Dios, les ofrezcan solo programas! (Cant 5:6, 16; Mt 20:31-34; Lc 1:35). Jesús es a la vez su amor y su amigo. No solo les abre los ojos sino que lo hace con gozo (Mt 8:2; Mr 10:51-52).

❧ Darse cuenta de los defectos ❧

"Hace muchos años, Cliff Barrows y yo fuimos a Atlantic City con nuestras esposas", escribe Billy Graham. "Después del culto fuimos a caminar a lo largo del paseo que bordea la playa y pasamos por un lugar donde había un señor subastando algunos diamantes y otras joyas, y decidimos entrar al local.

"Cuando me casé, le regalé a mi esposa un diamante tan pequeño que apenas se podía ver con un microscopio, por lo que decidí entonces regalarle uno mejor. Tenía 65 dólares en el bolsillo. Entré a la subasta y le compré el diamante. Para mí, la piedra era perfecta.

"Al día siguiente fui a ver un joyero y le pedí que examinara el diamante para que me diera un estimado de su valor.

"El joyero lo examinó con la lupa y me dijo: 'Ah, valdrá unos 35 o 40 dólares'.

"'¿Qué?', le dije sorprendido. '¡Se supone que sea de dos quilates!'

"'Acérquese,' me dijo el joyero dándome la lupa. Lo observé y hasta un neófito como yo pudo ver que estaba lleno de defectos."[3]

Los dones espirituales se pueden comparar a la lupa del joyero que ayuda a percibir los pecados que encerramos en nuestros corazones. Cuando se observan a la luz de la Palabra de Dios, los numerosos defectos de nuestras almas saltan a la vista. Sin la lupa, la gente sucumbe fácilmente al engaño de que puede salvar sus almas.

Los dones del espíritu son reflejo de lo que Dios desea realizar por medio de sus hijos para que se incorporen a su cuerpo espiritual y crezcan a su semejanza. "Pero el fundamento de Dios está firme," nos dice Pablo, "teniendo este sello: Conoce el Señor a los que son suyos; y: Apártese de iniquidad todo aquel que invoca el nombre de Cristo" (2 Tim 2:19).

Los creyentes pueden llenarse de orgullo con facilidad y empezar a alabarse cuando ministran los dones. El gran equilibrista es el fruto del Espíritu ya que este expresa el carácter de Jesús en sus seguidores (Gl 5:22-26), y además, el Espíritu Santo siempre produce corazones de siervos (Dt 15:17; Ro 1:1).

E. Las listas de los dones

El apóstol Pablo utilizó cuatro palabras griegas para describir los dones que Dios coloca en el cuerpo espiritual del Señor. En Efesios 4:8, empleó el término *doma* para describir a los dotados que el Señor Jesús da a la iglesia: "Y dio dones [*doma*] a los hombres." Pablo utilizó el término *charismata* en 1 Corintios 12:4, 31 y en Romanos 12:6, enfatizando las dotes espirituales que equipan a la persona para realizar un ministerio maravilloso. Asimismo, el apóstol Pedro se valió del término *charisma* en 1 Pedro 4:10, del cual la palabra *carismático* es una transliteración. Pablo empleó *phanerosis* para referirse a la lista de 1 Corintios 12:7. Este término destaca las manifestaciones del Espíritu en los creyentes que se distinguen en el ministerio del Señor. En 1 Corintios 12:28 y en Hechos 20:28 utilizó la palabra *etheto* (que proviene de *tithemi*, y significa "colocar"), la cual hace referencia a la colocación o posicionamiento de los dones en el cuerpo.

Pablo enseñó a sus lectores en Corinto que el Espíritu Santo le había dado la lista, identificada por el nombre de dones de manifestación.

> Pero a cada uno le es dada la manifestación *[phanerosis]* del Espíritu para provecho. Porque a éste es dada por el Espíritu palabra de sabiduría; a otro, palabra de ciencia según el mismo Espíritu; a otro, fe por el mismo Espíritu; y a otro, dones de sanidades por el mismo Espíritu. A otro, el hacer milagros; a otro, profecía; a otro, discernimiento de espíritus; a otro, diversos géneros de lenguas; y a otro, interpretación de lenguas. Pero todas estas cosas las hace uno y el mismo Espíritu, repartiendo a cada uno en particular como él quiere.
>
> —1 Corintios 12:7-11, énfasis añadido

Y también les escribió:

> Y a unos puso [*etheto*] Dios en la iglesia, primeramente apóstoles, luego profetas, lo tercero maestros, luego los que hacen milagros, después los que sanan, los que ayudan, los que administran, los que tienen don de lenguas. ¿Son todos apóstoles? ¿son todos profetas? ¿todos maestros? ¿hacen todos milagros? ¿Tienen todos dones de sanidad? ¿hablan todos lenguas? ¿interpretan todos? Procurad, pues, los dones mejores.
> —1 Corintios 12:28-31, énfasis añadido

Pablo les ordenó a los ancianos efesios que se reunieron con él en la costa del mar Egeo: "Mirad por vosotros, y por todo el rebaño en que el *Espíritu Santo* os ha puesto [*tithemi*] por obispos [*episkopos* u obispos]" (Hch. 20:28, énfasis añadido).

A los creyentes de Roma les dijo:

> Así nosotros, siendo muchos, somos un cuerpo en Cristo, y todos miembros los unos de los otros. De manera que, teniendo diferentes dones [*charismata*], según la gracia que nos es dada, si el de profecía, úsese conforme a la medida de la fe; o si de servicio, en servir; o el que enseña, en la enseñanza; el que exhorta, en la exhortación; el que reparte, con liberalidad; el que preside, con solicitud; el que hace misericordia, con alegría.
> —Romanos 12:5-8, énfasis añadido

Pablo les dijo a los creyentes de Éfeso que Jesús "constituyó [*doma*] a unos, apóstoles; a otros, profetas; a otros, evangelistas; a otros, pastores y maestros, a fin de perfeccionar a los santos para la obra del ministerio, para la edificación del cuerpo de Cristo" (Ef 4:11-12).

Es evidente que a partir de estas listas de dones, la Deidad (el Padre, el Hijo y el Espíritu Santo) siempre ha participado activamente en la imposición de los numerosos dones espirituales que tienen como fin revelar a Cristo al mundo. La estrategia del Padre desde el principio de los tiempos ha sido darle a los seguidores de Cristo el Espíritu Santo con el fin de transformarlos en templos vivos. Les concede a cada uno de ellos uno o más dones con el fin de reproducir el ministerio de su Hijo y abrirles los ojos a los ciegos espirituales (Hch 16:13-15; 28:26-28).

III. Cómo reproducir el ministerio de Jesús por medio de los dones espirituales

Con esta idea, comenzamos a analizar los dones que han desempeñado un papel fundamental en la estrategia de Cristo para multiplicar su ministerio y abrir los ojos de los ciegos de espíritu con el fin de que vean su triunfo en el Calvario. Este plan de acción nunca ha permanecido cambiado.

A. Jesús, el primer apóstol

La estrategia comienza con el mismo Jesús, el primer apóstol. (Este término se deriva del griego *apostolos* y quiere decir "enviado"). Un apóstol es, por definición, un enviado por Dios a realizar una misión determinada. El Padre celestial envió a su único Hijo al mundo (Jn 3:34; Gl 4:4). Por lo tanto, el ministerio de los apóstoles del nuevo pacto comienza, primero que todo, con Jesús (Heb 3:1-2). El Señor dijo en repetidas ocasiones que su Padre lo había enviado (Jn 7:29; 8:42; 10:36). "Jesucristo mismo" es "la principal piedra del ángulo" de la iglesia (Ef 2:20). Como resultado, la iglesia del Señor Jesucristo fue construida con la siguiente premisa: "Como me envió el Padre, así también yo os envío" (Jn 20:21). El autor de Hebreos instó a sus lectores a considerar "al apóstol y sumo sacerdote de nuestra profesión, el cual es fiel al que le constituyó" (Heb 3:1-2).

B. La lista de Efesios 4

Cuando Jesús estaba "subiendo a lo alto," iba determinado a abrir el mundo pagano a la luz del evangelio. Les dio como "dones a los hombres" su propia capacidad para ministrar (Ef 4:8; Heb 2:4).

1. "...constituyó a unos, apóstoles..."

a) Los apóstoles fundacionales

La claridad de la sabiduría del plan divino queda demostrada cuando vemos quiénes fueron las personas que atrajo. Entre los dones más grandes que el Señor concedió a su iglesia se encuentran los doce apóstoles que escogió y entrenó como sus discípulos. Ellos vivieron con Él durante su ministerio y pudieron escuchar, ver, tocar y degustar la maravillosa Palabra de vida (1 Jn 1:1; Heb 6:5). Lo siguieron y aprendieron junto a Él a servir a los hombres. Con el tiempo los constituyó apóstoles, o enviados, y les confió el destino de su iglesia (Mr 3:14; Jn 20:21-22).

Cuando Jesús comisionó a los setenta para predicar, los "envió [*apostello*] de dos en dos delante de él" (Lc 10:1). Estos apóstoles salieron a hacer lo que habían visto que Él hacía. Cuando terminaron de predicar, "Volvieron los setenta con gozo, diciendo: Señor, aun los demonios se nos sujetan en tu nombre" (Lc 10:17). Jesús no se sorprendió al escucharlos y les dijo: "Yo veía a Satanás caer del cielo como un rayo" (Lc 10:18; Is 14:12-15; Ez 28:11-17). Y procedió a advertirles que mantuvieran el equilibrio, consejo que aún tiene vigencia entre nosotros. "Pero no os regocijéis de que los espíritus se os sujetan," les dijo Jesús, "sino regocijaos de que vuestros nombres están escritos en los cielos" (Lc 10:20).

Lo que habían logrado hacer regocijó a Jesús "en el Espíritu" y lo motivó a agradecerle al Padre por ese éxito. Su logro también "agradó" al Padre (Lc 10:21). El éxito de sus siervos es, incluso hoy en día, fuente de regocijo para Él.

Con Jesús a la cabeza, después del Pentecostés, los apóstoles pasaron a ser los líderes siervos de la naciente iglesia (1 Co 3:10). Habían sido específicamente escogidos, entrenados y dotados por el Señor y enviados en persona por Él. Su misión consistía en abrir los corazones cerrados a Jesucristo, y tal como lograron hacerlo, sentar las bases de la iglesia (Jn 15:27; Ef 2:20).

Jesús tiene una capacidad exclusiva para ganarse a los hombres; Él es la cabeza de la iglesia (Ef 1:10, 22; 4:15). Para la institución eclesiástica resulta fácil creer que ganar almas para la iglesia visible es lo mismo que ganarlas para Cristo. No cabe duda de que tal conclusión aflige al corazón de Dios. El objetivo de la iglesia ha de ser siempre lograr que los hombres experimenten un nuevo nacimiento en Cristo. El apóstol Juan vio cuando Jesús llamaba a la puerta, tratando de entrar a la iglesia de Laodicea (Ap 3:20).

Cuando uno de los apóstoles de Jesucristo los visitaba, el contraste con los orgullosos líderes romanos y los intelectuales griegos debe haber sido enorme. Los verdaderos apóstoles eran dóciles y humildes como su Señor y no altaneros, exigentes, avaros ni arrogantes (Mt 11:29). Estos humildes siervos no cabalgaban en hermosos corceles ni se transportaban en carrozas, ni tampoco daban órdenes a multitudes de sirvientes, ni eran propietarios de casas palaciegas, ni tenían ningún soldado bajo sus órdenes. Su única autoridad residía en la persona que los había enviado; eran embajadores del Cristo resucitado (2 Co 5:20).

Como habían estado con el Señor, entendían su papel como fundadores del ministerio (Hch 1:21-22; 4:13; Ef 2:20; 1 Jn 1:1-2). Ejercitaron la autoridad de interpretar las Escrituras del Antiguo Testamento a través del prisma de la cruz para que estas interpretaciones se convirtieran a su vez en los libros del Nuevo Testamento que brotaron de su pluma (Ro 4:16-25).

Los apóstoles se dieron cuenta, mientras observaban a su Señor, de qué era lo que lograría atravesar la barrera impuesta por la cultura griega y romana. Por ejemplo, Pablo se encontraba en prisión cuando les escribió a los efesios la epístola en la que recalcaba las características necesarias para llevar a cabo la obra: "Yo pues, preso en el Señor, os ruego que andéis como es digno de la vocación con que fuisteis llamados, con toda humildad y mansedumbre, soportándoos con paciencia los unos a los otros en amor, solícitos en guardar la unidad del Espíritu en el vínculo de la paz" (Ef 4:1-3).

Ni la búsqueda del poder por parte de los romanos ni la de conocimientos por parte de los griegos pudo impedir que aquellos siervos fueran encarcelados en nombre del Señor, esos que mientras avanzaban hacia las pestíferas mazmorras del imperio dieron muestras de humildad, bondad, paciencia, indulgente amor y unidad en el Espíritu. Estas características de la vida de los apóstoles engendraron una compasión por los hombres y los dotó de un enorme poder espiritual para el ministerio, pero ninguno de ellos podía ofrecer plata ni oro (Hch 3:6).

Los deberes de los apóstoles abarcaban la prédica y la enseñanza del evangelio para revelarles a los hombres el carácter y las preocupaciones de Jesús (Hch 2:40; 2:42; 6:3-6; 17:3). Asimismo, fueron fundadores de nuevas congregaciones y administraron los asuntos de la creciente iglesia (Hch 13; 14:23).

Cuando Cristo los visitaba se producían milagros (Lc 4:31-37). Los hechos milagrosos, entre los que se encontraban señales y prodigios, eran algo común cuando uno de los apóstoles visitaba algún lugar. Los creyentes de Lida, por ejemplo, escucharon decir que Pedro se encontraba en la región y lo llevaron para que orara por una mujer llamada Dorcas que había fallecido (Hch 9:36-43). Después de interceder en el nombre de Jesús, Pedro le ordenó que se levantara y así lo hizo. Su maravilloso relato "fue notorio en toda Jope, y muchos creyeron en el Señor" (Hch 9:42).

En esta etapa fundacional, Pablo fungió como apóstol a los gentiles. Dijo que el Señor se le apareció en persona y lo comisionó como apóstol por medio de una revelación (1 Co 1:1; Hch 9:11-16; 26:19-23). Pablo se consideraba "un abortivo" (1 Co 15:8; Gl 2:8). Realizó numerosos milagros durante su ministerio, incluyendo la resurrección de muertos (Hch 20:9-10). Igualmente, enseñó que los apóstoles tienen una tipificación cuádruple: "Con todo, las señales de apóstol han sido hechas entre vosotros en toda *paciencia*, por *señales, prodigios y milagros*" (2 Co 12:12, énfasis añadido; Hch 5:12). Pablo defendió en particular la afirmación de que era igual a los demás apóstoles en Gálatas 1 y 2.

La autoridad apostólica se manifestó en dos esferas que fueron fuente de conflicto en la iglesia primitiva: la solución de la disputa que surgió entre las viudas griegas, y que hizo establecer el papel de los diáconos (Hch 6:3), así como las diferencias doctrinales afines a la lealtad a la ley de Moisés que llevaron al concilio de Jerusalén (Hch 15).

Los apóstoles fundadores y sus compañeros más cercanos redactaron, o fueron los encargados de redactar, el Nuevo Testamento (Ef 2:20-22). Con ello cumplieron una función esencial en la naciente iglesia del Nuevo Testamento mediante la interpretación de las Escrituras del Antiguo Testamento a través del prisma de la cruz y el sepulcro vacío.

Fue realmente un ejercicio de autoridad cuando Pedro les dijo el día de Pentecostés: "Esto es lo dicho," especificando lo que el Espíritu Santo había dicho por medio de la pluma de Joel, un profeta del Antiguo Testamento que había vivido hacía alrededor de setecientos años (Hch 2:16; Jl 2:28-32). Pedro equiparó específicamente las escrituras de Pablo con el Antiguo Testamento (2 P 3:16).

La iglesia, cómo multiplicar el ministerio de Jesús en el mundo entero

Pablo, que fungió como apóstol fundador, escribió más de la mitad del Nuevo Testamento. Junto con los demás apóstoles, Pablo ganaba almas para Cristo dondequiera que iban y fundaban iglesias en los hogares para que se congregaran a lo largo y ancho del mundo romano. Los apóstoles dirigían la adoración, conmemoraban la Última Cena, mantenían la disciplina apropiada en las congregaciones y manifestaban dones espirituales como echar fuera demonios y sanidad de los enfermos (Hch 3:6-8; 5:1-11; 16:16-18; 19:11). Además, la gente recibía el Espíritu Santo cuando los apóstoles oraban (Hch 8:15). La fundación de nuevas iglesias en el imperio con toda paciencia, con las señales, prodigios y milagros, era una tarea apostólica bien definida (2 Co 12:12).

b) Los apóstoles funcionales

El Nuevo Testamento no establece ningún orden de sucesión apostólica. Cuando los apóstoles fundadores fallecieron, los que quedaron no nombraron a sus sucesores, a excepción de Judas, que cayó por sus propios delitos (Hch 1:15-26). Sin embargo, el Nuevo Testamento sí hace referencia a otro nivel de ministerio apostólico, es decir, los apóstoles "funcionales" debido a la naturaleza de su ministerio. El Espíritu Santo comisionó a Bernabé, por ejemplo, quien se convirtió en el primer misionero de la era cristiana (Hch 13:2; 14:14). Quizás Pablo también concibiera ese mismo título para Timoteo y Silas, entre otros (1 Tes 1:1; 2:6).

A lo largo de la historia de la iglesia, muchos misioneros han desempeñado este papel y continúan aún desempeñándolo en la iglesia contemporánea. Prueba de ello es la manera en que los apóstoles fueron como misioneros a lugares paganos, ganaron almas para Cristo y fundaron nuevas iglesias. El ministerio apostólico también se realiza llegando hasta los grupos étnicos o culturales de cualquier nación donde nunca se haya escuchado el evangelio. Este ministerio se caracteriza por señales y prodigios hechos con tanta paciencia que logran atraer a los nuevos creyentes hacia las iglesias que establecen.

Es importante destacar que los apóstoles fundadores tuvieron un papel diminuto pero importante en comparación con "el apóstol y sumo sacerdote": nuestro Señor Jesucristo (Heb 3:1). Toda preeminencia le corresponde a Él únicamente. El ministerio de los apóstoles funcionales en el Nuevo Testamento fue sin dudas esencial en la obra de ganar al mundo romano, pero en comparación con los apóstoles fundadores su papel fue menor. La tarea de estos dos grupos no era la misma.

Existen cuatro áreas fundamentales en las que los apóstoles funcionales no podían reproducir las tareas más elementales de los apóstoles fundadores.

- *Haber visto al Señor*. La Biblia no da ninguna indicación de que los apóstoles funcionales realmente vieran al Señor en su ministerio o después de la resurrección. Estos pudieron tener revelaciones del Señor, como Pablo, que eran al menos semejantes a haber visto servir al Señor en carne propia.

- *Edificar sobre la fundación que los apóstoles fundadores ya habían establecido.* Los apóstoles funcionales no podían añadir nada a las bases del evangelio establecido por los apóstoles fundadores. Pablo escribió: "Así que ya ... sois ... miembros de la familia de Dios, edificados sobre el fundamento de los apóstoles y profetas, siendo la principal piedra del ángulo Jesucristo mismo, en quien todo el edificio, bien coordinado, va creciendo para ser un templo santo en el Señor; en quien vosotros también sois juntamente edificados para morada de Dios en el Espíritu" (Ef 2:19-22).

  Los textos de la Biblia presentan a los apóstoles funcionales sirviendo al lado de los fundadores. En Hechos, Bernabé y Saulo realizaron el primer viaje misionero en equipo, aunque Saulo descollara como el líder en la primera visita de su ministerio en Chipre (Hch 13:2, 9, 13). Asimismo, Saulo se cambió el nombre por el griego *Pablo*. Silas y Timoteo trabajaron estrechamente bajo la supervisión de Pablo. Después que Bernabé y Pablo se separaron, Bernabé regresó a Chipre con Juan Marcos (Hch 15:39). Más tarde, en la confrontación que tuvieron Pablo y Pedro en Antioquía, Bernabé se unió a Pedro en la hipocresía de la circuncisión (Gl 2:11-13).

- *Interpretar las Escrituras del Antiguo Testamento con el resultado de que su elucidación conformó el canon del Nuevo Testamento.* Esta autoridad tampoco se extendió a los apóstoles funcionales, que tuvieron que someterse a las interpretaciones de los fundadores. Pablo, por ejemplo, consideraba con firmeza que todos los que predicaran un evangelio diferente al suyo, incluso los ángeles celestiales, eran anatema (Gl 1:8-9).

  Los grandes avivamientos acontecidos en la historia de la iglesia moderna, como la Reforma Luterana de la justificación solo por la gracia (en el siglo dieciséis), el reavivamiento por parte de Wesley de la santidad y el amor perfecto (en el siglo dieciocho) y el reavivamiento Pentecostal de la calle Azusa (en el siglo veinte), no constituyeron nuevas revelaciones en el canon. Al contrario, cada uno de esos sucesos emanó de la luz con que el Espíritu alumbró las revelaciones que los apóstoles fundadores habían plasmado en el Nuevo Testamento.

- *Escribir los libros del Nuevo Testamento.* No existe ninguna evidencia bíblica que indique que los apóstoles funcionales hubiesen escrito los libros del Nuevo Testamento.

Hoy en día, todos los apóstoles son funcionales. A pesar de que nunca lleguen a elevarse al nivel de los fundadores, los funcionales pueden servir con la misma unción, dones y potestad en el ministerio, y nadie puede minimizar ni desvalorar esta maravillosa realidad. "El que en mí cree," dijo Jesús, "las obras que yo hago, él las hará también; y aun mayores hará, porque yo voy al Padre" (Jn 14:12).

Además, los apóstoles funcionales continúan teniendo un ministerio fundacional urgente al ser quienes establecen la fe en las nuevas regiones donde llevan el evangelio. Sin embargo, las bases que establecen siempre han de adecuarse a la fe histórica, tal como fueron edificadas por los apóstoles fundadores que redactaron el Nuevo Testamento (Gl 1:8).

A medida que abren nuevos senderos, los apóstoles funcionales sirven humildemente como su Señor. La gran mayoría llevan a cabo su obra alejados de la opinión pública. Abren nuevos ministerios y llegan hasta nuevos grupos étnicos que muchos en el cuerpo de Cristo nunca hubiesen imaginado fuese posible alcanzar.

c) El orden definitivo del canon del Nuevo Testamento

El Concilio de Jamnia reunió a estudiosos judíos en el año 90 d.C. en el pueblo filisteo que en 2 Crónicas 26:6 se llama Jabnia. Este concilio ratificó oficialmente los treinta y nueve libros del Antiguo Testamento como la Biblia hebrea, conformando definitivamente el canon del Antiguo Testamento.

Durante el segundo y tercer siglos de vida de la iglesia, el Espíritu Santo incorporó los veintisiete libros del Nuevo Testamento que la iglesia tuvo de común uso. El tercer Concilio de Cartago, en 397 d.C., reconoció la obra del Espíritu en su compilación para conformar el Nuevo Testamento, cerrando definitivamente el canon del Nuevo Testamento.[4]

El establecimiento del canon definitivo ha cerrado las puertas a la adición de nuevos libros en el Nuevo Testamento. Este hecho también da por sentado el cese de las revelaciones canónicas. Por ende, los sesenta y seis libros de la Biblia son la fuente a la que acuden todos los creyentes para los asuntos relacionados con la fe y la práctica religiosa, y ningún apóstol ni profeta moderno puede proclamar nada comparable con la Palabra de Dios revelada en la Santa Biblia. Nos unimos con nuestros antepasados, a lo largo de los siglos, descansando nuestras almas eternas hasta el día de hoy tanto en la autoridad de las Santas Escrituras como en la suficiencia de la Palabra de Dios.

d) Reconocer a los verdaderos y los falsos apóstoles

Además de los apóstoles fundadores y funcionales, las Escrituras hacen referencia a la categoría de falsos apóstoles que no fueron escogidos por Dios sino que eran, por el contrario, hombres de carne y hueso que usurparon ese papel para su propia gloria. Pablo los denominó "falsos apóstoles, obreros fraudulentos, que se disfrazan como apóstoles de Cristo. Y no es maravilla, porque el mismo Satanás se disfraza como ángel de luz. Así que, no es extraño si también sus ministros se disfrazan como ministros de justicia; cuyo fin será conforme a sus obras" (2 Co 11:13-15; Mt 24:5; Ap 2:2). La forma más certera de desenmascarar a estos falsos apóstoles es entendiendo el carácter y el ministerio de los verdaderos. La siguiente es una lista de las características que tienen los verdaderos apóstoles.

1. Escuchan la Palabra de Dios, en quien confían plenamente, y reciben su nombramiento de Dios (Hch 13:2).
2. Los verdaderos apóstoles sirven con humildad, bondad, paciencia, amor indulgente y unidad en el Espíritu, como lo hizo Jesús (Ef 4:1-6). Nunca actúan con superioridad (1 P 5:3; Mt 5:3).
3. Aceptan su responsabilidad de motivar a las iglesias a obedecer la Gran Comisión del Señor y a multiplicar las congregaciones, incluso pagando un alto costo personal (Mt 28:16-20). Se entregan por completo al llamado (2 Tim 4:5).
4. Miran con los ojos del Espíritu Santo y perciben las necesidades de la sociedad que la mayoría no logra captar. Guiados por el Espíritu, desarrollan nuevas esferas ministeriales para satisfacer esas necesidades (que por lo general implican la creación de nuevas iglesias). Llevan a cabo esta obra incluso cuando tienen que traspasar barreras culturales, raciales o lingüísticas para lograr lo que el Espíritu Santo les ha asignado (Ro 15:20; 1 Co 3:10).
5. Los verdaderos apóstoles ministran con plena fe los escritos y enseñanzas de los apóstoles fundadores y nunca intentan añadir nuevas interpretaciones (Gl 1:8-9).
6. Nunca proclaman nuevas revelaciones ni pretenden igualar sus ideas a los veintisiete libros del Nuevo Testamento y los treinta y nueve del Antiguo. Respetan el canon ya establecido definitivamente (Mt 5:18; 1 Co 3:11; Ap 22:18-19).
7. Obran para el Señor en su ministerio acompañados de señales, prodigios y milagros, mostrando gran perseverancia (2 Co 12:12).
8. Los verdaderos apóstoles continúan sirviendo, aunque nadie les otorgue un título ni reconozca su función (Gl 1:11-12; 1 Co 4:1-4).

9. Preparan a los santos para la obra del ministerio (Ef 4:12).
10. Dan unidad al cuerpo de Cristo (Jn 17:23; Ef 4:3, 7-16). En este sentido son ecuménicos, con interés y autoridad universales en todo el cuerpo de Cristo (Gl 2:8).
11. Dicen la verdad en amor (Ef 4:15).
12. Viven libres del amor al dinero (Lc 9:58; 12:15; 1 Tim 6:10; Heb 13:5).
13. Los verdaderos apóstoles son maestros reconocidos de las verdades que contiene la Palabra de Dios (Hch 20:20).

Aunque el Nuevo Testamento no registra los nombres de los falsos apóstoles, no cabe duda de que han existido a lo largo de la historia de la iglesia. Por solo citar un ejemplo, José Smith (1805-1844) se autoproclamó apóstol. Smith escribió algunos libros que según él eran superiores a la Biblia. También organizó la iglesia mormona con doce apóstoles de los últimos días como líderes de este nuevo movimiento y creó una línea sucesora apostólica a partir de ellos.

2. "... constituyó ... a otros, profetas ..."

a. Su papel

El mismo Espíritu Santo que ungió a los profetas del primer pacto también bendijo y facultó la vida del Mesías-Profeta en su encarnación. Por lo tanto, el ministerio profético continuó en la iglesia del Nuevo Testamento (Dt 18:15-22; Jn 1:21; 5:45-47).

Como sucedía con los apóstoles, cuando los profetas visitaban alguna ciudad causaban gran conmoción. Esto sucedía porque el papel de los profetas siempre ha sido representar a Jesucristo, la Palabra viva, y lo hacen por medio del poder del Espíritu con el fin de enmendar y exhortar a los creyentes, y en ocasiones, predecir el futuro. Tanto los creyentes como los incrédulos siempre han sentido atracción por el ministerio de los profetas. Muchos esperan escuchar en aquellos la voz de Dios, de modo que los ayude a tomar sus decisiones; otros acuden por simple curiosidad, para escuchar profecías sobre el futuro.

Los profetas desempeñaron un papel esencial en la edificación de las bases de la iglesia en sus comienzos (Ef 2:20). Los ojos de los ciegos espirituales siempre comienzan a abrirse al evangelio cuando uno de los profetas de Dios se encuentra en la congregación.

El ministerio de Jesús en la encarnación estuvo repleto de expresiones proféticas que incluían tanto predicciones (profecías predictivas) como amonestación (el ministerio de la exhortación). Por ejemplo, Jesús conocía la vida de la mujer que encontró en el pozo de Jacob, y apeló directamente a sus necesidades hablando con ella en una conversación matizada por una asombrosa exhortación profética: "Si conocieras el don de Dios, y quién es el que te dice: Dame de beber; tú le pedirías, y él te daría agua viva" (Jn 4:10). La mujer estaba totalmente desprevenida cuando Jesús le dijo que había estado casada con cinco hombres y que estaba viviendo con uno que no era su esposo (Jn 4:18). Su respuesta fue: "Señor, me parece que tú eres profeta" (Jn 4:19). Sus ojos espirituales fueron abiertos, por lo que "dejó su cántaro" y regresó a la ciudad diciendo a los hombres: "Venid, ved a un hombre que me ha dicho todo cuanto he hecho. ¿No será éste el Cristo?" (Jn 4:28-29).

Asimismo, Jesús hizo, por su propia voluntad, algunas profecías. Cuando el Señor pidió que se preparara la comida para la Última Cena con sus discípulos, les dijo a Pedro y a Juan:

> He aquí, al entrar en la ciudad os saldrá al encuentro un hombre que lleva un cántaro de agua; seguidle hasta la casa donde entrare, y decid al padre de familia de esa casa: El Maestro te dice: ¿Dónde está el aposento donde he de comer la pascua con mis discípulos? Entonces él os mostrará un gran aposento alto ya dispuesto; preparad allí. Fueron, pues, y hallaron como les había dicho; y prepararon la pascua.
> —Lucas 22:10-13

En la iglesia moderna, algunas personas llenas del Espíritu pueden predecir uno o dos hechos demostrables y causan con ello un asombro profundo, y como resultado los incrédulos abren los ojos. Cuando Jesús se preparaba para la celebración de su última Pascua con los discípulos, ofreció gran profusión de hechos que se ajustaban a la perfección a una secuencia temporal específica, como se registra en Lucas 22:10-13.

> He aquí, al entrar en la ciudad [hay que entrar en la ciudad] os saldrá al encuentro [un hombre vendrá a usted] un hombre [no una mujer ni un niño] que lleva [llevará algo en las manos] un cántaro [no un recipiente de cuero, por ejemplo] de agua [no con vino ni cualquier otro líquido]; seguidle hasta la casa [este hombre no lo conducirá al mercado, por ejemplo, sino a una casa] donde entrare [entrará a la casa y no se quedará en el umbral], y decid al padre de familia [el padre de familia estará presente], de esa casa: El Maestro te dice: ¿Dónde está el aposento donde he de comer la pascua con mis discípulos? [Hay que suponer que en la casa hay un salón para invitados y entonces pedirle permiso en mi nombre para utilizarlo.] Entonces él os mostrará un gran aposento alto ya dispuesto; preparad allí. Fueron, pues, y hallaron como les había dicho; y prepararon la pascua [el aposento tendrá todo lo necesario para celebrar la Pascua].

La iglesia, cómo multiplicar el ministerio de Jesús en el mundo entero 329

La probabilidad de que un ser humano pueda, por pura casualidad, predecir todos esos hechos que se sucederían uno tras otro en menos de una hora en ese orden preciso es prodigiosa. Sin dudas, Pedro y Juan nunca olvidaron cuán asombrados los dejó esta vivencia con Jesús, el profeta. Cuando Juan estaba en la prisión de Patmos, un ángel le dijo: "el testimonio de Jesús es el espíritu de la profecía" (Ap 19:10).

Después que nació la iglesia el día de Pentecostés, el ministerio de la profecía continuó. Agabo predijo una hambruna (Hch 11:28; 21:10). Judas y Silas eran profetas muy respetados por los apóstoles. Ellos creyeron en estos hermanos para que llevaran a la iglesia de Antioquía las decisiones del Concilio de Jerusalén (Hch 15:29-32). Felipe "tenía cuatro hijas doncellas que profetizaban" (Hch 21:9).

Aunque el Nuevo Testamento establece el ministerio de los profetas, el Señor no tenía dudas en cuanto a que sus seguidores necesitaban guardarse de "los falsos profetas". Había que estar alertas porque vienen "vestidos de ovejas, pero por dentro son lobos rapaces" (Mt 7:15; 24:11, 24; Lc 6:26; 2 P 2:1; 1 Jn 4:1).

b. Cómo juzgar a los falsos profetas

Uno de los valores esenciales del avivamiento Pentecostal es que los creyentes en Cristo pueden establecer una relación estrecha e íntima con Él. En ese continuado caminar con Dios, reciben el bautismo con el Espíritu Santo y gozan de una guía especifica mientras caminan con el Espíritu (Hch 8:29).

Es precisamente debido a que las Escrituras establecen este tipo de iluminación directa de Dios que de vez en cuando surgen problemas cuando se han de juzgar estas profecías. El Señor mismo nos lo enseñó y ofreció la fórmula: "Por sus frutos los conoceréis" (Mt 7:16). Sin embargo, se han de juzgar en el amoroso espíritu de la potestad divina y de tal manera que no se desanime la continuidad del ministerio profético (Jn 13:34; 1 Co 14:39; 1 Tes 5:20).

Sin pretender ofrecer una lista completa, he aquí cuatro principios útiles para juzgar el fruto:

- *En primer lugar, ¿entra la profecía en conflicto con la Santa Escritura?* La primacía de la Palabra escrita de Dios sobre toda instrucción interna y personales es uno de los anclajes más firmes de la iglesia.   Los sesenta y seis libros del Antiguo y Nuevo Testamentos son la revelación definitiva de Dios para todos los asuntos relacionados con la fe y la práctica religiosa. La doctrina del establecimiento definitivo del canon es también instructiva ya que ninguna profecía puede ser equiparada con la de las Santas Escrituras. Cuando las proclamaciones proféticas eliminan o añaden detalles de las Santas Escrituras han de ser consideradas falsas profecías (Mt 7:15-17; 2 P 2:1; 1 Jn 4:1; Sal 33:4).

- *En segundo lugar, existe la prueba del "gusto"* ya que los pronunciamientos proféticos de Dios producen dulces frutos que guardan "la unidad del Espíritu en el vínculo de la paz" (Ef 4: 3; Sal 133:1). ¿Es el Espíritu Santo testigo de la profecía? ¿Promueve la armonía dentro del cuerpo de Cristo o crea división y está ideada para sembrar la disensión y la discordia entre los hermanos? ¿Tiene un tono enojado, amargo o vengativo? ¿Es rebelde o desobediente? ¿Contiene la profecía un sabor que produce una sensación extraña en nuestros espíritus? Si el fruto tiene este gusto, entonces es bien probable que sea una falsa profecía (Gl 5:19-21; Ro 1:29-32; 16:17-19, versiones RVR60 y NVI).

- *En tercer lugar, como resultado de la profecía, ¿echan a un lado los creyentes la importancia primaria del ministerio del evangelio y en ese proceso dan prioridad a los asuntos secundarios en detrimento de los principales?* Si la profecía produce este tipo de fruto, y se especializa en asuntos menores, eso indica que es falsa (1 Tim 1:20; 2 Tim 2:17-19; 4:10; 1 R 13:11-24).

- *Por último, ¿tiene el profeta un interés potencial y personal en los resultados?* Si la profecía llama, en nombre de Dios, a realizar obras que redunden en el interés personal del profeta, esto es un fuerte indicador de que estamos ante un trabajo de manipulación y no ante el Espíritu de profecía (2 R 5:20-27).

3. "... constituyó ... a otros, evangelistas ... "

El ministerio de Felipe constituye una excelente ilustración del papel que han de desempeñar los evangelistas. Lucas lo presentó en Hechos como uno de los siete diáconos que distribuyeron la comida entre las viudas (Hch 6:1-5). Su don espiritual de evangelista pronto dio frutos ya que este evangelista era un siervo lleno del Espíritu Santo y de sabiduría (Hch 6:3). Felipe evangelizó en Samaria y anunció "el evangelio del reino de Dios y el nombre de Jesucristo" (Hch 8:5-13). Acogió a Pedro y a Juan, que trajeron la sabiduría apostólica y la unción al avivamiento. Estos apóstoles les enseñaron el bautismo con el Espíritu Santo a los samaritanos y los guiaron a la experiencia cristiana.

Felipe se contentó con dejar el avivamiento en las capaces manos de los apóstoles cuando el Espíritu le comunicó que saliera de Samaria. En el camino, aceptó la instrucción del ángel que le ordenó ir por el camino del desierto que llevaba a Gaza, y cuando llegó, obedeció al Espíritu Santo, guiando al eunuco a recibir al Señor. Felipe lo bautizó y este "siguió gozoso su camino" (Hch 8:26-39). El

Espíritu entonces lo arrebató a Azoto, donde anunció "el evangelio en todas las ciudades, hasta que llegó a Cesarea" (Hch 8:40).

Los evangelistas llenos del Espíritu Santo también dan muestras de tener un don profético. Tienen una prodigiosa capacidad para anunciar a Jesucristo con tal autoridad espiritual que la gente comienza a percibir a su Señor nítidamente por primera vez. Jesús fue el evangelista que ganó al ciego del estanque de Siloé, quien aceptó a Jesús como profeta y les dijo a los fariseos: "Una cosa sé, que habiendo yo sido ciego, ahora veo" (Jn 9:17, 25).

Lucas se refirió a otros evangelistas anónimos en Hechos como a "varones de Chipre y de Cirene" que luego fueron a Antioquía y empezaron a hablarles a los griegos que allí vivían, "anunciando el evangelio del Señor Jesús" (Hch 11:20). Su ministerio de ganar almas estaba dando frutos ya que "gran número creyó y se convirtió al Señor." La iglesia que emergió en Antioquía llegó a convertirse en una de las más sólidas y duraderas del Imperio Romano (Hch 11:21).

4. "*constituyó ... a otros, pastores ...* "

En Efesios 4:11, el término *poimenas* se traduce como "pastores", es decir, los que se encargan de atender los rebaños o manadas (Mt 9:36; 25:32). Esta palabra también encierra en su significado la responsabilidad de actuar como guardianes o gobernantes (Mt 2:6; Jn 10:11; Ap 2:27). Jesús se describió como el "buen pastor" que "su vida da por las ovejas" (Jn 10:11-12). El apóstol Pedro describió al Señor como el "Príncipe de los pastores" (1 P 5:4).

El pastor acepta la responsabilidad de guardar el rebaño de Jesús sin olvidar nunca que las ovejas son del Señor y no suyas. La buena actitud y el desempeño de los pastores han ganado a muchísimas personas para Cristo a través de los siglos. La función de los pastores es salvar a los perdidos, ocuparse de los creyentes, administrar los sacramentos de la iglesia y dirigir los asuntos administrativos de la misma. A semejanza de su Señor, los pastores ofrecen todo su ser, incluso su propia vida en caso necesario. Los pastores no son mercenarios que atacan a los lobos cuando salen de sus madrigueras a devorar el rebaño (Jn 10:12-13). Por el contrario, su relevante labor es ser siervos en los que el Espíritu Santo confía para que alimenten y protejan a todas las ovejas que ingresan en la familia de Dios (Jn 21:15-17). Los fieles y siervos pastores de corazón —en todas las generaciones— han revelado el verdadero Espíritu de Jesús a multitudes de personas.

5. "*... y maestros*"

Si los pastores son también evangelistas, esto redunda en favor de su ministerio. Sin embargo, los pastores siempre han de ser maestros encargados de inculcar la Palabra de Dios al rebaño de Jesús y de enseñarles a obedecer las disposiciones del Señor (Mt 28:20).

El maestro es un siervo que contribuye con su estudio y devoción mientras comparte lo aprendido con los ávidos creyentes. Ayuda a los creyentes de su iglesia a entender las Escrituras y los motiva a imitar la actitud, los valores y la visión del Señor para todas las naciones.

El ministerio del maestro en un asunto serio. Santiago escribió que los "maestros... recibiremos mayor condenación" (Stg 3:1). Pablo le enseñó a Timoteo que los que se ocupaban de predicar y enseñar eran "tenidos por dignos de doble honor" (1 Tim 5:17).

En Efesios, Pablo describió el objetivo de estos cinco dones del ministerio:

> A fin de perfeccionar a los santos para la obra del ministerio, para la edificación del cuerpo de Cristo, hasta que todos lleguemos a la unidad de la fe y del conocimiento del Hijo de Dios, a un varón perfecto, a la medida de la estatura de la plenitud de Cristo; para que ya no seamos niños fluctuantes, llevados por doquiera de todo viento de doctrina, por estratagema de hombres que para engañar emplean con astucia las artimañas del error, sino que siguiendo la verdad en amor, crezcamos en todo en aquel que es la cabeza, esto es, Cristo, de quien todo el cuerpo, bien concertado y unido entre sí por todas las coyunturas que se ayudan mutuamente, según la actividad propia de cada miembro, recibe su crecimiento para ir edificándose en amor.
>
> —Efesios 4:12-16

C. El catálogo de Romanos 12

Pablo escribió que el Espíritu Santo le dio otra lista de siete dones que constituyen la *charismata* o los atributos espirituales necesarios para realizar un ministerio milagroso:

> Así nosotros, siendo muchos, somos un cuerpo en Cristo, y todos miembros los unos de los otros. De manera que, teniendo diferentes dones *[charismata]*, según la gracia que nos es dada, si el de profecía, úsese conforme a la medida de la fe; o si de servicio, en servir; o el que enseña, en la enseñanza; el que exhorta, en la exhortación; el que reparte, con liberalidad; el que preside, con solicitud; el que hace misericordia, con alegría.
>
> —Romanos 12:5-8, énfasis añadido

1. Servir. Brindar ayuda es uno de los valores fundamentales de los cristianos. Jesús nos enseñó con su ejemplo que la vida de servicio basada en la ética del amor es una vida superior. Todos los que desean crecer a la imagen de Cristo deciden vestir el manto del humilde Nazareno que fue Siervo de todos. A través de la historia,

miles de personas han abierto los ojos a Cristo después de ver los testimonios de los creyentes que viven fielmente la vida de Siervo que llevó Jesús.

El don del servicio incluye la prodigiosa capacidad que el Espíritu Santo imparte a los creyentes para bendecir al cuerpo de Cristo por medio de obras o puestos secundarios y fiables, a menudo alejados del reconocimiento público. Un ejemplo bíblico es el ministerio de los diáconos, que se convirtieron en siervos de los planes de los apóstoles (Hch 6:1-6). El término *diácono* proviene del griego *diakonein,* que quiere decir "servir."

2. Consolar [o animar]. Jesús dio sobradas muestras de esta cualidad. En efecto, fue el más grande animador de todos los tiempos. Cuando María abrió el frasco del preciado perfume que equivalía a un año de salario y untó los pies de Jesús, casi todos la criticaron. El Señor la defendió con firmeza y les dijo a quienes la criticaban: "Déjala [así esta ordenado]; para el día de mi sepultura ha guardado esto" (Jn 12:7). María debió haberse sentido reivindicada y animada con esta firme defensa de Jesús.

Muchas son las personas que han venido a Cristo gracias a que un animador lleno del Espíritu los bendijo con esperanza y fortaleza. José, el Levita, de Chipre, fue fruto de la exhortación que recibiera en la iglesia primitiva y que con el tiempo merecería el nombre de Bernabé, que quiere decir "Hijo de consolación" (Hch 4:36).

Los que animan saben cómo reconfortar a los indecisos, dar fuerzas a los que dudan y llevar paz a los afligidos en un mundo confuso. En acción, este don, que evidencia una dimensión fundamental del carácter del Señor, ha abierto un sinfín de ojos ciegos a la belleza de Cristo y mantenido en la fe a muchos otros.

3. Dar. Los más grandes ejemplos de generosidad de la historia emanan de la Tri-unidad de Dios: "Porque de tal manera amó Dios al mundo, que ha dado a su Hijo unigénito" (Jn 3:16). Por ende, todos los hijos de Dios que crecen en su carácter podrán dar como Él. Además, muchos en la iglesia tienen un don especial del Espíritu Santo que les da la posibilidad de hacer mucho más que dar la ofrenda. Esto les produce regocijo porque desean ofrecer sus recursos a la grey. Su generosidad es para ellos una fuente de alegría que tiene algo prodigioso (2 Co 9:7). Este don también tiene el

poder del Espíritu Santo para abrir los ojos al bondadoso corazón de Jesucristo.

4. Liderazgo. El don espiritual del liderazgo es la capacidad que tienen algunos para organizar la iglesia y encaminarla hacia los objetivos dictados por Dios. Pablo dijo que todo ha de hacerse "decentemente y con orden" (1 Co 14:40; Ro 13:1-6). El apóstol Pedro criticó con firmeza los injustos que "desprecian el señorío" y "no temen decir mal de las potestades superiores" (2 P 2:10). Una iglesia bien organizada anima a las personas y les ofrece una sensación de estabilidad.

Jesús fue sin dudas el más grande de los líderes. Cuando llamó a Pedro y a Andrés para que fueran sus discípulos les dijo: "Venid en pos de mí, y os haré pescadores de hombres" (Mt 4:19). También les dio muestra de su determinado carácter de líder en Cesarea de Filipos cuando dijo: "Edificaré mi iglesia" (Mt 16:18).

5. Misericordia. Jesucristo es nuestro "misericordioso y fiel sumo sacerdote en lo que a Dios se refiere" (Heb 2:17). La misericordia, en verdad, es uno de los elementos más atractivos de su carácter. Cuando Jesús llevó a sus discípulos hacia la región norteña de Tira, una cananita le suplicó: "¡Señor, Hijo de David, ten misericordia de mí! Mi hija es gravemente atormentada por un demonio" (Mt 15:22-28). Jesús mostró su misericordia y sanó a la hija de la mujer.

Todas las congregaciones necesitan creyentes a quienes el Espíritu Santo les conceda dones que muestren la milagrosa compasión y el amor de Jesús, que redime y trae alegría a los sufridos. Estas personas dotadas por el Espíritu se sensibilizan y alivian los problemas mentales, emocionales y físicos de sus afligidos hermanos y hermanas. Onesíforo se apiadó de Pablo cuando este estaba preso, "y no se avergonzó de [sus] cadenas" (2 Tim 1:16-18). En acción, este don evidencia poderosamente el carácter de Jesús ante los hombres.

Además de estos dones, Pablo incluyó las profecías y la enseñanza en la lista de Romanos 12. El don de la profecía aparece también en el catálogo de 1 Corintios 14 y Efesios 4. Asimismo, el ministerio de la enseñanza figura en Efesios 4 y 1 Corintios 12.

La inclusión repetida de maestros y profetas en estas listas refleja la enorme importancia que tienen para la iglesia del Nuevo Testamento así como para el bienestar de la iglesia contemporánea. Los fieles ministerios de la profecía y la enseñanza son esenciales para abrir los ojos ciegos a la luz del evangelio y para alentar a los creyentes. Incluso aunque la congregación de creyentes tenga muchísimos aspectos positivos, sin los ministerios de la profecía y la enseñanza será una grey espiritualmente anémica.

D. Los dones de la manifestación del Espíritu

El apóstol Pablo identificó nueve dones que el Espíritu Santo manifiesta en 1 Corintios 12.

> Pero a cada uno le es dada la manifestación del Espíritu para provecho.
> —1 Corintios 12:7

La palabra que se traduce como "manifestación" en este pasaje es el término *phanerosis*, que significa "resplandor." Con esta palabra Pablo dio a entender que el Espíritu resplandece desde los corazones de los creyentes en los lugares y ocasiones propicias para el Espíritu. Estos dones no son propiedad de las personas sino que son manifestaciones o resplandores del Espíritu. Les da la posibilidad a los creyentes llenos del Espíritu de llevar a cabo los planes mundiales de Jesucristo con mayor eficacia abriendo los ojos al poder del evangelio. En ocasiones, los hijos de Dios llenos del Espíritu disfrutan el alto privilegio de expresarse "para provecho" a voluntad del Espíritu (1 Co 12:7). Hasta hoy, una de las mayores ventajas del bautismo con el Espíritu Santo es la elevada capacidad para ver y percibir el reino del Espíritu, la cual disminuyó con la caída de Adán.

1. La *palabra de sabiduría* se refiere a los casos en los que el Espíritu Santo manifiesta en una persona una habilidad especial para comprender cuáles son las necesidades que el Señor quiere satisfacer. Los hijos de Dios se dan cuenta de esta sabiduría que escapa el razonamiento humano y que resulta de un resplandor del Espíritu Santo desde el interior de las personas y por medio de sus facultades. Por ejemplo, el Espíritu le dijo al equipo ministerial de la iglesia de Antioquía que Dios ya sabía cuál era el mejor uso que se podía dar a las habilidades de Bernabé y Saulo (Hch 13:2; Ro 11:33). Como resultado, la iglesia los mandó y fueron los primeros misioneros de la era cristiana.
2. La *palabra de ciencia* es semejante a la palabra de sabiduría pero se relaciona más con la repartición divina de hechos o informaciones necesarias en ese momento. Pedro, por el Espíritu, supo exactamente lo que habían hecho Ananías y su esposa (Hch 5:1-11).
3. La *profecía* puede ser de dos tipos. La profecía persuasiva abarca la edificación, exhortación y consolación (1 Co 14:3) y son las más

comunes en Hechos y las epístolas del Nuevo Testamento. Las profecías predictivas son las que anuncian hoy lo que sucederá mañana. El profeta Agabo, por ejemplo, predijo una gran hambruna (Hch 11:28). Pablo dijo que las manifestaciones proféticas del Espíritu redundaban en beneficio de los creyentes, no de los incrédulos (1 Co 14:22).

Cuando Pedro predicó el día de Pentecostés, hizo uso del ejercicio de la profecía de exhortación al proclamar la Palabra de Dios (Hch 2:40). Esteban también anunció con la misma unción, una exhortación al Sanedrín que fue rechazada por los líderes (Hch 7). Obviamente, los sermones de Pedro y Esteban fueron inspirados por un poder superior. El Espíritu Santo resplandeció proféticamente de la Palabra de Dios a través de ellos, como vasijas de honra.

4. El don de diversos *géneros de lenguas* es la capacidad que se les da a los creyentes de expresarse en una lengua desconocida que el Espíritu Santo quiere que alguien o todo el cuerpo de Cristo escuche. Las lenguas son una señal, no para los creyentes sino para los incrédulos. El mensaje se puede decir en una lengua viva o una desconocida para los hombres. Los mensajes en lenguas diferentes ocupan un lugar único en la adoración.

Si, pues, toda la iglesia se reúne en un solo lugar, y todos hablan en lenguas, y entran indoctos o incrédulos, ¿no dirán que estáis locos? Pero si todos profetizan, y entra algún incrédulo o indocto, por todos es convencido, por todos es juzgado; lo oculto de su corazón se hace manifiesto; y así, postrándose sobre el rostro, adorará a Dios, declarando que verdaderamente Dios está entre vosotros.

—1 Corintios 14:23-25

Por lo tanto, las lenguas tienen un ministerio diferenciador en los servicios de adoración y convencen a los incrédulos para que abran sus corazones al evangelio. Pablo también enseñó la importancia de orar en el Espíritu (que se conoce como el idioma particular para orar), así como cantar con el Espíritu (1 Co 14:15; Ro 8:26; Jud 1:20). Podemos considerarlas lenguas devocionales.

5. La *interpretación de lenguas* es la capacidad sobrenatural de los creyentes para compartir con la congregación lo que se ha hablado en lenguas. Pablo también ofreció algunas regulaciones para estos dones verbales con el fin de que se pudieran realizar "decentemente y con orden" (1 Co 14:26-33, 39-40).

6. La manifestación del don de *fe* hace posible que los cristianos puedan creer en Dios para responder a una necesidad acuciante. Esta no es la fe normal que Dios le ha dado a todos los hombres con cierta medida, como tampoco es la fe salvadora (Ro 12:3). Más bien, un ejemplo de ello es la extraordinaria confianza que Pablo demostró tener ante el viento huracanado Euroclidón en el mar Mediterráneo cuando dijo: "Oh varones, tened buen ánimo; porque yo confío en Dios que será así como se me ha dicho" (Hch 27:25).

7. *El discernimiento de espíritus* es una manifestación (un "resplandor") del Espíritu Santo mediante la cual los creyentes llegan a conocer las actitudes, disposición o ideas de las personas. Jesús demostró tener esta capacidad a la perfección ya que sabía qué era lo que había en los hombres y no necesitaba que nadie le diese testimonio de ellos (Jn 2:25). El Espíritu Santo tenía esa misma capacidad divina para saber las motivaciones más profundas que determinaban las acciones de los hombres. Pedro pudo discernir claramente el engaño de Ananías y su esposa. Pablo puso de manifiesto este don durante el avivamiento filipense al sacar el Espíritu de adivinación (nigromancia) de la esclava (Hch 16:19).

8. Por medio de los *dones de sanidad* los creyentes llenos del Espíritu se convierten en vasos transmisores de las virtudes de Cristo para la redención del cuerpo humano. La oración por los enfermos siempre ha sido esencial en la adoración pentecostal. Jesucristo es el sanador, es Jehová-Rapha. Ninguna enfermedad ha intimidado al Señor, ya que no hay ninguna que no pueda curar. Los dones de sanidad son resplandores de la capacidad de Jesús de devolver la salud tanto física como mental. Pedro y Juan mostraron este don al sanar al cojo de la puerta del templo que se llama la Hermosa y devolverle el uso de sus piernas (Hch 3:1-9).

9. La realización de *milagros* es una manifestación del Espíritu relacionada con las señales y prodigios extraordinarios que en ocasiones se producen en el cuerpo de Cristo. El juicio de Ananías y Safira en Hechos 5:1-11 es un ejemplo de ello. Lucas nos dice que se hacían muchas "señales y prodigios" en el pueblo de la mano de los apóstoles (Hch 5:12).

E. El catálogo de 1 Corintios 12:28-31

> Y a unos puso [o colocó] Dios en la iglesia, primeramente apóstoles, luego profetas, lo tercero maestros, luego los que hacen milagros, después los que sanan, los que ayudan, los que administran, los que tienen don de lenguas.
>
> —1 Corintios 12:28, énfasis añadido

Cada uno de los dones de esta lista figura también en otros catálogos. Lo importante es resaltar que Dios concede estos dones en el seno de su cuerpo. Estos nombramientos abarcan a los apóstoles, profetas y maestros así como también a los que obran milagros, sanan a los enfermos y hablan en lenguas (Ef 4:11; 1 Co 12:7-11). Además de conceder estos dones, el Espíritu Santo escoge a los ayudantes y servidores de su iglesia como administradores (Ro 12:5-8).

El término que en 1 Corintios 12:28 se traduce como "los que ayudan" se emplea solo una vez en el Nuevo Testamento. Es análogo al don del servicio del que se habla en Romanos 12:7 al referirse al papel de los diáconos.

Los evangelios dejan bien claro que el Señor era el gran ayudante de los hombres. Por ejemplo, la suegra de Pedro estaba postrada con una fiebre. "Y le rogaron por ella" (Lc 4:38) y su cura fue tan rápida que "levantándose ella al instante, les servía" (Lc 4:38-39).

Dios colocó este don en el cuerpo para satisfacer las necesidades de los pobres, y a veces se hace alejado del reconocimiento público. Incluso si los que tienen el don de ayudar trabajan como camareros, también pueden llegar a ser semejantes a "Esteban" o "Felipe" en el cuerpo de Cristo. Con dos diáconos como ellos, el don de la ayuda se vuelve milagroso, y se eleva por encima del trabajo de servir mesas (Hch 6:8; 8:5). No cabe duda de que este don contribuye a abrir los corazones duros al mensaje del evangelio.

F. La lista del apóstol Pedro

Pedro señaló estos tres dones del espíritu: la hospitalidad, el habla (exhortación o consolación) y el servicio.

> Y ante todo, tened entre vosotros ferviente amor *[ágape]*; porque el amor cubrirá multitud de pecados. Hospedaos los unos a los otros sin murmuraciones. Cada uno según el don que ha recibido, minístrelo a los otros, como buenos administradores de la multiforme gracia de Dios. Si alguno habla, hable conforme a las palabras de Dios; si alguno ministra, ministre conforme al poder que Dios da, para que en todo sea Dios glorificado por

Jesucristo, a quien pertenecen la gloria y el imperio por los siglos de los siglos.

—1 Pedro 4:8-11, énfasis añadido

La lista del apóstol Pablo que hemos analizado anteriormente nombraba el habla (la exhortación) y el servicio. Sin embargo, solo Pedro incluye el don espiritual de la hospitalidad. Muchas personas llenas del Espíritu reciben con gran amabilidad a sus invitados y los acogen y agasajan en sus hogares. Sin embargo, el don de la hospitalidad incluye la gracia especial del Espíritu Santo para amar al prójimo de manera tal que se sienta bienvenido, cómodo y "como en casa" en la presencia del poder manifiesto del Espíritu Santo. El Espíritu otorga ese tipo de hospitalidad en el seno del cuerpo de Cristo, haciendo que los recién llegados se sientan cómodos en presencia de lo santo. El Señor mostró este don a sus discípulos cuando preparó la comida a orillas de Mar de Galilea y los convidó.

Aunque Pablo y Pedro registraran en estas listas los dones espirituales, no por ello la iglesia ha de llegar a la conclusión de que el tema ha sido agotado en el canon sagrado. Por ejemplo, cuando llegó el momento de edificar el tabernáculo, el Señor le dijo a Moisés: "Mira, yo he llamado por nombre a Bezaleel hijo de Uri, hijo de Hur, de la tribu de Judá; y lo he llenado del Espíritu de Dios, en sabiduría y en inteligencia, en ciencia y en todo arte, para inventar diseños, para trabajar en oro, en plata y en bronce, y en artificio de piedras para engastarlas, y en artificio de madera; para trabajar en toda clase de labor" (Éx 31:1-5). El Señor añadió: "Y he aquí que yo he puesto con él a Aholiab hijo de Ahisamac, de la tribu de Dan" (Éx 31:6).

G. Cómo captar las intenciones del Espíritu

Resulta evidente al observar la amplia gama de dones que vemos en estas listas, incluyendo el papel de la Trinidad en su concepción, que el Espíritu Santo hace hincapié en los humildes siervos a quienes concede estos dones para así multiplicar los aspectos del ministerio de Jesús. Y precisamente debido a que son dones del Espíritu, estos no han de confundirse con las posiciones y oficiales de la iglesia visible. Resulta penoso cuando se intenta arrancarles estos dones al Espíritu Santo y otorgárselos a la institución eclesiástica. Cuando eso sucede, los dones quedan reducidos a un puro andamiaje administrativo.

Por ejemplo, en la lista de Pablo de 1 Corintios 12:27-31, los maestros, los que obran milagros, los que tienen el don de la sanidad, los ayudantes, los administradores y los que hablan en lenguas son puestos en el cuerpo de Cristo por el Espíritu, como hizo con los apóstoles y profetas. Sin embargo, resulta interesante que en la lista de dones de Efesios 4 que Jesús le diera a Pablo, mencionara cinco tipos: los apóstoles, los profetas, los evangelistas, los pastores y los maestros. Si consideramos los *cinco* dones del ministerio que el Cristo resucitado le diera a la iglesia visible, entonces tenemos que preguntarnos por qué el Espíritu Santo solo incluye tres (apóstoles, profetas y maestros) en el catálogo de los dones "establecidos" (*etheto*) de 1 Corintios 12:28.

Cuando los estudiosos de la Palabra aceptan que estos dones del Espíritu son puestos o concedidos exclusivamente por el Espíritu Santo en el cuerpo espiritual del Señor según su soberana voluntad, esta necesidad de clasificación o catalogación desaparece. Como resultado, estos dones se tornan una bendición en el cuerpo de Cristo que pone de manifiesto los varios aspectos del ministerio del Señor. Abren los ojos de los ciegos espirituales a la esperanza de la crucifixión y la resurrección de Cristo y ayudan a los creyentes a crecer y desarrollarse en la actitud y los planes mundiales de Jesús.

Es importante recalcar que Jesús dio muestras de todos estos dones espirituales en su ministerio como "apóstol y sumo sacerdote de nuestra profesión" (Heb 3:1). El autor de Hebreos dejó muy claro que Dios testificó con ellos el plan de salvación "con señales y prodigios y diversos milagros y repartimientos del Espíritu Santo según su voluntad" (Heb 2:3-4).

Es emocionante participar en una asamblea de creyentes cuya estructura ministerial general ha sido organizada de tal forma que el Espíritu Santo tiene la libertad de poder manifestar todos estos dones. Solo nos resta imaginarnos cuántas personas se acercan a Cristo gracias a la obra de estos dones en la vida de los que están llenos del Espíritu. En los servicios habituales de las congregaciones:

- los milagros sucederían con más frecuencia.
- se sanarían los enfermos.
- las profecías serían algo habitual.
- los evangelistas ganarían almas para Cristo .
- los ayudantes servirían y satisfarían con gozo las necesidades tanto físicas como espirituales.
- los administradores cargarían con el peso de la dirección de la institución eclesiástica.
- los niños crecerían escuchando el don de lenguas y los incrédulos vendrían a Cristo gracias a este don.
- los apóstoles soñarían con el Espíritu sobre la manera de establecer nuevos ministerios en sus naciones y el extranjero que nadie habría creído posibles, y comenzaría la obra de abrir esos senderos.
- los profetas exhortarían a los creyentes a que "permaneciesen en la fe" incluso cuando ocasionalmente hagan predicciones sobre el futuro, anunciando hoy lo que sucederá mañana (Hch 14:22).

- los maestros llenarían a los creyentes con la Palabra de Dios para que permanezcan "fundados y firmes en la fe, y sin moveros de la esperanza del evangelio que habéis oído" (Col 1:23).

En esas congregaciones, la adoración sería entonces dinámica y el ministerio seguiría con fuerza en la unción del Espíritu por medio de las personas llenas del Espíritu.

H. Respuesta al reto postmodernista

Un grupo de griegos de visita en Jerusalén, momentos antes de la crucifixión del Señor, llamó la atención de Felipe cuando estos decían: "'Señor, quisiéramos ver a Jesús" (Jn 12:21). La manifestación de los dones espirituales responde al anhelo interior de los hombres de todas las generaciones que los lleva al Señor.

Los dos pecados capitales del postmodernismo son la intolerancia (cuestionar la validez de cualquier aspecto de la religión de los demás) y proclamar la existencia de una verdad objetiva y universal. Sin embargo, Dios se reveló en Jesucristo y la prueba palpable la encontramos en la Biblia. Así, en nombre de la falta de verdades universales, el postmodernismo propone su propia verdad universal como la "tolerancia de todo." Resulta interesante que la tolerancia propuesta por el postmodernismo tenga una cláusula restrictiva. Propone la tolerancia de todos los que no cambien su estribillo de transigencia. El postmodernismo acepta la intolerancia en contra de los cristianos creyentes en la Biblia porque los cristianos creen en las verdades absolutas que enseñó Jesucristo.

¿Existe una clave para alcanzar a los postmodernistas? Nuestra respuesta es que los dones del Espíritu en acción abrirán los ojos de los hombres del siglo veintiuno tal como lo hicieron en el Imperio Romano. La humanidad sufre, no porque su experiencia con Jesús sea demasiada, sino porque al contrario, es muy poca. Un Jesús adulterado no es suficiente y, por ende, no hay razón para temer que el hecho de su muerte y resurrección históricas sea "hallado falto" en comparación con los cuestionamientos impuestos por el pensamiento postmodernista (Dn 5:27). Hasta el día de hoy la cruz y el sepulcro vacío de Jesús son "Cristo poder de Dios, y sabiduría de Dios" (1 Co 1:24). Teniendo en cuenta esta idea, la iglesia del Señor nunca ha de perder la genialidad de la estrategia de Pablo cuando evangelizaba a los paganos de Corinto: "Pues me propuse no saber entre vosotros cosa alguna sino a Jesucristo, y a éste crucificado." Y añadió: "y ni mi palabra ni mi predicación fue con palabras persuasivas de humana sabiduría, sino con demostración del Espíritu y de poder, para que vuestra fe no esté fundada en la sabiduría de los hombres, sino en el poder de Dios (1 Co 2:2-5).

Que aquellos que, como Jesús, confían plenamente en el Padre celestial y creen en la preeminencia de Jesús sean quienes respondan al reto que impone el pensamiento postmoderno. "Y yo, si fuere levantado de la tierra, a todos atraeré a mí mismo" (Jn 12:32).

I. El ministerio de los obispos

El apóstol Pablo les ordenó a los ancianos efesios a orillas del Mar Egeo: "Por tanto, mirad por vosotros, y por todo el rebaño en que el Espíritu Santo os ha puesto [etheto] por obispos [episkopous], para apacentar la iglesia del Señor, la cual él [Jesús] ganó por su propia sangre" (Hch 20:28).

El uso de la palabra *etheto*, que quiere decir "poner," es el mismo que Pablo empleó en 1 Corintios 12:28 al decir: "Y a unos puso Dios en" y luego nombró los ocho dones que Dios puso en la iglesia. El don de obispos para la iglesia también emana de la obra del Espíritu Santo, que pone este ministerio de siervos en el cuerpo de Cristo. Es en este sentido que interpretamos estas palabras de Pablo: "Palabra fiel: Si alguno anhela obispado, buena obra desea" (1 Tim 3:1).

En comparación, Pablo, Pedro y Santiago desarrollaron el tema de la reputación y el calibre moral de los obispos mucho más que el de los apóstoles funcionales (1 Tim 3:2-5; Tit 1:7-9; 1 P 5:2; Stg 5:14-15).

a. El carácter del obispo

1. La vida del obispo ha de ser "irreprensible" (1 Tim 3:2; Tit 2:7). Para cumplir con su función no puede tener participación alguna en obras poco cristianas.
2. Se requiere que sea "marido de una sola mujer" (1 Tim 3:2; Tit 1:6). En el pagano Imperio Romano, donde la inmoralidad era moneda cotidiana, Pablo estableció una estricta política matrimonial para los obispos. Además, se esperaba que pudiera gobernar "bien su casa, que tenga a sus hijos en sujeción con toda honestidad" (1 Tim 3:4; Tit 1:6). Para Pablo, esta necesidad era evidente, "pues el que no sabe gobernar su propia casa, ¿cómo cuidará de la iglesia de Dios?" (1 Tim 3:5). Por ende, los obispos tenían que ser hombres de familia consagrados.
3. El obispo ha de ser "decoroso" "prudente," y "dueño de sí mismo" (1 Tim 3:2; Tit 1:8). Ha de saber controlar los deseos de la carne.
4. Ha de ser un hombre "sobrio" que vive sabiamente, con capacidad para saber tratar las cuestiones prácticas y ha de ser justo (Tit 1:8; 1 Tim 3:2).
5. Ha de ser un hombre "prudente" (u ordenado). Este término proviene de una traducción de la palabra griega *kosmion*, de la cual se deriva

el término cosmos o "universo." Y puesto que Dios impuso orden en su universo, el obispo ha de ser un hombre modesto en su conducta [prudente] que es fuente de estabilidad para los demás (1 Tim 3:2).

6. Ha de ser "hospedador," con aptitudes sociales que le posibiliten acoger con gozo a sus invitados y tratarlos cordial y generosamente (Tit 1:8; 1 Tim 3:2). También ha de estar dispuesto a compartir con desprendimiento con los demás.

7. Ha de estar listo para enseñar la sana doctrina y refutar la falsa doctrina (Tit 1:9). También ha de ser amable y no contencioso (2 Tim 2:24-26).

8. El obispo no será "dado al vino" (1 Tim 3:3; Tit 1:7).

9. No puede ser "iracundo" (Tit 1:7; 1 Tim 3:3). El término griego original encierra el significado de violencia tanto física como verbal. Ha de ser un siervo como su Señor y no un hombre violento ni problemático (1 P 2:23). Al contrario, ha de ser amable y apacible (1 Tim 3:3). Ha de tener la capacidad y la sabiduría para saber cuándo no imponer alguna tarea y darse cuenta de que algunas veces es preciso actuar con bondad y paciencia.

10. Ha de ser apacible y no pendenciero (1 Tim 3:3).

11. No puede ser un "codicioso de ganancias deshonestas" (1 Tim 3:3; 1 P 5:2; Tit 1:7), sino más bien debe saber enseñar cómo lidiar con las finanzas. No puede ser codicioso, ávido del dinero o las riquezas que no son y que no pueden ser suyas. Por el contrario, ha de ser dadivoso, generoso y no buscador de lo suyo.

12. No puede ser un recién convertido o un neófito en la fe (1 Tim 3:6) sino un hombre experimentado y con madurez.

13. No ha de ser un hombre vano y con ínfulas (1 Tim 3:6) ya que este tipo de orgullo lo hará caer en la condenación del diablo.

14. Tiene que tener buena reputación ante las personas ajenas a la familia de la fe donde lo conocen, ya que de lo contrario Satanás se servirá de alguien que conozca sus debilidades de carácter para engatusarlo y hacerlo caer "en descrédito y en lazo del diablo" (1 Tim 3:7).

15. No puede ser "obstinado", atado a su propia manera de pensar tanto que quiera tercamente hacer su voluntad, ni tampoco dominante o insensible con los sentimientos de los demás (Tit 1:7). No ha de ser un dictador que obligue a los demás a acatar sus puntos de vista.

16. No puede ser "iracundo" (Tit 1:7). Su personalidad no ha de ser impulsiva, empujado por la ira a vengarse de los demás.

17. Ha de ser "amante de lo bueno" (Tit 1:8). Se espera que pueda reunir a su alrededor a personas que como él, sean santos y honorables y que se precien de pensar en las buenas acciones.
18. Ha de ser justo, capaz de decidir imparcialmente basado en los hechos. Sus decisiones han de estar sustentadas por sus principios y su vida por la sencillez y la piedad (Tit 1:8). Puede alcanzar esta justicia gracias a su constante cumplimiento de la obra de Dios, que es la esencia de la piedad.
19. Ha de ser un hombre que practica y retiene "la palabra fiel tal como ha sido enseñada" (Tit 1:9). ¿Cómo es posible enseñar con seguridad la doctrina y convencer a los que la contradicen si él mismo vacila en su conocimiento?

b. El ministerio del obispo

Camino a Jerusalén, el apóstol Pablo se reunió brevemente a orillas del Mar Egeo con los líderes de la iglesia de Éfeso. En ese momento, les dijo: "Por tanto, mirad por vosotros, y por todo el rebaño en que el Espíritu Santo os ha puesto [*etheto*, de la palabra *tithemi*, que quiere decir "poner"] por obispos, [*episkopous* u "obispos"] para apacentar la iglesia del Señor, la cual él ganó por su propia sangre" (Hch 20:28).

Debido a que el Espíritu Santo colocó a los hermanos efesios como "obispos", recibieron entonces esta comisión de Dios (Hch 20:28). Este pasaje demuestra claramente que el Espíritu Santo, el gran Administrador de la iglesia, escoge, prepara y comisiona a los obispos. Estos siervos designados por el Señor se encargaron con tanta eficacia de guardarse tanto ellos como a su rebaño que de hecho alimentaron y cuidaron del pueblo de Dios. Y mientras realizaban su obra, Pablo les recordó que nunca olvidaran que Jesús "ganó" la iglesia "por su propia sangre" (Hch 20:28; 1 Tim 3:1-5; 1 P 5:2). Su pastorado también implicaba guardarse de los "lobos rapaces" que surgirían del interior y el exterior de la iglesia para devorar al rebaño alejándolos del evangelio y llevándolos por otros caminos (Hch 20:29).

Es probable que Tito haya tenido un papel de apóstol funcional bajo el liderazgo espiritual del apóstol Pablo (1 Tes 1:1; 2:6). Sin embargo, su ministerio en la isla de Creta parece haber sido el de anciano (u obispo), dando seguimiento al ministerio después de la partida de Pablo, quien específicamente le ordenó que "estableciese[s] ancianos en cada ciudad" (Tit 1:5).

Pablo les escribió a los creyentes de Roma que había iniciado la iglesia de Ilírico, en la región balcánica del sur de Europa (Ro 15:19). Tito también se dirigió a Dalmacia después que Pablo había desbrozado el sendero y partido (2 Tim 4:10). En el Nuevo Testamento, Tito es el ejemplo de un obispo o anciano que desempeñó un papel administrativo y que también sirvió como misionero haciendo hincapié en la Gran Comisión.

La iglesia, cómo multiplicar el ministerio de Jesús en el mundo entero 345

Los obispos han de ser siervos como el Señor y también:

- entregarse al cuidado del rebaño con corazón de pastor. Jesús se humilló y fue Siervo de todos; los obispos han de servir como Él (Mr 9:35).
- enseñar la doctrina haciendo hincapié en la Gran Comisión, tratando siempre de encontrar la forma de multiplicar a los creyentes e implantar nuevas iglesias (Mt 16:18; 28:16-20; 2 Tim 4:3).
- proteger a los hombres de los falsos maestros refutando las falsas doctrinas (Hch 20:28-30; Tit 1:9).
- dirigir la iglesia de Dios (1 Tim 3:5).
- encargarse de los asuntos de la iglesia, incluyendo los ministerios de enseñanza, los cuales los hace dignos de doble honor (1 Tim 5:17).
- guiar sin volverse dictadores o actuar "como teniendo señorío sobre los que están a [su] cuidado" (1 P 5:3).
- orar con fe por los enfermos, ungiéndolos con aceite (Stg 5:14-15).
- dirigir a la congregación en la adoración y administrar los sacramentos de la iglesia.

Estas cualidades hacen referencia muy someramente a la experiencia como administradores, o en lenguaje moderno, la experiencia en dirección empresarial. Al seleccionar a sus ministros, el Señor se fija fundamentalmente en el carácter. Dios le dijo a Samuel: "Pues el hombre mira lo que está delante de sus ojos, pero Jehová mira el corazón" (1 S 16:7).

Pedro fue un apóstol fundador ya que estaba en el círculo más cercano de los discípulos del Señor (Mt 17:1). Sin embargo, se describía como un "anciano también con ellos" con los ancianos (u obispos) de Ponto, Galacia, Capadocia, Asia y Bitinia, a quienes les dirigió su primera epístola (1 P 5:1). Los apóstoles siguieron esta idea cuando eligieron al sucesor de Judas Iscariote, que había traicionado a Jesús. En esa reunión, Pedro empleó el término que en el resto del Nuevo Testamento se traduce como "obispo" para referirse al ministerio apostólico: "Porque está escrito en el libro de los Salmos: Sea hecha desierta su habitación, y no haya quien more en ella"; y añadió: "tome otro su oficio" [episkopain] (Hch 1:20; Sal 69:25). Como mínimo, esta declaración apunta a la estrecha relación entre los obispos y los apóstoles funcionales que en efecto surgió en la iglesia postapostólica.

Cuando se estudian detalladamente las cualidades y deberes de los obispos y se comparan con el papel de los apóstoles funcionales tal como aparecen en el Nuevo Testamento, resulta evidente que existe una asombrosa similitud y una estrecha identificación entre el ministerio de los apóstoles funcionales y los obispos.

J. Los dones espirituales y los talentos naturales

Los talentos naturales y los dones del Espíritu Santo son sustancialmente diferentes. Mediante el uso de las capacidades naturales el hombre puede crear grandes corporaciones, incluso grandes iglesias "corporativas", pero no es capaz de crear una iglesia que abra los ojos de los ciegos espirituales al evangelio, o libere sus corazones y sus mentes de las garras de Satanás, ni abrir físicamente los ojos ciegos a la belleza de la luz del sol. Los dones del Espíritu son esenciales para lograr estas cosas.

> Porque ¿quién de los hombres sabe las cosas del hombre, sino el espíritu del hombre que está en él? Así tampoco nadie conoció las cosas de Dios, sino el Espíritu de Dios. Y nosotros no hemos recibido el espíritu del mundo, sino el Espíritu que proviene de Dios, para que sepamos lo que Dios nos ha concedido, lo cual también hablamos, no con palabras enseñadas por sabiduría humana, sino con las que enseña el Espíritu, acomodando lo espiritual a lo espiritual. Pero el hombre natural no percibe las cosas que son del Espíritu de Dios, porque para él son locura, y no las puede entender, porque se han de discernir espiritualmente ... Porque ¿quién conoció la mente del Señor? ¿Quién le instruirá? Mas nosotros tenemos la mente de Cristo.
>
> —1 Corintios 2:11-14, 16

Para que la iglesia pueda ser fiel reflejo de Jesús, ha de tener entre sus feligreses una gama de personas llenas del Espíritu que manifiesten y obren los dones del Espíritu. Sin ellos, no podrá siquiera llegar a satisfacer las necesidades que el profeta Isaías describe al hablar de la obra de Jesucristo: "El Espíritu del Señor está sobre mí, por cuanto me ha ungido para dar buenas nuevas a los pobres; me ha enviado a sanar a los quebrantados de corazón; a pregonar libertad a los cautivos, y vista a los ciegos; a poner en libertad a los oprimidos; a predicar el año agradable del Señor" (Lc 4:18-19; Is 61:1-2).

Sin embargo, ¡qué bendición tan grande sentimos cuando los dones del Espíritu están en plena operación! Llevan noticias maravillosas a los pobres y arrancan las vendas de los ciegos inconversos. Los dones espirituales en acción tienen el poder de corregir la vista por primera vez para ver el bello carácter de Jesús. Todos ellos en acción representan un cuadro a todo color del ministerio de Cristo y constituyen una explicación clave de la durabilidad de la iglesia siglo tras siglo.

- *1 Corintios 12:7-11*: la palabra de sabiduría, la de ciencia, la fe, los dones de sanidad, poderes milagrosos, las profecías, el discernimiento de espíritus, los diversos géneros de lenguas y su interpretación.

- *1 Corintios 12:28-31*: primero, los apóstoles; segundo, los profetas; tercero, los maestros; luego los hacedores de milagros, los que tienen dones de sanidad, los que ayudan, los que tienen el don de la administración, y los que pueden hablar en lenguas.
- *Romanos 12:6-8*: la profecía, el servicio, la enseñanza, la exhortación, contribuir con las necesidades de los demás, el liderazgo y la misericordia
- *Efesios 4:11*: los apóstoles, los profetas, los evangelistas, los pastores y los maestros
- *1 Pedro 4:8-11*: "buenos administradores de la multiforme gracia de Dios" por medio de la hospitalidad, la exhortación (la consolación) y el servicio
- *Hechos 20:28*: el cargo de obispos (o ancianos)

Los talentos naturales por sí solos nunca podrán cumplir la Gran Comisión. Como señala Juan 3:6: "Lo que es nacido de la carne, carne es; y lo que es nacido del Espíritu, espíritu es". Solamente el Espíritu Santo podrá desarrollar a los creyentes en Cristo a tal punto que comiencen por sí mismos a obrar milagros, incluyendo sanidades milagrosas.

Asimismo, el Espíritu dotará y desarrollará a los apóstoles, profetas, evangelistas, pastores y maestros. Los talentos naturales no pueden realizar ese trabajo, ni tampoco pueden designar ni desarrollar las generaciones sucesivas de apóstoles, profetas, evangelistas, pastores, maestros, consoladores, dotados de misericordia, ni obispos, para continuar el ciclo hasta la venida de Jesús.

Por lo tanto, es esencial que todos los dones del Espíritu Santo obren "decentemente y con orden" (1 Co 14:40). Después de todo, "Si Jehová no edificare la casa, en vano trabajan los que la edifican" (Sal 127:1).

En la medida en que todos los dones espirituales obran en la iglesia, la congregación será fuerte y palpitante, revelando a Jesucristo a la comunidad; sin esas imparticiones del Espíritu, solo puede ser anémica y estancada. Estas congregaciones necesitan con urgencia voces proféticas que les llame de vuelta a la pureza y al poder del evangelio. Solo los creyentes escogidos y dotados por el Espíritu Santo que creen en el Padre celestial pueden perpetuar la iglesia del Señor en las generaciones futuras hasta la venida de Cristo.

¡Vendrá otra vez! (Jn 14:3).

K. La combinación de dones

Los líderes espirituales de la iglesia primitiva dieron muestras de tener combinaciones de dones en su ministerio. Por ejemplo:

- Es posible que todos los dones se manifestaran en el ministerio de los apóstoles fundadores.
- Felipe fue un diácono a quien el Espíritu dotó para la evangelización (Hch 6:5; 8:5, 29).
- Esteban fue un diácono a quien el Espíritu dotó como profeta (Hch 6 y 7).
- Pedro les escribió a los ancianos pidiéndoles que sirvieran también como "obispos" y "pastores" (1 P 5:1-2).
- El mismo Pedro sirvió como apóstol y como "anciano también" (u obispo) (1 P 5:1).
- Dos apóstoles fundadores, Pablo y Juan, fungieron como pastores apostólicos de la gran iglesia de Éfeso que Pablo fundó; Juan servía como pastor apostólico en Éfeso cuando fue desterrado a Patmos.
- Aunque Tito tuviera el título de apóstol funcional (1 Tes 1:1; 2:6), la carta que Pablo le envió lo describe como un fundador que confía en un hijo en la fe para que haga la obra de obispo o anciano en Creta.

Por ende, la gama de combinaciones de dones es múltiple. Es justo pensar que los pastores pueden servir como pastores apostólicos, proféticos, evangelistas o pastores maestros. La combinación de dones puede ampliarse aun más: pastores apostólicos, proféticos, evangelistas, pastores maestros que también sirven con el don de la administración y obran milagros. Este mismo principio se hace extensivo para los demás dones.

La idea esencial que debemos destacar es que el Espíritu Santo concede los dones "repartiendo a cada uno en particular como él quiere" para conformar así el cuerpo espiritual de Cristo (1 Co 12:11). Una iglesia cuyos feligreses obran toda una amplia gama de dones del Espíritu se hará más atractiva para la comunidad. Todo el tiempo, las energías y los recursos que los sabios de oriente estuvieron dispuestos a invertir para llegar hasta el niño Jesús es muestra del profundo anhelo que se encierra en los corazones de los hombres. Resulta en ocasiones un hecho que las personas que menos esperamos que quieran unirse a la hermandad del Señor sean las que anhelen en secreto una nueva vida (Mt 2:1-12; Jn 4:4-42; Hch 9:1-19), pero para llegar hasta la gente herida para señalarles a Dios, es necesario tener los dones del Espíritu Santo.

L. El gobierno apostólico y los dones espirituales

El Nuevo Testamento no señala ninguna forma de gobierno *como* modelo de liderazgo de la iglesia del Señor. Lo que resulta innegable es que cuando el apóstol Pablo ganaba almas para Cristo (la iglesia invisible), también las organizaba en cuerpos de creyentes (la iglesia visible). Entonces Pablo constituyó "ancianos en cada iglesia, y habiendo orado con ayunos, los encomendaron al Señor en quien habían creído" (Hch 14:23). Estos ancianos se convirtieron en los siervos espirituales y administrativos de las iglesias primitivas del Nuevo Testamento.

Cuando los fieles reciben con regularidad el bautismo con el Espíritu Santo, los dones del Espíritu se manifiestan con naturalidad, revelando de esta manera a Cristo a la comunidad. En efecto, para que una iglesia pueda mostrar un cuadro completo del ministerio de Jesucristo, todos los dones del Espíritu también han de obrar fuera de las paredes de la iglesia (Ef 4:11-12; Ro 12:5-8; 1 Co 12:6-11; 27-31; 1 P 4:8-11; Hch. 20:28; Éx 31:1-5).

M. Evaluación

Siempre hemos estado tentados a tratar de definir y organizar los dones para que se amolden a una estructura eclesiástica preconcebida. Pero resulta que el Nuevo Testamento los describe como dones del Espíritu Santo y no dones concedidos a la organización eclesiástica. La clave se encuentra en que la iglesia visible logre desarrollar patrones gubernamentales que complementen y saquen a relucir la amplia gama de dones del Espíritu. No se ha de tratar de amoldarlos a una estructura de gobierno que establezca puestos, trabajadores y jerarquías dentro de la iglesia organizada.

En la iglesia primitiva, los dones eran algo esencial para satisfacer las necesidades de una grey cuyos miembros vivían un evangelio riesgoso (Lc 10:2; 12:2; Jn 18:36; Hch 1:8). Con los dones en acción, el Espíritu doblegó a los reacios líderes religiosos y hasta a los paganos a reconocer al Señor (Hch 4:13; 26:28).

El mundo del Mediterráneo nunca había visto nada semejante a aquellos cristianos llenos del Espíritu. Al tenerlos a su alrededor y ver los dones en acción, los gentiles sintieron la urgencia de abrir los ojos y percibir a Jesús. Es más, era natural que cuando hablaban de Jesús sentían su presencia; y en realidad estaba presente, ya que ellos eran su templo. El objetivo de los siervos cristianos es tornarse cada vez más invisibles para dar mayor visibilidad a Jesús, y esto siempre resulta cuando los dones entran en acción.

Los dones del Espíritu aún hoy en día hablan con convencimiento a los incrédulos dondequiera que Jesucristo es rey. Ellos ayudan a desarrollar nuevas generaciones de personas llenas del Espíritu, preparando así a "los santos para la obra del ministerio, para la edificación del cuerpo de Cristo" (Ef 4:12).

Es importante destacar que no existe ningún tipo de elitismo en la manera en que el Espíritu Santo reparte los dones. La distribución siempre ha emanado de su gracia y nunca ha establecido jerarquías ni castas. En cuanto a los dones del Espíritu, que únicamente produce y desarrolla siervos verdaderos, no hay cabida para el orgullo espiritual.

Este modelo continuado del ministerio de los dones espirituales es resultado del singular plan del Padre.

> Hasta que todos lleguemos a la unidad de la fe y del conocimiento del Hijo de Dios, a un varón perfecto, a la medida de la estatura de la plenitud de Cristo; para que ya no seamos niños fluctuantes, llevados por doquiera de todo viento de doctrina, por estratagema de hombres que para engañar emplean con astucia las artimañas del error, sino que siguiendo la verdad en amor, crezcamos en todo en aquel que es la cabeza, esto es, Cristo, de quien todo el cuerpo, bien concertado y unido entre sí por todas las coyunturas que se ayudan mutuamente, según la actividad propia de cada miembro, recibe su crecimiento para ir edificándose en amor.
> —Efesios 4:13-16

Cuando los sirios, los griegos, los egipcios, los romanos o los medas se tornaron hacia la iglesia de Jesucristo, no vieron emperadores, gobernadores, tetrarcas, prefectos, magistrados ni recolectores de impuestos. Al contrario, la repartición de dones en esas congregaciones de cristianos consagrados, iluminados por el fruto del Espíritu, estaba a años luz respecto a los sistemas gubernamentales que tenían aquellas naciones (Gl 5:22).

Gracias a esos fieles y humildes siervos de Jesús, el Señor se ha deleitado por siglos en despertar el viento para que sople sobre su "huerto" y se desprendan "sus aromas" (Cant 4:16).

¡Qué Salvador tan sabio!
¡Qué evangelio tan maravilloso!
¡Qué iglesia tan preparada!

IV. El sistema organizativo de la iglesia

A. El andamiaje

Los dones administrativos y las estructuras físicas siempre han sido complementos indispensables para el crecimiento del fruto del Espíritu dentro del cuerpo espiritual de Cristo. Aun la vid debe tener emparrados y enrejados para sostener sus frutos. Así como estos sostenes nunca producen una sola uva, "el andamiaje de la iglesia" tampoco constituye la materia prima para la edificación del cuerpo de Cristo. Las estructuras de administración y las instalaciones son, en el mejor de los casos, solo emparrados. El Señor se deleita grandemente en hacer crecer a los creyentes, no a los enrejados para sostener las uvas; solo le interesan los emparrados y las columnas en la medida en que ayuden a los creyentes en el proceso de maduración y cosecha de las uvas (Mt 9:37; Jn 15:5-6).

Una asamblea de creyentes que no disfruta la vibrante presencia del Espíritu Santo tratará, de manera general, de ampliar la iglesia añadiendo más emparrados. La pintan y la decoran a la perfección, la iluminan con brillantes luces y ponen maderas preciosas en los pisos, alfombras palaciegas, adornos exóticos y creen que es así como se desarrolla la grey. Pero lo único que están haciendo con ello es levantando emparrados de primera clase que no producen ningún fruto, ni siquiera una sola uva.

⁓ Cuando la iglesia se convierte en una falsedad ⁓

La iglesia de Dios, separada de la persona de Cristo, es una estructura inservible. Por muy adornada que sea su organización, por muy perfectos que sean sus arreglos, por muy exquisitas y abundantes que sean sus riquezas, si no revela la Persona de Cristo, elevándolo a una altura desde donde todos lo puedan ver, entonces se vuelve puro atrevimiento y falsedad, blasfemia y fraude, y mientras más rápido el mundo se deshaga de ella, mejor.[5]

El Señor nunca imaginó que su iglesia constituiría un estado-nación rival, ya que el reino de Jesús no es de este mundo (Jn 18:36). La iglesia se ancla únicamente en el amor de Dios. No tiene necesidad de fuerzas militares, policiales ni recaudadores de impuestos. Los seguidores de Jesús son dadivosos, no porque le teman a las auditorías tributarias por parte del gobierno, sino porque el amor de Cristo los domina (2 Co 5:14). Y es precisamente debido a la singularidad de su reino que Jesús impartió dones especiales para encontrar a las ovejas perdidas (Lc 15:6-7).

Los creyentes que andan en el Espíritu saben que el papel de la iglesia siempre ha sido salvar a las ovejas perdidas (Mt 18:12-14). Una sola alma es más importante que cualquier andamiaje organizativo. Jesús no murió para establecer gobiernos eclesiásticos episcopales, presbiterianos, congregacionales, independientes ni apostólicos, sino para buscar y salvar lo que se había perdido (Lc 19:10). Por lo tanto, prepara a sus seguidores para ganar almas mientras andan en el Espíritu. El gobierno de la iglesia es necesario y da sus mejores frutos cuando se transforma en una ancha autopista para que los seguidores de Cristo se comprometan con la actitud y las ideas de Él.

Para lograr este objetivo, la iglesia ha de darse cuenta de que es, en primer lugar, un organismo (el cuerpo espiritual de Cristo) y en segundo lugar una organización (la iglesia visible), y cuidarse de nunca invertir ambas cosas. Solo entonces se puede entender que el andamiaje es únicamente el complemento de su esencia como organismo creado exclusivamente para búsqueda y rescate.

B. La responsabilidad social y el ministerio de completar

El relato del ministerio de los diáconos en Hechos 6 demuestra que desde sus orígenes, la iglesia se ocupó de los necesitados, incluso de los prisioneros. Sin dudas, el Señor enseñó a realizar esa obra.

> Porque tuve hambre y me disteis de comer, tuve sed y me disteis de beber, fui forastero y me acogisteis en vuestras casas, estuve desnudo y me disteis ropa, enfermo y me visitasteis, encarcelado y vinisteis a verme.
> —Mateo 25:35-36

Jesús demostró este principio mientras estaba clavado en la cruz, ya que en el momento de mayor sufrimiento de su vida estableció un ministerio de completar. Como era el primogénito de María, era responsable por su bienestar y su mantenimiento.

El Señor cumplió con este principio al dejar a su madre al cuidado del apóstol Juan ya que sabía que este la protegería y sustentaría. Jesús le dijo a Juan: "He ahí tu madre" (Jn 19:27). Y a María le dijo: "Mujer, he ahí tu hijo" (Jn 19:26). A partir de ese momento, el discípulo "la recibió consigo" (Jn 19:27). La tarea de Juan consistía en completar lo que Jesús no podía terminar, es decir, el cuidado de su madre.

Estos tres ejemplos ilustran el ministerio de completar:

- los abuelos que deben criar a los nietos
- el padre o la madre cristianos de una familia rehecha que tienen que criar hijos que no son suyos
- los hermanos que, a causa de una tragedia, tienen que criar a sus sobrinos o sobrinas

Cuando alguien, por decisión propia o por cosas del destino, no puede cumplir con sus responsabilidades filiales, paternales o para con los enfermos, y otra persona las toma bajo su cuidado, esto es ejemplo de una acción muy "cristiana". "Aunque mi padre y mi madre me dejaran," nos dice David, "con todo, Jehová me recogerá" (Sal 27:10).

El apóstol Santiago expresó esta misma idea con estas palabras: "La religión pura y sin mácula delante de Dios el Padre es esta: Visitar a los huérfanos y a las viudas en sus tribulaciones, y guardarse sin mancha del mundo" (Stg 1:27). El apóstol

Pablo reflejó este punto de vista al recibir una ofrenda especial de amor por parte de las iglesias de los gentiles de Macedonia y Acaya para darla a los santos pobres de Jerusalén (Ro 15:26).

C. La administración de la iglesia y las denominaciones

" ... Puso Dios en la iglesia ... los que administran" debido a que en la iglesia visible los hombres necesitan tener una estructura (1 Co 12:28). No obstante, el Señor no detalló cómo había de quedar constituida la iglesia. La lección que podemos sacar de la historia de la iglesia es que su gobierno se ha ido desarrollando a medida que ha aumentado la necesidad de un mejor sostén o andamiaje sin el cual no es posible continuar ampliando la viña del Señor. En las décadas posteriores al ministerio de los apóstoles fundadores, fue esencial tener una mejor planificación administrativa en el seno de la iglesia apostólica como resultado de su crecimiento exponencial, fundamentalmente en medio de la intensa persecución. Uno de los propósitos esenciales de la iglesia visible es garantizar un lugar en el cual el Espíritu Santo haga "habitar en familia a los desamparados" (Sal 68:6). En esas asambleas, los hombres encuentran estructura, disciplina, entrenamiento para tener la actitud y el carácter de Jesucristo, a fin de cumplir su plan para ganarse al mundo.

Así como en Israel había doce tribus, las congregaciones locales reconocen con rapidez la necesidad de establecer vínculos con el resto del cuerpo de Cristo. Las denominaciones dan lo mejor, por ende, cuando sirven como familia visible de Dios. El esfuerzo conjunto de las numerosas congregaciones propicia el desarrollo de escuelas universitarias, campamentos juveniles, misiones internacionales, programas evangelísticos, consolidan los ministerios caritativos y ofrecen toda una gama de oportunidades que redundan en beneficio tanto de las congregaciones como de toda la sociedad.

Las congregaciones, así como las denominaciones que conforman, han de regocijarse con las ventajas que les ofrecen las estructuras administrativas en que se basan sin olvidar que son solo el emparrado, es decir, una estructura de sostén que no produce ningún fruto. Solo así podrán recalcar que el objetivo fundamental de la administración y el gobierno de la iglesia visible es servir de complemento a la misión espiritual de la iglesia invisible.

El profeta Daniel pudo ver numerosas y sorprendentes visiones en su vida, entre las que se encuentran la revelación del Mesías como una piedra cortada de una montaña, pero no por la mano del hombre (Dn 2:34). Daniel entendió que el Mesías sentaría las bases de un reino que nunca podría ser destruido y que en última instancia conquistaría a todos sus rivales (Dn 2:44). Asimismo, algunas de la visiones que tuvo "están cerradas y selladas hasta el tiempo del fin" (Dn 12:9).

Incluso tuvo vislumbres de la inminente resurrección, por lo que le fue dicho: "Y muchos de los que duermen en el polvo de la tierra serán despertados, unos para vida eterna, y otros para vergüenza y confusión perpetua" (Dn 12:2). En cuanto a él mismo, el ángel le dijo: "Y tú irás hasta el fin, y reposarás, y te levantarás para recibir tu heredad al fin de los días" (Dn 12:13).

Ahora agreguemos las últimas pinceladas de este tributo a nuestro magnífico Señor. Lo único que falta es el prodigioso relato de la Segunda Venida de Cristo, cuando todos sus enemigos serán sujetados bajo sus pies (Heb 2:8).

Es importante que los lectores puedan captar las otras tonalidades y colores de este cuadro, es decir, el destino definitivo de la iglesia del Señor. Pablo señaló que la heredad de los fieles incluye una "corona de justicia" (2 Tim 4:8). Pedro, por su parte, habló de una "corona ... de gloria" (1 P 5:4). Santiago y Juan nos hablan de "la corona de vida" (Stg 1:12; Ap 2:10). Juan el Revelador describió a Jesús como el "Hijo del Hombre" que tenía en la cabeza "una corona de oro" (Ap 14:14).

¡Oh, qué bendito día!

Capítulo once
EL TRIUNFO DEL SIERVO

Padre, quiero que los que me has dado estén conmigo donde yo estoy. Que vean mi gloria.
—Juan 17:24, NVI

No selles las palabras de la profecía de este libro.
—Apocalipsis 22:10

Ponme como un sello sobre tu corazón, como una marca sobre tu brazo.
—Cantar de los cantares 8:6

Sé quién soy, y a dónde voy

En enero del 2000, los líderes de Charlotte, Carolina del Norte, invitaron a su ciudadano ilustre, Billy Graham, a un almuerzo en su honor.

En un principio, el señor Graham dudó en aceptar ya que sufría de la enfermedad de Parkinson, pero los líderes de la ciudad le dijeron: "No esperamos un discurso, solo venga y permítanos honrarle".

Así que aceptó. Después de todos los cumplidos que se dijeron sobre su persona, el doctor Graham se dirigió al púlpito, miró a la multitud y dijo: "Hoy recuerdo a Albert Einstein, el gran científico que este mismo mes fue homenajeado por la revista *Time* como el hombre del siglo. En cierta ocasión, Einstein se encontraba a bordo de un tren que había tomado en Princeton cuando el conductor, que venía marcando los boletos por el pasillo, llegó hasta él. Einstein metió la mano en el bolsillo de la chaqueta pero no pudo encontrar el boleto, entonces lo buscó en el bolsillo del pantalón, y tampoco lo encontró, y tampoco en la maleta. Miró al asiento de al lado, pero tampoco lo vio.

"Entonces el conductor le dijo: 'Doctor Einstein, sé quién es usted. Todos aquí sabemos quién es. Estoy seguro de que ha comprado su boleto. No se preocupe.'

"Einstein movió la cabeza asintiendo. El conductor prosiguió su trabajo marcando boletos por el pasillo. Cuando iba a pasar al otro vagón, se volteó y vio al gran científico en cuatro patas buscando el boleto debajo del asiento.

"El conductor corrió hasta él y le dijo: '¡Doctor Einstein! ¡Doctor Einstein! No se preocupe, sé quién es y no tiene que buscar su boleto, ya no lo necesita. Estoy seguro de que lo compró.' Einstein lo miró y le respondió: 'Joven, yo también sé quién soy. Lo que no sé es a dónde voy.'"

Una vez que Billy Graham hubo relatado la anécdota, añadió: "¿Ven el traje que llevo ahora? Es nuevo. Mi esposa, mis hijos y mis nietos me dicen que con los años me he vuelto un tanto desaliñado. Antes solía ser más meticuloso, por lo que me he comprado este traje para asistir a este almuerzo y para otra ocasión más. ¿Saben cuál? Este es el traje con que me van a enterrar. Pero cuando oigan que he muerto, no quiero que recuerden el traje que llevo ahora. Quisiera que recordaran estas palabras: No solo sé quién soy, sino que también sé a dónde voy."[1]

I. La introducción: El apóstol Juan en Patmos (Ap 1)

Apocalipsis es el último libro del canon sagrado y el principal texto del Nuevo Testamento que relata cómo abrirá Dios el libro de los tiempos. Cristo, el Siervo, sentado en el puesto más honroso a la diestra de Dios, terminará la obra de su Padre (Hch 2:34-35). Para ello, descenderá de su trono y regresará a la tierra a iniciar la consumación final de todas las cosas. "Vendré otra vez," les prometió Jesús a sus discípulos antes de la crucifixión, "y os tomaré a mí mismo, para que donde yo estoy, vosotros también estéis" (Jn 14:3). "No temas," dijo Jesús en Patmos, "yo soy el primero y el último" (Ap 1:17).

Juan el Revelador describió a un Cristo Redentor que tenía muy claro cuáles eran las partes del gran óleo de la redención al que le faltaban las últimas pinceladas. Este maravilloso Señor de todas las cosas tenía en sí la autoridad total para la consumación de todas las cosas, incluyendo la redención de la naturaleza. Sus palabras fueron: "Yo soy el Alfa y la Omega" (Ap 1:8).

Tan arrolladoras y universales declaraciones de autoridad eterna, en boca de otra persona que no fuera Jesucristo, se convertirían en los ejemplos más grotescos de egolatría. Sin embargo, el Mesías no se contentó sencillamente con hacerlas, sino que también le demostró a Juan quién era: "Yo soy... el que vivo, y estuve muerto; mas he aquí que vivo por los siglos de los siglos, amén. Y tengo las llaves de la muerte y del Hades" (Ap 1:18).

El apóstol Pablo resumió la importancia de la glorificación de Jesucristo y la máxima adoración que recibirá ese grandioso día: "Por lo cual Dios también le exaltó [a Jesús] hasta lo sumo, y le dio un nombre que es sobre todo nombre, para

El triunfo del Siervo

que en el nombre de Jesús se doble toda rodilla de los que están en los cielos, y en la tierra, y debajo de la tierra; y toda lengua confiese que Jesucristo es el Señor, para gloria de Dios Padre" (Flp 2:9–11; Ro 14:11; Is 45:23).

La historia de nuestro magnífico Señor alcanza su clímax en esta esperanza de todas las edades. Los profetas de todos los siglos lo han predicho, y los santos de todos los tiempos lo han anhelado. Un día, los ángeles se regocijarán por haber ayudado a que llegara ese día. El Señor mismo vendrá; no demorará (Hab 2:3; Heb 10:37–38). La justicia finalmente prevalecerá. "Porque la tierra será llena del conocimiento de la gloria de Jehová, como las aguas cubren el mar" (Hab 2:14; Is 11:9). Es más, somos para Jesucristo como un sello en su corazón, como una marca sobre su brazo (Cant 8:6; Ef 1:13). Gracias a su "gran amor con que nos amó," cumplirá toda justicia (Ef 2:4; Mt 3:15; Ro 1:17).

Todos los estudiosos serios de la Biblia no dejan de explorar este santo terreno (Ap 1:3). La venida del Señor es inminente. Pronto escucharemos el clamor que anunciará: ¡Aquí viene el esposo; salid a recibirle!" (Mt 25:6). La idea del más excelso descendiente de David reinando desde el Monte de Sion es suficiente para hacer danzar las almas de puro gozo (Ro 1:3; Jer 31:4; Mt 21:9, 14).

El libro de Apocalipsis abarca tres temas principales.

- Las siete epístolas que Jesús envió por medio del apóstol Juan a las siete iglesias de Asia.
- La adoración que Jesucristo recibirá en el cielo. Juan también establece la diferencia entre la adoración celestial del Hijo de Dios con la reverencia que los impíos de la tierra le harán a Satanás y al Anticristo.
- Los sucesos que se desarrollarán tanto en la tierra como en el cielo en los últimos días y que marcan la consumación de todas las cosas.

Patmos es una isla rocosa de aproximadamente unos 35 kilómetros cuadrados de tamaño, localizada en la costa de Turquía en el Mar Egeo. Esta isla se encuentra a alrededor de ochenta kilómetros al suroeste de Éfeso. A consecuencia de su testimonio "de la palabra de Dios y el testimonio de Jesucristo," un tribunal romano juzgó y condenó al apóstol Juan, el pastor apostólico de la gran iglesia de Éfeso (Ap 1:9). La sentencia fue el destierro a esta isla.

A pesar de que estuvo aislado de los que amaba, Juan estaba en el Espíritu en el día del Señor y tuvo una magnífica visión del Salvador ascendido (Ap 1:10-16). Esta comenzó al oír detrás de sí una voz como de trompeta:

"Yo soy el Alfa y la Omega, principio y fin, dice el Señor, el que es y que era y que ha de venir, el Todopoderoso ... Escribe en un libro lo que ves, y envíalo a las siete iglesias que están en Asia: a Éfeso, Esmirna, Pérgamo, Tiatira, Sardis, Filadelfia y Laodicea."
—Apocalipsis 1:8, 11

El libro que Juan escribió en Patmos provino "de Jesucristo el testigo fiel, el primogénito de los muertos, y el soberano de los reyes de la tierra" (Ap 1:5). Él es Quien "nos amó, y nos lavó de nuestros pecados con su sangre, y nos hizo reyes y sacerdotes para Dios, su Padre; a él sea gloria e imperio por los siglos de los siglos" (Ap 1:5-6).

A inicio de Apocalipsis, Juan habla de una bendición especial para todos los que leyeren las palabras de esta profecía. "Bienaventurado el que lee," dijo, "los que oyen las palabras de esta profecía, y guardan las cosas en ella escritas; porque el tiempo está cerca" (Ap 1:3). Entonces, como grandioso colofón, el Señor Jesús nos dice esta bendición al final del volumen: "¡He aquí, vengo pronto! Bienaventurado el que guarda las palabras de la profecía de este libro" (Ap 22:7).

Después de la primera bendición, gozosos pensamientos sobre el gran desenlace de todas las cosas inundaron el corazón de Juan. Él escribió: "He aquí que viene con las nubes, y todo ojo le verá, y los que le traspasaron; y todos los linajes de la tierra harán lamentación por él. Sí, amén" (Ap 1:7).

La grandeza de la visión de Jesucristo que Juan tuvo en la rocosa isla de Patmos era muy diferente a la de la última vez que Juan había visto a Jesús ascender desde el Monte de los Olivos.

> Y me volví para ver la voz que hablaba conmigo; y vuelto, vi siete candeleros de oro, y en medio de los siete candeleros, a uno semejante al Hijo del Hombre, vestido de una ropa que llegaba hasta los pies, y ceñido por el pecho con un cinto de oro. Su cabeza y sus cabellos eran blancos como blanca lana, como nieve; sus ojos como llama de fuego; y sus pies semejantes al bronce bruñido, refulgente como en un horno; y su voz como estruendo de muchas aguas. Tenía en su diestra siete estrellas; de su boca salía una espada aguda de dos filos; y su rostro era como el sol cuando resplandece en su fuerza.
> —Apocalipsis 1:12-16

Juan nos dice que cuando vio al Señor, cayó "como muerto a sus pies," pero el Señor lo reanimó y reconfortó (Ap 1:17).

Yo soy... el que vivo, y estuve muerto; mas he aquí que vivo por los siglos de los siglos, amén. Y tengo las llaves de la muerte y del Hades. Escribe las cosas que has visto, y las que son, y las que han de ser después de estas. El misterio de las siete estrellas que has visto en mi diestra, y de los siete candeleros de oro: las siete estrellas son los ángeles de las siete iglesias, y los siete candeleros que has visto, son las siete iglesias

—Apocalipsis 1:18-20

II. Cartas a las siete iglesias de Asia (Ap 2—3)

El mensaje que Juan envió a las siete iglesias de Asia, en Asia Menor, hoy Turquía, provino del exaltado Salvador. Juan lo dirigió al "ángel," o pastor de cada una de esas iglesias. Los pecados que el Señor señala en cada una de estas siete congregaciones ilustran los principales defectos que la iglesia ha tenido que afrontar desde sus inicios. Estas cartas describen al excelso Salvador como tierno aunque firme pastor, apasionadamente preocupado por el bienestar de su rebaño. Cada una de las epístolas tiene características similares: unas palabras de reconocimiento, unas de corrección, una bendición para que corrijan fielmente lo pedido y como conclusión, unas palabras de advertencia.

Con su encarnación, el Señor restringió el ejercicio voluntario de sus atributos y sometió el ministerio a la palabra de su Padre en el Antiguo Testamento, fortalecido por el Espíritu Santo. Llevó adelante su obra con una resolución de acero, cumpliendo con los planes de su Padre en todo. Para lograrlo, tenía que observar y repetir lo que hacía y decía el Padre (Jn 5:17-20; 10:4-5). Por ese principio pudo triunfar como Hijo del hombre y postrer Adán; nunca más haría falta otro "Adán"Adán (Mt 24:17-44; 1 Co 15:45).

Como Jesús, en la *kenosis,* escuchó a su Padre e hizo lo que le decía, así los creyentes han de desarrollar esta misma capacidad. "El que tiene oído," les dijo Jesús a todas esas congregaciones, "oiga lo que el Espíritu dice a las iglesias" (Ap 2:7). En todas estas epístolas, el Señor los instó a tener esa misma capacidad de la *kenosis* que caracterizó su propia vida.

A. Éfeso, una iglesia que perdió su primer amor (Ap 2:1-7)

La epístola a la iglesia de Éfeso debe haber sido particularmente conmovedora para Juan ya que había sido pastor allí. Jesús alabó a la congregación por su capacidad para obrar con paciencia y perseverancia sin por ello llegar a ser tediosa. Habían incluso establecido un sistema para juzgar si alguien era apóstol y desenmascarado a algunos mentirosos. No obstante, el Señor corrigió a la iglesia por haber perdido su primer amor y llamó a los creyentes a recordar la altura "de dónde has [habían] caído." También los instó a que se arrepintieran e hicieran "las primeras obras" porque de lo contrario, añadió: "vendré pronto a ti, y quitaré tu candelero de su lugar, si no te hubieres arrepentido" (Ap 2:5). Luego el Señor bendijo a la congregación de Éfeso con estas palabras: "El que tiene oído, oiga lo que el Espíritu dice a las iglesias. Al que venciere, le daré a comer del árbol de la vida, el cual está en medio del paraíso de Dios" (Ap 2:7).

B. Esmirna, una iglesia perseguida (Ap 2:8-11)

Esmirna era una iglesia que sufría. El Señor alabó a los creyentes que servían en medio de grandes tribulaciones y pobreza y los animó a permanecer firmes, incluso aunque significara la cárcel. Jesús no les habló a esos creyentes de subsanar error alguno en su congregación sino que por el contrario, los exhortó a que fueran "fiel[es] hasta la muerte," ya que les daría "la corona de la vida" (Ap 2:10). También les prometió que el que venciera "no sufrirá daño de la segunda muerte" (Ap 2:11).

El que tiene oído, oiga lo que el Espíritu dice a las iglesias.
—APOCALIPSIS 2:11

⁓ Maldice a Cristo y vivirás. ⁓

Policarpo, el mártir más ilustre de Esmirna, era discípulo del apóstol Juan y llegó a convertirse en obispo de la congregación gregaciónde Esmirna en el año 96 d.C. Cuando murió, en 155 d.C., era ya uno de los líderes cristianos más famosos entre los padres de la iglesia postapostólica.

El procónsul romano de Esmirna, impulsado por la fiebre de persecuciones que desató el imperio, ordenó la búsqueda, arresto y ejecución en público de Policarpo, obispo de Esmirna. Miles de espectadores clamaban por su sangre, pero el procónsul se compadeció de Policarpo ya que tenía casi cien años. Entonces le hizo una señal a la multitud para que se callara. Y le dijo a Policarpo: "Maldice a Cristo y vivirás".

La multitud aguardó la respuesta del anciano, que con una maravillosa y fuerte voz le dijo: "Le he servido por ochenta y seis años y no me ha hecho ningún mal. ¿Cómo podría yo blasfemar el nombre de mi Dios y Rey?"

Sus últimas palabras han permanecido vivas a través de los siglos desde entonces y continúan inspirando a millones.[2]

C. Pérgamo, una iglesia transigente (Ap 2:12-17)

Jesús alabó a la iglesia de Pérgamo por haber soportado sin rendirse ante el martirio, pero también los reprendió porque habían permitido que el tolerante Espíritu de Balaam se introdujera en la iglesia. Balaam fue un vidente que hacía profecías por dinero y condujo así a Israel a la obscenidad moral y la idolatría (Nm

22-24). La doctrina de los nicolaítas también había infestado a Pérgamo. Es posible que su doctrina se hubiese originado en las enseñanzas de Nicolás de Antioquía, uno de los primeros diáconos (Hch 6:5). Los nicolaítas creían que el hecho de ser cristianos les daba libertad para practicar la inmoralidad sexual y la idolatría.

El Señor instó a las personas de Pérgamo a escuchar las palabras que el Espíritu les decía a las iglesias y a arrepentirse de sus males. Si lo hacían, Jesús prometió darles del "maná escondido" y "una piedrecita blanca, y en la piedrecita escrito un nombre nuevo, el cual ninguno conoce sino aquel que lo recibe" (Ap 2:17).

En la antigua cultura griega, las piedras eran un símbolo; las blancas y negras representaban las sentencias del jurado, por ejemplo, las negras significaban la condena por parte del jurado, y las blancas, la absolución. El hecho de que el Señor les prometiera a estos creyentes una piedra blanca quizás sugiriera que los bendecía en gran medida, no solo para que entraran a su reino sino también para que entraran al banquete celestial en la cena de las Bodas del Cordero.[3]

D. Tiatira, una iglesia corrompida (Ap 2:18-29)

El Señor alabó la iglesia de Tiatira por su obra, amor, servicio, fe y, en particular, por su paciencia. Sin embargo, una supuesta profetisa con el espíritu de Jezabel la había contaminado, y al igual que la misma mujer de su mismo nombre del Antiguo Testamento, estaba empujando a los feligreses por los caminos de la inmoralidad (1 R 21:25-26). También les había enseñado a mezclarse corruptamente con la cultura pagana de Asia Menor comiendo cosas sacrificadas a los ídolos. Jesús juró juzgar duramente a ese espíritu de Jezabel. A la fiel iglesia de Tiatira, le prometió darle poder sobre otras naciones y la estrella de mañana.

El que tiene oído, oiga lo que el Espíritu dice a las iglesias.
—Apocalipsis 2:29

E. Sardis, una iglesia muerta (Ap 3:1-6)

La congregación de Sardis contaba con algunos fieles que no habían manchado sus vestiduras, pero desde el punto de vista funcional era una iglesia muerta. El Señor los llamó a que se arrepintieran y les prometió que los vencedores serían vestidos de blanco y que no borraría sus nombres del Libro de la Vida.

El que tiene oído, oiga lo que el Espíritu dice a las iglesias.
—Apocalipsis 3:6

F. Filadelfia, una iglesia fiel (Ap 3:7-13)

El Señor describió a Filadelfia como la iglesia a la que había dado una puerta abierta para el ministerio que nadie podía cerrar. (*Filadelfia* quiere decir "amor fraternal.") Estos hermanos habían permanecido fieles guardando la palabra del Señor. Aun cuando fueron atacados por la sinagoga de Satanás no habían negado el nombre de Jesús. El Señor prometió juzgar a aquellos que falsamente proclamaban ser judíos y transformar a cada vencedor en una columna de su templo. Asimismo, les prometió que regresaría pronto. "Al que venciere", le dijo el Señor, "escribiré sobre él el nombre de mi Dios, y el nombre de la ciudad de mi Dios, la nueva Jerusalén, la cual desciende del cielo, de mi Dios, y mi nombre nuevo" (Ap 3:12).

> El que tiene oído, oiga lo que el Espíritu dice a las iglesias.
> —Apocalipsis 3:13

G. Laodicea, una iglesia tibia (Ap 3:14-22)

El problema que tenían los laodicenses era que su fervor espiritual era tibio e indiferente, ni frío ni caliente. El Señor no encontró nada que alabar en esta congregación, y a causa de esa tibieza, Jesús estaba a punto de vomitarlos de su boca.

> Porque tú dices: Yo soy rico, y me he enriquecido, y de ninguna cosa tengo necesidad; y no sabes que tú eres un desventurado, miserable, pobre, ciego y desnudo. Por tanto, yo te aconsejo que de mí compres oro refinado en fuego, para que seas rico, y vestiduras blancas para vestirte, y que no se descubra la vergüenza de tu desnudez; y unge tus ojos con colirio, para que veas. Yo reprendo y castigo a todos los que amo; sé, pues, celoso, y arrepiéntete.
> —Apocalipsis 3:17-19

El Señor se describe como ajeno y alejado a esta iglesia, no dentro de ella. Está llamando a la puerta para entrar a su propia iglesia. "Si alguno oye mi voz y abre la puerta," imploró el Señor, "entraré a él, y cenaré con él, y él conmigo" (Ap 3:20). Es una súplica desgarradora, honrada con una gloriosa recompensa: "Al que venciere, le daré que se siente conmigo en mi trono, así como yo he vencido, y me he sentado con mi Padre en su trono. El que tiene oído, oiga lo que el Espíritu dice a las iglesias" (Ap 3:21-22).

Estas siete epístolas demuestran que los sentimientos vehementes de Jesús por su iglesia aún están vigentes ya que no regresó a su Padre y se olvidó de ella. Jesús se ha preocupado auténtica e íntimamente por su iglesia, y su conocimiento de ella ha sido bien detallado en todas las generaciones posteriores a la asombrosa profecía en la iglesia de Cesarea de Filipos. Él nunca dejará ni desamparará a su iglesia (Heb 13:5).

En estas siete cartas, Juan testificó de este compromiso en acción. El Señor estaba comprometido apasionadamente con el crecimiento, el desarrollo y la motivación de los creyentes. Incluso desde su encumbrado trono a la diestra del Padre, Jesús ha continuado —a lo largo de la Era de la iglesia— conociendo detalladamente y abrigando clementes sentimientos por el bienestar de cada una de sus congregaciones. Es más, vivió "siempre para interceder por ellos" (Heb 7:25).

III. Apocalipsis, un gran libro que trata sobre la adoración (Ap 4—19)

Este estudio se enfocará en nueve escenas de adoración de Apocalipsis 4—19, cada una de las cuales se centra a su vez en el Salvador triunfante. Todas se desarrollan en el cielo y entretejen frases importantes de los últimos días del juicio final, pero también contrastan a los impíos que adoran con terquedad al diablo y se rehúsan a adorar al triunfante Señor de la tumba vacía. Las descripciones de Juan ilustran la adoración celestial como espontánea y entusiasta y, en ocasiones, hasta con fuerza.

A. La adoración para honrar al Dios creador (Ap 4)

Después de recibir las siete epístolas del Señor para las iglesias de Asia, Juan alzó los ojos y vio "una puerta abierta en el cielo." La primera voz que oyó, semejante a una trompeta y le dijo: "Sube acá, y yo te mostraré las cosas que sucederán después de estas" (Ap 4:1).

1. El contexto

En el calendario divino, esta trompeta convoca al Rapto de la iglesia. El término griego arapagasometha encierra el significado de "arrancar" o "arrebatar" (1 Tes 4:17) y se traduce en latín como rapio, del cual se deriva el término "rapto."[4] El pueblo de Dios tiene un glorioso destino en el reino eterno del Señor. El Rapto señalará el fin de la era de la iglesia y dará comienzo al reino de Jesucristo.

Dios el Padre pondrá el sello del Espíritu en los corazones de sus hijos, dando "las arras del Espíritu en [sus] corazones" (2 Co 1:22). Para ese fin, Jesús oró: "Padre, aquellos que me has dado, quiero que donde yo estoy, también ellos estén conmigo, para que vean mi gloria que me has dado; porque me has amado desde antes de la fundación del mundo" (Jn 17:24).

Durante la primera visita del Señor —en carne y hueso— a la tierra, que duró treinta y tres años, acaecieron muchas cosas. Su Segunda Venida también la hará por un lapso de tiempo determinado que comenzará con el Rapto de la iglesia. Jesús dijo que su venida sería tan rápida como un relámpago (Mt 24:27). Pablo afirma que el Rapto sucederá "en un abrir y cerrar de ojos" (1 Co 15:52).

Alrededor de treinta años antes de la experiencia de Juan en Patmos, el Espíritu Santo le dio al apóstol Pablo una revelación del comienzo de los sucesos de los últimos tiempos que sellarían la gran esperanza del cuerpo de Cristo.

Por lo cual os decimos esto en palabra del Señor: que nosotros que vivimos, que habremos quedado hasta la venida del Señor, no precederemos a los que durmieron. Porque el Señor mismo con voz de mando, con voz de arcángel, y con trompeta de Dios, descenderá del cielo; y los muertos en Cristo resucitarán primero. Luego nosotros los que vivimos, los que hayamos quedado, seremos arrebatados juntamente con ellos en las nubes para recibir al Señor en el aire, y así estaremos siempre con el Señor. Por tanto, alentaos los unos a los otros con estas palabras.
—1 Tesalonicenses 4:15-18

Este maravilloso episodio marca el comienzo de la primera resurrección, de la cual Jesús es primicia (1 Co 15:20). Pablo la describe como la revelación de un secreto.

He aquí, os digo un misterio: No todos dormiremos; pero todos seremos transformados, en un momento, en un abrir y cerrar de ojos, a la final trompeta; porque se tocará la trompeta, y los muertos serán resucitados incorruptibles, y nosotros seremos transformados. Porque es necesario que esto corruptible se vista de incorrupción, y esto mortal se vista de inmortalidad. Y cuando esto corruptible se haya vestido de incorrupción, y esto mortal se haya vestido de inmortalidad, entonces se cumplirá la palabra que está escrita: Sorbida es la muerte en victoria. ¿Dónde está, oh muerte, tu aguijón? ¿Dónde, oh sepulcro, tu victoria? ya que el aguijón de la muerte es el pecado, y el poder del pecado, la ley. Mas gracias sean dadas a Dios, que nos da la victoria por medio de nuestro Señor Jesucristo.
—1 Corintios 15:51-57

❦ Doctor, ¿qué hay del otro lado? ❦

Un paciente con una enfermedad terminal se dirigió a su médico cuanto este se disponía a abandonar la sala de análisis y le dijo: "Doctor, temo morir. Dígame qué hay del otro lado."

Calmadamente, el médico le contestó: "No sé".

"¿No sabe? ¿Usted, un cristiano... y no sabe qué hay del otro lado?"

El médico agarraba el picaporte de la puerta; del otro lado se escuchaba el sonido de un animal que arañaba la puerta y daba gemidos queriendo entrar. Al abrir la puerta, un perro entró corriendo a la sala y se abalanzó sobre el médico con grandes muestras de alegría.

Dirigiéndose al paciente, el médico le dijo: "¿Vio lo que hizo mi perro? Nunca antes había entrado a esta sala, ni tampoco sabía lo que había en ella. Lo único que sabía era que su amo estaba aquí, y al abrirse la puerta, se lanzó dentro sin temor. No sé qué haya del lado de la muerte, pero si de algo estoy seguro es de que mi Maestro está allí, y eso es más que suficiente."⁵

En numerosas ocasiones, Jesús ha ampliado amorosamente nuestra percepción sobre el mañana eterno. Un día se levantará con esplendor entre las nubes y mandará a sus ángeles a que reúnan a los elegidos "desde el extremo de la tierra hasta el extremo del cielo" (Mr 13:27). Todos los creyentes de todas las generaciones que conforman el cuerpo espiritual recibirán un cuerpo semejante al del Señor (1 Jn 3:2-3). Tal es el destino que aguarda a la iglesia del Señor.

En cuando a la aparición del Señor, "del día y la hora nadie sabe, ni aun los ángeles de los cielos, sino sólo mi Padre" (Mt 24:36). Sólo el Padre posee ese conocimiento, por lo tanto, esta esperanza bendita implica una gran motivación para servir con fidelidad en el cuerpo de Cristo. Lo que el Señor le dice a uno solo se aplica a todos. Su mensaje es que miremos, velemos y oremos "porque no sabéis cuándo será el tiempo" (Mr 13:33, 37; 1 Ts 5:6; Mt 24:44). El apóstol Juan dijo: "Y todo aquel que tiene esta esperanza en él, se purifica a sí mismo, así como él [Cristo] es puro" (1 Jn 3:3; 2 P 3:11; Mt 25:6-7). El verbo que se traduce como "purificar" (del griego *hagnizei*) está usado en el presente y significa la continua práctica de mantenerse puro o santificado en el carácter, actitud y visión salvadora del Señor. Esta motivación nos inspira a estar alerta constantemente y llevar una vida santa así como a ayudar al cuerpo espiritual de Cristo a prepararse para la Segunda Venida del Señor (Lc 12:39; Mt 25:5-6).

El cristianismo apostólico tiene su más puro incentivo en esta bendita esperanza. No cabe duda que todo el que ama y espera la venida de Jesús anhela crecer y desarrollarse en la actitud cristiana de plena confianza en su Padre, y su amor por las cosas que ama el Señor no decaerá (Jn. 14:15; Flp 2:5; 2 Tim 4:7-8).

Los creyentes que aman la venida de Cristo deciden adoptar las pasiones supremas del Señor, incluso las dos razones por las que Jesús dio su vida. Jesús murió para salvar a los perdidos y para establecer su iglesia con el fin de que sus hijos crecieran a imagen de Cristo (Lc 2:52; Flp 2:12-13; 1 Jn 4:17). Esos discípulos comprometidos tienen su "ciudadanía ... en los cielos, de donde también espera[n] al Salvador ... al Señor Jesucristo" (Flp 3:20-21). Pedro se refirió al asunto vivamente cuando dijo: "Ceñid los lomos de vuestro entendimiento, sed sobrios, y esperad por completo en la gracia que se os traerá cuando Jesucristo sea manifestado" (1 P 1:13). Asimismo, los creyentes que "aman su venida" deciden esforzarse por alcanzar corazones de siervos como el de Él (Mt 20:26; Jn 13:4-17; 2 Tim 4:8).

2. La adoración (Ap 4)

"Y al instante yo estaba en el Espíritu," dijo Juan, "he aquí, un trono establecido en el cielo" (Ap 4:1-2). Juan vio al Señor sentado en el trono, con "un arco iris, semejante en aspecto a la esmeralda" (Ap 4:3). Los veinticuatro ancianos sentados alrededor del trono llevaban coronas de oro, y representaban a los redimidos de todos los tiempos. La adoración se hacía bien alto, en medio de "relámpagos y truenos y voces" (Ap 4:5).

En esta primera experiencia de adoración celestial, Juan vio a cuatro seres vivientes que dirigían la adoración alrededor del trono. Y escribió que esos seres "no cesaban día y noche de decir: Santo, santo, santo es el Señor Dios Todopoderoso, el que era, el que es, y el que ha de venir" (Ap 4:8).

Cada vez que estos seres vivientes "dan gloria y honra y acción de gracias al que está sentado en el trono, al que vive por los siglos de los siglos," los veinticuatro ancianos se postran ante el que está sentado y "echan sus coronas delante del trono" (Ap 4:9-10). Su ardiente deseo es adorar al Dios hacedor de los cielos y la tierra, por lo que dicen: "Señor, digno eres de recibir la gloria y la honra y el poder; porque tú creaste todas las cosas, y por tu voluntad existen y fueron creadas" (Ap 4:11).

El amor de Dios fue lo que hizo posible la creación. Todo lo que Dios creó los cinco primeros días, "vio ... que era bueno" (Gn 1:25). En cuanto al hombre, fue creado el sexto día y Dios vio que era "bueno en gran manera" (Gn 1:31). En esta majestuosa escena celestial, el redimido de los siglos se deleita con la máxima experiencia de adoración, agradeciéndole a Dios por su obra creadora.

B. La adoración que alaba al Cordero Redentor (Ap 5)

Juan tuvo otra experiencia de adoración alrededor del trono de Dios. "En la mano derecha del que estaba sentado en el trono" había "un libro escrito por dentro y por fuera, sellado con siete sellos" (Ap 5:1). Juan escuchó la fuerte voz de un ángel que pregonaba: "¿Quién es digno de abrir el libro y desatar sus sellos?" (Ap 5:2).

Juan fijó la vista en espera del que respondería este llamado. Se dio cuenta de inmediato que nadie se ofrecía para abrir el libro, ni tampoco se atrevía a mirarlo, por lo que rompió a llorar profusamente. Uno de los veinticuatro ancianos le dijo que dejara de llorar porque "el León de la tribu de Judá, la raíz de David, ha vencido para abrir el libro y desatar sus siete sellos" (Ap 5:5).

Juan nos cuenta que vio al "Cordero como inmolado" (Ap 5:6). Que el Cordero tomó el libro para abrirlo, y una vez que lo hubo abierto, todo el cielo rompió en una adoración espontánea. Esta vez los cuatro seres vivientes, que habían sido los líderes de la adoración antes, se postraron ante el trono junto con los veinticuatro ancianos. "Todos tenían arpas y copas de oro llenas de incienso, que son las oraciones de los santos; y cantaban un nuevo cántico alabando al Cordero Redentor".

El triunfo del Siervo

> Digno eres de tomar el libro y de abrir sus sellos; porque tú fuiste inmolado, y con tu sangre nos has redimido para Dios, de todo linaje y lengua y pueblo y nación; y nos has hecho para nuestro Dios reyes y sacerdotes, y reinaremos sobre la tierra.
> —APOCALIPSIS 5:9-10

Millones de ángeles, "alrededor del trono", se unieron a la adoración y cantaron "a gran voz" algo que ellos conocen bien: el incalculable valor del Cordero.

> El Cordero que fue inmolado es digno de tomar el poder, las riquezas, la sabiduría, la fortaleza, la honra, la gloria y la alabanza.
> —APOCALIPSIS 5:12

A continuación, dice Juan, "a todo lo creado que está en el cielo, y sobre la tierra, y debajo de la tierra, y en el mar, y a todas las cosas que en ellos hay, oí decir: Al que está sentado en el trono, y al Cordero, sea la alabanza, la honra, la gloria y el poder, por los siglos de los siglos" (Ap 5:13). Los cuatro seres vivientes respondieron con gran afirmación diciendo "Amén". Los veinticuatro ancianos se les unieron, se postraron sobre sus rostros y "adoraron al que vive por los siglos de los siglos" (Ap 5:14).

Uno de los ancianos que estaba junto al trono de Dios le había dicho a Juan que "el León de la tribu de Judá, la raíz de David," abriría el libro (Ap 5:5). Pero lo que Juan vio a continuación fue al Cordero que parecía haber sido inmolado tomar el libro y abrirlo (Ap 5:6-7).

Durante su encarnación, Jesús no ganó el trono del universo por ser un feroz y rugiente rey de la selva. Por el contrario, el Señor triunfó gracias a que era el humilde y obediente siervo de todos. Jesús es el Cordero de Dios, y en el corazón de su Padre, fue inmolado para la fundación del mundo (1 P 1:20; Ap 13:8).

Existe una maravillosa verdad sobre los designios divinos, y es que el Cordero es también el León de Dios. El símbolo del cordero, en realidad, es un tema recurrente a lo largo de las Escrituras. El tema subyacente en la vida y el ministerio de Jesucristo es que el único león que Dios necesitaba para sus conquistas era su Cordero, "llevado al matadero" (Is 53:7; Jn. 1:29, 35-36). El indefenso Cordero, ungido por el Espíritu Santo y con el poder de la resurrección en sus manos, demostró superar en fuerzas todo el arsenal bélico de Satanás.

Esta vivificante escena de adoración celestial también marca en la Tierra el comienzo de la era que el Señor denominó "la Gran Tribulación" (Mt 24:21). Daniel describió su catalizador como "la muchedumbre de las abominaciones" que causa la desolación (Dn 9:27). Jeremías se refirió a ella como al "tiempo de angustia para

Jacob" (Jer 30:7). Juan, el Revelador, escuchó describirlas como el gran día "de la ira del Cordero" (Ap 6:16-17).

Daniel tuvo una visión profética de setenta semanas que nos permite delimitar temporalmente las acciones de Dios en Israel (Dn 9:20-27). Cada una de estas semanas se compone de siete años. Sesenta y nueve de estas, desde "la salida de la orden para restaurar y edificar a Jerusalén" (483 años), permiten fechar con precisión el periodo que transcurrió entre las profecías de Daniel y el ministerio del Mesías "Príncipe" (Dn 9:25). Debido a que el Espíritu Santo no le dio a Daniel ninguna visión sobre la iglesia, la edad de esta se estima que caiga en algún punto entre la semana sesenta y nueve y la setenta. Después de la decimoséptima semana vendrá el Rapto de la iglesia como los siete años de la ira del Cordero, es decir, la Gran Tribulación.

C. La adoración que honra el plan de salvación (Ap 7:9-17)

1. El contexto

Juan vio al Cordero tomar el libro y romper sus sellos. Cada uno de estos representaba la ira divina derramada en la tierra porque la hora del juicio había llegado (Ro 2:5-6; 2 Tes 2:3-4; Ap 6:17).

El llamado que escuchó —"sube acá"— marca el comienzo de una nueva etapa de la Gran Tribulación (Ap 4:1). Después que Dios retire a la iglesia de la tierra, el mayor obstáculo para el reino de Satanás será "quitado de en medio" (2 Tes 2:7-8). El diablo, como "hijo de perdición" tendrá la libertad para oponerse y levantarse "contra todo lo que se llama Dios o es objeto de culto" para entonces sentarse "en el templo de Dios como Dios, haciéndose pasar por Dios" (2 Tes 2:3-4). Satanás necesita que todos lo adoren. El hecho de que muchos lo adoren como él quiere es un tema secundario en Apocalipsis. La nación de Israel, que espera por su protección, "confirmará el pacto" (Dn 9:27).

A medida que Juan continuó su testimonio sobre la apertura de los sellos, observó grandes terremotos, al sol ponerse negro como tela de cilicio, la luna como sangre, las estrellas del cielo caer sobre la tierra y el cielo desvanecerse como un pergamino que se enrolla. Juan se dio cuenta de que la geografía terrestre estaba siendo transformada a medida que "todo monte y toda isla se removió de su lugar" (Ap 6:12-14). Y aun en medio de estos acontecimientos cataclísmicos, muchos rehusaban arrepentirse.

> Y los reyes de la tierra, y los grandes, los ricos, los capitanes, los poderosos, y todo siervo y todo libre, se escondieron en las cuevas y entre las peñas de los montes; y decían a los montes y a las peñas: Caed sobre nosotros, y escondednos del rostro de aquel que está sentado sobre el trono, y de la

ira del Cordero; porque el gran día de su ira ha llegado; ¿y quién podrá sostenerse en pie?

—APOCALIPSIS 6:15-17

A pesar de que el Espíritu Santo llevará a la iglesia al cielo, continuará atrayendo multitudes en la tierra. Muchos de los que no pudieron disfrutar del Rapto se volverán hacia Dios e incluso entregarán su vida como testimonio durante el reino del Anticristo. A continuación, un acto divino sellará a 144,000 judíos. Juan escuchó la orden salir de los cielos: "No hagáis daño a la tierra, ni al mar, ni a los árboles, hasta que hayamos sellado en sus frentes a los siervos de nuestro Dios" (Ap 7:3).

2. *La adoración*

Acto seguido, sucedió una experiencia de adoración que constaba de dos partes y que contenía a las multitudes de los redimidos y de los ángeles como prueba de que la promesa que Dios hizo a Abraham había sido cumplida a plenitud (Gn 15:5; 22:18; Gl 3:16). Juan vio a los redimidos como "una gran multitud, la cual nadie podía contar, de todas naciones y tribus y pueblos y lenguas, que estaban delante del trono y en la presencia del Cordero, vestidos de ropas blancas, y con palmas en las manos" (Ap 7:9). Juan los escuchó mientras clamaban a gran voz y alababan y adoraban a Dios por el plan de redención (Gn 15:6; Ef 2:1-9) diciendo así: "La salvación pertenece a nuestro Dios que está sentado en el trono, y al Cordero" (Ap 7:10).

Uno de los ancianos le dijo a Juan que esta multitud estaba constituida por los que habían "salido de la gran tribulación, y han lavado sus ropas, y las han emblanquecido en la sangre del Cordero" (Ap 7:14). El anciano que le explicó esta escena a Juan le descubrió entonces los beneficios eternos que provienen del plan de salvación.

> Por esto están delante del trono de Dios, y le sirven día y noche en su templo; y el que está sentado sobre el trono extenderá su tabernáculo sobre ellos. Ya no tendrán hambre ni sed, y el sol no caerá más sobre ellos, ni calor alguno; porque el Cordero que está en medio del trono los pastoreará, y los guiará a fuentes de aguas de vida; y Dios enjugará toda lágrima de los ojos de ellos."
>
> —APOCALIPSIS 7:15-17

En medio de este gran fervor, se desarrolla entonces la segunda fase de la adoración: "Y todos los ángeles estaban en pie alrededor del trono, y de los ancianos y de los cuatro seres vivientes; y se postraron sobre sus rostros delante del trono, y adoraron a Dios, diciendo: Amén. La bendición y la gloria y la sabiduría y la acción de gracias y la honra y el poder y la fortaleza, sean a nuestro Dios por los siglos de los siglos. Amén" (Ap 7:10-12).

Los santos ángeles de Dios no pueden entonar los cánticos de redención porque no se rebelaron en el cielo con Lucifer (Is 14:9-15). Por eso es que no necesitan la redención de Jesucristo (Mt 26:53; Jud 6). Sin embargo, adoran a Dios, confiriéndole "la bendición y la gloria y la sabiduría y la acción de gracias y la honra y el poder y la fortaleza ... por los siglos de los siglos. Amén" (Ap 7:12). No pueden disfrutar de la sangre redentora del Cordero pero sí pueden glorificar la sabiduría del plan de salvación.

D. La adoración que honra al reino triunfante del Rey Jesús (Ap 11:15-18)

1. El contexto

Como resultado del rompimiento de los siete sellos por el Cordero, hubo en la tierra juicios severos (Ap 6:1—8:5). A continuación siguieron las siete trompetas del juicio (Ap 8:6—11:19). "Y en aquellos días los hombres buscarán la muerte, pero no la hallarán; y ansiarán morir, pero la muerte huirá de ellos" (Ap 9:6).

Dios entonces separó a dos testigos para que profetizaran por mil doscientos sesenta días, o tres años y medio (Ap 11:3). Estos testigos podían ser Enoc y Elías, que habían subido al cielo sin haber muerto (Gn 5:24; 2 R 2:11; Heb 11:5; Jud 1:7) y serían ungidos de manera especial. Elías pidió fuego de los cielos para que los testigos pudieran defenderse de sus enemigos con el fuego que salía de sus bocas (1 R 18:36). También tendrían la potestad que tenía Elías para detener la lluvia, y la de Moisés de transformar el agua en sangre y azotar la tierra con plagas "cuantas veces quieran" (1 R 17:1; Éx 9:13; Ap 11:6).

Cuando concluya el ministerio de los dos testigos, Satanás subirá a la Bestia de los abismos para que luche contra ellos (Ap 11:7-10). Este Anticristo vencerá a los dos testigos y los matará. Sus cadáveres permanecerán en las calles de Jerusalén durante tres días y medio, la ciudad donde los impíos crucificaron a Jesús. Los pueblos de las naciones verán los cadáveres en la calle pero no harán nada por enterrarlos. Los impíos se regocijarán de su muerte, se enviarán regalos unos a otros porque el mensaje de arrepentimiento y salvación de los dos testigos muertos los había atormentado. (Ap 11:7-10).

Juan vio cómo el Espíritu Santo resucitó a los dos testigos al tercer día. En la visión que tuvo, vio a como estos dos hombres se levantaban y causaban pánico entre sus enemigos. Entonces el Espíritu Santo se llevó a los dos testigos al cielo y un gran terremoto destruyó la décima parte de la ciudad de Jerusalén (Ap 11:11-14).

2. La escena de la adoración

Una vez que los dos testigos terminaron su ministerio, Juan escuchó a un ángel sonar la trompeta y el cielo inundarse de adoración, pero esta vez era para celebrar el reino vencedor de Jesucristo. El apóstol Juan oyó voces "que decían: Los reinos del

El triunfo del Siervo

mundo han venido a ser de nuestro Señor y de su Cristo; y él reinará por los siglos de los siglos" (Ap 11:15).[6]

Una vez más los veinticuatro ancianos sentados ante Dios se postraron sobre sus rostros y lo adoraron diciendo:

> Te damos gracias, Señor Dios Todopoderoso, el que eres y que eras y que has de venir, porque has tomado tu gran poder, y has reinado. Y se airaron las naciones, y tu ira ha venido, y el tiempo de juzgar a los muertos, y de dar el galardón a tus siervos los profetas, a los santos, y a los que temen tu nombre, a los pequeños y a los grandes, y de destruir a los que destruyen la tierra.
> —APOCALIPSIS 11:17-18

Durante la crucifixión, el Señor le explicó a Pilato en qué consistía su reino:

> Mi reino no es de este mundo; si mi reino fuera de este mundo, mis servidores pelearían para que yo no fuera entregado a los judíos; pero mi reino no es de aquí. Le dijo entonces Pilato: ¿Luego, eres tú rey? Respondió Jesús: Tú dices que yo soy rey. Yo para esto he nacido, y para esto he venido al mundo, para dar testimonio a la verdad. Todo aquel que es de la verdad, oye mi voz.
> —JUAN 18:36-37

No cabe duda de que Jesús salió victorioso en el Calvario, pero el comienzo de su reinado sobre todos quedaba para el futuro, lo cual explica por qué cuando el Señor regresó al cielo su Padre le dijo: "Siéntate a mi diestra, Hasta que ponga a tus enemigos por estrado de tus pies" (Sal 110:1; Lc. 20:42-43).

Este cuadro ilustra la venida del tiempo en que los enemigos de Jesús se convertirán en estrado de sus pies. "Todo aquel que es de la verdad, oye mi voz," le respondió Jesús a Pilato durante su juicio (Jn 18:37). Pilato era uno de los que no escuchaban a Jesús, pero la adoración celestial es prueba de que millones de creyentes a lo largo de los siglos han bebido cada una de sus palabras y son ahora recompensados por eso.

¡Qué himno tan grandioso!

> Los reinos del mundo han venido a ser de nuestro Señor y de su Cristo; y él reinará por los siglos de los siglos.
> —APOCALIPSIS 11:15

E. La adoración que honra el triunfo de Jesús sobre Satanás (Ap 12:10-12)

1. El contexto

El apóstol Juan testimonió "una gran señal" que apareció en el cielo (Ap 12:1). La mujer y el dragón de esta escena son una muestra de la lucha de Satanás por la supremacía que comenzó con la rebelión de Lucifer en el cielo. En esa batalla, el arcángel Miguel y sus ángeles pudieron resistir al dragón. Miguel echó del cielo a la serpiente antigua, es decir, Satanás, que cayó en la tierra (Ap 12:7-9; Is 14:9-15; Ez 28:17). Jesús dio testimonio de haber visto a Satanás "caer del cielo como un rayo" (Lc 10:18). Como acusador de los hermanos "delante de nuestro Dios día y noche," Satanás ha estado en guerra desde entonces (Ap 12:10), y no libra sus batallas en las montañas, los llanos ni en alta mar sino en el corazón humano (Ef 6:12; Jer 31:33).

María dio a luz al niño Jesús, al Mesías que "regirá con vara de hierro a todas las naciones" (Ap 12:5). El dragón se enfrentó al niño y trató de destruirlo, pero Dios protegió a su Hijo (Ap 12:13-17) y es por eso que tanto María como Él prevalecieron. El dragón rojo no pudo devorar al niño (Mt 2:1-18).

Moisés describió con vívido lenguaje la primera promesa mesiánica de la Biblia, palabras que dejan traslucir la intensidad de la lucha: "Y pondré enemistad entre ti y la mujer, y entre tu simiente y la simiente suya; ésta te herirá en la cabeza, y tú le herirás en el calcañar" (Gn 3:15). Esta lucha colosal continuó durante el ministerio y la crucifixión de Jesús. El acusador pensó que Jesús bajaría de la cruz a consecuencia del horroroso dolor y sufrimiento que sentía concediéndole así la victoria, pero Satanás fue derrotado plenamente en el Calvario. Entonces Jesús "exhibió públicamente" la derrota del diablo cuando se levantó de entre los muertos (Col 2:15).

2. La escena de la adoración

Esta idea sirve de trasfondo a la gran voz celestial que el apóstol Juan escuchó que alababa estridentemente el triunfo de Jesucristo sobre Satanás.

> Ahora ha venido la salvación, el poder, y el reino de nuestro Dios, y la autoridad de su Cristo; porque ha sido lanzado fuera el acusador de nuestros hermanos, el que los acusaba delante de nuestro Dios día y noche. Y ellos le han vencido por medio de la sangre del Cordero y de la palabra del testimonio de ellos, y menospreciaron sus vidas hasta la muerte. Por lo cual alegraos, cielos, y los que moráis en ellos. ¡Ay de los moradores de la tierra y del mar! porque el diablo ha descendido a vosotros con gran ira, sabiendo que tiene poco tiempo.
>
> —Apocalipsis 12:10-12

F. La adoración de los 144,000 que entonan un cántico nuevo (Ap 14:1-5)

1. El contexto

El Anticristo, justo a mediado de los siete años de la Gran Tribulación, romperá su acuerdo de paz con Israel (Dn 9:24-27; Ap 13:7-8). Tratará de destruir a los judíos y a todo el que rehúse adorarlo. Su control será total y establecerá la marca de la bestia. Su símbolo ("el número 666") será grabado en la mano o la frente de todos los moradores de la tierra (Ap 13:16-18), y sin esa marca nadie podrá comprar ni vender. El Anticristo hará gala de grandiosas señales engañadoras tales como hacer descender fuego del cielo en presencia de todos los hombres. Llegará incluso a colocar la imagen de la bestia en el templo reconstruido de Jerusalén y a tener el poder de infundirle vida para que hable (Ap 13:11-18).

2. La escena de la adoración

"Después miré," dice Juan, "y he aquí el Cordero estaba en pie sobre el monte de Sion, y con él ciento cuarenta y cuatro mil, que tenían el nombre de él y el de su Padre escrito en la frente" (Ap 14:1; 7:1-8). Eran judíos "siervos de Dios," doce mil de cada tribu. Estos 144,000 testigos adoraban a Dios acompañándose de arpas. Juan oyó:

> ... una voz del cielo como estruendo de muchas aguas, y como sonido de un gran trueno; y la voz que oí era como de arpistas que tocaban sus arpas. Y cantaban un cántico nuevo delante del trono, y delante de los cuatro seres vivientes, y de los ancianos; y nadie podía aprender el cántico sino aquellos ciento cuarenta y cuatro mil que fueron redimidos de entre los de la tierra. Estos son los que no se contaminaron con mujeres, pues son vírgenes. Estos son los que siguen al Cordero por dondequiera que va. Estos fueron redimidos de entre los hombres como primicias para Dios y para el Cordero; y en sus bocas no fue hallada mentira, pues son sin mancha delante del trono de Dios.
>
> —APOCALIPSIS 14:2-5

A continuación, Juan testimonió una maravillosa demostración de la gracia divina para con los hombres de la tierra:

> Vi volar por en medio del cielo a otro ángel, que tenía el evangelio eterno para predicarlo a los moradores de la tierra, a toda nación, tribu, lengua y pueblo, diciendo a gran voz: Temed a Dios, y dadle gloria, porque la hora de su juicio ha llegado; y adorad a aquel que hizo el cielo y la tierra, el mar y las fuentes de las aguas.
>
> —APOCALIPSIS 14:6-7

G. La adoración que honra el cántico de Moisés y el del Cordero (Ap 15:1-8)

1. El contexto

"Vi en el cielo otra señal, grande y admirable," nos dice el apóstol Juan (Ap 15:1). Y en esta escena vio siete ángeles que tenían las siete plagas postreras que consumaban la ira de Dios.

2. La adoración

Juan nos dice en su testimonio que vio algo que le pareció un mar de vidrio mezclado con fuego. De pie sobre este mar estaban todos los hombres "que habían alcanzado la victoria sobre la bestia y su imagen, y su marca y el número de su nombre" (Ap 15:2). Tenían arpas que Dios les había entregado y entonaban "el cántico de Moisés, siervo de Dios, y el cántico del Cordero, diciendo: Grandes y maravillosas son tus obras, Señor Dios Todopoderoso; justos y verdaderos son tus caminos, Rey de los santos. ¿Quién no te temerá, oh Señor, y glorificará tu nombre? pues sólo tú eres santo; por lo cual todas las naciones vendrán y te adorarán, porque tus juicios se han manifestado" (Ap 15:3-4).

Moisés fue el gran liberador y legislador que pudo vencer cuanto obstáculo le pusiera en el camino el faraón egipcio a la naciente nación hebrea. Al principio del éxodo, por ejemplo, los capitanes egipcios pensaron que Israel sería una presa fácil. Faraón había dotado sus huestes con carros rápidos y jinetes experimentados que recibían el apoyo de soldados a pie. La gran lección de la historia es que Faraón desgraciadamente no tomó en cuenta que "Jehová es varón de guerra" (Éx 15:3-4).

El cántico de Moisés sobre la victoria en el Mar Rojo es uno de los poemas épicos del Antiguo Testamento más grandes de toda la literatura.

> Jehová es mi fortaleza y mi cántico, y ha sido mi salvación. Este es mi Dios, y lo alabaré; Dios de mi padre, y lo enalteceré. Jehová es varón de guerra; Jehová es su nombre. Echó en el mar los carros de Faraón y su ejército; y sus capitanes escogidos fueron hundidos en el Mar Rojo. Los abismos los cubrieron; descendieron a las profundidades como piedra
> —Éxodo 15:1-5

También entonaron "el cántico del Cordero" (Ap 15:3). Cuando Moisés y Elías hablaron con Jesús durante su transfiguración, su tema fue "su partida, que iba Jesús a cumplir en Jerusalén" (Lc 9:31). El término griego que se traduce como "partida" es *exodon,* del que también se origina la palabra *éxodo*. Jesús, Moisés y Elías hablaron sobre el éxodo, la partida masiva del pueblo de Dios de la tierra al cielo, que resultaría de la expiación de Jesús en la cruz.

En este estudio hemos mencionado ya que Satanás utilizó todo su arsenal bélico

El triunfo del Siervo

contra Jesús para hacerlo romper la confianza plena que tenía en el Padre. El diablo tenía toda la intención de detener el éxodo que Jesús tenía planeado iniciar desde el Monte Calvario. Moisés salió victorioso de la gran victoria del Mar Rojo, pero el triunfo de Jesús fue mucho más arrollador en el "Lugar de la Calavera" (Mr 15:22). Tanto el cántico de Moisés como el del Cordero en el cielo glorifican estos triunfos de magnitud épica.

H. El cántico del ángel; la defensa del juicio de Dios (Ap 16:1-7)

1. El contexto

Una vez desencadenado el Apocalipsis, el Señor derrama toda la copa de su ira en la tierra con los juicios de los sellos, las trompetas y "las siete plagas postreras" (Ap 6:1; 8:6; 15:1). Entonces siguieron las siete copas de la ira de Dios (Ap 16:1).

No cabe duda de que Apocalipsis es un gran libro acerca de la adoración que nos muestra algunas facetas del carácter de Dios, las cuales lo constriñen a juzgar la tierra. Los poderosos actos de Dios vinculados con el derramamiento de las siete copas enfatizan este punto con gran detalle.

> Fue el primero, y derramó su copa sobre la tierra, y vino una úlcera maligna y pestilente sobre los hombres que tenían la marca de la bestia, y que adoraban su imagen. El segundo ángel derramó su copa sobre el mar, y éste se convirtió en sangre como de muerto; y murió todo ser vivo que había en el mar. El tercer ángel derramó su copa sobre los ríos, y sobre las fuentes de las aguas, y se convirtieron en sangre.
>
> —APOCALIPSIS 16:2-4

Los juicios de Dios nos llevan a hacernos una perspicaz pregunta sobre su carácter: ¿Es Dios justo? Todos los que reflexionan en este punto no dejarán de interrogarse debido a los numerosos y temibles juicios divinos. ¿Ha sido el Señor demasiado duro con los impíos y con la tierra que los alberga? ¿Se puede cuestionar la justeza de sus actos de juicio y la justicia que reparte?

2. La escena de la adoración

El ángel de la tercera copa, encargado de las aguas que habían recibido con tanta fuerza los poderosos actos de Dios. Ofreció adorarlo defendiendo su justeza y justicia. (Véanse Ro 3:4; Sal 51:4; y Ez 18 para más detalles sobre la justicia divina.)

Juan dice haber oído "al ángel de las aguas, que decía" su adoración a gran voz:

> Justo eres tú, oh Señor, el que eres y que eras, el Santo, porque has juzgado estas cosas. Por cuanto derramaron la sangre de los santos y de los profetas, también tú les has dado a beber sangre; pues lo merecen. También oí a

otro, que desde el altar decía: Ciertamente, Señor Dios Todopoderoso, tus juicios son verdaderos y justos.

—Apocalipsis 16:5-7

I. La adoración en las Bodas del Cordero y su Novia (Ap 19:1-10)

1. El contexto

La Biblia, desde Génesis hasta Apocalipsis, es el relato de un cortejo amoroso. Así como Eliecer aceptó la comisión de Abraham y salió a buscar una novia para su señor Isaac, el Espíritu Santo tuvo la misión (Gn 24:1-4; Jn 14:26) de encontrar una novia para el Hijo querido de Dios, Jesucristo (Ef 5:27). El matrimonio sagrado que celebran los hombres en la tierra apunta a la mística unión de Cristo con su Novia. Pablo habló de esta unión como de un profundo misterio.

> Maridos, amad a vuestras mujeres, así como Cristo amó a la iglesia, y se entregó a sí mismo por ella, para santificarla, habiéndola purificado en el lavamiento del agua por la palabra, a fin de presentársela a sí mismo, una iglesia gloriosa, que no tuviese mancha ni arruga ni cosa semejante, sino que fuese santa y sin mancha. Así también los maridos deben amar a sus mujeres como a sus mismos cuerpos. El que ama a su mujer, a sí mismo se ama. Porque nadie aborreció jamás a su propia carne, sino que la sustenta y la cuida, como también Cristo a la iglesia, porque somos miembros de su cuerpo, de su carne y de sus huesos. Por esto dejará el hombre a su padre y a su madre, y se unirá a su mujer, y los dos serán una sola carne. Grande es este misterio; mas yo digo esto respecto de Cristo y de la iglesia.
>
> —Efesios 5:25-32

El rey Salomón escribió el Cantar de los cantares para describir el amor espontáneo y puro de una doncella en respuesta a la corte amorosa de Salomón. El Cantar de los cantares es sin lugar a dudas un majestuoso poema dramático, pero también es más que eso; también es un hermoso poema entre jóvenes enamorados, una alegoría que apela al hondo anhelo que sienten los hijos de Dios por pasar la eternidad con el Señor Jesucristo.

> ¡La voz de mi amado! He aquí él viene Saltando sobre los montes, Brincando sobre los collados. Mi amado es semejante al corzo, O al cervatillo. Helo aquí, está tras nuestra pared, Mirando por las ventanas, Atisbando por las celosías. Mi amado habló, y me dijo: Levántate, oh amiga mía, hermosa mía, y ven ... La higuera ha echado sus higos, Y las vides en cierne dieron olor; Levántate, oh amiga mía, hermosa mía, y ven.
>
> —Cantares 2:8-10, 13

El mensaje que nos transmite el evangelio es que el pecado ha paralizado a los hombres, que necesitan con urgencia el amor de Dios. Jesús salió a rescatarnos, derramando con profusión su adoración sobre nosotros y cautivando nuestros corazones (Sal 139:5; Cant 4:9; Ef 1:7-8; 1 Jn 3:1). Las buenas nuevas enfatizan la manera en que Jesús nos levantó del sillón de ruedas en que estábamos postrados y nos puso "como un sello sobre [su] corazón, como una marca sobre [su] tu brazo" (Cant 8:6). Debemos responder a este abundante amor aceptando su gracia redentora y santificadora; es entonces que podemos reconocer que somos sus amados y decidir ponerlo a Él como un sello sobre nuestros corazones.

El brillo del amor en los ojos del Novio

"Sentí una extraña sensación mientras mis amigas se esforzaban por meter mi paralítico cuerpo dentro de un incómodo traje de novia," dijo Joni Eareckson Tada, que es cuadripléjica. "Por mucho que me encorsetaran y amarraran, mi cuerpo no tenía forma, y el traje no se ajustaba bien.

"De repente, mientras empujaba el sillón de ruedas hacia la iglesia, miré hacia el suelo y me di cuenta de que había estropeado sin querer el borde del traje dejando una huella de grasa de las ruedas.

"Mis manos paralizadas no podían sostener el ramo de flores que tenía en el regazo. Y el sillón de ruedas, aunque estuviese decorado para la boda, no dejaba de ser una maquinaria enorme, incómoda, llena de cinturones, palancas y rodamientos. Seguro que no me sentía como la novia ideal de las revistas.

"Moví el sillón unos centímetros hasta el último banco para ver si alcanzaba ver a Ken, que estaba en el frente de la iglesia. Allí estaba, esbeltamente vestido con elegancia. Vi cuando me buscó con la vista, alzando el cuello para poder verme entre los bancos. Me sonrojé, y tuve el repentino deseo de estar junto a él. Había visto a mi amado. El amor que capté en el rostro de Ken borró la idea de que yo no valía nada. Me sentí como una novia pura y perfecta.

"Resulta fácil pensar que somos poco agradables, en especial para alguien tan hermoso como Cristo. Él nos ama con el brillo de los ojos de un enamorado y desea cuanto antes que llegue el día en que nos unamos a Él para siempre."[7]

2. La escena de adoración

La escena celestial que Juan vio a continuación no era tan solo la alegoría poética de una hermosa boda, sino que nos relata el verdadero suceso dando testimonio de la transformación de la escena en una pletórica y festiva ceremonia. Juan observó con asombro cómo esta magnífica visión se develaba ante sus ojos ilustrando el asombroso retrato de la recompensa eterna de la iglesia del Señor.

En las antiguas reuniones de la Deidad, la Trinidad decidió que en el reino de Jesús la iglesia sería su Novia. Él se encargaría de redimirla con su sangre y de transformar a sus integrantes en hijos de Dios. Jesús demostró con creces el inmenso amor que le tenía a su iglesia cuando "se entregó a sí mismo por ella" (Ef 5:25; Hch 20:28). Incluso antes de arrastrar la cruz por la cuesta del Calvario, les dijo a sus discípulos que iba a abandonar este mundo para edificarles un nuevo hogar, y les prometió lo siguiente: "Vendré otra vez, y os tomaré a mí mismo, para que donde yo estoy, vosotros también estéis" (Jn 14:2-3).

Asimismo, el Señor Jesús le ha concedido a su iglesia el estatus de coheredera con Él (Ro 8:17). Su plan definitivo siempre ha sido el de presentársela a sí mismo como "una iglesia gloriosa, que no tuviese mancha ni arruga", una novia "santa y sin mancha" (Ef 5:27).

En este contexto, la consumación de su grandioso destino está muy cerca.

> Después de esto oí una gran voz de gran multitud en el cielo, que decía: ¡Aleluya! Salvación y honra y gloria y poder son del Señor Dios nuestro; porque sus juicios son verdaderos y justos; pues ha juzgado a la gran ramera que ha corrompido a la tierra con su fornicación, y ha vengado la sangre de sus siervos de la mano de ella. Otra vez dijeron: ¡Aleluya! Y el humo de ella sube por los siglos de los siglos. Y los veinticuatro ancianos y los cuatro seres vivientes se postraron en tierra y adoraron a Dios, que estaba sentado en el trono, y decían: ¡Amén! ¡Aleluya! Y salió del trono una voz que decía: Alabad a nuestro Dios todos sus siervos, y los que le teméis, así pequeños como grandes. Y oí como la voz de una gran multitud, como el estruendo de muchas aguas, y como la voz de grandes truenos, que decía: ¡Aleluya, porque el Señor nuestro Dios Todopoderoso reina! Gocémonos y alegrémonos y démosle gloria; porque han llegado las bodas del Cordero, y su esposa se ha preparado. Y a ella se le ha concedido que se vista de lino fino, limpio y resplandeciente; porque el lino fino es las acciones justas de los santos.
>
> —APOCALIPSIS 19:1-9

Las Bodas del Cordero y su Novia cautivaron por completo a Juan, como también lo cautivó la Cena de las Bodas del Cordero que se siguió. Juan estaba tan sobrecogido por las emociones que se postró a los pies del mensajero que le mostró la gran escena y le ofreció adorarlo.

"Mira, no lo hagas; le respondió el mensajero, "yo soy consiervo tuyo, y de tus hermanos que retienen el testimonio de Jesús. Adora a Dios; porque el testimonio de Jesús es el espíritu de la profecía" (Ap 19:10).

J. Resumen

Estas nueve majestuosas y triunfantes escenas de adoración se inician con la gran multitud del Rapto de los santos cantando alrededor del trono de Dios, glorificando al creador y sostenedor de todas las cosas, y concluyen con la Boda del Cordero seguida por la consabida Cena.

El grandioso destino de la iglesia del Señor ha llegado. Ella es la hermosa Novia de Jesucristo, el reinante Monarca de todos los tiempos. Por eso no nos ha de extrañar que Pablo dijera: "Cristo amó a la iglesia, y se entregó a sí mismo por ella" (Ef 5:25; Hch 20:28).

Estas escenas se caracterizan por su entusiasmo, sinceridad, alborozo, estruendo y espontaneidad, y a medida que se desarrollan, Jesús es en todas ellas el Siervo de los planes de su Padre "por su gran amor con que nos amó" (Ef 2:4).

IV. La batalla de Armagedón (Ap 19:11—20:10)

Juan vio al cuarto ángel derramar su copa en el sol, al cual fue dado la capacidad de quemar a los hombres con fuego. El quinto ángel vació su ira en el trono de la bestia, y el reino del Anticristo se sumió en las tinieblas. "Y los hombres se quemaron con el gran calor, y blasfemaron el nombre de Dios, que tiene poder sobre estas plagas, y no se arrepintieron para darle gloria" (Ap 16:10-12). El sexto ángel derramó su copa sobre el gran río Éufrates, que se secó para preparar así el camino a los reyes del oriente.

Acto seguido, Juan dio testimonio de tres espíritus inmundos que eran demonios realizando señales maravillosas. Fueron a ver a los reyes de la tierra y los reunieron para la batalla en "el lugar que en hebreo se llama Armagedón" (Ap 16:13-16).

En esta batalla, las armas de combate de Dios serán los relámpagos, las voces y truenos, los temblores de tierra, un gran terremoto como jamás hubo en la historia y un enorme granizo "como del peso de un talento" (Ap 16:17-21). El Armagedón causará una pérdida de vidas tan abrumadora que la sangre se elevará varios metros, llegando hasta la altura de los frenos de los caballos por una distancia de hasta 270 kilómetros (Ap 14:20).

Zacarías es el profeta del Antiguo Testamento que predijo con mayor detalle esta conflagración y entendió la parte que le correspondía a esta batalla a medida que el gran designio divino se enfilaba hacia un nuevo cielo y una nueva tierra.

> Porque yo reuniré a todas las naciones para combatir contra Jerusalén; y la ciudad será tomada, y serán saqueadas las casas, y violadas las mujeres; y la mitad de la ciudad irá en cautiverio, mas el resto del pueblo no será cortado de la ciudad. Después saldrá Jehová y peleará con aquellas

naciones, como peleó en el día de la batalla. Y se afirmarán sus pies en aquel día sobre el monte de los Olivos, que está en frente de Jerusalén al oriente; y el monte de los Olivos se partirá por en medio, hacia el oriente y hacia el occidente, haciendo un valle muy grande; y la mitad del monte se apartará hacia el norte, y la otra mitad hacia el sur. Y huiréis al valle de los montes, porque el valle de los montes llegará hasta Azal; huiréis de la manera que huisteis por causa del terremoto en los días de Uzías rey de Judá; y vendrá Jehová mi Dios, y con él todos los santos. Y acontecerá que en ese día no habrá luz clara, ni oscura. Será un día, el cual es conocido de Jehová, que no será ni día ni noche; pero sucederá que al caer la tarde habrá luz. Acontecerá también en aquel día, que saldrán de Jerusalén aguas vivas, la mitad de ellas hacia el mar oriental, y la otra mitad hacia el mar occidental, en verano y en invierno. Y Jehová será rey sobre toda la tierra. En aquel día Jehová será uno, y uno su nombre.
—Zacarías 14:2-9

Esta manifestación del poder soberano del Señor transformará la geografía de Israel. Un río brotará desde Jerusalén y dividirá su curso en dos direcciones: hacia el Mediterráneo y hacia el Mar Muerto, para que salgan de "Jerusalén aguas vivas" (Zac 14:8).

El apóstol Juan lo describió así:

Entonces vi el cielo abierto; y he aquí un caballo blanco, y el que lo montaba se llamaba Fiel y Verdadero, y con justicia juzga y pelea. Sus ojos eran como llama de fuego, y había en su cabeza muchas diademas; y tenía un nombre escrito que ninguno conocía sino él mismo. Estaba vestido de una ropa teñida en sangre; y su nombre es: el Verbo de Dios. Y los ejércitos celestiales, vestidos de lino finísimo, blanco y limpio, le seguían en caballos blancos. De su boca sale una espada aguda, para herir con ella a las naciones, y él las regirá con vara de hierro; y él pisa el lagar del vino del furor y de la ira del Dios Todopoderoso. Y en su vestidura y en su muslo tiene escrito este nombre: REY DE REYES Y SEÑOR DE SEÑORES. Y vi a un ángel que estaba en pie en el sol, y clamó a gran voz, diciendo a todas las aves que vuelan en medio del cielo: Venid, y congregaos a la gran cena de Dios, para que comáis carnes de reyes y de capitanes, y carnes de fuertes, carnes de caballos y de sus jinetes, y carnes de todos, libres y esclavos, pequeños y grandes. Y vi a la bestia, a los reyes de la tierra y a sus ejércitos, reunidos para guerrear contra el que montaba el caballo, y contra su ejército. Y la bestia fue apresada, y con ella el falso profeta que había hecho delante de ella las señales con las cuales había engañado a los que recibieron la marca de la bestia, y habían adorado su imagen. Estos dos fueron lanzados vivos dentro de un lago de fuego que arde con azufre.

Y los demás fueron muertos con la espada que salía de la boca del que montaba el caballo, y todas las aves se saciaron de las carnes de ellos.
—Apocalipsis 19:11-21

V. El reino milenario de Cristo

La primera fase de la Segunda Venida del Señor comenzó con la aparición en persona de Jesús en el cielo como un ladrón en la noche para raptar a la iglesia (1 Tes 4:17). La fase final será la batalla de Armagedón que consumará la Segunda Venida de Jesucristo a la tierra. En el momento de esta gran batalla, Jesús aparecerá "con las nubes, y todo ojo le verá, y los que le traspasaron; y todos los linajes de la tierra harán lamentación por él" (Ap 1:7). Durante su primera aparición, se llevará a su Novia, que es la iglesia. Durante la segunda, afirmará sus pies otra vez en "el monte de los Olivos, que está en frente de Jerusalén al oriente" (Zac 14:4). Las multitudes de los santos lo acompañarán mientras derrota al Anticristo y sus huestes. Y a medida que el reino de Jesucristoisto se extiende, el Señor Jesús desatará su reino milenario desde Jerusalén (Ap 20:1-3).

Jesucristo es el verdadero "fin" (Ap 1:8).

A. Un gobierno al pie de la letra

El reino milenario en la tierra será un gobierno con Jesús a la cabeza por mil años. La nación de Israel entonces se tornará por completo al Señor y lo aceptará como el Rey legítimo del trono de David. Es en este punto que los judíos le preguntarán a Jesús: "¿Qué heridas son estas en tus manos?" Y Él les responderá que fue herido con ellas "en casa de [sus] amigos" (Zac 13:6). Ese grandioso día la tierra prometida pertenecerá a Israel como heredad eterna (Ez 20:33-38; Am 9:14-15; Jer 23:3-8; Is 66:8-10). Será un magnífico renacimiento cuando Israel diga con toda sinceridad: "He aquí, éste es nuestro Dios, le hemos esperado, y nos salvará; éste es Jehová a quien hemos esperado, nos gozaremos y nos alegraremos en su salvación" (Is 25:9).

También será la hora de "la regeneración, cuando el Hijo del Hombre se siente en el trono de su gloria." Sus apóstoles estarán con Él "sobre doce tronos, para juzgar a las doce tribus de Israel" (Mt 19:28). Su reino de justicia será un gobierno en el que judíos y gentiles se unirán para adorar al Cordero. Todas las naciones acudirán a su reino.

B. Un tiempo de gran paz

A inicios de su reino, el Señor ordenará que los armamentos de los ejércitos del Anticristo sean derretidos y utilizados con fines pacíficos. "Volverán sus espadas en rejas de arado, y sus lanzas en hoces; no alzará espada nación contra nación, ni se adiestrarán más para la guerra" (Is 2:4). Bajo el gobierno de Cristo, los hombres se deleitarán en visitar la casa del Señor para aprender de aquel que reina desde el Monte Sión.

C. La redención de la naturaleza

Con la caída del hombre en el Edén, Dios le dijo a Adán que maldeciría la tierra por su causa (Gn 3:17). El sacrificio de Jesús en el Calvario, regando el suelo con su sangre, hizo posible la máxima redención de la tierra. La eliminación de la maldición impuesta a la tierra sucederá a comienzos del reino milenario de Cristo. El salvajismo impuesto por el orden natural llegará a su fin. "La creación misma," nos dice Pablo, "será libertada de la esclavitud de corrupción, a la libertad gloriosa de los hijos de Dios" (Ro 8:21-23).

> Morará el lobo con el cordero, y el leopardo con el cabrito se acostará; el becerro y el león y la bestia doméstica andarán juntos, y un niño los pastoreará. La vaca y la osa pacerán, sus crías se echarán juntas; y el león como el buey comerá paja. Y el niño de pecho jugará sobre la cueva del áspid, y el recién destetado extenderá su mano sobre la caverna de la víbora. No harán mal ni dañarán en todo mi santo monte; porque la tierra será llena del conocimiento de Jehová, como las aguas cubren el mar.
>
> —Isaías 11:6-9

D. Mayor tiempo de vida

El tiempo de vida de los mortales aumentará a partir de ese glorioso día.

> No habrá más allí niño que muera de pocos días, ni viejo que sus días no cumpla; porque el niño morirá de cien años, y el pecador de cien años será maldito.
>
> —Isaías 65:20

E. La era de las relaciones comerciales íntegras

Será un tiempo en que las relaciones comerciales justas y equitativas se multiplicarán.

> Edificarán casas, y morarán en ellas; plantarán viñas, y comerán el fruto de ellas. No edificarán para que otro habite, ni plantarán para que otro coma; porque según los días de los árboles serán los días de mi pueblo, y mis escogidos disfrutarán la obra de sus manos. No trabajarán en vano, ni darán a luz para maldición; porque son linaje de los benditos de Jehová, y sus descendientes con ellos. Y antes que clamen, responderé yo; mientras aún hablan, yo habré oído.
>
> —Isaías 65:21-24

El triunfo del Siervo

La agricultura florecerá al punto "que el que ara alcanzará al segador, y el pisador de las uvas al que lleve la simiente; y los montes destilarán mosto, y todos los collados se derretirán" (Am 9:13).

F. La ética del reino de Cristo

El Espíritu Santo también le dio a Zacarías el privilegio de escribir una elocuente descripción de la moralidad que caracterizará el reino milenario de Cristo.

> En aquel día estará grabado sobre las campanillas de los caballos: SANTIDAD A JEHOVÁ; y las ollas de la casa de Jehová serán como los tazones del altar. Y toda olla en Jerusalén y Judá será consagrada a Jehová de los ejércitos; y todos los que sacrificaren vendrán y tomarán de ellas, y cocerán en ellas; y no habrá en aquel día más mercader en la casa de Jehová de los ejércitos.
>
> —Zacarías 14:20-21

Este reino de pureza ética emanará de los atributos de la Deidad. La santidad del Señor impregnará tanto los campos de la economía y la política como los religiosos y sociales. El Anticristo maldijo la tierra con condenaciones, enfermedades, plagas y muerte. El Hijo más excelso de David cura esta maldición con la regeneración, la paz y la prosperidad, como bien ha demostrado con la resurrección de entre los muertos (Jn 10:10; Hch 17:31).

¡Oh, qué maravilla vivir y reinar "con él [Cristo] mil años"! (Ap 20:6).

VI. El fin del pergamino de los tiempos

A. La batalla de Gog y Magog (Ap 20:7-10)

En el recuento del final de todos los tiempos que se hace en Apocalipsis 20, Dios y el Cordero han casi terminado de enrollar para siempre el pergamino de todas las edades.

Casi.

Porque cuando concluyan los mil años del reino de Cristo, el Señor soltará al diablo de los abismos y este saldrá una vez más a engañar a las naciones. Esta será la última vez que Satanás podrá reunir un ejército de todas las naciones tan numeroso "como la arena del mar" (Ap 20:7-8). Esta fuerza militar atacará el pueblo de Dios, que tiene su comandancia en Jerusalén, y se librará la última batalla de todos los tiempos, antes de que Dios nos dirija a la eternidad. La invasión de Israel y la batalla subsecuente se denominan Gog y Magog.

En la tabla de las naciones de Génesis 10, Magog era el segundo hijo de Jafet (Gn 10:2.) Los principales guerreros de esta confederación parecen ser "Gog y Magog"

(Rusia) y "Persia" (Irán), junto con gran número de otras naciones (Ap 20:8; Ez 38:2, 5-6). Ezequiel los describió como una "gran multitud y poderoso ejército" de "muchos pueblos" que vendrían "de las regiones del norte" (Ez 38:15).

El Señor librará la última de todas las batallas "como peleó" con el fuego que cayó de los cielos y con una impetuosa lluvia, piedras de granizo, fuego y azufre (Zac 14:3; Ez 38:22; Ap 20:9). Esta vez Dios castigará a Satanás y lo echará al lago de fuego donde fueron lanzados la bestia y el falso profeta después de la batalla del Armagedón (Ap 20:10).

Y luego sucederá el juicio ante el gran trono blanco, que es el juicio final de los persistentes impíos.

> Y vi a los muertos, grandes y pequeños, de pie ante Dios; y los libros fueron abiertos, y otro libro fue abierto, el cual es el libro de la vida; y fueron juzgados los muertos por las cosas que estaban escritas en los libros, según sus obras. Y el mar entregó los muertos que había en él; y la muerte y el Hades entregaron los muertos que había en ellos; y fueron juzgados cada uno según sus obras. Y la muerte y el Hades fueron lanzados al lago de fuego. Esta es la muerte segunda. Y el que no se halló inscrito en el libro de la vida fue lanzado al lago de fuego.
> —Apocalipsis 20:12-15

El Señor bendijo a Juan, el Revelador, con la visión de Isaías y Pablo profetizando. "Vivo yo", dice el Señor, "ante mí se doblará toda rodilla; y toda lengua confesará a Dios" (Ro 14:11-12; Is 45:23; Flp 2:10-11).

¡Tiene que haber un error!

Hace algunos años, un rico señor invitó a la cantante profesional Ruthanna Metzgar a cantar en su boda. Según se podía leer en la invitación, la recepción se iba a celebrar en los dos últimos pisos del Seattle's Columbia Tower, el rascacielos más alto de la región noroccidental de los Estados Unidos.

Después de la ceremonia, la cantante y su esposo se dirigieron a la recepción. Los camareros, vestidos con impecables trajes, ofrecían entremeses y bebidas exóticas. El novio y la novia se acercaron a una hermosa escalera de cristal con plantas que conducía al último piso del edificio, seguidos de sus invitados.

Antes de la puerta de entrada, en el descanso superior de la escalera, los esperaba un mayordomo con un libro en las manos.

—Su nombre, por favor.

—Mi nombre es Ruthanna Metzgar, y este es mi esposo, Roy.

El triunfo del Siervo

El mayordomo buscó el apellido por la letra M.

—No lo encuentro —le dijo—, ¿me lo puede deletrear, por favor?

Ruthanna se lo deletreó muy despacio. El mayordomo lo volvió a buscar en el libro y le dijo:

—Lo siento, pero su nombre no está en esta lista.

—Tiene que haber un error —le respondió Ruthanna—. Yo soy la cantante; ¡he cantado en la boda!

—No importa quién sea ni qué ha hecho. Si su nombre no figura en el libro no puede asistir al banquete.

Y seguido le hizo una señal a un camarero diciéndole:

—Por favor, acompaña a estos señores hasta el elevador.

Los esposos Metzgars siguieron al camarero por entre mesas exquisitamente decoradas y cubiertas de platos con camarones, salmones ahumados y sorprendentes esculturas de hielo. Al lado del salón del banquete, una orquesta se estaba preparando para tocar, los músicos todos vestidos con radiantes esmóquines blancos.

El camarero acompañó a Ruthanna y a su esposo hasta el ascensor de servicio y apretó el botón del piso donde estaba el estacionamiento.

Una vez que encontraron el auto y habían rodado algunos kilómetros en silencio, Roy se acercó un poco a Ruthanna, le puso un brazo en el hombro y le preguntó: —Querida, ¿qué fue lo que sucedió?

—Cuando llegó la invitación, estaba demasiado ocupada y no me preocupé por responder. Además, como era la cantante, pensé que podía asistir a la recepción sin responder a la invitación.[8]

B. Jesús, el Campeón eterno

El estudio de nuestro magnífico Señor nos ha demostrado que el triunfo de Jesús se debe al hecho de haberse desprendido del ejercicio voluntario e independiente de los privilegios de su deidad y haberse sometido al Padre. Jesús cumplió los planes del Padre con plena confianza bajo la administración del Espíritu Santo. El apóstol Pedro resumió el plan de acción divino de la siguiente manera: "Dios ungió con el Espíritu Santo y con poder a Jesús de Nazaret ... y éste anduvo haciendo bienes y sanando a todos los oprimidos por el diablo, porque Dios estaba con él" (Hch 10:38). La recompensa de ese fiel servicio fue que "Dios también le exaltó hasta lo sumo, y le dio un nombre que es sobre todo nombre" (Flp 2:9).

Los triunfos de Jesús, que se detallan en el canon sagrado, son realmente impresionantes. En cada paso del camino conquistaba victorias una y otra vez. Es el Capitán de las multitudes del Señor que nunca ha conocido una derrota (Jos 5:14-15). Hasta su muerte en el Monte Calvario, que parecía haber sido un fracaso total, resultó ser su triunfo más espectacular. No cabe duda de que merece el título de Rey de reyes y Señor de señores (Ap 19:16; 1 Tim 6:11-16).

Sin embargo, su triunfo no solo fue suyo sino que también le corresponde al Padre. Las Personas de la Tri-unidad de Dios están interrelacionadas de tal forma que el Padre, el Hijo y el Espíritu obran armoniosamente con mutua interdependencia para consumar el plan de salvación. Incluso hoy, cuando anhelamos su venida, que abarca la consumación de todas las cosas, existe esa unicidad (2 Tim 4:1, 8; 2 P 3:13; Ap 21:1).

El apóstol Pablo, en la gran declaración cristológica que hizo en Filipenses 2, expresó con agudeza que la gloria de todo lo que Jesús había logrado le corresponde al Padre.

> ...en el nombre de Jesús se doble toda rodilla de los que están en los cielos, y en la tierra, y debajo de la tierra; y toda lengua confiese que Jesucristo es el Señor, para gloria de Dios Padre.
> —Filipenses 2:10-11

En este contexto, Juan 3:16 es la máxima declaración de amor de todos los tiempos: "Porque de tal manera amó Dios al mundo, que ha dado a su Hijo unigénito, para que todo aquel que en él cree, no se pierda, mas tenga vida eterna." Ningún estudioso deberá olvidar cuánta participación, apoyo y compromiso han puesto siempre el Dios Padre y el Espíritu Santo en el ministerio de Jesucristo, el Hijo de Dios.

No cabe duda de que el libro de Apocalipsis de la Biblia revela muchas facetas del Dios que es uno (Dt 6:4). La esencia trinitaria de este único Dios también es una revelación bíblica, y aún así, permanece oculta por el misterio de la verdad velada. Sí sabemos, por ejemplo, que Cristo Jesús no hubiera podido conseguir la encarnación, la cual alcanzó su punto culminante en la crucifixión y la resurrección, sin el apoyo integral que recibía de la unidad con el Padre (Jn 10:30; 17:11; 17:22; 1 Co 15:21). El Hijo del hombre se cuidó mucho durante todo su ministerio de no usar ni siquiera una vez los atributos de la Deidad para actuar independientemente del Padre y el Espíritu Santo.

Esta verdad también se aplica a todos los hijos de Dios. El Dios que es uno está totalmente comprometido con nuestro bienestar y nos exhorta a continuar adelante con confianza plena hasta que podamos ganar la corona de la vida (Lc 12:32; Jn 14:16; 2 Tim. 4:7-8; Jud 1:24-25; Ap 2:10).

En la primera epístola que Pablo envió a la iglesia de Corinto, afirmó incuestionablemente el vínculo existente entre el Padre y el Hijo, y esta afirmación se hace hoy en día cada vez más evidente (Ef 1:22 y Heb 2:8).

> Luego el fin, cuando entregue el reino al Dios y Padre, cuando haya suprimido todo dominio, toda autoridad y potencia. Porque preciso es que él reine hasta que haya puesto a todos sus enemigos debajo de sus pies. Y el postrer enemigo que será destruido es la muerte. Porque todas las cosas las sujetó debajo de sus pies. Y cuando dice que todas las cosas han sido sujetadas a él, claramente se exceptúa aquel que sujetó a él todas las cosas.
> —1 Corintios 15:24-27

Esta declaración está incrustada en el misterio de la revelación velada. El aula celestial de la era que vendrá después tendrá que penetrar las profundidades de las relaciones y papeles que existen en las tres unidades de la Tri-unidad del Dios que es uno (Mt 28:19; Ef 2:7; Dt 6:4). Aun así, como sucede al mirar por un cristal empañando, este pasaje nos ayuda a entender por qué Pablo les dijo a los filipenses que la gloria de los triunfos de Jesús realmente le corresponden al Dios Padre (Flp 2:11; 1 Co 13:12).

C. Un cielo nuevo y una nueva tierra (Ap 21-22)

1. El fin del orden actual de las cosas

"El cielo y la tierra pasarán," enseñó Jesús, "pero mis palabras no pasarán" (Lc 21:33). La metamorfosis de la esencia misma del cosmos será tan radical que Juan vio "un cielo nuevo y una tierra nueva; porque el primer cielo y la primera tierra pasaron, y el mar ya no existía más" (Ap 21:1).

En Apocalipsis 21, el Rapto ya es cosa del pasado y las vivificantes escenas de la adoración en el cielo se han sucedido. La Gran Tribulación también ha tocado fin, y la cena de las Bodas del Cordero ha consumado las bodas del Novio celestial con su Novia. La iglesia, por la que Jesús siente un amor apasionado, ha alcanzado su destino. El Cordero se ha llevado la victoria en el Calvario, en Armagedón y en Gog y Magog. El Señor ha juzgado a Satanás, la bestia y el falso profeta —la engañosa trinidad diabólica— y todos los impíos recalcitrantes han sido echados al infierno.

Dios ha terminado de enrollar para siempre el pergamino de todos los tiempos. Como siervo de los planes del Padre de salvación para todos los hombres, Jesús ha cumplido con la parte asignada a Él por los consejos eternos de la Trinidad. El Hijo de Dios lo ha logrado sin cambiar el plan ni una sola vez, ni para ajustarlo. Jesús ha sido sin lugar a dudas un Siervo fiel. Observó y escuchó al Padre, y repitió lo que había oído y observado. Nunca quebrantó su fe en el Padre, ni siquiera una sola vez (Is 50:4-9; Jn 8:28).

¡Qué gran Salvador!

2. La Nueva Jerusalén

La escena que sigue a continuación revela un cielo nuevo y una tierra nueva.

Juan vio "la santa ciudad, la nueva Jerusalén, descender del cielo, de Dios, dispuesta como una esposa ataviada para su marido" (Ap 21:2). La muerte, el dolor, el llanto y la aflicción son cosas del pasado. "He aquí, yo hago nuevas todas las cosas," escuchó Juan que Dios le decía. Este León-Cordero es el principio y el fin, que le da de beber gratuitamente a los que tienen sed de "la fuente del agua de la vida" (Ap 21:5-6).

La ciudad está establecida en un cuadro cuya longitud es igual a su anchura, que es de dos mil cuatrocientos kilómetros. Cuenta con doce puertas, cada una de ellas de sólida perla. Los muros son de jaspe y las calles de oro puro. Los cimientos de la ciudad están adornados con piedras preciosas. El esplendor de las naciones llegará hasta ella, y sus puertas nunca cerrarán. Nada podrá mancillarla y solamente podrán morar en ella aquellos cuyos nombres "están inscritos en el libro de la vida del Cordero" (Ap 21). El río de la vida, puro como el cristal, emana del trono de Dios y el Cordero. El árbol de la vida también crece junto al río y produce doce frutos diferentes, y cada uno de ellos madura cada mes. Las hojas del árbol sanarán a todas las naciones. El Cordero y sus siervos vivirán juntos con amor, cara a cara, y su nombre estará en sus frentes por toda la eternidad (Ap 22:4).

Por ende, las cualidades del Cordero se convertirán definitivamente en los valores de la Nueva Jerusalén. Y esta verdad es tal que Juan se valió de dos imágenes, la del templo y la de la luz del sol, para destacar la gloria triunfante merecida por las virtudes del Cordero. "Y no vi en ella *templo*," nos dice Juan, "porque el Señor Dios Todopoderoso es el templo de ella, y el Cordero. La ciudad no tiene necesidad *de sol* ni de luna que brillen en ella; porque la gloria de Dios la ilumina, y el Cordero es su lumbrera" (Ap 21:22-24, énfasis añadido).

¡Qué cuadro tan maravilloso! Las humildes cualidades que redimieron al mundo serán glorificadas por toda la eternidad a tal punto que su resplandor será la luz del sol de la Nueva Jerusalén y constituirá la adoración de la celestial "ciudad que tiene fundamentos, cuyo arquitecto y constructor es Dios" (Heb 11:10). En este cuadro se incluyen:

- El humilde nacimiento de Dios-Hombre en el vientre de la Virgen María (Mt 1:18-22; Flp 2:7-8)
- La estrategia de la kenosis por medio de la cual el Señor se despojó del ejercicio de sus atributos divinos en su verdadera condición de hombre y los entregó a su Padre y al Espíritu Santo (Flp 2:7)

- Su actitud de confianza plena en el Padre, que lo llevó a convertirse en su Siervo y a vivir como el Cordero de Dios que quita los pecados del mundo (Flp 2:5-8).
- Su negativa de hacer uso del ejercicio de sus atributos divinos, ni siquiera una sola vez, a pesar de haber sido torturado en la ensangrentada cruz del Gólgota (Flp 2:6)
- Su determinación de permanecer fiel a los planes redentores sin cambiar la más mínima cosa, aun cuando la presión era inaguantable (Flp 2:8; Lc 22:42), y
- La estancia en el Aposento Alto, donde sus seguidores recibieron el don del Espíritu Santo, asistieron al nacimiento de la iglesia y salieron de allí como templos vivientes hacia las naciones para cumplir con los planes mundiales del Señor (Hch 1:4, 8; 2:1-4; Mt 16:18; 28:18-20; 1 Co 3:16-17).

Todas estas cualidades serán glorificadas en Jesucristo por todos los tiempos hasta el punto que su resplandor será la luz que alumbre la Nueva Jerusalén, y constituirán la adoración de la celestial "ciudad que tiene fundamentos, cuyo arquitecto y constructor es Dios" (Heb 11:10). La búsqueda de esta misma ciudad por parte de Abraham ha llegado a su fin.

Pero hasta tanto no llegue el redimido a la ciudad que se halla establecida en el cuadro (Ap 21:16), el Espíritu nos enseñará por medio del apóstol Pablo cuál ha de ser la mentalidad que han de tener los creyentes.

> Haya, pues, en vosotros este sentir que hubo también en Cristo Jesús, el cual, siendo en forma de Dios, no estimó el ser igual a Dios como cosa a que aferrarse, sino que se despojó a sí mismo, tomando forma de siervo, hecho semejante a los hombres; y estando en la condición de hombre, se humilló a sí mismo, haciéndose obediente hasta la muerte, y muerte de cruz.
>
> —Filipenses 2:5-8

¡Qué manera de pensar! Lo que Jesucristo ha logrado es verdaderamente glorioso.

> Por lo cual Dios también le exaltó hasta lo sumo, y le dio un nombre que es sobre todo nombre, para que en el nombre de Jesús se doble toda rodilla de los que están en los cielos, y en la tierra, y debajo de la tierra; y toda lengua confiese que Jesucristo es el Señor, para gloria de Dios Padre.
>
> —Filipenses 2:9-11

El Siervo de todos es el eterno vencedor de todos. El Cordero ha triunfado "para gloria de Dios Padre," trayendo consigo a su novia (Flp 2:11; Ef 5:25-32; Ap 19:7-9).

Bien vale la pena repetir que como anticipo del grandioso triunfo del Señor, todos los hijos de Dios han de ocuparse de su "salvación con temor y temblor," sabiendo que Dios está obrando en ellos para producir "el querer como el hacer, por su buena voluntad" (Flp 2:12-13).

Nadie ha de creer que la vida celestial se caracterizará por la pereza y la indulgencia. Al contrario, el Espíritu Santo reveló por medio del apóstol Pablo que la vida eterna junto a Dios será significativa, con propósito y pura; un aprendizaje continuo y maravilloso. Dios mostrará "en los siglos venideros las abundantes riquezas de su gracia en su bondad para con nosotros en Cristo Jesús" (Ef 2:7). En la actual era de la iglesia, el Espíritu Santo es el Maestro (Jn 14:26); en ese eterno mañana, el Padre invitará a los redimidos de todos los tiempos a su propio salón de clases celestial.

Juan oyó al Señor culminar el gran Apocalipsis con una última bendición, una maravillosa invitación y una advertencia, cada una de ellas emanadas del corazón de Dios. Esta exultación es también trinitaria.

> He aquí yo vengo pronto, y mi galardón conmigo, para recompensar a cada uno según sea su obra. Yo soy el Alfa y la Omega, el principio y el fin, el primero y el último. Bienaventurados los que lavan sus ropas, para tener derecho al árbol de la vida, y para entrar por las puertas en la ciudad.
>
> Mas los perros estarán fuera, y los hechiceros, los fornicarios, los homicidas, los idólatras, y todo aquel que ama y hace mentira. Yo Jesús he enviado mi ángel para daros testimonio de estas cosas en las iglesias. Yo soy la raíz y el linaje de David, la estrella resplandeciente de la mañana. Y el Espíritu y la Esposa dicen: Ven. Y el que oye, diga: Ven. Y el que tiene sed, venga; y el que quiera, tome del agua de la vida gratuitamente.
>
> Yo testifico a todo aquel que oye las palabras de la profecía de este libro: Si alguno añadiere a estas cosas, Dios traerá sobre él las plagas que están escritas en este libro. Y si alguno quitare de las palabras del libro de esta profecía, Dios quitará su parte del libro de la vida, y de la santa ciudad y de las cosas que están escritas en este libro.
>
> El que da testimonio de estas cosas dice: Ciertamente vengo en breve. Amén; sí, ven, Señor Jesús. La gracia de nuestro Señor Jesucristo sea con todos vosotros. Amén.
>
> —Apocalipsis 22:12-21

❧ PARA CONTACTAR AL AUTOR VISITE:

franktunstall@cox.net

NOTAS

Capítulo uno
La estrategia de la encarnación

1. Philip Schaff and Henry Wace, *Nicene and Post-Nicene Fathers of the Christian Church, Vol. 6, St. Athanasius: Select Works and Letters* (Grand Rapids, MI: Wm. B. Eerdmans Publishing Company, 1980), 36–72.

2. Ravi Zacharias, *Leadership*, se obtuvo de www.preachingtoday.com.

3. Earl E. Cairns, *Christianity Through the Centuries* (Grand Rapids, MI: Zondervan Publishing House, 1996), 231.

4. Robert Payne, from "*Christian History*" (edición 73), se obtuvo de www.preachingtoday.com.

5. Henry Bettenson, ed., *Documents of the Christian Church* (London: Oxford University Press, 1963), s.v. "The Nicene Creed," 26.

6. Ibíd., s.v. "The Chalcedonian Creed," 51–52.

7. Ibíd., s.v. "The Nicene Creed," 26.

8. Schaff and Wace, 36–72. (Para un estudio profundo sobre Atanasio, su historia y su cultura, vea Cairns, pp. 125–130.)

9. James Malone, "From Horror to Healing," *Courier Journal* (17 de diciembre de 2004), www.preachingtoday.org.

10. Ralph Earle, *Word Meanings in the New Testament* (Kansas City, MO: Beacon Hill Press, 1986).

11. Marvin R Vincent, *Word Studies in the New Testament* (Grand Rapids, MI: Wm. B. Eerdmans Publishing Co., 1983).

12. Mark Twain, *A Connecticut Yankee in King Arthur's Court*, capítulo xxix, se obtuvo de www.preachingtoday.com.

Capítulo dos
Jesús, el Siervo: cómo siguió el plan

1. *New York Times* (Octubre 24, 1999), artículo se obtuvo de www.preachingtoday.com.

2. Anónimo.

3. Dietrich Bonhoeffer, *Meditating on the Word*, David Mel Gracie, traductor y editor (Lanham, MA: Cowley Publications, 1986), material citado en www.preachingtoday.com.

4. *Lutero*, se obtuvo de www.preachingtoday.com.

5. Terry Fisher, *Leadership*, Vol. 12, No. 2, se obtuvo de www.preachingtoday.com.

6. Anónimo.

Capítulo tres
Un esfuerzo colosal para quebrantar al Siervo

1. C.S. Lewis, se obtuvo de www.preachingtoday.com.

2. Dwayne K. Buhler, "The Upper Room Devotional Guide" (enero/febrero 2008), General Board of Discipleship, 32.

3. "Lioness in Zoo Kills Man Who Invoked God," *Yahoo! News* (5 de junio de 2006), artículo se obtuvo de www.preachingtoday.com.

4. Adaptado de Oklahoma City National Memorial and Museum.

5. C.S. Lewis, se obtuvo de www.preachingtoday.com.

6. Mark Buchanan, "Singing in the Chains," *Christianity Today* (febrero 2008), 33, se obtuvo de www.preachingtoday.com.

7. Timothy George, "Unseen Footprints," *Preaching Today* Audio (edición 290), se obtuvo de www.preachingtoday.com.

8. Billy Graham, *Decision* (marzo 2006), se obtuvo de www.preachingtoday.com.

9. Fisher, *Leadership*, Vol. 6, No. 4, se obtuvo de www.preachingtoday.com.

Capítulo cuatro
Jesús, el gran Salvador

1. Fisher, *Leadership*, Vol. 8, No. 2, se obtuvo de www.preachingtoday.com.

2. Johnny V. Miller, "The Great Rescue," se obtuvo de www.preachingtoday.com.

3. Max Lucado, *3:16 Stories of Hope* (Lionsgate 2007), se obtuvo de www.preachingtoday.com.

4. Wayne Cordeiro, "A Personal Relationship," *Preaching Today* Audio (No. 225), se obtuvo en www.preachingtoday.com.

5. "Good Week for ...All Humanity," The Week (8 de diciembre de 2006), 4, se obtuvo de www.preachingtoday.com.

6. *Webster's New World Dictionary*, (New York City: Simon and Schuster, 1994).

7. Everett H. Harrison, *Baker's Dictionary of Theology* (Grand Rapids, MI: Baker Book House, 1960).

8. Luis Palau, "Experiencing God's Forgiveness," *Christianity Today* (Vol. 34, No. 1), artículo se obtuvo de www.preachingtoday.com.

9. H.A. Ironside, *Illustrations of Bible Truth* (Chicago: Moody Press, 1945), 104–106, se obtuvo de www.preachingtoday.com.

10. Harrison, *Baker's Dictionary of Theology*, s.v. "dikaioo."

11. Cairns, 282.

12. Ron Hutchcraft, www.hutchcraft.com (se obtuvo el 18 de enero de 2007).

13. Lorne Sanny, "The Right Way to Respond to Authority," *Discipleship Journal* (March/April 1982), se obtuvo de www.preachingtoday.com.

14. Anne Lamott, "Sincere Meditations," artículo se obtuvo de www.preachingtoday.com.

15. Bill Bright, se obtuvo de www.preachingtoday.com.

16. W. Wiersbe, *The Wycliffe Handbook of Preaching and Preachers*, 202, se obtuvo de www.sermonillustrations.com.

17. William M. Greathouse, *Romans: Beacon Bible Expositions* (Kansas City, MO: Beacon Hill Press, 1975), 103, se obtuvo de www.preachingtoday.com.

18. Rob Bell, *Velvet Elvis* (Grand Rapids, MI: Zondervan Publishing House, 2005), 151–152, se obtuvo de www.preachingtoday.com.

Capítulo cinco
Jesús, el gran Santificador

1. Raymond V. Edman, *They Found the Secret* (Grand Rapids, MI: Zondervan Publishing Company, 1984), 18–20.

2. Ed Rowell, se obtuvo de www.preachingtoday.com.

3. Ron Jenson, "When Did 'Servant' Become a Dirty Word?" se obtuvo de www.familylife.com.

Capítulo seis
Ilustraciones de una vida santificada

1. Cordeiro, "A Personal Relationship," Preaching Today audio #25, se obtuvo de www.preachingtoday.com.

2. "Killing the Spider," se obtuvo de www.elbourne.org.

3. "Dr. Godbey Has It," se obtuvo de www.sermonillustrations.com.

4. Dietrich Bonhoeffer, *The Cost of Discipleship* (New York: Simon and Schuster, 1959), 89.

5. Henri J.M. Nouwen, *Christianity Today* (Vol. 32, No. 15), se obtuvo de www.preachingtoday.com.

6. Anónimo.

7. Bill White, se obtuvo de www.preachingtoday.com.

8. Bonhoeffer, 89.

9. C.S. Lewis, "Building a Palace," citado de *Mere Christianity*, se obtuvo de www.preachingtoday.com.

10. *The Treasure of the Sierra Madre*, Warner Brothers, 1948, se obtuvo de www.preachingtoday.com.

11. Leonard Sweet, *Agua Church*, se obtuvo de www.preachingtoday.com.

Capítulo siete
Cuarenta días con el Maestro

1. Helen Keller, *The Story of My Life*, se obtuvo de www.preachingtoday.com.

2. Luis Palau, "Brother, Your Sins Are Forgiven," *Discipleship Journal* (julio/agosto 1983), se obtuvo de www.preachingtoday.com.

3. Van Morris, *Beyond the Gates of Splendor*, se obtuvo de www.preachingtoday.com.

4. Tom Tripp, *Colusa, California*, se obtuvo de www.preachingtoday.com.

Capítulo ocho
El don del Espíritu Santo da nacimiento a la Iglesia

1. Frank Bartleman, *The Apostolic Faith* (Vol. 1, No. 1), septiembre de 1906. El eje de gravedad del derramamiento del Espíritu Santo que empezó en 1906 fue la Misión Apostólica de Fe [Apostolic Faith Mission] sita en el número 312 de la Calle Azusa en Los Ángeles, California. Allí se celebraron reuniones diarias durante tres años y medio empezando a mediados de abril de 1906. La gran obra de Dios en la Calle Azusa lanzó el movimiento Pentecostal mundial, que ha continuado hasta el siglo veintiuno.

2. A.W. Tozer, "Power for Living," *Christianity Today* Vol. 33, no. 13 (16 de octubre de 1977), artículo se obtuvo de www.preachingtoday.com.

3. Ignacio murió como mártir en Roma el año 107 d.C. "Church History and Biography Newsletter" (12 de enero de 2008), se obtuvo de www.preachintoday.com.

4. Alan Redpath, *Christian Life* magazine, vol. 29, no. 18, se obtuvo de www.preachingtoday.com.

5. Becky Tirabassi, *Marriage Partnership* (Vol. 11, No. 2), from *Wild Things Happen When I Pray*, se obtuvo de www.preachingtoday.com.

6. El testimonio del pastor Joel Downing se usó con autorización.

7. Cairns, 111, 163, 193, 209.

8. Guy P. Duffield and N. M Van Cleave, *Foundations of Pentecostal Theology* (Los Ángeles, CA: L.I.F.E. Bible College, 1983), 438.

9. Cairns, 293–297.

10. Duffield and Van Cleave, 438.

11. Raymond McHenry, *Stories for the Soul* (Peabody, MA: Hendrickson Publishers, 2001), 48, se obtuvo de www.preachingtoday.com.

12. Lee Strobel, "Meet the Jesus I Know," *Preaching Today* Audio (No. 211), se obtuvo de www.preachingtoday.com.

Capítulo nueve
La iglesia, el misterio revelado

1. Harrison, *Baker's Dictionary of Theology*.

2. Alex Webb, "Looking for the Historical Jesus," se obtuvo de www.preachingtoday.com.

3. Cairns, 76.

Capítulo diez
La iglesia, cómo multiplicar el ministerio de Jesús en el mundo entero

1. "Where God Is Behind Bars," *Today's Christian* (septiembre/octubre 2004), se obtuvo de www.preachingtoday.com.

2. Van Morris, se obtuvo de www.preachingtoday.com.

3. Billy Graham, se obtuvo de www.preachingtoday.com.

4. Duffield and Van Cleave, 9–15.

5. G. Campbell Morgan, "Giant Steps," *Christianity Today* (Vol. 40, No. 6), se obtuvo de www.preachingtoday.com.

Capítulo once
El triunfo del Siervo

1. John Huffman, "Who Are You and Where Are You Going?" Preaching Conference, 2002, se obtuvo de www.preachingtoday.com.

2. Leith Anderson, "Can Jesus Trust Us?" *Preaching Today* Audio (No. 126), se obtuvo de www.preachingtoday.com. También, Cairns, 76–77, cuenta la historia de Policarpo en su contexto histórico.

3. G.B. Caird, *A Commentary on the Revelation of St. John the Divine* (Peabody, MA: Hendrickson Publishers, 1993), 42.

4. Harrison, *Baker's Dictionary of Theology*.

5. Anónimo.

6. Este magnífico momento en la Revelación se convirtió en inspiración para George Frederic Handel (1685–1759), que escribió su "Aleluya", como parte de *El Mesías*, su más famoso oratorio, publicado en 1741.

7. *This We Believe: The Good News of Jesus Christ for the World*, se obtuvo de www.preachingtoday.com.

8. Randy Alcorn, *Heaven*, www.preachingtoday.com.

~ BIBLIOGRAFÍA

Alcorn, Randy. *Heaven*. Carol Stream, IL: Tyndale House Publishers, 2004.

Arrington, French L. *Christian Doctrine: A Pentecostal Perspective*, Vol. 1–3. Cleveland, TN: Pathway Press.

Barclay, William. *Jesus as They Saw Him*. Grand Rapids, MI: Eerdmans Publishers, 1978.

Beacham, Paul F. *Questions and Answers on the Scriptures and Related Subjects*. Franklin Springs, GA: Advocate Press, 1950.

Bell, Rob. *Velvet Elvis*. Grand Rapids, MI: Zondervan Publishing House, 2005.

Bettenson, Henry, ed. *Documents of the Christian Church*. London: Oxford University Press, 1962.

Brooks, Noel. *Let There Be Life*. Franklin Springs, GA: Advocate Press, 1975.

_____. *Scriptural Holiness (Santidad bíblica)*. Franklin Springs, GA: Advocate Press, 1967.

Bonhoeffer, Dietrich. *The Cost of Discipleship*. New York City: Simon and Schuster. 1959.

_____. *Meditating on the Word*, translated and edited by David Mel Gracie. Lanham, MA: Cowley Publications, 1986.

Borland, James A. *Christ in the Old Testament (A Comprehensive Study of Old Testament Appearances of Christ in Human Form)*. Chicago, IL: Moody Press, 1978.

Caird, G. B. *A Commentary of the Revelation of St. John the Divine*. Peabody, MA: Hendrickson Publishers, 1993.

Cairns, Earle E. *Christianity Through the Centuries,* 3rd ed., Revised and Expanded. Grand Rapids, MI: Zondervan Publishing House, 1996.

Chadwick, W.E. *Pastoral Teaching of Paul*. Grand Rapids, MI: Kregel Publishing Company, 1984.

Duffield, Guy P., and N. M Van Cleave. *Foundations of Pentecostal Theology*. Los Angeles, CA: L.I.F.E. Bible College, 1983.

Dunn, D. G. *Jesus Remembered, Christianity in the Making*, Vol. 1. Grand Rapids, MI: William B. Eerdmans Publishing Company, 2003.

Earle, Ralph. *Word Meanings in the New Testament*. Kansas City, MO: Beacon Hill Press, 1986.

Edman, Raymond V. *They Found the Secret*. Grand Rapids, MI: Zondervan Publishing Company, 1974.

Gromacki, Robert. *The Virgin Birth: A Biblical Study of the Deity of Jesus Christ*. Grand Rapids, MI: Kregel Publishing Company, 1974.

Hardy, Edward R. *Christology of the Later Fathers*. Philadelphia: Fortress Press, 1954.

Harrison, Everett H., et. al. *Baker's Dictionary of Theology*, Grand Rapids, MI: Baker Book House, 1960.

Hendriksen, William. *Exposition of Paul's Epistle to the Romans*. Grand Rapids, MI: Baker Academic, 1981.

Hershborger, Ervin N. *Seeing Christ in the Old Testament*. Manassas, VI: Choice Books of Northern Virginia, 1999.

Hobermas, Gary R. *The Verdict of History*. Nashville, TN: Thomas Nelson Publishers, 1988.

Holmes, Rev. N. J. *The Baptism By the Spirit, the Baptism by Christ and Other Topics*, 3rd ed. Greenville, SC: Holmes Theological Seminary, 1971.

_____. *God's Provision for Holiness*, 3rd ed. Greenville, SC: Holmes Theological Seminary, 1969.

Johnston, Graham. *Preaching to a Postmodern World: A Guide to Reaching Twenty-First Century Listeners*. Grand Rapids, MI: Baker Books, 2001.

Keller, Helen. *The Story of My Life*. New York City: Doubleday Publishing Company, 1954.

King, Joseph Hillary. *Christ: God's Love Gift*. Franklin Springs, GA: Advocate Press, 1969.

_____. *From Passover to Pentecost*, 4th ed. Franklin Springs, GA: Advocate Press, 1976.

Kingsburg, Jack Dean. *Matthew: Structure, Christology, Kingdom*. Minneapolis, MN: Fortress Press, 1975.

Lahaye, Tim. *Understanding Biblical Prophecy*. Eugene, OR: Harvest House Publishers, 1998.

_____. *Rapture Under Attack*. Minneapolis, MN: Multnomah Publishers, 1998.

_____. *Revelation Unveiled*. Grand Rapids, MI: Zondervan Publishing House, 1999.

Lockyer, Herbert. *All the Messianic Prophecies of the Bible*. Grand Rapids, MI: Zondervan Publishing House, 1954.

McDowell, Josh. *The New Evidence That Demands a Verdict*. Nashville, TN: Thomas Nelson Publishing, 1999. (Publicado en español bajo el título *Evidencia que exige un veredicto*.)

McHenry, Raymond. *Stories for the Soul*. Peabody, MA: Hendrickson Publishers, 2001.

Erickson, Millard J. *The Word Became Flesh*. Grand Rapids, MI: Baker Book House, 1996.

More, T.V. *The Last Days of Jesus: The Forty Days Between the Resurrection and Ascension*. Edinburg: Banner of Truth, 1981.

Muse, Dan T. *The Song of Songs*. Franklin Springs, GA: Advocate Press, 1947.

Nee, Watchman. *Normal Christian Life*. Carol Stream, IL: Tyndale House Publishers, 1977. (Publicado en español bajo el título *La vida cristiana normal*.)

_____. *The Renewing of the Mind*. Anaheim, CA: Living Stream Ministry, 1998.

Nickolson, William R. *The Six Miracles of Calvary*. Chicago, IL: Moody Press, 1928.

Parrott, Les and Leslie. *Relationships*. Grand Rapids, MI: Zondervan Publishing House, 1998.

Payne, J. Barton. *A Biblical Prophecy*. Grand Rapids, MI: Baker Book House, 1973.

Pentecost, J. Dwight. *Things to Come: A Study in Biblical Eschatology*. Grand Rapids, MI: Zondervan Publishing House, 1958.

Robinson, H. Padgett. *Redemption Conceived and Revealed*. Franklin Springs, GA: Advocate Press, 1965.

Ross, Jerry L. *The Teenage Years of Jesus Christ*. Muffreesboro, TN: The Sword of the Lord Publishers, 2000.

Ryken, Philip. *The Message of Salvation*. Downers Grove, IL: InterVarsity Press, 2001.

Schaff, Philip, and Henry Wace. Nicene and Post-Nicene Fathers of the C*hristian Church. St. Athanasius: Select Works and Letters*, Vol. 4. Grand Rapids, MI: Wm. B. Eerdmans Publishing Company, 1980.

Schnackenburg, Rudolf. *Jesus in the Gospels: A Biblical Christology*. Louisville, KY: Westminister John Knox Press, 2005.

Seiss, J. A. *The Apocalypse: Lectures on the Book of Revelation*. Grand Rapids, MI: Zondervan Publishing House, 1957.

Strong, James. *The Exhaustive Concordance of the Bible*. New York: Abingdon Press, 1890. (Publicado en español bajo el título *Nueva Concordancia Exhaustiva de la Biblia Strong*.)

Swails, John W. *The Holy Spirit in the Messianic Age*. Franklin Springs, GA: Advocate Press, 1975.

Synan, J. A. *Christian Life in Depth*. Franklin Springs, GA: Advocate Press, n.d.

Thiessen, Henry Clarence. Revised by Vernon D. Doerksen. *Lectures in Systematic Theology*. Grand Rapids, MI: William B. Eerdmans Publishing Company, 1979.

Underwood, B. E. *The Gifts of the Spirit (Los dones del Espíritu)*. Franklin Springs, GA: Advocate Press, 1967.

_____. *Spiritual Gifts: Ministries and Manifestations (Dones espirituales: Ministerios y manifestaciones)*. Franklin Springs, GA: Advocate Press 1984.

Vincent, Marvin R. *Word Studies in the New Testament*. Grand Rapids, MI: Wm. B. Eerdmans Publishing Co., 1983.
Walvoord, John F. *The Rapture Question*. Grand Rapids, MI: Academie Books, 1979.
Webster's Seventh New Collegiate Dictionary. Springfield, MA: G & C Merriam Company, 1971.
Wesley, John. *A Plain Account of Christian Perfection*. London: Epworth Press, 2007.
Wiersbe, Warren. *The Wycliffe Handbook of Preaching and Preachers*. Chicago, IL: Moody Press, 1984.
Wiley, H. Orton. *Christian Theology*, Vol. 1–3. Kansas City, MO: Beacon Hill Press, 1940.
Williams, J. Floyd. *Christ Jesus—The God-Man*. Franklin Springs, GA: Advocate Press, 1975.
_____. *The Church*. Franklin Springs, GA: Advocate Press, 1973.
Witherington, Ben, III. *The Christology of Jesus*. Minneapolis, MN: Fortress Press, 1990.
Wood, Rev. J. A. *Perfect Love*. Chicago, IL: The Christian Witness Company, 1880.
Yancey, Phillip. *The Bible Jesus Read*. Grand Rapids, MI: Zondervan Publishing House, 1999. (Publicado en español bajo el título *La Biblia que leyó Jesús*.)
_____. *The Jesus I Never Knew*. Grand Rapids, MI: Zondervan Publishing House, 1999. (Publicado en español bajo el título *El Jesús que nunca conocí*.)
www.Elbourne.org
www.PreachingToday.com, a division of Christianity Today, Inc.
www.SermonIllustrations.com